세계의 정신건강 상담사례

Senel Poyrazli · Chalmer E. Thompson 편저
김영순 · 유동수 공역

International Case Studies in Mental Health

학지사

International Case Studies in Mental Health
by Senel Poyrazli and Chalmer E. Thompson

● 역자 서문 ●

일찍이 세종대왕께서는 "나라 말이 중국과 달라 문자가 서로 맞지 아니하여 백성이 사용하기 불편하니 새로 한글을 만들었다."고 하셨다. 같은 이유로 우리 문화가 서양과 다르다 보니 내담자가 겪는 불편과 오해가 너무 커서 우리의 상담 모델인 한상담을 만들었다. 이 과정에서 가장 조심스러웠던 일은 '누구를 한국 사람이라고 생각하느냐?'는 것이었다. 흔히 한국 사람을 단일 민족이라고 이야기하지만, 유전자 분석 결과를 보면 수십 개 민족의 핏줄이 얽힌 복합 민족으로 핏줄로는 결코 단일 민족이 아니었다. 그보다 우리는 고유한 우리말과 글을 사용하며 우리의 얼과 혼을 사랑하는 문화 단일 민족이었다.

우리 문화에 관심을 가지자 우리의 집단 무의식에 녹아 있는 인류 최고의 경전인 천부경과 삼일신고, 참전계경이 새로운 축복으로 다가 왔다. 다른 한편에는 인류가 생각해 낸 최고의 지혜인 한 사상과 한 철학의 바다가 펼쳐졌다.

오랫동안 공을 들여 만들어서 2008년에 세계 학회를 시작으로 아시아 태평양 학회, 중국 학회, 일본 학회에 발표를 했고, 한국에서도 상담심리학회, 상담학회에 보고를 했다. 이런 노력에 이어서 제자들이 석・박사 논문을 썼고, 책도 쓰고 프로그램도 만들었다. 이와 같은 활동의 하나로 김영순 박사가 이 책에 글을 쓴 것이다. 참으로 보람 있는 일이다.

최근에는 중국에서 한상담에 대한 관심이 높아져서 중국집단 상담학회에서 상담 모델로 공인을 받을 생각이다. 한상담 모델은 우리의 고유모델이지만 지구상의 어떤 상담 모델과도 함께 사용할 수 있는 넉넉한 모델이다. 부디 열심히 익혀서 제대로 사용하기를 빈다.

유동수 대표(훈 상담 학회장)

총괄적인 국제 심리학을 향하여

81자로 이루어진 '천부경(天符經)'의 처음 단어는 일시무시일(一始無始一)이다. 마지막의 단어는 일종무종일(一終無終一)이다. 처음 단어의 뜻은 "모든 게 시작이 되었다. 그런데 시작이 된 것은 단 한 가지도 없다."이며 마지막 단어의 뜻은 "우주 만물은 끝남이 없이 끝난다."다. 시작과 끝은 구분이 되거나 나눠지 않으며 영원하다. 이는 하나이고 제한시킬 수 없는 큼이다. 즉, 흔 이다. 한국인의 얼은 흔 이다. 아니 인간의 얼은 흔 이다. 흔 은 시작하지만 시작이 없는 흔 이며, 흔 은 끝나지만 끝이 없는 흔 이다.

성경 창세기에서는 바벨탑이 무너지는 사건을 통하여 언어가 각기 달라져 서로가 소통을 할 수 없어서 흩어졌다고 했다. 신약성경의 사도행전에서는 성령의 강림으로 언어가 소통이 되었다고 한다. 각기 다른 방언으로 말을 해도 서로가 다 알아들었다고 한다. 21세기에 우리는 소통하고 있고 하나가 되고 있다. 지구촌 곳곳에서의 인간들 언어가 들려오고 알아듣게 되었다. 인간들이 소통을 하게 되었다. 기쁨의 이야기가 들려온다. 아픔의 이야기가 들려온다. 분노의 이야기가 들려온다. 지구촌 곳곳에서 들려오는 이 언어를 상담자들은 경청한다. 그리고 공감을 하면서 함께 웃고 함께 울고 함께 분노한다. 이제 우리는 서로를 알게 되었고 친밀해졌다. 이러한 기적에 작은 역할을 하는 책이 우리 손에 올려졌다.

Senel Poyrazli와 Chalmer E. Thompson 두 교수님의 열정으로 우리의 삶의 자리에서 들려오는 이야기를 듣게 되었다. 저도 그 이야기의 한 부분을 여러분에게 들려주는 영광을 얻게 되었다. 지금 이 서문을 쓰는 나의 몸은 흥분과 함께 떨림이 일어나고 있다. 지구촌 곳곳에서 들려오는 기쁨과 아픔의 이야기를 나누면서 소통을 하며 하나가 되는 경험을 이 책을 통해서 한다. 비록 시간과 공간의 차이가 있고 역사와 문화의 다름이 있지만 상담이라는 장대를 집고서 차이를 넘나든다. 아직은 서구에서 발전된 상담이론의 틀 속에 갇혀 있어서 내담자와의 시원한 소통과 공감을 이루지 못할 때가 많았다. 이러한 답답함과 고통을 극복하기 위해서 훈상담학회 회원은 오늘도 애쓰는 몸짓을 하고 있다.

우리의 몸짓이 지구촌 곳곳에 있는 상담자와 내담자를 만나게 되고 소통하게 될 것이다. 이제 우리 상담전문가가 이 책을 가지고 함께 이야기 한다면 내담자에게 더 좋은 상담을 할 수 있다. 이러한 기대감으로 더 흥분이 되고 떨림이 온다. 지금도 지구촌 곳곳에서 내담자를 만나고 있는 상담전문가에게 지지와 격려의 박수를 보낸다.

이 책의 한 챕터를 공동 작업하게 된 볼스테이트 대학교의 Lawrence H. Gerstein 박사와의 귀한 인연과 인터뷰 정리에 노고가 많았던 김태선 선생님께 감사를 드린다. 이 책 번역 작업의 감수를 기꺼이 맡아 주신 우애령 박사님과 교정을 봐 준 김현준 선생에게도 두 손 모아 감사드린다.

김영순 박사(해드림 상담센터)

● 한국어판 저자 서문 ●

한국어판 독자에게 인사를 전하게 된 것을 큰 영광으로 생각한다. 아직 한국을 방문한 적은 없지만 몇 해 전 한국에 있는 국제보호단체에 화상기기를 통해 참여했던 적이 있다. 아주 보람 있는 경험이었다. 언젠가는 개인적으로 한국을 방문해 그 회원친구들도 직접 만나고, 한국의 아름다운 풍광도 느껴 보고, 여러 해 동안 지도해 온 학생들의 가족도 만나고 싶다. 한국에서 여러 사람에게 초대를 받은 것은 큰 행운이었다. 나는 심리학적인 실천 경향이 지나칠 정도로 미국과 유럽에 집중되어 있다고 생각한다. 이제는 세계의 광대한 지역에 살고 있는 사람들의 다양한 삶의 문제를 푸는 과업이 필요하다는 것을 절실하게 느끼고 있다. 전 세계에서 공인된 치유자에 의해 이루어지고 있는 이런 과업에 관한 책을 여러 학자가 펴낸 바 있다. 그러나 이 책의 공동 편집자인 세넬 포이라즐리(Senel Poyrazli)와 나는 지금까지 나온 문헌에서 볼 수 없었던 내용을 담고 싶었다. 즉, 치료자의 사정평가나 개입과 관련된 사회정치적인 측면을 '포함한' 문화에 관한 정보가 담긴 사례연구를 다루는 책을 출간하고 싶었다.

우리는 치료자가 서구 중심적인 경향이 있는 문헌을 통해 배운 것과 하위문화적인 '존재 방식'의 영향을 받은 내담자의 삶에 관해 배운 것들로 융합된 이론의 패턴을 어떻게 다루고 있는지 보여 드리고자 했다. 또한 자신과 내담자의 삶의 '존재 방식'이 문화나 하위문화로부터 영향을 받는다는 것을 배우는 과정을 드러내고자 했다. 이 책에 소개된 사례에서 치료자는 개별적인 내담자를 존중하고 사정평가하며 그들의 삶에 영향을 미치고 있는 맥락을 이해할 수 있도록 돕고 있다. 이 패턴 메이킹의 과정에서 드러나는 것은 내담자가 치료자로부터 얻어내는 것이 무엇인가 하는 점이다. 나는 내담자가 이런 것을 얻어내는 것이 세계 정신건강의 승리라고 보고 있다.

포이라즐리 박사와 나는 이 책에서 묘사되고 있는 성공을 세상에 드러내는 일에 참여하게 되어 큰 보람을 느낀다. 아직 이루어지지 못하고 남아 있는 작업이 얼마나 많은가 하는 부분도 독자가 관심을 기울여 주기를 당부하고 싶다. 또한 이 책의 결론 부분에서는 우리가 주의를 기울여야 할 상황을 다루고 있다. 우리는 한국 독자가 심리학 실천을 강화하고, 혁신적이고 교차문화적인 탐색을 할 수 있는 영감을 얻어 한국과 세계의 많은 사람이 심리학적 실천을 강화하도록 도울 수 있기 바란다.

더 나아가서 우리는 우리 작업을 활동을 촉구하는 작업으로 보고 있다. 전 세계는 기본적이고 본질적인 자원이 공정하게 분배되지 못하고 있으며, 이러한 점이 심리학에도 지대한 영향을 미치고 있다. 결론적으로 우리는 독자가 사회가 '병들어 가는 것'을 방지하고, 또 가난한 사람들이 그들의 정신적 건강을 개선하는 환경을 제공받을 수 있는 사회에서 살 수 있도록 돕는 노력에 적극적으로 동참해 주기를 촉구하고 싶다. 다시 말해 정신건강을 향상시키고 삶을 풍요롭게 하는 데 도움이 필요한 모든 빈곤한 사람이 삶을 개선하는 데 어떤 종류의 노력이라도 기울여 주기를 바라고 있다. 나의 온 마음과 영혼을 다해 당신을 이 책으로 초대하려 한다. 그리고 이 책을 선택하고 번역하는 어려운 작업에 모든 힘을 기울여 주신 유동수 교수님과 김영순 상담소장님께 깊은 감사의 마음을 전한다.

Chalmer E. Thompson

한국어판 저자 서문

이 책의 주 편집자로서 이 책이 한국어로 번역되어 진심으로 기쁘다. 이 책의 중요한 목적은 세계에 퍼져 있는 상이한 정신건강 실천에 관해 알아보고 함께 그 정보를 나누는 것이다. 우리는 지구촌이 된 세계에 살고 있기 때문에 항상 변화하는 내담자에게 도움을 줄 수 있도록 다른 실천방법에 관해 배워야 할 필요가 있다. 그런데 이 책은 영어로 출간되었기 때문에 영어를 이해하는 사람들만 이 책을 읽고 도움을 받을 수 있었다. 이제 이 책이 한국어로 번역이 되어 정신건강 분야에서 여러 사람에게 도움을 줄 수 있게 되었다.

이 책은 대학교 학부나 대학원 교과과정에서 아주 좋은 정보자원으로 사용될 수 있다. 공식적인 교육을 다 마친 정신건강 치료자도 이 책의 내용에서 많은 정보를 얻을 수 있을 것이다. 독자는 다른 나라, 문화적인 맥락, 치료자의 훈련, 서로 다른 개인이 직면하는 어려움에 관해 배우고, 치료자가 내담자의 치유를 돕기 위해 그 문화에 뿌리를 내린 치료모델을 어떻게 제공하고 있는가를 배우게 될 것이다.

이 책에 관해 어떤 질문이 있다면 언제든지 이메일을 보내 주시기 바란다. 이메일 주소는 poyrazli@psu.edu 또는 senelpoyrazli@gmail.com이다.

Senel Poyrazli

● 저자 서문 ●

모더니즘은 과학과 심리학의 실제에 괄목할 만한 향상을 가져왔다. 모더니즘의 관점은 논리 실증주의에 입각해 있다. 이는 사람이 처해 있는 뒤얽힌 조건에서, 또 기본적인 심리학적 구조와 과정의 객관적 측정 지수에 대한 일차원적 해석에서 그 사람을 분리하는 연구 접근법이다. 그렇지만 모더니즘은 한계를 지니고 있다. 모더니즘에 근거한 심리학의 신조나 방법론은 보편적으로 적용될 수 없으며, 대신 그 특정한 방법론의 다른 형태가 성공하기 위해 생태적 환경을 반영한다는 사실이 점점 더 명백해졌다. 이러한 깨달음은 미국의 심리학을 포함한 매우 다양한 심리학으로 이루어진 새로운 현실성을 뚜렷하게 드러나게 한 세계화의 영향에서 왔을 가능성이 크다. 모든 심리학은 공통적인 특징과 함께 독특한 특징도 지니고 있는데, 각 심리학은 개인의 영향은 물론이고 문화 · 경제 · 역사 · 정치 · 종교의 영향을 함께 받아 형성된 더 큰 세계관을 나타내고 있다.

세계화는 자본, 상품, 서비스의 범세계적 이동 증가, 대의 정치의 부상과 인권에 대한 관심의 신장, 다양한 민족의 국경을 넘나드는 이주 증가, 그리고 디지털 의사소통 기술을 통한 폭발적인 정보의 교환 등에서 볼 수 있다. 또한 세계화는 그 이익과 비용에 관계없이 세계화는 그 어느 때보다도 서로 연결되고 상호 의존적인 세계에 대한 혁신적 적응으로 우리를 이끌었다. 세계화의 속도와 광범위함, 그리고 심리적이고 사회문화적인 결과는 심리학자의 이론, 연구, 응용 실제가 의존해 온 암묵적인 가정을 다시 검토해 보도록 도전해 왔다. 이 비판적인 고찰은 다문화주의와 토착화 등과 같이 모더니즘 패러다임에 대한 평형추 역할을 하는 대안적 훈련과 운동에 활기를 불어넣어 주었다. 이와 같은 발전은 세계의 심리학자 간에 보다 더 다각적이고 수평적인 대화를 요구하는 자극제가 되었다. 이런 대화는 인간이 살아가는 다양한 영역을 좀 더 온전하게 이해하고 그에 대해 보다 효과적으로 대응하려는 심리학자의 노력 속에서 개념적이고 경험적이고 응용적인 지식과 기술을 풍요롭게 해 왔다.

심리학자의 원칙에 관한 보편적 선언(The Universal Declaration of Principles for Psychologists)은 세계의 심리학자가 전문적인 활동 과정에서 높은 윤리적 이상을 추구할 수 있도록 고무시키고 조언을 해 줄 공통적인 도덕적 틀로서 고안되었다. 보편적 선언의 네 원칙은 바로 '개인과 민족의 존엄성에 대한 존중' '개인과 민족의 안녕에 대한 충분한 보호' '진실성' '사회에 대한 전문적이고 과학적인 책임'이다. 이들 원칙은 자기 나라나 해외에서 제대로 대우받지 못하는 다양한 토착민과 이민자, 난민자와 함께 일을 하는 점점 늘어나는 상담자, 심리치료사, 치유사에게 특히 적절하다.

윤리적 실제는 상담자가 아무런 해를 끼치지 않을 뿐만 아니라 개인, 부부, 가족, 집단, 공동체, 그리고 사회 전체에 상황적으로 적절한 서비스를 제공하여 그들의 삶을 향상시키려는 노력을 기울이도록 요구한다. 따라서 삶의 문제와 심리적인 역기능의 문제는 세계적인 무질서나 문화적 경계선의 무질서나 억압적인 환경(예, 빈곤, 폭력)에 적응하려고 할 때 발견되는 증상의 지엽적인 표현으로 볼 필요가 있다. 서구의 정신장애의 진단 및 통계편람(Diagnostic and Statistical Manual of Mental Disorders)과 같은 분류법은 정신질환에 대해 지역마다 있는 의미 있는 묘사로 보강될 필요가 있다. 절차상으로 상담자는 지역의 관습을 존중할 필요가 있고 그 지역의 민간요법, 지역사회의 치유자, 관계를 맺는 규범적 형식 등을 그들의 표준적 치료 레퍼토리에 도입할 때의 장단점에 대해 심사숙고할 필요가 있다.

역설적으로, 상담자가 윤리적으로 나무랄 데 없고 증거에 기반한 개입을 국내적 · 국제적으로 할 것이라는 기대가 있는 반면, 이상적인 묘사와 치료의 냉엄한 현실 사이의 넓은 간극은 치료자를 혼란스럽게 하고 좌절하게 하며 자신의 능력이 절실하게 필요한 상황에서 내담자와 일하는 것을 망설이게 한다. 만약 치료자가 '단일문화적이고 단일언어적인 상태에서 굳어져 버린 학습' 아니면 '다수의 내담자 인구를 평가하고 지나치게 일반화된 집단 상이성을 탐구하는, 매우 단순화된 훈계만을 하도록 하는 설교적이고 경험적인 학습'으로 무장되어 있다면, 내담자의 삶을 향상시켜 주려는 노력을 할 때 마치 스스로의 두 손이 묶인 것 같은 무력감을 느낄 수도 있다. 심리학협회, 전문적인 훈련 프로그램, 대학 강사, 임상 슈퍼바이저, 그리고 평생교육의 조직자는 기로에 서 있다. 다문화적이고 국제적인 개입에 대한 수요는 그들의 교과과정 자료와 교육학적인 기술이 완전한 능력을 갖춘 세계 시민으로서의 준비를 보장할 수 있도록 진화할 것을 요구하는데, 이는 현재와 미래의 치료자가 맥락을 중심에 둔 윤리적인 개입을 할 수 있도록 하는 데 반드시 필요한 조건이다. 이와 같은 도전에 대한 명백한 응답이 바로 이 책, *International case Studies in Mental Health*다.

이 책에서 세넬 포이라즐리(Senel Poyrazli)와 차머 E. 톰슨(Chalmer E. Thompson)은 각 사례연구의 맥락을 잡아내도록 풍부한 정보를 독자에게 소개하는 독특한 장의 형태를 고안하였다. 각 장의 저자, 그리고 그와 함께 했던 치료자의 배경과 치료 성향을 요약한 다음, 그 사례가 진행된 나라의 문화적 · 사회정치적 상황, 정신건강 문제, 정신건강 간호, 정신건강 제공자도 함께 강조하였다. 여기에는 관련된 개인사 자료, 선별된 내담자의 변인, 현재 관심사, 그리고 사례개념화가 서술되어 있다. 뒤이어 치료형태, 치료과정, 치료경로가 나오며, 결론부에서는 성공적인 결과와 해결되지 않은 문제에 대한 평가가 이루어진다. 여러 장은 유사한 상황에서 적절하고 효과적으로 일할 수 있는 지침을 제공해 주고 있는데, 특히 개입의 실행력과 영향력을 향상시킬 수 있는 지역사회의 자원을 이용하는 데 대한 제안이 나와 있다.

각 장의 저자와 치료자는 미국을 포함한 여러 나라의 상담, 심리치료, 치유 분야에서 저명한 사람으로서, 국제적으로 파트너가 되어 함께 일하고 있다. 사례연구는 생활상의 문제에서부터 종종 삶을 황폐하게 하는 정신병리적 현상에 이르기까지 다양하게 다루고 있으며, 이 글은 매우 훌륭하게 저술되어 있어서 언제나 내담자와 상담자의 강점과 한계, 그리고 그들의 치료적 협력에서 피어나는 인간애를 느낄 수 있게 한다. 포이라즐리와 톰슨은 독자에게 사례연구의 구성방식을 소개하고 사례연구를 통해 발견되는 중요한 주제별 자료를 통합시켜 주는 서문과 끝맺는 말도 포함시켜 놓았다.

독자가 대학원 학생이든, 임상 슈퍼바이저든, 전문적인 훈련 프로그램에 소속된 대학 강사든, 국내나 해외의 보호받지 못하는 다양한 사람에게 관심이 있거나 현재 그들과 일하고 있는 정신건강 모두 이 책에서 배울 점이 대단히 많을 것이다. 이 책에서 되풀이되는 주제에는 다음과 같은 것이 있다. 치료에 대한 다양하면서도 상보적인 구조의 종합(예, 맥락적 행위 이론, 다문화적 사례개념화), 현대적 접근과 토착적인 절차와 종교적·사회적 관습의 융합(예, 마야의 우주관, 민간치료술과 과테말라의 가톨릭 미사), 문화적 불신을 완화시키고 증상의 정확한 이해(예, 두통, 괴이한 생각)를 가능하게 하는 상담자의 인격적 평판의 특성의 중요성, 포용적인 문화적 공감을 통해 편향된 추정에 의해 방해받지 않는 작업 관계의 협동적인 창조(즉, 내담자와 상담자 유사점과 차이점에 대한 균형 이루기와 문화적인 맥락 내에서의 치료 관계 이해하기), 주의집중과 보호요인을 강화하고 심리적이고 사회적인 조화를 향상시켜서 내담자의 힘을 기르는 것, 조력자 역할의 정의를 확장시켜 지역사회의 연결이 필요할 때 문화적 연계자와 변호인으로서 지원 역할을 포함하도록 하는 것, 이민자 · 난민자 · 거류자와 일할 때 수많은 문화적응의 스트레스 요인과 전략을 평가하는 것, 집단 내에서 발견되는 인구통계학적 · 사회문화적 이질성이 있는 단일 사례연구에서 지나친 일반화를 하지 않도록 주의하는 것 등이다. 심리학은 세상 사람의 욕구를 다루고 그들의 열망의 실현을 수월하게 해 줄 사회적인 책임을 지니고 있다. 심리학이 보다 민감하게 대응하려면, 인간의 기능과 경험에 대한 우리의 이해를 풍부하게 해 주어 왔던 모더니즘의 이론, 연구 방법, 응용 활동을 완전히 저버리지 않은 채, 다양화된 문화적 사회와 정치적 세계관에 보다 적절히 대응하려는 점점 시급해지는 도전에 상상력과 열성을 가지고 임해야 한다.

이 도전에 대한 고무적인 반응이 바로 국제 심리학의 출현이다. 이 분야의 사명은 심리학자와 심리학을 공부하는 학생에게 교과과목, 장학금, 옹호, 네트워크를 통해 다양한 국가와 문화에 대한 공통적 관심사의 빈도와 범위를 넓혀 주고 소통과 협동의 의미를 강화하는 것이다. 이 책은 의문의 여지없이 국제적인 심리학의 사명을 진전시켜 줄 것이다. 또한 그 관련성이나 시의적절함에 비추어 볼 때 기념비적인 책이 될 것이다.

Michael J. Stevens, PhD, DHC
Illinois State University, United States
The Lucian Blaga University, Romania

차 례

01

The Case Study of Therapy With a Swiss Woman: An Action Theory Perspective 13 Ladislav Valach & Richard A. Young

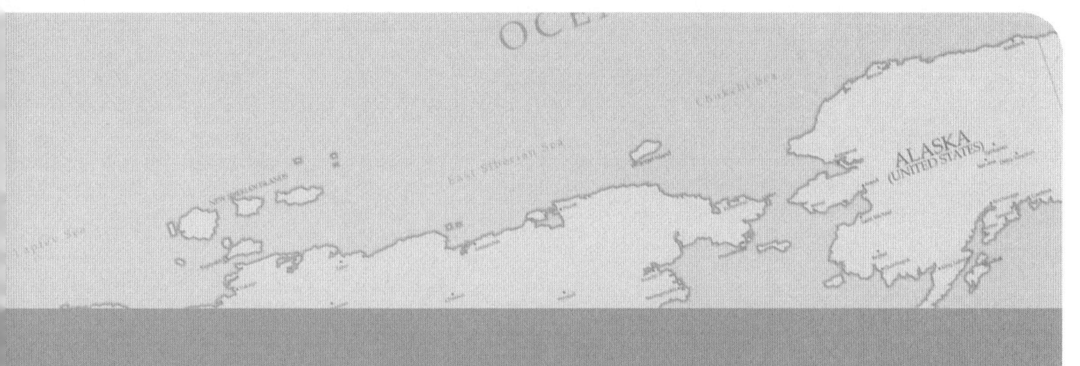

소 개

총괄적인 국제 심리학을 향해

ARCTIC
OCEAN

Beaufort Sea

Chukchi Sea

East Siberian Sea

NEW SIBERIAN ISLANDS

Laptev Sea

ALASKA
(UNITED STATES)

Bering Sea

Sea of
Okhotsk

NORTH
PACIFIC
OCEAN

HAWAIIAN ISLANDS

HAWAII(UNI

MONGOLIA

KOREA

JAPAN

CHINA

East China Sea

TAIWAN

Philippine
Sea

MARSHALL ISLANDS

MARSHALL

MICRONESIA

MICRONESIA

KIRIBATI

NAURU

TUVALU

SAMOA ISLANDS

SAMO

PHILIPPINES

PALAU

CAROLINE ISLANDS

MELANESIA

MYANMAR

LAOS

THAILAND

CAMBODIA

VIETNAM

South China
Sea

BRUNEI

MALAYSIA

INDONESIA

TIMOR-LESTE

PAPUA NEW GUINEA

SOLOMON ISLANDS

VANUATU

FIJI

TONGA

Coral Sea

AUSTRALIA

Tasman Sea

NEW ZEALAND

DIAN
AN

01 소 개

총괄적인 국제 심리학을 향해

Senel Poyrazli, Ph.D.
Chalmer E. Thompson, Ph.D.

문화는 인간 존재의 모든 부분에 영향을 미친다. 문화는 어떻게 삶을 이끌어 나갈 것인가, 어떻게 다른 사람들과 관계를 맺을까, 무엇이 중요한 것인가를 결정하는 데 무언의 지침이 된다. 이들은 또한 사회 계층의 위계질서, 인종, 남성과 여성의 역할, 권위적인 사람들이 중시하는 태도, 우리가 늘 깨닫고 있지는 못하지만 우리의 삶을 규정짓는 사회정치적인 구조에 관한 가설을 포함하고 있다. 그렇지만 문화를 주제로 한 다양한 책에서 매우 명료하게 전달하는 것은 문화가 학습되는 것이라는 점이다 (Mukhopadhyay, Henze, & Moses, 2007). 특수한 문화를 지니고 태어나는 사람은 없다.

사람들을 돕는 다양한 접근은 인생의 스트레스 요인을 완화시켜 주고, 사람을 쇠약하게 하는 증상을 감소시키며, 트라우마와 슬픔에 대처하는 것도 배우도록 도와줄 수 있다. 이런 접근은 과거 세대에서 전해 내려올 수 있다. 진부하지만 본질적인 원천은 대부분의 심리적 치유와 연관을 맺고 있으며, 아프리카 심리학처럼 수천 년의 세월이 지난 후에도 유지되고 있다(Nobles, 1972; Parham, 2009). 그리고 현 시대의 요구에 가장 잘 맞도록 변화되었다. 서구의 헤게모니와 함께 미국과 유럽에서 시작되어 다른 국가로 전파되는 영향력은 세계적으로 정신건강 실천의 미묘한 차이를 만들고 더 부유한 국가가 제공할 수 있는 최상의 것과 개발도상국이 제공할 수 있는 최상의 것이 합쳐져서 앞으로 나아가게 하는 원동력이 되고 있다. 서구 문화의 강력한 영향하에 우리는 접근 방법을 검증하는 과학적인 연구를 하고 전문가를 훈련시키는 가이드가 될 수 있는 풍부한 학문을 지니고 있다. 사회구성원의 문제를 다루는 개발도상국의 방식에는 개인과 폭넓은 전체의 연계성을 받아들이는 종교적 의식과 관습처럼 여러 세대를 통해 내려온 오랜 전통이 포함되어 있다.

이 책의 주요 목적은 정신건강 치료자의 상담과 정신치료의 양상을 보여주는 것이다. 이 책에서는 높이 평가받는 치료자가 문화적인 존재로서 도움이 필요한 사람들과 함께 일의 효율성을 개념화하고 개입하고 평가하는 것을 어떻게 배우는지 설명해 주고 있다. 이들 존경할 만한 치료자는 세계 모든 곳에 살고 있다. 대부분 사례에서 조력자와 조력을 원하는 사람들은 같은 지역에 살고 있다. 수집된 사례 중에는 그 고장에 고유한 접근을 한 경우도 있지만 대부분의 치료자는 다양한 접근 방법을 사용하고, 그들이 전통적인 심리학 훈련 프로그램에서 배운 것 중 최선을 추출해서 도움을 청하는 사람들을 효율적으로 돕기 위해 자기만의 양식을 고안하고 있다. 각 장은 상담자와 도움을 청하는 사람들을 두드러진 문화적 맥락 내에서 살펴보고 있다. 저자들은 각 지역 사람들의 모습에 영향을 미치고 상담자의 사정과 개입에 영향을 미치는 문화와 인종, 그리고 사회문화적이고 사회정치적인 압력에 관해 폭넓게 기술하고 있다. 우리의 목표는 문화적 맥락이 내담자의 기능에 어떻게 영향을 미치는가에 대한 이해와 나아가 치료자와 내담자의 상호작용에 미치는 영향을 더 깊이 이해하는 것이다. 따라서 정신건강 개입이 이루어지고 있는 세계의 사례를 보면 현인 Martín-Baró(1994)가 그의 책 『자유로운 심리학을 위한 저술(*Writings for a Liberation Psychology*)』에서 말한 것처럼, 심리학은 역사나 상황 속에서 동떨어진 것이 될 수 없고 그렇게 보일 수도 없다. 그리고 그것을 없애려고 하는 모든 경향은 특정한 사회의 구성원인 개인에게 깊이 영향을 미치게 된다. Cushman(1995)은 서구 식 접근 방법을 추출해서 그대로 다른 나라에 수출하는 것이 실행 가능하다고 믿고 있는 치료자에게 주의를 촉구하면서 이렇게 말한다.

> 어느 것도 인간이라는 종을 치유할 수 없고 어느 것도 치유에 가까이 가지 못했다. 정신질환은 그런 식으로 작동하지 않는다. 정신질환은 보편적이지 않으며, 지역적이다. 모든 시대는 특정한 자아, 질환, 치유자, 기술의 독특한 형태를 지니고 있다(이들은 말하자면 문화적인 산물이다). 이들은 상호 연결되어 있고 서로 엮여 있으며 서로 투과하고 있다. 따라서 특정한 질환을 연구할 때 우리는 그 질환의 형상을 만들고 정의 내리는 조건과 그 치유에 책임을 진 사람들의 사회정치적 영향을 함께 연구하고 있는 것이다(p. 7).

각 사례연구는 치료자와 내담자 두 사람이 함께 제시하는 그 사회의 현 상황 아래에서 무엇이 적절한가 또는 무엇이 최상의 기능인가에 대한 의미를 찾아내는 데 근간을 두고 있다.

정신건강, 또는 치유나 치유자라는 용어는 그 사회 내에서 상담자의 개념 속에 존재하는 다양성을 인식하기 위해 신중하게 사용되었다. 우리는 또한 저자들에게 그 사회에서 그들이 치료하는 사람들을 보통 어떤 명칭으로 부르는지 그 개념을 정해 달라고 청했다.

국제적인 심리학자로서 우리 두 사람은 심리학이 국경을 넘어 퍼져 나가고 있는 중이라고 믿고 있다. 이것은 치료자가 되려는 사람들에게 세계의 다른 지역에 존재하고 있는 다른 자원에 관한 교육을 시킬 때 매우 중요하다. 이에 덧붙여 최근에 두 나라 이상에 걸쳐 있는 심리학 방식을 다져 놓은 다중문화심리학에 매우 깊은 감사를 보내고 있다(Heppner et al., 2009). 1950년대와 1960년대의 민권운동이 나타나면서 다중문화심리학은 정신치료 과정 속에서 문화변용, 인종, 소수민족, 인종교차, 그리고 민족적인 강연, 지성의 동등함과 성격 사정 등(Shea & Leong, this volume; Heppner et al., 2009)에서 학문적인 위치를 차지하고 있다. 더욱 중요한 것은 다중문화심리학이 역사적으로 치료자에게 심리적인 기능과 발전의 양상을 검토하도록 촉구한 점이다. 곧 이는 유색인종에게 육체적 · 심리적 폭력을 저질러온 미국의 헤게모니에 저항하는 명백한 외침이다(Guthrie, 1998). 밀려오는 다중문화심리학의 요지는 삶의 방식, 전망, 그리고 인도주의를 존중하고 배려하는 모든 사람에게 이에 관한 정보를 주고 이해를 깊게 해 준다는 점이다. 이것이 우리가 지금 처한 이 심리학의 대들보가 되어 준다. 따라서 우리는 이 책의 면면에서 국제적인 심리학의 최선을 끌어내기 위해 노력했다. 국제 심리학의 목표는 "의사소통을 촉진시키고 세계에 퍼져 있는 심리학자와 협동하는 것이다." 그렇게 함으로써 세계에 퍼져 있는 심리학은 더 발전할 수 있다(Stevens & Wedding, 2004, p. 1). 우리는 이 책이 국제 심리학이 성취하려고 노력하는 것에 기여하고 세계 각지의 심리학자를 통해 어떻게 위대한 협동이 성취될 수 있는가를 전하고자 한다.

또한 이 책은 심리학 교과과정을 국제화하려는 노력에 기여하고 있다. 최근 몇 년 동안 많은 조직, 연구자, 강사가 국제적인 심리학 교과과목의 중요성을 강조하고 있고 이 목적을 달성하기 위해서 노력하고 있다. 예를 들어, 미국 심리학 협회(American Psychological Association: APA)의 국제적인 심리학 분파 52는 심리학 교과과정과 훈련 위원회를 결성해서 어떻게 교수진이 자기 과목을 국제화할 수 있는가에 관해 알려진 정보를 모으고 있다(Grenwald, n.d.). 덧붙여, 많은 교과서 저자가 국제적인 심리학에 대해 새로운 저서를 쓰고 있거나 개정판에 국제적인 내용을 포함한 최신정보를 싣고 있다(예, Brock, 2009; Denmark, Krauss, Wesner, Midlarsky, & Gielen,

2005; Feldman, 2010; Gerstein, Heppner, Aegisdottir, Leung, & Norsworthy 2009; Gibbons & Stiles, 2004; Malley-Morrison & Hines, 2003; Pickren & Rutherford, 2010; Stevens & Wedding, 2004). 이들의 노력은 심리학의 현장이 '서구의 심리학이 보편적이다.'에서 '모든 국가와 문화 속에 다른 심리학적인 지식의 근거가 있다.'로 옮겨 가는 과정에 도움을 주고 있다.

이 책 저자들의 선발은 매우 신중하게 진행되었다. 국제적인 심리학자를 선정할 때는 자기가 일하는 사회에서 많이 알려진 사람들을 택했다. 그리고 전문적인 조직에서 활발하게 일하고 있고 다른 나라에서 교육, 서비스, 연구 활동에 참여하고 있는지를 살폈다. 이 심리학자들은 사례가 보고된 나라에서 뛰어난 치료자인 것으로 알려져 있어서 이 책의 일부를 저술하도록 초대받았다. 또한 모든 저자에게 연구윤리를 따를 것과 연구를 위한 기관의 조정 위원회에서 제시하는 사례에 관한 적절한 동의에 따를 것을 요청했다. 또한 저자들과 이 책에 관한 우리 비전을 나누었으며 다중문화에 근거를 두고 사례를 토론해 주도록 청했다(예, Hays, 2007). 저자들은 치료자와 내담자가 얼마나 다른 요인을 지니고 있는가(인종, 민족, 성별, 연령, 성적인 성향, 사회경제적인 지위, 종교와 영성 등), 이 요인이 어떻게 내담자나 환자의 정신건강에 영향을 미치는가, 바로 그 요인이 내담자나 환자와 정신건강 치료자 사이의 치료 관계에 어떻게 영향을 미칠 수 있는가를 포함시켜 글을 썼다. 인종적으로 다양한 저자들을 초대하였고 내담자를 배치할 때는 여성의 성비와 연령층의 균형을 잡으려고 노력했다. 저자들은 특히 내담자의 고통의 특수성에 대해 언급할 수 있는 그 지역 학자를 참조하고 있다. 우리는 어떻게 문제가 이해되고 정의되고 치료되는가에 관해 심리학의 분야에서 자주 등한시될 경향이 있는 부분을 드러내려고 노력했다.

장

이 책에 소개된 장에는 저자의 소개와 상담자에 관한 자세한 정보, 그 사례가 나온 국가의 상황과 조건, 내담자나 환자의 문제, 제공된 치료, 치료에 관한 평가가 실려 있다. 또한 어떤 장은 유사한 내담자나 환자를 치료할 수 있는 방도를 제안하고 있다.

1장에서는 라디슬라프 발라흐(Ladislav Valach)와 리처드 영(Richard Young)이 스위스의 사회문화적 · 정치적 조망을 설명하고 있다. 그들은 발라흐에게 전문적인 도움을 받으러 왔던 45세인 K 부인의 사례를 상세하게 다루고 있다. 그녀의 치료자인 발라흐 박사는 환자가 건설적인 인생의 목표를 추구할 수 없는 어려움을 해결하도록 돕기 위해 기본적으로 인지행동 전략을 사용하고 있다. 그녀가 추구하던 목표는 오빠의 병이 얼마나 심각한지를 알게 된 후 극적으로 혼란스러워졌다. 그녀는 가족의 패턴에 따라 오빠를 많이 돌보는 역할을 하도록 기대받았다. K는 정서적으로 기분이 언짢아졌고 자기가 오빠나 자신이나 가족을 다 망칠 것이라고 느꼈다. 그리고 실질적으로 어떤 일도 할 수 없을 만큼 에너지가 고갈되었다. 치료개입을 조직하고, 계획하고 치료개입을 실행하기 위한 통합적인 틀로 치료를 사용했던 발라흐 박사는 K가 치료를 통해 단단한 작업동맹을 만들어 내고 유지하도록 했다. 즉, 치료계획을 진행할 때 최상의 이득을 제공하기 위해 시기적절하게 개입하면서 치료에서 배운 것을 치료 밖에서의 환자의 인생으로 확대하도록 하는 것이다. 독자가 이 이야기에 관한 더 많은 정보를 풍부하게 참고할 수 있도록 세부적인 설명을 함으로써 저자는 치료자가 성향에 따라 적절한 시기에, 적절하게 실시한 기법을 보여 준다. 치료자는 마침내 환자에게 도움이 되는 바람직한 결과를 이끌어 냈다.

2장에서는 시에라레온의 사례가 애니 칼라이지안(Ani Kalayjian)과 조지아

나 소플레티(Georgiana Sofletea)에 의해 제시되고 있다. 저자는 희생자이면서 동시에 가해자였던 어린 병사의 감동적인 이야기를 말하고 있다. 이 장에서 기술된 잔혹행위는 내담자가 군대에 징집되었을 때 겪었던 저항 불가능한 과정을 보여 준다. 저자는 군대에서 탈출한 다른 아이와 함께 숲 속에서 생존하기 위해 매일 투쟁해야 했던 것과 민간전쟁이 끝났을 때 어떻게 숨어 있던 장소에서 나오게 되었는가를 이야기한다. 당시 24세였던 내담자는 2일간의 집단 치료와 개인 면담, 그리고 전화 상담을 통해 칼라이지만 박사가 창안한 7단계 생리심리와 환경정신적인 모델에 근거를 둔 치료를 받았다. 치료는 칼라이지만 박사가 창설한 단체를 통해 제공되었다. 이 단체의 임무는 천재나 인재에 의한 재난과 외상을 받은 세계 곳곳의 사람들에게 원조 활동을 하는 것이다. 내담자가 받았던 치료는 시에라레온에서 사회에 통합되는 데 어려움을 겪게 하는 외상증후군을 치유하고 어린 병사를 도우려는 노력을 보여 주었다. 이 장은 내담자가 어떻게 자신을 용서하는 것을 배우도록 도움을 받았는지, 어린 병사로 복무하면서 지역사회 구성원으로부터 받은 따돌림에 어떻게 대처하는지, 사회에 융합되기 위해 교육적으로나 경력상으로 어떻게 그를 돕는지 보여 준다.

3장에서는 아동 성학대, 위기개입, 그리고 보호 작업에 관한 짐바브웨의 사례가 기술되어 있다. 성적 학대를 당해 왔던 어린이를 직면하고 만나는 것은 너무 받아들이기 어려운 경험이기 때문에 모든 상담자가 이와 같은 사례를 다룰 수 있다고 보기는 어렵다.

마가렛 루쿠니(Margaret Rukuni) 박사는 지난 몇 년 동안 조국인 짐바브웨에 증가해 온 아동 성학대 문제에는 다른 대안이 없다고 느끼고 있다. 극단적인 가난, 갈등, 세계의 강대 세력에 의해 어린이와 가족이 굶주리게 되는 비극적인 영향을 받는 다른 많은 지역처럼 이곳에서도 가족과 친척이 그 해법을 찾고 있다.

루쿠니 박사는 집주인 아들인 소년으로부터 지속적으로 성적 학대를 받은 상처 입은 두 어린이를 치료한 경험을 되돌아보고 있다. 이 충격적인 사실이 알려졌음에도 즉각적으로 아동이 그 상황을 벗어날 수는 없었다. 처음에는 서로 갈등이 생겨 가족이 이동할 수 없었기 때문이었는데 거주지를 옮길 경우에 생길 금전적인 손실을 두려워했다고 볼 수도 있다. 루쿠니 박사는 이 사례의 추하고 끔찍한 양상에 큰 충격을 받았다. 그녀는 자신이 먼저 회복되었어야만 했다고 말한다. 어린 소녀를 위한 지지자로 활동하면서 가족과 재판소에 동행했는데 재판소는 학대받은 희생자의 편이 아니었다.

톰슨(Thompson) 박사와 아자부(Ajabu) 신부는 그녀와 함께한 일과 짐바브웨의 사회정치적인 배경에 관해 설명하였다. 이를 통해 폭력의 희생을 극복하려는 아동과 가족을 돕는 데 필요한 헌신과 기술의 한계, 어려운 사회 상황 속에서 바르게 살 수 없는 부모의 모습, 치료자로서 변호자인 두 가지 역할을 받아들여야 하는 심각성의 단면을 보여 주고 있다.

4장에서는 세넬 포이라즐리(Senel Poyrazli)와 메메트 에스킨(Mehmet Eskin)이 쓴 터키의 사례가 나온다. 저자는 이성애자가 아니라는 것을 공개하고 행동하는 데 영향을 미치는 문화적이고 종교적인 부분의 중요성을 지적하고 있다. 또한 터키의 현 상황에서 법적으로나 실제적으로 레즈비언, 게이 양성애자, 성전환자(LGBT) 집단에 대한 차별의 결과로 양성애적 정체성을 받아들이지 못하는 남자가 어떻게 극심한 정신신체적 상황을 겪는가를 설명하고 있다. 여성과 결혼해야만 한다는 가족의 요구와 사회의 기대에 내담자가 저항하는 어려움이 묘사되어 있고, 에스킨 박사가 인간중심 접근과 인지행동치료를 함께 사용함으로써 내담자가 어떻게 정신신체적 증상을 제거하고 양성애적 성향을 수용하는가 하는 부분의 개요가 드러나 있다. 또한 이 장에서는 LGBT 사람들에 대한 부정적인 태도와 편견을 경감시키는 국내의 긍정적인 발전도 논의하고 있다. 저자는 서구의 문화와 비교해 볼 때 보다 더 집단주의적이고 전통적인 문화의 영향을 받고 있는 내담자가 자신의 욕구와 목표와 문화적 기대 사이에 균형을 잡는 방법을 찾을 수 있도록 도움을 주는 접근이 보다 더 효율적인 치료 결과와 더 나은 정신건강에 기여할 수 있을 것이라고 내다보았다.

5장에서는 브리기테 쿠리(Brigitte Khoury)가 자기 가족과 원가족 사이에 끼어 있는 중년 여성의 사례를 소개하고 있다. 아랍에서는 레바논의 사례가 유일하다. 이것은 핵가족의 욕구와 문화적인 권리로 핵가족에 개입하려는 확대가족의 욕구 사이에서 일어날 수 있는 갈등을 다룬 독특한 사례다. 갈등이 해소되지 않을 때 이 사례가 보여 주는 것과 같이 우울과 불안이 일어날 수 있다. 쿠리는 이 사례에서 환자가 원가족에게서 더 많은 자유를 얻을 개인적인 권리, 그리고 동시에 부모의 사회적 요구도 배려하는 균형감각을 찾을 수 있도록 문화적으로 조화를 이룬 치료 모델을 보여 주고 있다. 체계이론을 활용하면서 쿠리는 확대가족과의 관계와 힘의 차이가 환자의 우울과 불안에 기여하는 점이 있을 수 있다는 것을 이해하도록 도움을 주었다. 또한 환자가 가족 간의 친밀한 관계에서 오는 사회적인 지지를 지키는 것이 중요하지만 이런 친밀함이 심리적인 증상을 야기시켜서 부정적인 정서와 경험으로 이어질 수 있는 경우에 문화적으로 적절한 범위 내에서 개인의 권리를 찾는 것도 중요하다는 것을 알 수 있도록 도왔다. 쿠리는 이런 문화적 유형에서 성공적인 치료를 제공하기 위한 열쇠는 어느 정도 독립성을 유지하려는 핵가족의 요구와 원가족에 대한 문화적인 의무와 충실함 사이에서 균형을 잡는 데 있다고 보았다.

6장에서는 창밍 두안(Changming Duan), 치아오밍 지아(Xiaoming Jia), 유지아 라이(Yujia Lei)가 선택한 사례로서 중국인 내담자를 대할 때 문화적 상황 요인에 대한 상담자의 태도와 비지시적인 치료가 어떻게 엮일 수 있는지를 선명하게 그려 내고 있다. 저자들은 내담자가 우수한 성적으로 사람들의 칭송을 받고 가족에게 영광을 돌리고 있음에도 불구하고 역설적으로 그것이 그의 고립감과 우울한 느낌에 어떻게 기여하고 있는지 설명하고 있다. 이 사례의 상담자와 슈퍼바이저는 정신역동과 인간중심 이론을 함께 활용하면서 가족에 대한 충성심과 다른 문화적 가치가 내담자의 사정과 치료에 관한 정보를 주는 데 매우 중요하다고 썼다. 지아 박사는 중국의 선구자적인 상담자 중 한 사람으로 상담자인 라이와 함께 이 사례를 감독하고 있다. 슈퍼바이저와 상담자가 내담자의 자화자찬에 대한 느낌에 관해, 치료의 한 시점에서 일어난 성적 욕구에 대한 내담자의 불편한 노출에 관해, 상담 장면 내에서 일어나는 역동에 관해 어떤 이야기를 나누었는가에 대한 설명은 정신치료를 하기 위한 앞으로의 학습에 대해 중요한 주제를 전개하는 데 도움을 주고 있다. 저자는 또한 세계에서 제일 인구가 많은 나라의 대학에서 행해지는 서구화된 상담 실제에 관해 기록하고 있다. 저자들은 최근에 이루어진 중국의 현대화가 개인주의적인 경향을 더 강화하고 있으며, 이런 경향이 현재와 미래에 중국이 정신건강에 지불하는 대가가 될 가능성도 있다는 사려 깊은 논의를 하고 있다.

7장에서는 로렌스 H. 거스틴(Lawrence H. Gerstein), 김영순, 김태선 등이 한국의 토착적인 모델인 한상담 모델에 근거해서 한국 여성내담자치료를 보여 주고 있다. 이 장에서는 치료자인 김영순은 서구 모델보다 한국 문화에 더 잘 맞는 상담 모델을 추구하고 있다. 그녀의 연구는 한 사상에 근거를 둔 한상담 모델로 이어지고 있다. 이 사상에서는 인간이 가장 중요한 존재이며 하늘과 땅, 그리고 우주의 일부다. 김영순은 토착상담 모델을 활용하면서 여러 역할의 균형을 잡지 못한 채 결혼 갈등을 경험하고 있고 아들과 문제가 있는 중년 여성내담자를 치료하고 있다. 이 사례는 시대가 현대화됨에 따라 한국 여성이 유능한 직업인이면서 동시에 양육을 잘하는 어머니가 되어야 한다는 압력을 받고 있음을 보여 주고 있다. 우리는 이 장에서 상담 치료자의 역할이 정신건강 치료를 제공하기 위해 한국적인 사고방식과 현대 이슈를 함께 잘 엮는 것이라는 것을 알 수 있다. 저자는 서구 중심적인 치료의 조망에서 조금 물러서서 문화적으로 적절한 모델을 창안하고 활용하는 움직임 쪽으로 독자의 주의를 끌고 있다.

8장에서는 안드레스 J. 콘솔리(Ándres J. Consoli)와 마리아 드 로스 엔젤레스(Maria de los Ángeles Hernández Tzaquitzal), 안드레아 곤잘레스(Andrea González)가 과테말라의 10대 청소년 치료에 관해 설명하고 있다. 서두에서 저자는 그들의 역사를 통한 토착민의 주변화 현상을 비평적으로 검토하고 있을 뿐만 아니라 민족의 가치와 문화적인 다양성으로 향하는 긍정적인 발전 부분에도 독자의 주의를 끌고 있다.

저자들은 독자에게 과테말라의 정신건강 서비스에 대한 일반적인 정보와 정부의 정신건강 서비스 기금이 도시지역에 더 주어지는 사회적 부당함 때문에 지방에 살고 있는 토착민이 더 주변화된 입장이 놓이게 된 결과를 야기시켰다는 정보를 제공하고 있다. 저자들은 마야 사람들의 관습을 기술하면서 과테말라의 토착민이 정신건강 문제에 대처하는 방법으로 어떻게 영성에 의존하고 있는지 보여 주고 있다. 이 장에 소개된 사례는 마야의 17세 소녀와 관련된 것이다. 그녀는 영적인 믿음에 근거를 둔 신경 증상을 경험하고 있다. 그녀는 극심한 스트레스 때문에 방에서 빛을 보기에 이르렀고 어떤 이미지나 형상을 실제적으로 느끼며 손이 목을 조르는 듯한 압력을 느끼게 되었다. 이 장에서 또한 우리는 치료자의 유능한 사례개념화를 볼 수 있고 서구적인 훈련과 마야의 영적인 믿음에 관한 지식을 함께 통합함으로써 성공적인 치료를 하고 있다는 것을 알 수 있었다. 이 장의 끝에서 저자는 마야에서 개인상담을 하고 있는 정신건강 상담자에게 매우 중요한 메시지를 남기고 있다.

9장에서는 2010년 1월 19일의 재해로 피폐해진 아이티에서 일어난 막대한 생명과 물질의 손실, 그리고 그 서비스에 초점을 맞추고 있다. 재난 샤크티(Disaster Shakti)는 인재와 천재의 가혹한 결과에 직면한 사람들에게 대응하는 단체다. 이 조직은 마을을 황폐화시킨 에이즈의 재해에 따른 예측할 수 없이 많은 수의 고아, 끔찍한 후유증, 정부의 방임, 대부분 빈민지역인 6 수용소에 일어난 폭력, 허리케인 카트리나와 리타가 지나간 후의 뉴올리언스의 재난 등에 대응하고 있다. 9장의 저자인 가르지 로이시르카(Gargi Roysircar)는 정신질환에 근거를 두지 않은 재난대응에 대해 이론적인 틀에 박히지 않은(그녀는 이것을 '이론의 전쟁' 이라고 부른다) 심리학적 접근의 필요성에 관해 쓰고 있는데, 근본적으로 환경에 그 접근의 도달점을 두고 있다. 재난대응에서 핵심적으로 중요한 것은 그 지역 주민 자신이 생각하지 못하는 우울증의 증후 같은 충격과 외상을 알아낼 수 있는 정신건강 전문가다. 그러나 아마도 심리적인 고통을 드러내는 외현적 증상을 확인하는 것보다 더 중요한 것은 박사와 학생 팀이 정신건강 상담자가 제공할 수 있는 최상의 것을 적용했다는 점이다. 그들은 무엇이 언제 필요하며 재난대응에 협조하기 위해 오는 사람들과 어떻게 일할 것인지, 그리고 이미 존재하는 원조를 활용해서 적극적인 대처방안을 세우는 데 어떻게 도움을 제공할 것인지를 인식하고 있다. 이미 황폐화된 곳에 배타적인 자선만 베풀러 온 것이 아니라 전문적으로 문제의 핵심에 도달하고자 하는 모든 개입을 실천하고, 문화적 전통의 힘을 활용하고 있다. 자신의 관점에 거스를 수 있는 세상의 관점이 존중받을 수 있도록 모든 배려를 한다는 것은 정말 얼마나 중요한 일인가? 로이시르카 박사는 어머니가 복부종양 질환이 있고 여러 측면에서 가족의 안정성을 흔들어 놓은 최근의 비극적인 일 때문에 고통받고 있는 아이티 가족의 복합적인 사례를 예로 들었다. 이 다중적인 문제를 지닌 사례에서 아버지는 지진이 일어났을 때 붕괴된 건물에서 사망했다. 가족을 오랫동안 도와준 치료자에게 있어서 딸의 남편 중에 한 명이 이러한 재앙을 일으켰다는 신념은 반가운 도전으로 받아들였다.

10장에서는 클레이(Clay)와 톰슨(Thompson)이 언론이나 전자매체를 통해 부정적으로 묘사된 사람들 중 하나인 미국 흑인의 이야기를 기록하고 있다. 이 두 흑인 여성 심리학자는 워싱턴 DC에 살고 있으며 흑인 남성과 가깝게 지내고 있다. 이들은 흑인 남성과 여성 사이에 존재할 수 있는 어려움과 남성은 여성에 대해 적대적이라는 사회적 메시지의 충격을 함께 인식하고 있다(White & Peretz, 2010). 클레이 박사는 59세의 흑인 남성인 T가 '우울증'과 아내와 자녀에게 느끼는 '소외감'과 '이질감'을 극복하고 싶다고 찾아온 이야기를 쓰고 있다. 클레이는 흑인 심리학자이며, 합리적 행동치료를 창안한 M. 몰츠비(Maultsby)에게서 영감을 얻었다. 클레이 박사가 내담자를 평가해서 얻은 실질적인 데이터에서 보여 주고 있는 것처럼 가족을 배려하도록 돕는 과제를 내담자에게 주는 접근을 했다. 그리고 점차적으로 이 도움이 그의 우울증과 소외감을 경감시켰다.

이 국제적인 연구의 마지막 장인 11장에서 셰아(Shea)와 레옹(Leong)은 정신치료(Leong & Lee, 2006)의 문화적 수정 모델(CAM)로 P 씨를 치료한 사례를 제시하고 있다. 저자는 부르주아 다중문화에 관한 문헌이 민감하게 개념화하고 치료하는 방식을 어느 정도 받아들이고 정신치료의 전통적인 모델을 통합하면서 상담자에게 길을 제시하는 데 어떻게 CAM을 활용할 수 있는지를 설명하고 있다. 박사의 내담자인 P는 1960년대에 하노이에서 성장한 47세의 남성이다. 매우 폭력적이고 폭압적이고 제어할 수 없는 베트남전쟁이 한창일 때 살아남았던 그는 환청, 망상적 사고, 그리고 다른 심각한 정신과적 증상을 보이고 있다. 이 장의 서두에서 그녀는 학생으로 미국에 이민을 온 중국 여성의 개인적인 경험을 드러내고 있다. 그녀는 점차적으로 어떻게 전문성을 얻게 되었는지, 이민이 점차적으로 개인에게 어떤 영향을 미치는지, 그리고 어떻게 심리학자로서의 역할을 통해 이 내담자를 최선의 방법으로 도울 수 있는지를 묻고 있다. 저자는 P의 욕구와 불만의 뿌리를 우선적으로 식별하면서 어떻게 협동했는가를 보여 준다. 또한 그녀는 P가 있는 병원의 직원이 종종 그에 대해 인종적이고 민족적인 일반화에 의한 성급한 결정을 내리는 것을 공개했다. 그리고 이것이 그의 불만을 더욱 충분히 조사하는 데 실패하게 한 요인이 되었다. 저자들은 장면 내에서 환자를 위한 변호 역할의 중요성을 논의하고 있으며 어떤 병원의 직원은 육체적인 불만에 대해 좀 더 조심스럽고 문화적으로 민감하게 그 불만을 받아들이는 대신, 약물을 사용하는 경향이 있을 수 있다는 것을 논의하고 있다.

결론적으로 우리는 이 책이 세계의 건강 문헌에 덧붙일 필요가 있다는 것을 강력하게 믿고 있다. 그 이유는 사회정치적인 문제를 포함한 문화에 대한 지식을 심리학 이론, 연구, 실천에서 궁극적으로 어떻게 향상시킬 수 있는가를 이 책에서 보여 주려고 시도하고 있기 때문이다. 우리는 이 책이 세계의 곳곳에서 일하는 상담자가 서로 협동하는 경험을 할 수 있는 기회를 줌으로써 국제적인 심리학의 목표에 기여할 수 있다고 믿고 있으며 이 위대한 일이 이 협동을 통해 이루어질 수 있다는 것을 보여 주고 있다.

이 협동은 구성원의 결속을 구축하기 위한 핵심 양상인 상호 간의 존중 위에 세워져 있다. 각 파트너는 정신적 · 사회적 · 경제적으로 번영하는 속에서 집단주의를 지키려는 사람들의 힘을 인식하고 있다. 이 책의 독자가 각 장을 읽고 저자들의 작업에서 유익함을 얻기 바란다. 그리고 세계에서 일어나는 정신건강 실천에 관련된 지식을 다양하게 증진시키고 이 지식을 통해 그들의 연구, 가르침, 자문, 혹은 임상실천에서 방향을 찾을 수 있기를 바란다.

참고문헌

Brock, A. (2009). *Internationalizing the history of psychology.* New York: NYU Press.

Cushman, P. (1995). *Constructing the self, constructing America: A cultural history of psychotherapy.* Reading, PA: Addison-Wesley.

Denmark, F. L., Krauss, H. H., Wesner, R. W., Midlarsky, E., & Gielen, U. P. (Eds.) (2005). *Violence in the schools: A cross-cultural and cross-national perspective.* New York, NY: Springer.

Feldman, R. S. (2010). *Adolescence.* Upper Saddle River, NY: Prentice Hall.

Gerstein, L. H., Heppner, P. P., AEgisdottir, S., Leung, S-M. A., & Norsworthy, K. L. (2009). *International handbook of cross-cultural counseling: Cultural assumptions and practices worldwide.* Thousand Oaks, CA: Sage.

Gibbons, J. L., & Stiles, D. A. (2004). *Thoughts of youth: An international perspective on adolescents' ideal persons.* Greenwich, CT: Information Age.

Grenwald, G. (n.d.). Curriculum and training committee: Online survey on internationalizing psychology courses [Web log post]. Retrieved from http://www.internationalpsycology.net

Guthrie, R. V. (1998). *Even the rat was white: A historical view of psychology* (2nd ed.). Needham Heights, MA: Allyn & Bacon.

Hays, P. A. (2007). *Addressing cultural complexities in practice, assessment, diagnosis, and therapy.* Washington DC: American Psychological Association.

Heppner, P. P., AEgisdottir, S., Seung-ming, A. L., Duan, C., Helms, J. E., Gerstein, L. H., & Pederson, P. B. (2009). The intersection of multicultural and cross-national movements in the United States: A complementary role to promote culturally sensitive research, training, and practice. In L. H. Gerstein, P. P. Heppner, S. AEgisdottir, S. A. Leung, & K. L. Norsworthy (Eds.), *International handbook of cross-cultural counseling: Cultural assumptions and practices worldwide* (pp. 33-52). Thousand Oaks, CA: Sage.

Leong, F. T. L., & Lee, S. H. (2006). A Cultural accommodation model of psychotherapy: Illustrated with the case of Asian-Americans. *Psychotherapy: Theory, Research, Practice, and Training, 43,* 410-423.

Malley-Morrison, K., & Hines, D. (2003). *Family violence in a cultural perspective: Defining, understanding, and combating abuse.* Thousand Oaks, CA: Sage.

Martín-Baró, I. (1994). *Writings for a liberation psychology.* Cambridge, MA: Harvard University.

Mukhopadhyay, C. C., Henze, R., & Moses, Y. T. (2007). *How real is race? A sourcebook on race, culture, and biology.* Lanham, MD: Rowman & Littlefield Education.

Nobles, W. W. (1972). African philosophy as a foundation for Black psychology. In R. L. Jones (Ed.), *Black Psychology* (pp. 18-32). New York, NY: Harper &

Row.

Parham, T. A. (2009). Foundations for an African American psychology. In H. A. Neville, B. M. Tynes, & S. O. Utsey (Eds.), *Handbook of African American psychology* (pp. 3-18). Thousand Oaks, CA: Sage.

Pickren, W., & Rutherford, A. (2010). *A history of modern psychology in context.* New York, NY: Wiley.

Stevens, M. J., & Wedding, D. (2004). International psychology: An overview. In M. J. Stevens & D. Wedding (Eds.), *Handbook of International Psychology* (pp. 1-21), New York, NY: Brunner-Routledge.

White, A. M., & Peretz, T. (2010). Emotions and redefining Black masculinity movements of two profeminist organizers. Men and Masculinities, 12, 403-424.

02

The Case Study of Therapy With a Swiss Woman: An Action Theory Perspective

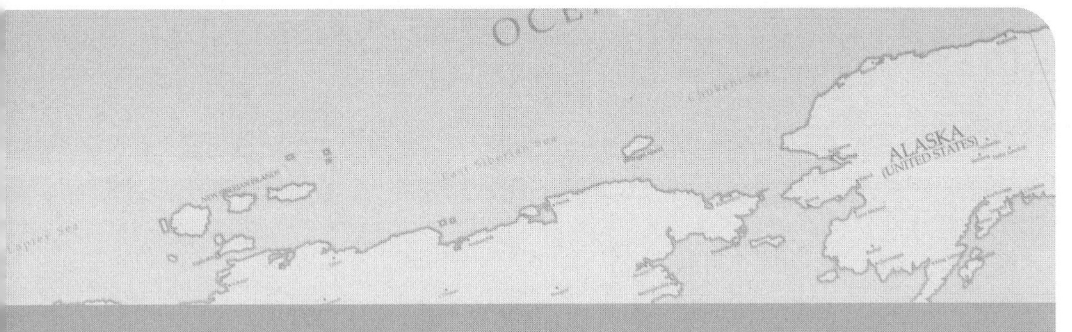

스위스 여성과의 상담사례

행위(Action) 이론의 전망

ARCTIC OCEAN

Beaufort Sea

Chukchi Sea

East Siberian Sea

Laptev Sea

ALASKA (UNITED STATES)

Bering Sea

Sea of Okhotsk

NORTH PACIFIC OCEAN

HAWAIIAN ISLANDS

MONGOLIA

KOREA

JAPAN

CHINA

East China Sea

TAIWAN

Philippine Sea

Northern Mariana Islands

MICRONESIA

MARSHALL ISLANDS

MARSHALL

MICRONESIA

KIRIBATI

NAURU

PHILIPPINES

CAROLINE ISLANDS

PALAU

South China Sea

TUVALU

MYANMAR

LAOS

THAILAND

CAMBODIA

VIETNAM

MELANESIA

SOLOMON ISLANDS

PAPUA NEW GUINEA

BRUNEI

MALAYSIA

INDONESIA

VANUATU

FIJI

Coral Sea

TIMOR-LESTE

AUSTRALIA

Tasman Sea

NEW ZEALAND

02 스위스 여성과의 상담사례

행위(Action) 이론의 전망

Ladislav Valach
Richard A. Young

치료자

발라흐는 여러 측면에서 유능한 정신과 의사로 알려져 있다. 좋은 평가를 받는 임상가에게 슈퍼비전을 받았던 훈련이 이 장에서 소개하는 사례를 잘 다루는 데 도움이 되었다. 우리 경험에 비추어 볼 때 발라흐가 환자와 함께 이루어 낸 성과는 동료와 일반 의사 및 정신과 의사에게 유능한 것으로 보였다. 슈퍼바이저는 발라흐 박사의 사례를 이론적인 충실성 측면에서 높이 평가했다.

마지막 치료를 종결할 때 환자는 다음과 같이 보고했다. 자신이 치료자를 찾아왔던 이유는 사라졌고, 바람직한 행위, 프로젝트, 커리어와 더불어 바람직한 삶을 지속할 수 있게 되었다고 했다. 일반적으로 발라흐는 대인관계에 초점을 맞춘 인지행동 치료 내에서 치료를 실천했다(Grawe, 2004). 그는 이 기본 접근의 틀 내에서 다양한 접근을 도입해 맥락적 행위 이론의 광범위한 관점에서 접목시켰다. 이 장에서는 이 방법을 논의하고 있다.

환자, 치료자, 치료라는 말이 이 장에서 일반적으로 사용되고 있다. 정신치료와 상담 사이를 구분할 때 그 사람이 정신질환 진단을 받았는지에 근거를 두는 경향이 있다. 그러나 우리 관점에서 본다면 정신치료와 상담은 그 차이점보다 겹치는 부분이 훨씬 더 많다. 확실히 치료와 상담은 둘 다 무의식적인 과정에서 일어난 이슈와 일상생활에서 일어나는 문제와 정서적 기억도 함께 다룰 수 있어야 한다. 이 장에서 환자, 치료자, 치료라는 말을 사용하는 것은 치료가 진행되었던 장소의 영향을 받았다. 발라흐의 만남은 의료 상황에서 이루어졌다. 그래서 이 개념이 흔히 사용된 것이다.

사 례

환자는 40대 초반의 기혼 여성으로 10대 후반의 자녀가 세 명 있다. 작은 체구에 짧은 머리 스타일을 하고 스포티한 외모를 지니고 있다. 이 장의 목적에 따라 그녀의 가명을 K라고 부르겠다. 스위스의 전문적 관계의 관례를 따라 치료자는 그녀를 K 부인이라고 부르고 그녀는 치료자를 발라흐 박사라고 불렀다. 발라흐는 그녀를 성이 아닌 이름으로 부르지 않았다. K는 환자-치료자 관계에 대한 부분과 그녀의 진술을 사용해도 좋다는 데 동의하고 서명했다.

처음 상담에서 K는 오빠가 혼수상태로 응급실에 입원한 이래 에너지가 결여되어 고통을 받고 있다고 호소했다. 그동안 부모는 아들의 치료를 주선하고 그 일에 관련된 규정된 절차를 해 나가는 데 전적으로 무력했고, K는 자기가 혼자인 것처럼 느꼈다. 그 일에 관한 질문을 받자 그녀는 사춘기 초기에 유사한 느낌을 가졌다고 말했다. 그때 부모는 말다툼이 잦았는데 처음에는 별거했다가 다시 재결합했다. 당시 K는 어머니를 보호하고 가족 간에 분쟁이 있을 때 어머니의 입장을 지지했다. 그러나 결국 어머니가 남편에게 돌아가기로 결정했을 때 그녀는 포기했다. K의 아버지는 충동적이었고 공격적인 성향을 지니고 있었다. 그녀는 아버지를 두려워했지만 아버지가 그녀를 때린 적은 거의 없었다. 아버지는 아내가 부정하다고 공격했고 K는 오랜 세월이 흐른 후에야 어머니가 혼외정사를 가졌다는 사실을 알게 되었다. 그녀는 미리 이 사실을 알았더라면 어머니의 결백에 근거를 두고 어머니 편을 들지는 않았을 거라고 말했다. K는 이 진실을 알고서 몹시 무기력해져서 다른 사람들의 도움에 의지하였다.

K는 아버지가 그녀의 자기존중감에 관해 인정해 주고 알아 주지 못한 것이 아쉬웠다고 말할 때 마음의 동요를 보였다. 그녀는 또 자신이 매우 약하게 느껴졌던 4년 전 일에 대해 말했다. K의 아버지는 그때 15세였던 딸이 축구 팀에서 축출된 다음 매우 우울해졌던 것이다. 더 나아가 그녀는 10년 동안 지역사회의 정책에 관여해 왔었는데 적대적인 분위기 때문에 그곳을 떠나게 되었다고 말했다. 그녀는 자신의 자녀가 취학하면서 정치적 개입을 시작했다.

K는 어머니가 언니에게 그랬던 것처럼 자기 문제 때문에 자녀에게 짐이 되는 것을 절대 원하지 않는다고 언급했다. K는 언니와의 관계에 대해 하소연했다. 언니는 두 번 이혼하고 다른 남자와 결혼했는데 그 남자는 그녀가 말한 대로라면 '……결코 일하지 않고 돈도 없는 사람' 이었다. K의 언니는 K에게 끊임없이 재정적 지원을 요청했다. 이 관계는 치료가 끝날 무렵에 다루어졌는데 그 시기는 K가 직업 때문에 언니와 자주 만나야 했을 때였다. K는 지속적으로 떠오르는 침투적인 생각에 관해 호소했다. 이 장에서 우리는 K의 사례에서 두 가지 측면에만 집중하고 있다. 원가족의 문제와 딸과의 관계에서 오는 도전이다. K의 남편 문제와 그녀의 직업적인 문제와 관련된 것은 간단하게만 언급될 것이다.

상 황

스위스는 잘 발전된 교육과 의료 체계를 갖춘 역사 깊은 서유럽의 나라다. 시민은 전문가가 적절한 자격을 갖추고 있기를 기대하며 적절한 전문기관으로부터 감독 받기를 원하고 있다. 다른 많은 국가처럼 심리상담 서비스가 어느 정도는 비전문직에 의해 수행되고 있지만 이 서비스가 전문가에 의해 제공되는 것은 관습적인 것이다. 전문적인 서비스를 사용하는 사람들은 서비스의 효율성이 서비스 제공자의 신용에 근거를 두고 있어야 하며 궁극적으로 과학적인 세계관에 근거하고 있는 것이 당연하다고 생각한다.

이 사례에 관련된 치료자는 심리학에 정통하고 심리치료의 자격을 인정받은 사람이다. 그는 의료 상황 내에서 일하고 있기 때문에 더 적법성을 갖추고 있다(다른 세 명의 동료는 의사다). 그의 서비스에 대한 비용은 스위스의 모든 주민이 의무적으로 가입하고 있는 건강보험에서 지불된다(그가 일하고 있는 곳은 환자의 치료와 청구서에 관한 책임을 정신과 의사가 지는 체제로 운영되는 곳이다). 따라서 이 서비스는 모든 계층의 사람이 사용할 수 있고 환자 대부분은 주치의로부터 정신과 치료를 권유받고 있다. 그럼에도 불구하고 어떤 집단의 사람들은 다른 사람들보다 이 서비스를 더 많이 이용한다. 말하자면 남자보다 여자가, 젊은이보다 중년층이, 자국민보다 이민자가 더 많이 이용하고 있다.

이 여성 환자와 장기적 상황에 관련된 측면은 지난 100년간 스위스 사회에서 여성의 상황에 따라 발전되어 온 것이다. 스위스는 다른 유럽 국가, 즉 프랑스, 영국, 독일 등의 나라보다 늦게 산업화가 이루어졌다. 게다가 20세기 초 50여 년 동안 스위스는 다른 유럽 국가처럼 빠른 사회적 · 인구적 변화를 겪지 않았다. 예를 들어, 제1차 세계대전과 제2차 세계대전을 겪는 동안 많은 여성이 산업 현장으로 이동했지만, 스위스에서는 전통적인 역할에서 현대적인 역할로 옮겨 가기까지 다른 산업화된 유럽 국가보다 더 오래 걸렸다. 이런 변화의 지연은 정치적인 권리(선거권은 1972년에 연방 전체에 도입되었다)뿐만 아니라 여성은 교육을 받거나 부계가정 혹은 집과 관련이 없는 곳에서 직업을 갖지 않아야 한다는 기대, 그리고 가족 내에서나 다른 인간관계에서 자기 역할에 대한 여성의 자기 이해 등에도 존재했다.

동시에 1984~2009년에 이혼율이 28.9%에서 47.7%로 올라갔다(Federal Statistical office, 2011a). 또한 스위스 사람들은 확장된 행정기관과 함께하는 강력한 중앙정부나 왕실이 없기 때문에 공무원이 되려면 거기에 필요한 학문적인 교육보다 실질적인 직업이나 직업 경험에 더 충실해야 했는데, 즉 직업의 세계에서 성공하는 요인이 더 높은 고등교육에 얽매여 있는 것은 아니었다. 이런 일은 여성에게 더 자주 나타났고 중년이나 나이 든 여성이 남성보다 더 높은 교육이나 훈련을 받는 경우는 드물었다. 그렇지만 오늘날에는 특히 비기술적 분야에서 고등교육을 받는 젊은 여성이 크게 증가하고 있다.

2008~2009학년도에 직업교육 체제(tertiary education system)에서 234,799명의 학생이 재학했는데, 그중 49.7%가 여성이었다. 의무교육을 받은 여성의 비율이 1980~2010년에 48.6% 정도로 변동이 없었는데 대학에 다니는 여성의 비율이 32.5%에서 50% 이상으로 상승했다. 1980년 32.5%에서 2010년 50.1%로 상승한 것이다. 이런 일은 이 사례에 나오는 환자와 관련이 있는데 그녀는 고등교육 없이 수습 기간을 거쳐 자격을 취득하였다.

이 사례는 외국에서 태어난 스위스인의 상황과도 관련이 있다. 치료자는 1969년부터 스위스에 살기는 했지만 외국에서 태어난 사람들 중 하나였다. 스위스는 지난 50년 동안 많은 이민자를 받아들였다. 최근 10~20년 동안은 인구 분포의 근본적인 양상이 이민과는 거리가 멀었는데 거기에는 두 가지 뚜렷한 이유가 있다(Gross, 2006). 이민의 첫 번째 집단은 대체로 발칸

반도나 터키에서 왔는데 전문직이 아닌 일반 노동자였고 그중 젊은이는 종종 떼를 지어서 공공장소에 나타나거나 적대적이고 공격적인 태도를 노출했다. 두 번째로 많은 이민 집단은 다른 교육제도 아래서 잘 교육받은 집단으로 독일인이 많다. 이들은 스위스인이 갖고 있지 않은 학교와 대학의 학위를 지니고 있어서 결과적으로 그들은 좋은 직장을 놓고 경쟁하게 되었다(Müller-Jentsch, 2008). 2009년 25~64세의 연령에 해당하는 외국 인구의 30%는 의무교육 이후 교육이나 훈련을 받지 못했다(스위스에 사는 사람들 중에서는 13%가 이런 것들을 받지 못했다). 그렇지만 25~64세의 외국 인구 중 30%는 고등교육을 받았다. 스위스의 30%가 이 교육을 받았는데 1997년에 응용과학 대학의 도입으로 1996년 22%에서 2010년에는 35%가 이 교육을 받았다(Federal Statistical office, 2011b).

게다가 환자는 특별히 종교적인 것은 아니지만 소박하고, 직업을 소명으로 삼는 개신교 문화 출신으로 그 문화에서는 성취와 겸손한 태도가 높은 가치를 지니고 있다. 반면에 치료자는 예전 체코의 바로크 문화의 전통을 지니고 있는 가톨릭 문화 속에서 성장했다. 사회적인 만족도와 사회계층의 입장에서 본다면 스위스는 외국 집단과 어떤 부분이 동떨어져 있는 상당히 동질적인 사회다. 물론 그 부유함에서가 아니라 사회적인 생활방식에서 그렇다. 따라서 환자와 치료자 사이에 사회적인 차이가 있음에도 불구하고 두 사람의 일상생활은 어떤 면에서 유사한데 그 이유는 스위스 사회의 동질적인 생활방식 때문이다.

더 관련이 있는 점은 스위스의 교육체계가 지난 15년 동안 본질적인 변화를 겪어서 응용과학과 관련된 많은 대학이 문호를 열어 넓은 범주의 다양한 과목을 고전적인 대학입학자격 시험과 관계없이 제공하게 된 것이다. 최근까지 교육기관과 학교교육, 정치적인 참여와 지지 정당, 징병제, 민간 방위는 계층이나 부귀의 장벽 없이 사람들이 같은 목적으로 서로 만나는 '용광로(Melting Pot)'였다. 스위스에서는 과시적인 상류사회의 태도가 유복한 계층 사이에서도 인기가 없다.

최근의 경향은 스위스 사회의 동질성에 변화가 오고 있는 추세다. 최근에 와서야 사립학교가 크게 인기를 끌고 있고 상류층에게 더 나은 교육을 제공하고 있다. 군대는 언어와 문화가 다른 세 지역의 사람들이 전통적으로 함께 뒤섞이는 제도로서 경력 촉진제의 역할을 했지만 현재는 인기가 떨어지고 연관성도 사라졌다. 통합적이고 계층 간 차별이 없는 제도였던 민간방위의 관련성은 점차 감소하고 있다. 정치에서 두드러지는 대중매체의 역할로 언어적인 달변, 사고의 신속함, 잘생긴 외모 등이 정치인의 선출 범주가 되면서 전문적인 계층이 갑자기 정치 제도에서 과다하게 노출되고 있다. 그럼에도 불구하고 최근까지 교육의 기준은 이 사회의 동질성의 근거를 제공하는 도제제도(인구의 60% 이상)에 있었다.

치 료

K와는 일 년 동안 27번 만났다. 치료는 지금도 계속되고 있으며 상담은 매번 90분 동안 실시하였다. 이것은 환자가 제기한 문제를 다루는 경우에 보편적인 시간 설정이다. 90분 동안 만나는 것은 건강보험의 지원을 받는 치료자의 선택이었다. 이미 언급된 것처럼, 제기된 문제는 첫 번째 회기에서 그녀가 한 진술과 같다. 첫 번째 회기에서 치료자는 K가 어떤 사람으로 보이고 싶은가 하는 정체성의 목표를 확인하도록 격려하고 자신의 정서에 관해 이해할 수 있도록 도움을 주었다(Michel & Valach, 2010). 그리고 자신의 느낌과 정서에 관한 표현을 하도록 이끌었는데, 예를 들어 아버지에게 인정받지 못한 것과 자아존중감에 관한 이야기였다. 이런 표현을 할 수 있는 안전한 틀이 제공되었고 유사한 정서적 경험을 탐색하도록 북돋아 주었다. 환자와 치료자는 이완 연습을 논의하였다. 환자는 자율훈련에 익숙했

는데 이완 연습은 지난 세기 초반에 J. H. 슐츠(Schultz, 1937)가 고안한 이완 기술이었다. 그리고 숫자 세기 연습과 숨쉬기 연습을 완수하였다. '생각을 말로 나타내기'는 침투적 사고를 다루는 데 제공된 첫 번째 도움이었다. 그녀의 삶에서 초기에 정착된 과제는 "나는 가족의 행복과 평화에 책임을 져야만 한다."는 것이었고 이를 일생의 이력으로 받아들였다. 이탤릭체로 된 이 개념은 나중 회기에서 설명될 것이다. 치료자는 또한 심리치료 절차(공식적인 건강보험 등)에 관해 설명했다. 환자는 처음 말을 꺼낸 후 치료자가 언급하지는 않았지만 K의 스위스-독일 방언의 악센트를 잘 이해하고 있다고 확신했다.

치료의 평가

치료자는 우선적으로 다른 치료 양식을 활용하기는 했지만 K와의 상담 회기 시리즈에서는 맥락적 행위 이론(action theory) 관점에서 토론하였다. 따라서 인지행동치료의 잘 알려진 원칙이나 기술은 여기서 자세하게 설명하지 않을 것이다. 맥락적 행위 이론은 치료자가 치료과정과 병행하는 환자의 인생 경험을 통합하기 위한 틀로 적용하였다. 이 방법은 상담자와 치료자가 같은 목적으로 사용한다. 간단히 말해서 맥락적 행위 이론은 사람들이 자신과 다른 사람들의 행동을 목표 지향적으로 이해하고 있다는 전제에 근거를 두고 있다(Young, Valach, & Collin, 1996, 2002). 치료의 중간과정쯤에서 행위가 같은 목적을 가지고 연합될 때 프로젝트로 확인되었다고 볼 수 있다. 이 사례에서는 치료 자체가 치료자와 K 사이의 공동 프로젝트로 이해될 수 있다. 긴 시간 동안 함께하는 프로젝트를 모으는 것은 커리어를 구축하는 데 기여한다. 예를 들어, 이 사례에서 환자의 커리어는 자신의 진술에서 명확해진다. 행위, 프로젝트, 커리어는 사회적으로 함께 나누는 목표에 의해 가속화된다. 이 목표는 내면적인 사고와 느낌, 참여자와 함께하는 행위와 프로젝트 속에서 이루어지는 소통을 통해 통제되고 규정된다. 이들은 또한 구체적인 행동기술, 습관, 무의식적인 관점, 내면과 외면의 자원에 반응하는 구체적인 행동에 의해 구성된다.

영과 동료들(Young et al., 2011)은 행위 이론의 조망에서 다섯 가지 기본 치료작업을 확인하였다. 그 내용으로는 ① 작업 동맹을 창조하고 유지하기, ② 내담자가 치료와 인생의 과정을 연결하도록 돕기, ③ 내담자가 과제와 행위의 체계와 수준을 확인하도록 돕기, ④ 내담자가 정서와 정서적인 기억을 다룰 수 있도록 돕기, ⑤ 내담자가 자신과 관련된 진행 과정 중에서 최상의 목표, 방법, 조절 과정을 찾을 수 있도록 돕기 등이다. 이 치료작업이 사례에 관한 토론의 근거를 이루고 있다.

작업동맹을 창조하고 유지하기

심리치료에서 가장 중요한 일 중 하나가 작업동맹을 창안하고 유지하는 것이다(Constantino, Castonguay, & Schut, 2002; Michel & Jobes, 2011). 내담자-상담자 관계는 성공적인 결과를 얻기 위해 매우 중요하다(Martin, Garske, & Davis, 2000). 이 관계는 진솔성과 존중의 성향을 띠며, 두 참가자의 의도를 서로에게 알려야 한다. 따라서 작업동맹은 목표 지향적인 일반 과정의 중요한 모델을 제공하는 것처럼 치료의 관계를 이해하고 활동하기 위한 중요한 모범이 된다. 일단 상담 관계에서 상담자의 자기 인식과 구체적인 상황이나 도전이 어떻게 다루어지는지 관심을 기울이는 것 같은 높은 단계의 치료 기술이 적용된다.

작업동맹과 관계를 수립하는 것은 내담자-상담자와 치료자가 조우하는 첫 번째 이슈다. 그리고 치료 기간 동안 가장 중요한 부분으로 남아 있게 된다. 따라서 처음 K를 만났을 때 치료자의 모든 행위는 좋은 작업동맹을 성취하는 목표에 의해 이끌어졌다. 어쨌든 우리는 치료자가 위에 확인된 다른 네 가지의 일을 동시에 깨닫고 몰입하기를 바란다. 이는 치료자가 작업동맹을 충분히 추구하고 발전시키기 전에 내담자-치료자가 함께하는 작업의 목적뿐만 아니라 치료의 맥락과 이러한 과정에 내포된 원리를 이해할 수 있게 한다. 따라서 치료자와 상담자는 개인적인 경험과 내담자의 행위 시스템에 근거한 작업 관계를 형성해 나갈 수 있다.

우리는 작업동맹을 구축하는 데 두 가지 자원을 구분하고 있다. 작업동맹을 수립하는 첫 번째 시도는 예의 바름, 매너, 공감, 고객과 연관된 기술 등등의 일반적이고 문화적인 규칙에 기반을 두고 있다. 이 관습은 중요하다. '예의 바르고 친절하고 공감적인 행동, 친근하고 감칠맛 있고, 청결하고 마음에 드는 환경, 명료하고 단순한 언어, 그 문화 속에서 관습적인 행동 규칙의 준수' 등이 좋은 관계를 형성하는 데 도움을 준다. 이 규칙은 정확하지만 친절하게, 그리고 너무 지나치게 공식적이거나 너무 느슨하지 않게 환대와 초대를 하는 것이다. 주의 깊은 질문, 지나치게 장황하지 않은 간결한 개입과 겸손한 태도를 유지하는 것 등이 이들 관례의 일부다. 우리는 만나는 첫 순간에 이루어지는 일상생활의 첫인상의 힘을 결코 과소평가하지 않는다. 물론 상담자와 치료자는 이 첫 번째 순간에 내담자와 연결을 맺는 특별한 기술을 지니고 있다. 그렇지만 작업동맹에는 친근한 만남보다 훨씬 더 많은 부분이 있다. 작업동맹을 구축하는 것은 첫 번째 회기의 몇 가지 전략에만 국한되는 것은 아니다. 오히려 이 일은 치료 전 과정 동안 조화를 이루어야 한다. 말하자면 치료는 목표 지향적인 과정에서 순서에 따르는 체계적인 공동 활동의 일부여야만 한다.

치료자는 환자의 현재 진행 중이며 목표 지향적인 과정, 좀 더 정확히 말하면 환자가 촉진하는 목표 지향적인 과정을 지지하기 위해서 환자와 함께 준비해야 한다. 이렇게 함으로써 치료자는 목표를 확인하고, 다른 활동과 프로젝트를 변화시키는 다양한 목적의 중심을 잡을 수 있다. 이 작업은 특히 리네한과 동료가 상세하게 묘사한 변증법적인 행동치료과정과 치료 자료 속에 상세하게 설명되어 있다(Linehan et al., 1999). 작업동맹의 시도는 커리어, 프로젝트, 행위 체계에서 이루어져야만 한다. 이들 시스템을 함께 엮어 나가는 것은 커리어와 많은 과제를 엮고, 마지막으로 다양한 행위를 엮는 것이다. 더 나아가 과제로 향하는 행위와 커리어를 향하는 프로젝트 간의 관계가 명료화되고 발전되어야 한다.

결국 시스템의 순서의 모든 수준(조절에서부터 규정까지)은 그 목표가 있어야 하며 작업동맹을 구축하고 유지하는 과정에서 활용되어야만 한다. 예를 들어, 앞에 언급한 것과 같이 내담자의 정체성 체계 속에서 지지적인 관계를 맺음으로써 치료자는 내담자의 다른 체계, 말하자면 문제 있는 관계 등의 부분을 다루는 데 보다 나은 작업동맹을 성취할 수 있다는 것을 우리는 알고 있다(Michel, Dey, Stadler, & Valach, 2004). 더 나아가 정리된 개입을 하고 적절한 목표를 지닌 행위 전략을 다루는 것은 사전 동의를 성취하는 데 도움이 되고, 이 동의는 작업동맹에서 중요한 부분을 이룬다.

이는 아주 일반적인 개념 안에서 맥락적 행위 이론의 틀이 어떻게 작업동맹의 이슈에 적용되는가를 설명해 주는데, 이에 대해 다음 부분에서 더 설명하고자 한다.

연결치료와 인생의 과정

치료와 인생의 과정이 연결될 수 있는 한 가지 방법은 내담자가 광범위한 이야기를 할 수 있는 여지를 마련해 주는 것이다. K의 경우, 치료자는 여지를 주면서 경청하고 환자의 독자적인 목표와 정서를 공감해 줌으로써 그녀가 자신의 이야기를 할 수 있도록 도움을 주었다. 또한 K는 다른 관계의 과제와 치료 과제 속에서 책임의 문제를 언급하기를 배웠을 때 치료적인 만남, 치료 과제와 인생의 과제를 연결시키도록 촉진되었다.

그녀는 회기와 치료 과제에서 소극적인 환자나 희생자가 아닌 적극적이고 중요한 역할을 맡고 있는 것으로 대우받았다. 동시에 그녀는 자신이 인생에서 적극적이고 중요한 부분을 맡고 있다는 것, 스스로의 인생을 일으켜 세울 수 있다는 것, 자신이 독특하며 자신만의 인생을 살기에 가장 적절하다는 것을 확신할 수 있었다. 그녀는 회기 내에서 많은 이슈를 결정할 자유가 주어졌고 이 자유를 받아들여 치료 밖의 인생에서도 동등하게 적용할 수 있었다. 치료자의 언어는 '그녀가 걱정하고 있는 것은' 에서 '그녀가 현재 노력하고 있는 것은, 그녀가 성취할 수 있는 것은, 그녀가 향상하고 싶은 것은 무엇인가.' 로 변화되었다. 더 나아가 치료행위의 목표 지향적인 조직과 프로젝트는 환자의 치료 전의 인생과 치료 후의 인생을 연결해 주었다.

K에게는 자기 자신으로 활동하기를 배우고 치료과정에 공동 목표를 갖게 된 것이 치료 밖의 생활과 강력한 연결이 되어 주었다. 그녀는 치료받을 때와 다른 프로젝트를 행할 때 정서를 표현하는 것을 배웠다. 치료 중에 그리고 치료 후에 일어나는 활동과 과제, 그리고 치료 전 커리어의 목표 지향적인 시스템을 연결시키는 작업은 치료 전 과정의 목표 지향적인 행위, 프로젝트와 커리어를 확인함으로써 촉진되었다. 따라서 환자는 "이 활동을 할 때 목표를 따라갈 수 있게 된다."는 가설을 세우도록 격려받았다. 치료에서 환자의 일상적인 이슈를 다루는 것과 일상생활에서 환자가 관련을 맺는 과정을 알아보는 것은 필수 연속성을 제공해 주었다. 환자는 일상의 경험을 뛰어넘어 개념화를 사용하는 추상적인 세계로 인도되지 않았다.

게다가 공동 목표지향적인 시스템에서 일어나는 과정을 확인하는 것도 같은 효과를 내었다. 즉, 환자의 이슈는 어떤 정신적이거나 개인적인 문제의 지표를 가리키는 것으로 사용되지 않고 치료 장면에서 구체적인 이슈로서만 다루어졌다. 덧붙여서 방향을 조정하고 통제하고 규제하는 데 있어 구체적인 세부 과정에서 치료 전, 치료 중, 치료 후에 적용되었던 공동의 목표 지향적인 속성을 확인하는 것이 이 세 과정 간의 연계를 또한 강화시켜 준 것은 다음에 논의될 것이다. 우리는 자살하고 싶은 충동의 이슈를 논의할 때 자살에 대해 목표 지향적인 행위로 접근했다(Michel & Valach, 2002; Valach, Young, & Michel, 2011). 이 접근은 목표 지향적인 과정의 치료적인 개입을 반영한다. 이것은 환자가 자신을 무력하게 보는 것에서 점점 더 변화하여 자신을 인생의 적극적인 에이전트이자 활동가로 보는 것이고 이는 곧 그녀의 활동과 과제 속에서 이루어지는 것이다.

행위, 프로젝트, 커리어의 시스템과 수준 확인하기

치료의 한 가지 어려운 점은 치료자와 환자가 행위, 프로젝트, 그리고 환자 일생에서의 모든 전망을 이해하는 데 있다. 우리는 이를 행위, 프로젝트, 커리어의 시스템과 수준을 확인하는 것이라고 부른다. 시스템은 행위, 프로젝트, 커리어를 말한다. 수준은 행위의 목표, 기능(통제 과정), 그리고 행위, 프로젝트, 커리어의 요소(조절 과정)를 말한다.

행위, 프로젝트, 커리어의 시스템

K의 이야기는 그녀가 파괴적인 커리어, 프로젝트, 행위만큼이나 건설적이고 인생을 향상시키는 일에도 늘 관여해 왔음을 보여 준다. 여기에는 관계의 커리어(남편, 아이들, 어머니, 아버지, 자매, 낭만적인 관계를 맺은 사람, 직장 상사 등)와 정체성의 커리어(여성, 동생, 딸, 엄마, 직원, 아내, 주부, 정치인, 친구, 스포츠 우먼 등), 공동 커리어(원가족의 일부, 형제, 출생한 가족, 정당 당원), 그리고 다양한 이슈에 관련된 커리어(성취, 스포츠, 문화적 관심) 등의 관계를 포함하고 있다. 그녀는 또한 파괴적인 프로젝트와 커리어를 경험하였다(예를 들어 실패 커리어처럼 그녀는 원가족에 대한 책임감을 가져서 어머니와 언니보다 더 좋은 아내가 되고자 하는 어린 아이였다). "내 생각이 가족의 평화에 머물러 있었기 때문에 학교에 집중하지 않았고 그래서 진급의 기회를

놓쳤다. 도제로서 상사는 학교에서 내게 최고의 결과를 기대했지만 달성하지 못했다. 그는 내게 실망했다고 말하고 나서 다른 사람들을 대하는 것처럼 나를 대했다." 파괴적이기도 하고 건설적이기도 한 이 경험은 중간 과제와 단기 활동에서 뚜렷했다.

모든 행위, 특히 파괴적인 행위이 의식적으로 경험에 관련되어 있는 것이 아니라 그 반대로 보아도 마찬가지라는 것에 주목하는 것이 중요하다. 마찬가지로 모든 프로젝트가 의식적으로 관련된 커리어와 연결되어 있는 것은 아니다. 종종 환자는 어떤 행위와 프로젝트 사이의 연관성을 잘 이해하지 못하고 왜 자기가 그렇게 행동했는지, 왜 그렇게 느꼈는지에 대해 의문을 표현했고 행위-프로젝트 사이의 연관에 관한 가설을 수용하는 데 불신과 저항을 보이기도 한다.

행위, 프로젝트, 커리어의 수준

목표, 기능, 행위, 프로젝트, 커리어의 요소와 같은 시스템 사이의 구체적인 수준을 확인하는 것이 K가 언급한 에너지 결핍의 이슈에 좋은 예가 되었다. 그녀는 다른 우울한 불만과 경험의 맥락 속에서 에너지 결핍에 대해 불평했다. 행동 이론에 따르면, 에너지는 활기 있는 행위, 프로젝트, 커리어의 수준에서 알아낼 수 있다. 목표 수준에서는 에너지가 활동을 조종한다. 통제 수준에서는 계획과 전략에 관련되어 있으며 규제 수준에서는 활동 요소의 무의식적인 과정과 관련이 있다. 이는 또한 정서적인 과정과 밀접하게 연결되어 있다.

K는 모든 행위, 프로젝트, 커리어의 시스템이 에너지 결핍 때문에 중지되었다고 지적했다. "나는 아무것도(활동) 할 수 없어요. 나는 아무 일에도 흥미가 없습니다(과제). 그리고 인생의 많은 측면에 무관심합니다(경력)."

그래서 위험한 프로젝트와 커리어가 세워지거나 촉발되고 연결되고 활성화되어서 K가 자신의 행위, 프로젝트, 커리어를 추구하는 것을 무력화시킨 것이다. 위협적인 프로젝트와 커리어는 파괴적이고 이롭지 못하며 정서적으로 바람직하지 않다. 그녀는 에너지를 이것들에 투자하는 것을 주저했다. 어떤 측면에서 전통적인 갈등의 가설은 여기서도 들어맞았다(그녀의 상황을 이렇게 부연할 수 있다. 나는 내 일에 몰두하고 싶다. 그러나 내가 성공하지 못했던 작업 과제의 정서적인 기억이 활성화된다. 내가 이 정서적인 기억을 현재 활동이나 상황에 도입하게 되면 일을 계속하기가 두려워진다. 그래서 현재 작업 과제에서의 활동은 그대로 내가 에너지를 거두어들였던 과거의 활동이 되어 버리기 때문에 나는 그 과제에서 물러나게 된다. 내가 이 과제를 여러 이유로 건너뛸 수는 없기 때문에 나는 에너지를 놓아 버린다). 이런 일이 도제를 하는 동안 여러 번 일어나고 활동은 다른 프로젝트와 관련이 있기 때문에 K는 막혀 있고, 꼼짝할 수 없고, 막다른 골목에 다다른 느낌이 들어서 점차적으로 에너지 수준에 관여하지 않게 된다.

K의 활동자원은 제한되어 있는데 그 이유는 그녀의 기본 인식이 '나는 생각할 수 없어. 나는 배울 수 없어. 나는 너무 잘 잊어버려.' 이고, 정서적으로는 '나는 아무것도 느낄 수 없어. 나는 겁을 먹고 있어.' 이고, 운동근육은 '내 팔은 무거워. 침대에서 못 일어나겠어. 나는 흔들리고 떨려. 나는 꼴사나워.' 다. 그리고 생리기능 · 자율성에서는 '나는 먹을 수 없어. 위장이 반란을 일으켜. 나는 내면에서 떨고 있어. 내 심장은 두근거려. 나는 설사를 해.' 다. 그리고 기능은 제한된다. 그녀는 말했다. "내가 하려고 한 모든 행위는 내가 원하지 않는 상태나 방향으로 움직였다. 나는 실패하고 있다." (우리는 이 말을 이렇게 표현할 수 있다. '나는 내 목표가 파괴적인 프로젝트의 일부가 될 수 있기 때문에 목표를 세울 수가 없다. 나는 목표 지향적인 활동에 몰입할 수 없다. 왜냐하면 파괴적인 프로젝트를 따르게 될까 봐. 그 행위는 내가 추구하는 흥미 있는 것이 아니며 다른 프로젝트와 경력을 망칠 것이기 때문이다.')에너지 이슈는 목표 지향적인 과정의 체계적인 조직의 가장 상위 수준, 즉 목표와 촉진의 수준에 있었다.

K의 에너지 이슈는 자기 생각으로는 합리적이고 받아들일 만했지만 치료의 후반부에서는 저지될 필요가 있었다. 이것은 일할 때 동일한 현존 정서가 있는 한 그녀가 다르게 바라볼 수 없는 이야기를 바꾸는 데 도움을 주는 것과 관련이 있었다. 어쨌든 이슈는 제기되었고 그것은 치료자와 내담자가 일할 수 있도록 틀을 제공했다. 그 틀이 즉각적인 완치를 불러오지는 않았지만 구체적인 치료행위에 의미를 부여했다. 치료자는 바꾸어 말하기 기법을 활용했지만 중점적으로 K의 정서와 느낌에 관해 언급했다. 치료의 관점에서 볼 때 환자는 보다 더 접근하기 쉬워졌고 변화가 가능해졌다. 그리고 치료자와 환자는 이완 연습 등을 통해 조절 수준에서 변화를 이끌어 내었다.

에너지를 얻는 전략과 계획

이 사례에서 치료자와 환자는 어떻게 환자가 자신의 목표를 달성하는가에 관해서 주로 이야기하지는 않았다. 오히려 치료자는 K의 정서와 불만족, 좌절, 무력감에 주의를 기울였다. K의 말은 다음처럼 부연되었다. "무얼 해도 비난받을 거예요. 저를 지지해 주어야 할 사람들에게서 인정받지 못할 거예요. 목표를 달성하기 위해 아무것도 할 수 없어요." 문제를 해결하는 것이 목표라면 이런 풀리지 않는 딜레마가 사회적인 파트너에 의해 제기되었을 때 논쟁이 일어날 수 있다. 오히려 이 사례에서 환자는 이야기를 듣는 사람이 자신의 현재 정서에 주의를 기울이면서 비난하지 않고 제안을 해 주거나 꾸짖어 주기를 원했다. 따라서 K는 자기가 말하면 사람들이 걱정하지 말라고 하는데 자기가 그런 생각을 하는 게 잘못이라고 오해받는 것 같다고 불평했다. 하지만 그녀가 원하는 모든 것은 자신의 정서와 느낌이 인정되고 진지하게 받아들여지는 것이었다.

조절(행위 조직의 가장 낮은 수준)

K는 문제에 직면해서 충동적으로 대처할 때 긴장과 불면증, 강한 정서가 밀려든다고 호소했다. 그녀는 필요할 때 차별화된 활력을 제공할 수 없었다. 이 사례와 다른 사례에서 보면 압박이 생기면 행위의 목표 지향적인 조직을 따르거나 균형 잡힌 배분을 하는 대신 에너지의 활성화가 뒤따르게 된다.

그 결과로 K는 긴장하게 되었고 집중적인 실조가 일어나 신경계에 무리가 올 때 행위 단계에 필요한 에너지를 분화시키거나 비교하지 못했다. K의 에너지 배분이 활동 단계의 차별화된 요청과 뒤따라 일어나는 환경이나 개인적인 요청에 부응하지 못했던 것이다.

예를 들어, 행위 초기부터 상승하고 있던 그녀의 각성 수준은 무차별적인 것이었다. 여러 행위 단계를 거친 후 각성 수준은 기본 수준으로 돌아오지 못하고 스트레스, 불안, 긴장이 일어나서 더 높아지고는 했다. 이와 같은 조건은 그녀의 유연성, 합리성, 문제를 열린 자세로 보는 능력 등을 제한했다. 따라서 행위의 조절은 치료 장면에서 중점적인 개입을 하면서 다루어져야 한다. 즉, 의미 있는 이야기가 있을 때 환자의 정체성 목표를 지지하고 환자의 정서와 환자의 문제를 이해하는 틀을 짜기 위해 보편적인 공간을 제공하는 개입을 하는 것이다.

K의 말에 여지를 둠으로써 치료자는 건설적인 행위, 프로젝트, 커리어와 마찬가지로 그녀의 비판적이고 파괴적인 것들에 관해 알게 되었다. 치료자는 '에너지 고갈'의 문제를 따르는 활동 조직 수준의 예를 들어 주었다.

개 입

K는 무질서한 에너지 수준으로 인해 높은 수준의 활동에 도달하는 것이 쉽지 않아서 수면 등의 생존의 적절한 기능을 빨리 회복해야 했다. 뿐만 아니라 행위 조직의 높은 수준에 대한 효과적인 개입의 낮은 접근성으로 인

해 이에 치료자는 첫 번째와 두 번째 회기에서 이완 연습을 소개하였다. K의 문의에 따라 점차적인 근육 이완(PMR)이 제안되었고 PMR의 비디오를 보여 주었다. K와 치료자는 안내 비디오를 보는 동안 PMR(Jacobsen, 1938)에 관해 이야기했다. K가 이것을 연습하는 상상을 할 수 있는지에 관해 질문하였고, 치료자는 K에게 단기, 중기, 장기적 이점을 설명하고 나서 CD를 주었다.

이완 연습의 단기, 중기, 장기 기능은 다음과 같은 방식으로 설명되었다. 단기에서 유효한 것은 어려운 행위나 경험이 있기 전에 이완하는 것과 어려운 경험 후에 이완하는 것이다. 중기의 효과는 외부의 일을 따라가거나 자신을 너무 심각하게 받아들이지 않고 자기 자신이 될 수 있는 공간을 만들어 주는 것이다. 마지막으로 장기 유효성은 각성 수준을 낮추어 주는 것이다.

K의 다른 생리기능도 주목되었다. 잠과 이완이 언급된 뒤에 어떻게 반추하는 것을 멈출 것인가를 우선 첫 번째로 다루었다. 심리치료의 이 단계에서 숨쉬기와 숫자 세기 연습이 제안되었고 감독하에 행해졌다(1차 90분 회기). 그리고 수면 실습이 논의되었다. 후에 주의집중 이슈가 소개되었고 토론되었으며 연습되었다(Didonna, 2009).

K와 함께 치료의 그 시점까지 갈 때 치료자는 그녀가 이야기할 공간을 제공해 줄 수 있었다. 그렇게 함으로써 그녀의 인생의 치료 밖 부분과 치료 내의 행위와 과정을 연결할 수 있었다. 그리고 그녀의 삶에서 역할을 맡았던 개인적인 목표체계를 확인할 수 있었다. 다음 치료작업은 파괴적인 프로젝트와 커리어를 끄집어 내는 것이었다. 정서적인 기억은 파괴적인 프로젝트와 커리어를 발화시키는 중요한 역할을 했다(자살에 관한 파괴적인 행동과 과제의 집중적인 토론 참조: Valach, Michel, Young, & Dey, 2006a).

정서와 정서적 기억 다루기

치료 작업은 행위, 프로젝트, 커리어에 관한 정서적인 과정의 인생 향상 순서를 복원하거나 건설하는 일이었다. 많은 심리치료자가 어지러운 정서의 긍정적인 기능을 인식하지 못하고 제거하려고만 노력한다. 그린버그(Greenberg)와 페이비오(Paivio)가 이 점을 지적하고 있다(2003). 모든 긍정적인 정서가 인생을 향상시켜 주는 것은 아니다. 예를 들어, 술이나 약물 남용으로 인한 좋은 느낌은 삶에서 유해한 프로젝트나 커리어의 일부가 될 수 있다. 유사하게 부정적으로 경험하는 모든 정서가 인생에 유해한 것은 아니다. 예를 들어, 불안이나 두려움 등이 특수한 상황에서는 생명을 구원해 줄 수 있다. 두 가지 개입이 인생의 향상으로 향하는 정서를 가리키는 데 기여할 수 있다.

첫째, 환자가 정서적인 과정에서 유능감을 발전시키는 것을 보장한다. 그것은 환자가 자신의 정서를 분화시키는 것을 가능하게 한다. 둘째, 부정적인 정서적 추억을 확인하고 그것에 관한 작업을 하는 것이다. 이는 일상적인 상황과 행위를 살펴보는 데 영향을 미친다. 환자가 전에 경험했던 외상의 상황을 기억해 내면 외상의 경험을 했던 정서가 현재 행위의 정서로 일어나게 되는 것이다.

사람들의 현재 진행 중인 사건에 대한 통합 모니터링은 정서과정에 기여해 왔고 이전에 외상경험 속에 닻을 내린 정서적 기억에 의해 억제될 수 있다. 따라서 다른 사람들에게는 좀 더 주의를 기울이는 정도인 일상적 상황이 외상을 입은 사람에게는 매우 두려운 것이 될 수 있다. 그 결과로 그 사람은 어떤 상황에서는 지속적으로, 다른 상황에서는 유해한 방식으로 절박하게 대처하게 된다. 프로젝트와 커리어와 관련 있는 정서적 기억의 문제와 연관된 것은 인생의 다른 영역에서 다양한 커리어와 연결되는 문제가 된다. 맥락적 행위 이론은 일과 개인적인 삶과 인생의 다른 영역 사이에 연관성이 있음을 알게 해 준다(American Psychological Association, n.d.). 이러한 연관성은 다른 정서적 본질과 함께 다양한 커리어와 프로젝트에 연결되고 엮여서 융통성 있고 성공적인 관계와 파괴적이고 실패하는 관계 양쪽에 모두 반영된다.

우리는 실제적인 일과 일상생활에서 사람들이 인생을 촉진시키는 과정과 인생에 유해한 과정에 관여하는 것을 추정하고 관찰한다. 이런 과정은 모두 목표 지향적이어서 통제가 잘되어 있는 규칙을 따르게 됨에도 불구하고 이 과정의 연대는 거꾸로 이끌어져 충동적이고 영향을 미치는 반응으로 이해되기도 한다(Valach, Michel, Young, & Dey, 2006b).

인생의 다양한 영역에서 연계성의 중요성에도 불구하고 치료자가 환자를 도와 정서적인 기억과 관여되어 있는 성공적인 전략을 발전시키도록 알아내는 것은 어려운 일이다. 다음 인용구는 K가 정서적인 기억의 침투와 다양한 강화를 통해 경험을 파괴적인 프로젝트와 커리어로 이끄는 예다.

> "이런 느낌은 오빠가 알코올 문제 때문에 병원에서 혼수상태에 들어갔을 때부터 생긴 거예요."(무기력한 정서를 불러일으키게 하는 가족의 책임을 유발하고 그것과 연결시킨다.)
>
> "그에게 좀 더 일찍 말했어야만 했어요."(그리고 그의 알코올 문제를 말하도록 돕는 것이며 이것은 죄의식의 정서에서 흘러나오는 것이다.)
>
> "부모님은 제가 12세 때 별거했어요. 그리고 저는 이것을 나머지 가족, 어머니와 손위 형제와 함께 하는 작업으로 받아들였어요."(가족의 커리어가 다른 사람을 향한 책임감이 되는 느낌으로 흘러나왔다.)

그래서 그녀는 원가족과 살던 어린 시절에 가족이 함께 살도록 하는 것과 그들의 평화에 자신이 책임을 진다는 목표를 세우게 되었다. 그녀는 자신이 실패했다고 느꼈는데 부모가 별거했다가 다시 결합했기 때문이다. 형제관계에서 경험이 된 사건인 오빠의 입원은 오빠의 건강에 관한 슬픔 경험이었을 뿐만 아니라 가족을 책임지는 경험과도 연관이 되었다. 이 커리어는 다른 것 중에서도 무기력감과 자기 비하감을 불러왔다. 가족을 책임지는 경험은 오빠의 건강 위기로부터 위협과 도전을 받았고, 그러고는 실패의 커리어를 다시 제공해 주었다.

"부모님이 이혼한 뒤에 언니는 두 번 이혼했고, 30대가 되었을 때 어머니가 혼외정사를 가졌다는 것을 듣게 되었어요. 저는 일생의 관계에 나 자신을 바쳤습니다. (더 나은 아내의 커리어) 이 커리어는 다른 남자를 만나고 불장난을 한 것 때문에 위협을 받게 되었죠."

"저는 직장에서 비난을 받았어요."(실패의 정서에 실패의 커리어가 연결되는 계기나 고리)

"엄마는 우리가 아버지 집으로 돌아가서는 안 된다고 결정했는데 저는 그것을 제 개인적인 실패로 받아들였어요." (실패 커리어의 시작)

"제가 어떻게 해야 가족의 평화를 지킬까 하는 생각으로 집에 머물러 있었기 때문에 학교에 집중할 수가 없어서 진급을 하지 못했어요." (실패 커리어)

"학교에서 상사가 기대한 최선의 결과를 이루는 데 실패했어요. 그는 실망했다고 말하고 저를 다른 교사와 마찬가지로 취급했어요." (실패 커리어)

성공과 작업 커리어는 실패 커리어에 의해 위협을 받았다. K의 실패 커리어는 다른 것보다도 가족의 책임, 관계, 그리고 직장에 의해 촉진될 수 있다.

K의 사례에서 실패 커리어는 여러 가지로 관련된 인생 영역에서 활성화되었다. 예를 들어, 다음과 같이 말한 것을 이해받을 수 있다. "저는 가족에게 집중하고 싶었어요(오빠 일은 잊어버리고요). 저는 매력 있는 여자로 인정받고 싶었어요. 저는 직장에서 성공적으로 솔선해 나가고 싶었어요." 실패 커리어가 활성화되었을 때 인생을 강화시키는 과제에 필요한 에너지는 방

출되거나 자리 잡지 못했다. 실패 커리어의 활성화는 정서적인 기억 속에 정서의 닻을 내리게 했고 이것이 지금-여기 상황에 적절한 정서와 대체되어 버린 것이다.

환자는 중요한 차선책으로 정서를 받아들이거나 차라리 자신의 인생에서 정서를 배제하려고 했다. "저는 정서를 옆으로 밀어 놓고 그냥 기능만 수행했어요." 이것은 목표지향과정의 조직의 모든 단계에서 언급되어야만 했던 복합적인 이슈다.

개 입

정서를 언급하는 첫 번째 개입은 K가 자신의 정서를 깨닫고 일상생활에 자리 잡게 하는 것이었다. 여기에는 긍정적 · 중립적 · 부정적 정서를 적는 것과, 어떻게 부정적인 정서에서 긍정적인 정서로 갈 수 있는가를 배우는 것이 포함되어 있다. 더 나아가 치료 회기에서는 '치료 장면에서의 정서를 알아채기, 자신에게 향하는 분노를 다른 사람들에게 향하는 분노로 바꾸기, 일상적인 현재 정서를 인식하기, 긍정적인 정서를 기억하기, 긍정적인 정서 경험과 긍정적인 정서를 전달하기, 정신집중 경험을 통해 정서를 간파하기, 불쾌한 정서는 그냥 지나치기, 판단하지 말고 정서가 흐르게 하고 불쾌한 정서를 피하기, 활동을 관찰하는 것과 미래의 문제 속 정서를 예상하는 것 사이의 차이를 배우기' 등이 포함되어 있었다.

K는 자아존중감에 관한 수치스러운 정서를 언급하면서 여동생이 자신의 정치적 관여를 깎아내렸던 것을 기억해 냈다. 또한 여동생이 그녀의 스케이팅 능력을 깎아내렸을 때도 같은 느낌이었던 것을 기억했다. 동시에 K는 어머니가 그녀에게는 그토록 중요했던 스케이팅에 전혀 관심을 보여 주지 않았던 것을 기억했다. K는 어머니와의 관계가 어렵다고 묘사했다. 두 의자 기법에서(Greenberg & Paivio, 2003) K는 상상 속의 어머니에게 이야기하려고 시도했을 때 당황스러워했다(세 번째 회기).

K가 어머니와 여러 차례 이야기하는 상상을 되풀이하고(조절 과정) 그 정서의 기억이 현재 어머니와의 관계와 조우에 영향을 미치는 방식에 관해 치료 장면 속에서 여러 번 이야기하게 함으로써 이 정서는 감소되었다.

네 번째, 다섯 번째 그리고 여섯 번째 회기에서는 포아(Foa)와 그 동료들이 아버지의 자살 위협에 따른 외상경험으로 PTSD 진단을 받은 환자를 치료하기 위해 고안한 기법을 사용하여 다루었다. K는 자신을 향한 공격성을 환경으로 돌릴 수 있게 되었고 육체적으로는 치료 기간에 제공된 펀치백을 때림으로써 풀려날 수 있게 되었다. 일곱 번째, 여덟 번째, 아홉 번째 회기에서는 그녀가 첫째 아이를 임신 중이었을 때 남편이 다른 여자와 관계를 가짐으로써 남편에게서 격리된 외상경험을 다루었는데, 이때 포아가 제안한 기법을 활용하였다.

차선책과 유해한 과정을 말하기

우리 관점에서 볼 때 행위, 프로젝트, 커리어와 관련된 인생 향상의 연계처럼 차선책이고 손상을 입히는 행위, 프로젝트, 커리어 등을 확인하려고 시도하는 것만 단순히 문제가 되는 것은 아니다. 차선책이고 손상을 입히는 과정은 최선의 목표 전략, 그리고 진행 중인 과제의 조절 과정과 함께 다루어져야만 한다. 이 환자의 경우는 '어머니, 오빠, 다른 남자, 배우자, 자녀와 조우하고 관계를 맺는 것을 어떻게 증진시키는가' '어떻게 보다 더 독립적이고 자신감 있는 여자가 되는가' '어떻게 새로운 경력이나 직업적인 안정을 구축하는가' 등이었다.

개 입

손상을 입히는 프로젝트와 커리어만큼 인생의 강화된 부분을 알아낸 후 K와 치료자는 어떻게 뒤섞여 있는가를 살펴보았다. 이것을 명료화하면서 그녀는 다양한 행위와 프로젝트에서 목표를 재설정할 수 있었다. 예를 들어, 딸과의 관계가 바로 그러했다. 구체적으로 그녀에게는 딸과 함께하는 두 가지 프로젝트가 있었다. 첫째는 딸은 자기보다 더 쉽게 살아가야 한다는 것이었고(K는 너무 어렸을 때 가족의 책임을 과도하게 떠맡았기 때문에 많은 상처를 받았다), 둘째는 딸이 책임을 져야만 한다는 것이었다.

K의 딸은 일상적인 만남에서 첫 번째 프로젝트를 알아낼 수 있었고 K의 신경을 건드리는 몇 가지 일을 해도 좋다고 느꼈다(두 번째 목표를 어겼다). 반면에 딸은 프로젝트의 규칙을 내면화했다. 책임을 지는 것과 많은 것을 성취하는 것이 그것이다. 사춘기 때 그녀가 축구 팀에서 올라가지 못했는데 전문적인 치료가 필요할 정도로 우울 증세를 보였다. 딸의 현재 상황을 논의하면서 K는 딸이 합리적인 행동계획을 가지고 있고 직업적인 프로젝트를 잘 따르고 있음을 알게 되었다. 이는 목표가 되는 이슈를 알려 주고 있다. K는 자신의 혼란스러운 목표를 깨닫고 그녀가 더 이상 모순되는 메시지를 던지지 않는 방식으로 서로 관계를 맺을 수 있게 되었다. 더 나아가 그녀는 딸과 관련된 명료한 목표를 가지고 있어서 건설적인 전략을 따를 수 있었고 딸에게서 멀어지는 것을 막을 수 있었다(계획과 통제 과정). 그녀의 어조는 이제 평온해졌고 내적인 갈등으로 가득 차 있지 않았다(조절 과정).

K는 어머니와의 관계를 다루는 데서 오랜 기간에 걸친 관계의 진전을 더 잘 이해할 수 있었다. 무슨 일이 일어났는지, 어떻게 그녀가 아동기를 경험했는지, 나중에 자신의 가족을 갖게 되었을 때 언제 어머니의 엄격함과 비난을 느꼈는지 하는 점을 이해하게 된 것이다.

그녀는 정서를 분리시킬 수 있게 되었고 관계에서 일어나는 미완의 부분을 그저 흘러가게 두는 법을 배웠으며 어떻게 효율적으로 어머니와 의사소통을 할 수 있는지를 배웠다. 그녀는 이 관계에서 절차상의 전략과 그들의 만남의 미세한 부분에 관한 목표를 바꾸었다.

이들 몇 가지 예를 넘어서, 많은 다른 건설적인 프로젝트와 커리어도 언급되어야만 한다. 앞서 언급한 것처럼 정서, 주의와 정신 집중하기, 에너지 얻기, 조종, 통제와 조절 등의 문제가 그녀의 행위를 다른 맥락에서 어떻게 조직하였는지 다루어져야 한다. 예를 들어, 어떻게 주의를 기울이는가 하는 것과 충동을 뛰어넘어 목표 지향적인 과정에 먼저 우선권을 확보하는 방법이 이 환자와 함께하는 행위 조직에서 언급될 수 있는 것이다.

결 론

우리는 행동 이론 관점에서 치료의 다섯 가지 주요한 작업을 언급하고 그 예를 들었다. 그리고 이제 27회기에 걸쳐 일어난 개입을 간결하게 요약하려고 한다. 그녀의 활력의 문제와 조절 과정을 다룬 다음, 치료자와 환자는 어머니와 아버지와 함께했던 시기에 생성된 정서적인 기억과 외상을 다루었다. 그리고 이 만남 속에서 그녀가 발전시킨 목표를 명료화했다. 그다음, 그 후의 삶에 이들이 어떤 영향을 미쳤는지, 어떻게 그녀가 그것을 변화시키려고 했는지를 다루었다. 이 과정에서 환자는 삶의 과제에서 다른 관점을 갖게 되었고 좀 더 편안해지면서 직업적인 경험에 관한 앞으로의 진전에 관심을 보였다. 이 이슈는 특히 논의할 중요한 부분이었다. 환자가 자기 또래의 다른 스위스 여자처럼 더 높은 교육을 받고자 하는 사회적인 추세를 따라가지 않았기 때문이다. 그녀는 어머니, 아버지, 딸과의 관계에 관한 과제를 성공적으로 완수했다. 그녀는 자신의 정서적인 인생을 알아내고 차별화하는 작업을 했다. 그리고 좀 더 정신을 집중하게 되었다. 이는 그녀에게 자신의 목표를 추구하는 데 덜 비판적이고 좀 더 집중할 수 있는 가르침을 주었다. 치료자가 우선적으로 인지행동적 접근을 시도했을 때 명백하게 그녀의 역기능적인 인식이 변화되고 자기를 드러내는 것 같은 여러 가지 행동 연습이 완수되었다(Otto, Smits, & Reese, 2004).

맥락적 행위의 이론을 강조하는 목적을 위해 다른 개입에도 초점을 두게 되었다. 일반적으로 행위 이론을 도입하고 구체적으로 맥락적 행위 이론의 접근을 한 것이 인지–행동 심리치료를 제한하지는 않았다는 점을 덧붙이고 싶다. 동등한 시도가 묘사되었고 다른 정신치료학파(Frankl, 2004)처럼 정신분석(Schafer, 1976)도 설명되었다.

환자가 상담행위와 프로젝트에서 다른 프로젝트 속의 행위로 옮겨 가는 것은 환자의 기분이 좋아지고 관계를 맺어 가고 내면의 삶을 돌아보고 자신의 감정을 표현할 때뿐 아니라 보다 빠른 향상을 기대했지만 좌절을 맛봤을 때에도 이루어졌다. 그녀가 집에서 자책하는 경향 속에서 얼마나 성공이나 긍정적인 피드백, 좋은 느낌을 경험하는지, 얼마나 다양한 과제에 관해 보고하고 관계의 향상을 발견하는지, 얼마나 더 많은 에너지를 만드는지, 직업을 잃는 것 같은 부정적인 인생의 상황을 어떻게 다룰 수 있는지' 등이 그녀의 성장에 대한 지표가 된다. 이것은 그녀가 앞을 내다보고 마지막 회기에서 말한 것에 관한 직업적인 성장의 많은 기회와 함께 흥미 있는 직업을 안정시키는 데 도움을 주었을 것이다. 이 이슈에서는 특히 스위스 여성에게 남편의 수입에 보조하는 사소한 직업만 갖는 것이 아니라 자신의 경력을 발전시키고 추구할 수 있도록 허용하는 힘을 주는 것이 중요했다. 지역사회의 정치 속에서 여러 해 동안 얻은 경험은 그녀가 직업적인 커리어를 통합해서 더 나은 커리어를 추구하도록 동기화시켰다.

이 장의 목적이 상담과 심리치료의 문화적 이슈를 조명하는 데 있기 때문에 우리는 문화적 차이가 강조된 다음 치료자와 환자 간의 협동 또한 강조되기를 바라고 있다.

참고문헌

American Psychological Association (n.d.). *Mark Savickas: Career counseling.* DVD. Series II-Specific treatments for specific populations. Hosted by J. Carlson. Washington: Author.

Constantino, M. J., Castonguay, L. G., & Schut, A. J. (2002). The working alliance: A flagship for the "scientist-practitioner" model in psychotherapy. In G. S. Tryon (Ed.), *Counseling based on process research: Applying what we know* (pp. 81-131). Boston: Allyn & Bacon.

Didonna, F. (Ed.). (2009). *Clinical handbook of mindfulness.* New York: Springer Science + Business Media.

Federal Statistical Office, Neuchatel. (2011a). *Divorce rates.* Retrieved from http://www.bfs.admin.ch/bfs/portal/en/index/themen/01/06/blank/key/06/03.html

Federal Statistical Office, Neuchatel. (2011b). *Educational system.* Retrieved from http://www.bfs.admin.ch/bfs/portal/de/index/themen/15/02/data/blank/01.html

Foa, E., Hembree, E., & Olaslov Rothbaum, B. (2007). *Prolonged exposure therapy for PTSD: Emotional processing of traumatic experiences: Therapist guide.* Oxford, UK: Oxford University Press.

Frankl, E. V. (2004). *On the theory and therapy of mental disorders. An introduction to Logotherapy and Existential Analysis* (J. M. DuBois, Trans.). London, UK: Brunner-Routledge.

Grawe, K. (2004). *Psychological therapy.* Seattle, WA: Hogrefe.

Greenberg, L. S., & Paivio, S. C. (2003). *Working with emotions in psychotherapy.* New York: The Guilford Press.

Gross, D. M. (2006). *Immigration to Switzerland—the case of the Former Republic of Yugoslavia.* (Policy Research Working Paper Series 3880).Washington DC: The World Bank.

Jacobson, E. (1938). *Progressive relaxation.* Chicago, IL: University of Chicago Press.

Linehan, M. M. (1993). *Cognitive-behavioral treatment of borderline personality disorder.* New York: Guilford Press.

Linehan, M. M., Schmidt, H., Dimeff, L. A., Craft, J. C., Kanter, J., & Comtois, K. A. (1999). Dialectical behavior therapy for patients with borderline personality disorder and drug-dependence. *American Journal on Addiction, 8,* 279-292.

Martin, D. J., Garske, J. P., & Davis, M. K. (2000). Relation of the therapeutic alliance with outcome and other variables: a meta-analytic review. *Journal of Consulting and Clinical Psychology, 68,* 438-450.

Michel, K., Dey, P., Stadler, K., & Valach, L. (2004). Therapist sensitivity towards emotional life-career issues and the working alliance with suicide attempters. *Archives of Suicide Research, 8,* 203-213.

Michel, K., & Jobes, D. A. (Eds.) (2011). *Building a therapeutic alliance with the suicidal patient.* Washington DC: American Psychological Association.

Michel. K., & Valach, L. (2002). Suicide as goal-directed action. In K. van Heeringen (Ed.), *Understanding suicidal behaviour: The suicidal process approach to research and treatment* (pp. 230-254). Chichester, UK: Wiley & Sons.

Michel, K., & Valach, L. (2010). The narrative interview with the suicidal patient. In K. Michel & D. A. Jobes (Eds.), *Building a therapeutic alliance with the suicidal patient* (pp. 63-80). Washington DC: American Psychological Association.

Müller-Jentsch, D. (2008). *Die neue Zuwanderung. Die Schweiz zwischen Brain-Gain und Überfremdungsangst (The new immigration. Switzerland between brain-gain and fear of over alienation).* Zurich: Avenir Suisse and Verlag Neue Zürcher Zeitung.

Otto, M. W., Smits, J. A. J., & Reese, H. E. (2004). Cognitive-behavioral therapy for treatment of anxiety disorders. *Journal of Clinical Psychiatry, 65* (suppl 5), 34-41.

Schafer, R. (1976). *A new language for psychoanalysis.* New Haven, CT: Yale University Press.

Schultz, J. H. (1937). *Das autogene Training (konzentrative Selbstentspannung). / Autogenous training; release of tension by concentration* (3rd ed.). Oxford, UK: Thieme.

Valach, L., Michel, K., Young, R. A., & Dey, P. (2006a). Suicide attempts as social goal-directed systems of joint careers, projects and actions. *Suicide and Life-*

Threatening Behavior, 36, 651-660.

Valach, L., Michel, K., Young, R. A., & Dey, P. (2006b). Linking life and suicide related goal directed systems. *Journal of Mental Health Counseling, 28,* 353-372.

Valach, L., Young, R. A., & Lynam, M. J. (2002). *Action theory. A primer for applied research in the social sciences.* Westport, CT: Praeger.

Valach, L., Young, R. A., & Michel, K. (2011). Understanding suicide as an action. In K. Michel & D. A. Jobes (Eds.), *Building a therapeutic alliance with the suicidal patient* (pp. 129-148). Washington DC: American Psychological Association.

Young, R. A., Marshall, S. K., Valach, L., Domene, J., Graham, M. D., & Zaidman-Zait, A. (2011). *Transition to adulthood: Action, projects, and counseling.* New York: Springer.

Young, R. A., Valach, L., & Collin, A. (1996). A contextual explanation of career. In D. Brown & L. Brooks (Eds.), *Career choice and development* (3rd ed., pp. 477-512). San Francisco, CA: Jossey-Bass.

Young, R. A., Valach, L., & Collin, A. (2002). A contextualist explanation of career. In D. Brown & Associates, *Career choice and development* (4th ed., pp. 206-252). San Francisco, CA: Jossey-Bass.

03

Victim, Perpetrator, or BOTH?: A Child Soldier's Journey Into Healing Wounds of War in Sierra Leone

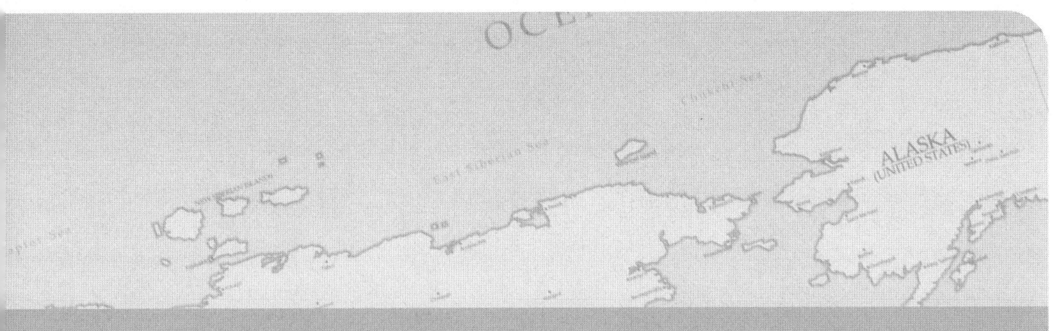

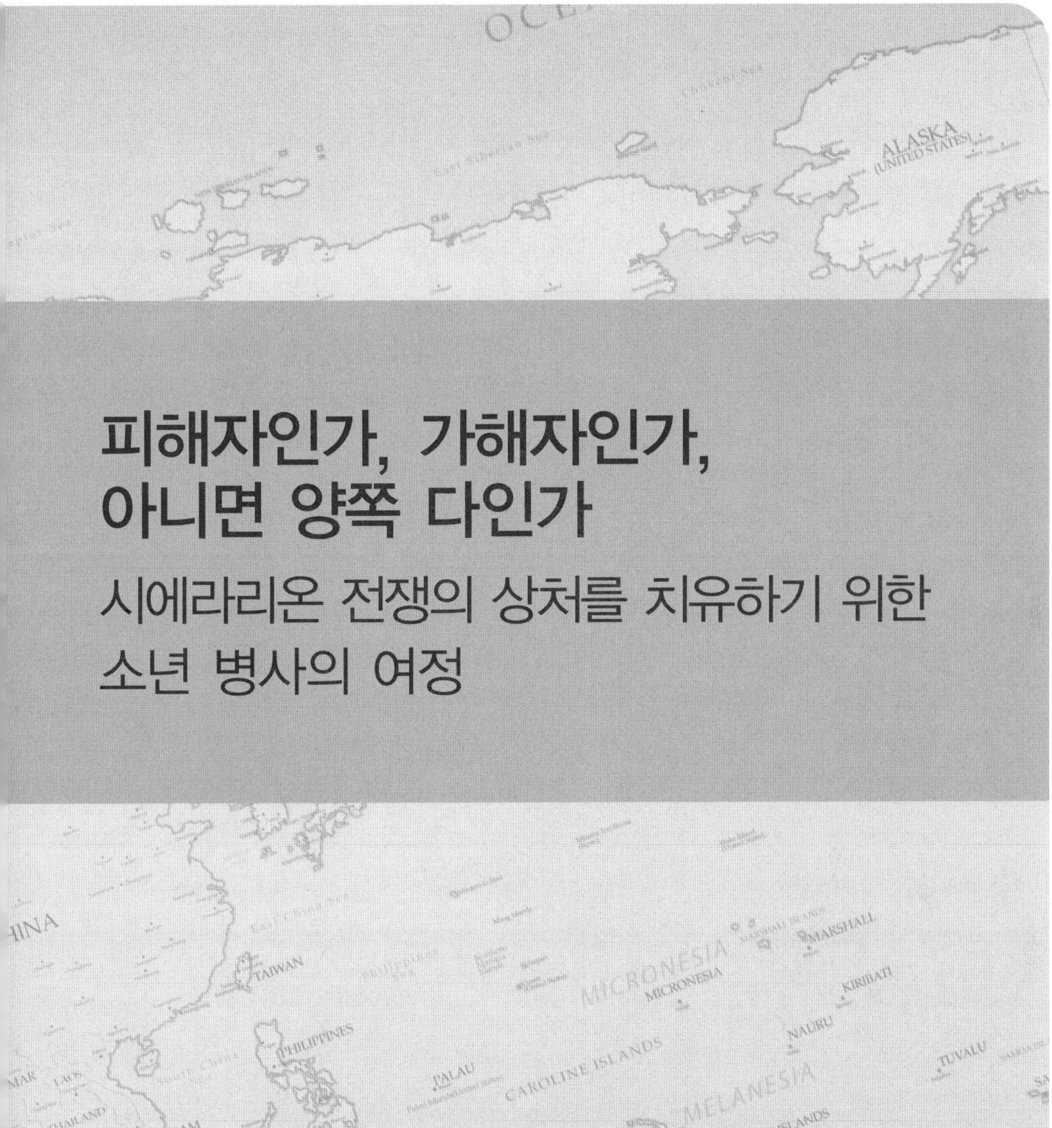

피해자인가, 가해자인가, 아니면 양쪽 다인가

시에라리온 전쟁의 상처를 치유하기 위한 소년 병사의 여정

ARCTIC OCEAN

Beaufort Sea

Chukchi Sea

East Siberian Sea

Laptev Sea

ALASKA (UNITED STATES)

Bering Sea

Sea of Okhotsk

NORTH PACIFIC OCEAN

HAWAIIAN ISLANDS

MONGOLIA

KOREA

JAPAN

CHINA

East China Sea

TAIWAN

Philippine Sea

MICRONESIA

MARSHALL ISLANDS

MARSHALL

KIRIBATI

NAURU

PHILIPPINES

South China Sea

PALAU

CAROLINE ISLANDS

MELANESIA

TUVALU

MYANMAR

LAOS

THAILAND

CAMBODIA

VIETNAM

BRUNEI

MALAYSIA

INDONESIA

TIMOR-LESTE

PAPUA NEW GUINEA

SOLOMON ISLANDS

VANUATU

FIJI

Coral Sea

AUSTRALIA

Tasman Sea

NEW ZEALAND

03 피해자인가, 가해자인가, 아니면 양쪽 다인가

시에라리온 전쟁의 상처를 치유하기 위한 소년 병사의 여정

Ani Kalayjian
Georgiana Sofletea

치료자

칼라이지안 박사는 선구적인 치료자, 교육자, 감독이자 저자다. 그녀는 자연재해든 인재든 재난의 황폐화를 견뎌 낸 생존자를 치유하는 데 자신의 삶을 바쳐 왔다. 그녀는 정신적 외상의 영향력을 연구하고 타인을 치유하여 그들이 온전한 상태에 도달하도록 돕는 데 매우 열정적이다. 칼라이지안 박사는 정신적 외상과 관련된 주제로 미디어와 수차례 인터뷰하기도 하였다. 그녀의 부모는 1915년 아르메니아인, 그리스인, 아시리아인을 대상으로 아르메니아 인구의 3분의 2를 학살한 오스만 터키 학살(Ottoman Turkish Genocide)의 생존자다(Kalayjian, Shahinian, Gergerian, & Saraydarian, 1996). 칼라이지안 박사는 부모의 고통을 통해 정신적 외상의 영향을 경험하며 자랐고 그 정신적 외상은 곧 그녀 자신의 것이 되었다.

치유자로서 그녀는 살아남은 공동체를 돕기 위한 최선의 방책과 수단을 찾아다녔다. 그녀가 뉴욕에 있는 윌리엄 앨런슨 화이트 연구소(William

Alanson White Institute)에서 박사후 과정에 따라 형성된 정신분석 모델을 통하여 1989년에 치유 경력을 시작하기는 했지만, 나중에는 통합의 가치를 수용하였다. 정신건강 인도주의적 원조 프로젝트를 시작하면서 그녀는 정신분석학 사조의 한계를 깨닫게 되었다. 그 후 칼라이지안 박사는 두 개의 비영리기관을 설립하였는데, 하나는 인도주의적 재난 원조를 다루고 다른 하나는 오스만 터키 학살 이후 아르메니아인 민족공동체의 고통을 다루고 있다.

칼라이지안 박사가 아르메니아에서 첫 정신건강 원조 프로젝트(MHOP)를 수행하고 돌아왔을 때, 그녀는 프랭클의 로고테라피 강의를 듣고 인본주의적이고 실존주의적인 심리학으로 자신의 이론적 기반을 확장하였다. 그녀는 그 당시 아흔 여섯의 프랭클이 매우 지적이고 유머러스하며 재치있다고 생각했고 그를 만난 것을 행운으로 여겼다. 그것은 칼라이지안 박사 인생의 전환점이 되었으며 그녀는 가능한 한 많은 것을 배우고자 노력하였다(Kalayjian, 1995).

그녀는 1988~2011년까지 생존자의 치유를 돕기 위한 MHOP를 수행하려는 목적으로 많은 나라에 단체를 조직하고 주로 여행을 다녔다. 아르메니아, 아르헨티나, 캘리포니아, 키프로스, 구 유고슬라비아, 쿠웨이트, 도미니카 공화국, 뉴올리언스, 텍사스, 멕시코, 레바논, 요르단, 이스라엘, 시리아, 팔레스타인, 사우디아라비아, 시에라리온, 케냐, 아이티, 니제르, 플로리다, 일본, 한국, 대만, 스리랑카, 파키스탄, 터키, 르완다, 콩고 등이 그곳이다.

또한 그녀는 정신건강 전문가로 구성된 자원봉사자 팀과 함께 자연재해와 인재 이후의 정신적 외상 사례를 다루고 있는 나라에서 전문가를 훈련시켰고, '정신분석가' '심리학자' 정신적 외상 이후 치료적 개입에 종사하는 '일반의(GP)'를 양성하였다. 그녀는 연민을 가지고 이해 불가한 일에 대담하게 맞섰으며 상처를 받은 사람들도 언젠가는 온전해질 수 있다는 희망을 심어 주었다. 더욱 중요한 것은 평화로운 해결을 통해 타인에게 가해지는 인간의 불의가 완전히 예방되도록 하는 것이 그녀의 궁극적인 목표라는 사실이다.

심리치료자, 교육자, 치유자로서 칼라이지안 박사의 유능한 능력은 수많은 국제 수상과 표창 경력 외에 세계 곳곳에서의 선교활동과 워크숍에 참가한 내담자의 증언에도 드러난다. 그녀는 콩고의 아이들과 함께했던 놀이치료, 스리랑카에서의 여성 권리 단체 개최, 시에라리온의 소년 병사 치유, 뉴욕 시에서 개인적 활동에 따른 내담자 면담 등을 통해 따뜻함과 공감을 보여 주었고, 또한 세상 사람들이 영감을 얻고 치유를 받을 수 있는 편견 없고 수용적인 방식의 다문화적인 국제적 상담 활동을 해 왔다.

사 례

24세의 아르바이트생이었던 코로마는 숙모와 연락이 되어 함께 살게 되기 전까지 몇 년 동안 대부분의 시간을 혼자서 지내 왔다. 모든 형제자매와 부모님이 민병대에 의해 살해되었기 때문에 그는 친척을 마주할 수가 없었다. 코로마는 12세의 나이에 민병대에 징집되었던 소년 병사였다. 민병대는 그가 입대하면 가족은 살려 줄 것이라고 말했지만 이미 그의 가족은 그에게 알려지지 않은 채 살해된 상태였다. 코로마는 기숙학교에 다니던 민병대에 의해 징집되어 학업을 중단했다. 코로마의 진술에 따르면, 그가 민병대에서 활동한 것이 전부 다 해서 단지 몇 개월밖에 되지 않은 것 같다고 한다. 그러나 사실 그가 탈출하고 붙잡히고, 다시 탈출하고, 몇몇 극악무도한 만행을 목격하고 부득불 동참하면서 민병대에서 복무한 기간은 2년이 넘는 시간이었다.

그 후 얼마 있다가 그는 몇몇 다른 소년 병사와 함께 마지막으로 탈출을 감행해 몇 년간 숲 속에 숨어서 지냈다. 그는 매일 긴장, 불확실성, 생존, 먹을 것 등의 어려움을 마주하며 살아갔다. 국경을 넘어 다른 나라로 건너갈까 생각도 해 보았다. 그러나 그가 들은 바에 따르면 민병대는 국경도 넘어가 탈주자를 잡아 모질게 고문하고 벌을 주며 심하게 약물 사용을 강요하고 더욱 심한 고통을 준다고 했다. 코로마는 전쟁이 끝나고 민병대가 해체된 이후에도 친척을 찾아 고향으로 돌아오기 전까지 한동안 계속 숨어서 지냈다. 그는 전쟁이 끝난 것이 아닐까 봐, 그리고 민병대가 탈주자가 은신처에서 나오게 하려고 종전 소식을 방책으로 퍼뜨린 것일까 하고 두려워했다.

게다가 극악한 만행은 계속해서 자행되어 코로마의 의심은 더욱 깊어졌고 그가 계속해서 숨어 있어야 한다고 마음먹게 된 이유가 되었다. 나중에 함께 지내던 몇몇 소년은 은신처에서 나와 전쟁이 정말로 끝난 것인지 확인해 보았다. 그것이 사실임을 확인하자 코로마는 남아 있는 가족을 찾으러 고향으로 돌아갔다. 그가 찾을 수 있는 가족은 숙모가 유일한 사람이었다. 그의 숙모 역시 친척을 찾아다니고 있었다. 어떤 제3의 인물이 이를 코로마에게 알려 주어 그들을 다시 연결시켜 주었던 것이다. 그 이후부터 코로마는 숙모와 함께 살았다.

코로마는 숙모에게서 그녀가 직접 겪었던 만행에 대해 들을 수 있었다. 그녀는 코로마에게 삼촌이 어떻게 살해되었는지를 들려 주었다. 민병대원이 코로마의 숙모를 강간하려 했을 때 그녀의 남편은 그저 하릴없이 무릎을 꿇고서 예수께 크게 소리쳐 기도하였다. 그들은 크게 화가 났고 그녀를 강간한 뒤 그 남편에게 다가가 이렇게 말했다. "그래, 그렇게 예수가 좋냐? 그럼 우리가 너를 예수처럼 십자가에 처형해 주마." 그러고는 나무로 엉성하게 만든 십자가에 그의 손과 발을 못 박은 뒤, 그의 피가 흘러내리는 동안 십자가에 불을 붙여 그를 산 채로 불태웠다. 그의 아내는 의식을 잃고 실신하였다. 코로마는 숙모의 직접적인 증언을 듣고 큰 정신적 외상을 입었고, 또 당황하고 극도로 양심의 가책에 사로잡혔다.

코로마는 친구를 통해 ATOP 팀이 보(Bo)에 도착했다는 소식을 들었다. 거기에는 MHOP 훈련 프로그램에 참가하기로 계획하고 있던 친구가 많았기 때문에 그들은 코로마도 함께 참가하도록 설득했다. 그는 정신적 고통을 받고 있는 듯이 보였으며 눈은 천장을 응시하고, 이마는 찌푸려 있고, 자세는 구부정하고 불안했으며, 그의 기분은 분명히 수치심과 당황스러움이 혼재된 슬픔 속에 잠겨 있었다.

이 장에서 우리는 코로마를 '내담자'라 지칭할 것이다. 그 이유는 '환자'라는 용어는 과도한 내적 의존성을 함축하는 반면, '내담자'라는 용어는 상호의존성과 협력 관계의 의미가 담겨 있기 때문이다. 환자에 비해 내담자는 그들의 치유 여행에서 보다 높은 수준의 통제력을 가지고 있으며 어떤 치료방식이 더 적절하고 언제 그들의 치유 과정을 끝내고자 하는지에 대해 더 잘 알고 있는 경향이 있다.

코로마는 그가 속한 공동체에서 고립된 것처럼 느끼고 있었다. 이는 강제로 민병대에 징집되어 그가 탈출하기까지 몇 개월 동안 그들의 명령에 따라야 했다는 사실을 많은 사람이 알고 있었기 때문이다. 코로마는 몇 년간 숨어 지냈고 그가 처한 곤경을 직면하기로 결심하였다. 이 결심을 한 뒤에 MHOP에 대한 정보를 듣게 되었다. 따라서 코로마가 MHOP 훈련에 참가했을 때 그는 자신이 저지른 악과 과거를 다루고, 자신의 내적 혼란과 시에라리온에 있는 그가 속한 공동체의 다른 사람들과의 복잡한 문제를 극복할 준비가 되어 있었던 것이다.

코로마는 24세밖에 안 되었지만 실제 나이보다 훨씬 나이 들어 보였다. 코로마의 종교적 신념체계는 '환생 기독교도'였다. 그가 공동체로 돌아왔을 때 몇 명의 목사가 그에게 접근했는데, 만약 그가 '예수를 발견'하고 다시 태어난다면 민병대에 합류한 그의 과오에서 자유로워지기가 훨씬 수월할 것이라며 설득하였다. MHOP 팀은 이 점에 대해 특히 걱정스럽게 생각했는데, 전쟁의 정신적 외상과 취약성이 절박한 생존자를 변절시키고 종교를 바꾸도록 강요하는 데 이용되었기 때문이다.

이와 같이 취약하고 정신적 외상을 입은 사람들을 이용하는 방법은 다른 나라에서도 많이 발견되었다. 예를 들어, 2004년 괴력의 쓰나미 이후의 스리랑카, 1988년 강력한 대지진 이후의 아르메니아, 내전 이후의 콩고 민주공화국, 그리고 다른 많은 나라가 그러했다. 코로마가 지닌 문제 중 하나는 새로이 가정을 꾸려야 했지만 가족이 살해되었기 때문에 사회성이 결여되었다는 점이었다.

강제로 징집되는 과정에서 고문을 당했음에도 불구하고 코로나는 신체적으로 건강해 보였다. 그는 작은 숨구멍이 뚫린 관 사이즈의 작은 탱크에 이틀간 갇혀 음식도 없이 자신이 배설한 오물 위에 누워 지냈다. 12세의 나이에 겪은 이 고문은 코로마에게 정신적 외상이 되었고, 그 결과 임상적으로 심한 정신적 외상후 스트레스 장애(PTSD)를 나타냈다. 그는 또한 두통과 불면증을 호소하였으며, 회피, 극도의 경계, 악몽, 플래시백 등 전형적인 외상증후군 증상을 보였다. 꿈의 내용은 그보다 나이 많은 남자들이 큰 칼을 들고 그를 쫓아 달려와 죽이려 위협하고, 탱크에 넣고, 폭행하고, 고문하는 것이었다.

그가 꾸는 꿈 중 어떤 것은 그의 마음을 매우 고통스럽게 했다. 그 꿈의 내용은 민병대가 그의 부모님을 고문하고, 고문대 위에 눕히고, 그들이 고통 속에 비명을 지를 때 그들의 근육을 뼈에서 깎아 내는 것이었기 때문이다. 코로나는 눈물을 흘리며 그가 목격한 또 다른 살해 방법도 이야기했다. 그것은 민병대원이 마약에 취해 의식이 몽롱한 채로 임신한 젊은 여자의 배를 가르고 그 태아가 남자인지 여자인지 맞추는 내기를 하는 것이었다. 그 태아들은 죽었고, 그들은 임산부가 과다출혈로 죽도록 내버려 두었다.

상 황

시에라리온 내전은 1991년도에 시작되어 2002년도까지 지속되었다(사건에 대한 보다 자세한 설명은 미국 내무부가 발행한 2010 역사 보고서에 나와 있다). 전쟁이란 대개 크나큰 정신적 외상을 입히는 사건이기는 하지만 시에라리온에서의 갈등은 특히 시민에게 더 충격적이었다. 엄청난 인권 유린이 양측 모두에서 발생하였으며 혁명연합전선(RUF)의 야만적인 테러 방식은 가장 악명 높았다. 어른과 아이는 강제로 납치되거나 RUF에 합류하거나 혹은 살해당하였다(Maclure & Denov, 2006; Zack-Williams, 2006). 마을에 대한 습격도 빈번하게 일어나 수많은 집, 학교, 보건 시설이 불에 탔다. 시민은 강간당하거나 폭행당했으며 신체 일부가 절단당하는 경우도 많았다. RUF 병력은 식인과 종교적 살인을 일삼았으며 나라 전역 곳곳에 고문 기관이 설립되기도 하였다. 전쟁이 끝날 무렵에는 10,000명이 넘는 사람들이 사망했고 2,000,000명이 조국에서 퇴거당했다(U.S. Department of State, 2010).

시에라리온 인구의 거의 절반은 어린이로 이루어져 있었으며 이들은 피해자로서뿐만 아니라 가해자로서도 가장 가혹한 전쟁의 결과에 직면해야 했다(Denov, 2010). 40,000명이 넘는 18세 이하의 어린이, 특히 그 대다수를 이룬 소년들은 10여 년간 벌어진 시에라리온 전쟁에 적극적으로 개입해 왔다(Maclure & Denov, 2006). 그중 몇몇은 살기 위한 절박한 마지막 방책으로 부대에 합류했고, 많은 소년이 RUF에 의해 납치되어 살인자, 전사, 지휘자, 간첩, 강간범, 노예가 되도록 강요되고 위협받았다. 이를 거부하는 자에게는 가혹한 처벌, 야만적이고 신체적인 학대, 굶주림, 그리고 죽음이 기다릴 뿐이었다(Denov, 2010).

전쟁의 충격이 일상적인 현실로 변해 감에 따라 많은 어린 소년이 RUF에 의해 살해된 가족 및 친지와의 유대를 끊도록 명령받았다. 소년들에게는 보호, 보다 나은 미래에 대한 약속, 가장 중요한 생존의 기회를 제공한 지휘관에 의존하는 것 외에는 선택의 여지가 없었다. 테러, 협박, 군사 훈련, 사상 주입, 그리고 잔인함은 사회화의 기준이 되었고 나아가 RUF의 사회 체계가 되었다.

야만성과 살인은 칭송을 받았고 망설임, 공포, 죄책감, 수치심, 슬픔 등의 표현은 금지되었다(Maclure & Denov, 2006). 어린 소년들은 강간범이 되어 갔고 강간은 소녀와 여성에 대한 무기로 사용되었다. 다수의 가해자가 가담한 경우도 많았고, 막대기나 총과 같은 물건으로 여성의 성기를 관통하기도 했으며 대부분 극악한 야만성이 표출되었다. 성적 폭력 행위는 일상적으로 일어났으며 집단 강간, 개인 강간, 물건을 이용한 강간 등이 자행되었다. 강간이 많은 사람 앞에서 자행된 경우도 허다했으며 친구나 가족이 지켜보도록 강요된 상황에서 행해진 경우도 있었다. 어린 소녀는 어린 RUF 소년 반란군과 강제로 '결혼하거나' 식모나 성적 노예로 부림을 당했다(McKay, 2005). 어린 소년들은 공격성을 보일수록 진급되거나 포상을 받았으며 따라서 성공적으로 행해진 잔학 행위는 자부심, 특권 의식, 소속감마저 들게 했다(Maclure & Denov, 2006).

십 년간의 시에라리온 전쟁이 끝나면서 RUF는 해산되었고 어린 소년들의 생계 수단과 안전은 다시 한 번 허물어져 버렸다. 수천 명의 어린이는 영구적 · 사회적 · 심리적으로 큰 정신적 외상을 입었고, 해산과 사회와 사회 규범으로의 재통합이 광범위하고 심원하게 이루어졌다. 전쟁 후 상황에 나타난 피해자에서 가해자로, 또 다시 피해자로의 정신적 외상을 동반한 순환적 이동은 많은 소년 병사로 하여금 '망연자실' '고립감' 고소와 낙인에 대한 '두려움'을 느끼게 했다(Maclure & Denov, 2006).

치 료

코로마에 대한 치료를 함께 나누기 전에 독자에게 ATOP 원조 팀이 어떤 훈련을 받았는지, 그들이 치료를 제공하기 전에 어떤 준비를 해 왔는지를 설명하는 것이 중요할 것 같다. ATOP의 멤버는 모두 자원봉사자로, 단체 내에서 활동하기 전에 6일간의 훈련을 받아야 한다. 이 훈련을 통해 자원봉사자는 7단계 치료 모델, 자연재해와 인재, 정신적 외상, 개인의 치유를 돕기 위한 치유 집단의 운영 방식에 대해 배우게 된다.

또한 특정한 나라에 봉사를 위해 파견되기 전에 3개월간의 장기 작업 프로그램에 참가한다. 그들은 특정한 상황에서의 정신적 외상, 나라의 배경 조건, 사회 · 정치 · 경제적 풍토, 과거에 정신적 외상 회복 과정에서 나타난 쟁점, 그리고 비정부 단체(NGO)와 정부 간 관계의 수준에 대해 숙지하게 된다. 나아가 봉사활동을 수행할 때 직면할 가능성이 있는 정부의 반대(가령 대학에서 실행될 예정인 훈련 프로그램을 승인하지 않는 등)에 대해 연구하며 참가자의 현재 심리적 상태와 어려움을 평가하는 데 어떤 설문지를 사용할 것인지를 결정한다.

마지막으로 지역 정부, 학교, 캠프, 교회, 대학 등과 통신할 이메일 및 전화 연락망을 구축하여 ATOP에 대한, 그리고 그들이 제공할 치료활동에 대한 정보를 제공할 수 있도록 한다. 각각의 이해관계에 근거하여 팀은 어디서 어떻게 치료를 제공할지를 결정한다. 치료를 위해 팀이 목적지에 도착한 경우는 그들이 미국으로 돌아오기까지 대개 2~3주 정도 머물게 된다. 팀이 돌아오면 특정 나라의 훈련생과 ATOP 팀 멤버를 위한 집중적인 추가 훈련과 개인 활동이 (스카이프와 휴대기기를 통해) 한 달 동안 제공된다.

시에라리온에서의 지원활동은 텍사스에 위치한 미국-시에라리온 NGO의 노력을 통해 성사되었다. 이 NGO는 개인의 정신적 외상을 치유하고 소년 병사와 장애를 갖게 된 사람들이 공동체로 재통합될 수 있도록 ATOP 팀을 시에라리온에 파견해 줄 것을 요청해 왔다. 시에라리온에 제공된 치료는 기독교 신앙을 가지고 태어났으나 종교를 초월한 봉사 정신으로 무장한 다섯 명의 자원봉사자와 한 명의 유태인 자원봉사자로 구성된 ATOP 팀에 의해 수행되었다. 비록 종교와 신앙이 조화롭도록 팀을 파견하는 일은 파키스탄, 터키, 스리랑카 등과 같은 다른 나라에서는 중요한 문제였지만, 시에라리온에서 ATOP 팀은 종교 간의 자유, 관용, 개방성을 목격할 수 있었다. 시에라리온에는 구성원의 80%이 이슬람교도인 마을이 많았지만 비교적 큰 도시는 구성원의 80%가 기독교도다.

이 치료모델은 구 아르메니아 소비에트 공화국에서의 첫 ATOP MHOP 이후 1990년에 칼라이지안 박사가 고안하였다. 당시의 모델에는 6단계만 있었으나 2008년에 환경 단계가 추가되었다.

7단계로 이루어진 생명 심리적이고 생태정신적인 모델(Kalayjian, 2002)은 정신적 외상, 분쟁, 갈등의 다양한 측면을 평가, 확인, 탐구, 처리, 수행, 공개하고 또 새로운 의미를 성취할 수 있도록 해 준다. 이 모델은 다양한 이론을 통합시켜 주는데, 이는 정신역동적 대인관계(Sullivan, 1953), 실존주의와 인본주의(Frankl, 1962), 전자기장 균형(Dubro & Lapierre, 2002), 학습 이론, 꽃향수, 방향유, 물리적 해방, 심신의 영성, 차크라 균형 운동, 기도, 명상 등을 포함한다. 7단계는 각각의 치유 회기를 통해 통합된다.

제1단계 스트레스 수준을 평가하라

참가자는 정신적 외상후 스트레스 증후와 여타 정신적 외상 관련 증상의 수준을 결정하기 위해 서면 설문지, 하버드 정신적 외상 체크리스트(HTC), 하트랜드 용서 척도(HFS) 기존 재앙의 경우에 필요에 따라 사용되었던 다른 척도를 제공받는다. 이 도구의 신뢰도와 타당도는 이미 검증되었으며 간결하면서도 효과적인 도구다. 또한 빅터 프랭클의 로고테라피적인 접근 방식에 기반하여 삶의 의미와 목적과 관련된 질문도 추가되었다.

제2단계 감정 표출을 독려하라

한 번에 한 명씩(혹은 개인 회기마다), 집단의 각 구성원이 지금 여기서 그들이 경험한 재난이나 정신적 외상과 관련된 감정을 표출하도록 독려하였다. 자연재해와 인재의 경우 모두 사후에 표출된 가장 두드러진 감정은 충격, 공포, 미래에 대한 불확실성, 플래시백, 회피 행동, 가해자나 지도자에 대한 분노, 수면 장애, 악몽 등이었다. 시에라리온 전쟁과 같은 인재를 겪은 생존자 중 정신적 외상을 입은 이들이 주로 경험한 감정은 사건의 원인에 대한 분노, 사건이 '다른 사람에게' 가 아니라 '나에게' 혹은 '우리에게' 일어났다는 사실에 대한 분노, 재발에 대한 두려움, 그리고 자신의 생존을 둘러싼 행복과 죄책감의 복잡한 감정 등이다. 촉진자(심리건강 전문가)는 긍정적인 자세로 생존자가 정신적 외상의 막을 열고 적정한 정도로 외상의 기억과 과정을 내어놓도록 독려한다(Lindy, 1986).

제3단계 공감과 정당성을 제공하라

집단 촉진자는 "이해할 수 있어요." 또는 "제게는 이치에 맞아 보이는군요." 등의 진술을 사용하고 다른 나라의 생존자가 어떻게 대처했는지에 대한 정보를 공유하여 생존자가 느끼는 감정에 정당성을 부여한다. 생존자의 손을 잡는 등의 의도적인 치유적 접촉도 사용된다. 이를 통해 생존자가 느끼는 안도, 공포, 분노, 생존의 기쁨 등은 모두 재난에 대한 자연스러운 반응이며 또한 표출될 필요가 있다는 점을 강조한다. 정신적 외상이 집단과 이어진 개인의 유대를 단절시킬 때 참기 힘든 고립감이나 무력감이 나타날 수 있다. 그러한 집단에 정당성과 연민을 제공하는 것은 개인과 집단 사이의 상호 교류를 재정립함으로써 이러한 고립감과 무력감을 교정한다.

생존자는 치료적 치유 집단에서 가해자가 인정해 주기를 더 바라겠지만, 정당성 제공은 가해자가 아닌 촉진자에 의해 제공된 경우에도 막강한 치유 효과가 있음이 드러났으며 이는 많은 참가자의 증언에도 나타나고 있다.

제4단계 의미의 발견과 표현을 독려하라

생존자는 다음과 같은 질문을 받는다. "이 재난을 경험하고 나서 어떤 교훈, 의미, 또는 긍정적 연상을 발견했나요?" 이 질문은 최악의 재앙 속에서도 긍정적 의미가 발견될 수 있다(Frankl, 1962)는 프랭클의 로고테라피적 원리에 기반한 것이다. 이는 또한 빛의 진가를 알아보고 빛과 다시 연결되기 위해서는 어둠이 필요하다는 불교적 주장에도 근거한 것이다. 집단의 각 구성원은 재난 상황에서 자연스럽게 발생하는 힘과 의미에 집중하도록 부드럽게 요구받는다.

시에라리온에서 배우고 공유한 긍정적인 교훈에는 물질적 재산에 비해 대인관계가 갖는 중요성, 분노 해방의 중요성, 용서를 이루기 위한 분노 다루기의 중요성, 자신의 삶을 책임지는 자세의 중요성 등이 있었다. 국가, 공동체, 가족, 개인이 도움을 제공하기 위해 모였다는 사실은 자기 자신과 타인, 평화와 연대의 가능성에 대해 어느 정도 신뢰와 믿음을 회복하도록 도왔다. 그러나 이러한 연합은 불완전한 것이었다. 왜냐하면 너무 많은 아프리카 국가와 다른 개발도상국들이 참가하지 않고 이 상황에서 계속 되풀이되는 재난의 확대를 이해하는 기회를 도외시하고 있기 때문이다.

제5단계 교훈적인 정보를 제공하라

어떤 방식으로 체계적인 둔감화 과정을 활용하여 점진적인 둔감화를 진행해 나갈 것인지에 대한 실제적 도구와 정보가 주어진다. 준비의 중요성이 강조되며 준비의 방법이 정교화된다. 교사와 장래의 집단 지도자에게는 재난 시 피난 연습 방법과 안전하고 접근 가능한 출구를 마련하는 방법 등에 대한 인쇄물이 배포된다. 부모와 교사에게는 자녀의 악몽, 공포, 분열적 행동 등에 대해 대처하는 방법에 대한 소책자가 배포된다. 심리학자와 정신분석학자, 혹은 시에라리온의 경우처럼 심리학자가 없을 경우는 공동체의 지도자와 대학 교수에게 평가 도구가 제공된다. 자기 치유 도구이자 공동체 간 갈등 치유를 위한 도구로서의 용서에 대한 인쇄물과 가이드라인이 공유된다.

용서는 모든 종교철학에서 장려되고 다루어지지만, ATOP의 용서는 집단 간, 국가 간 갈등을 해소하는 효과뿐만 아니라 자기 치유 측면에도 초점을 맞춘다. 이러한 견해는 칼라이지안에 대한 프랭클의 개인적 지도에 기반한 것이다. 칼라이지안은 프랭클의 수업을 듣는 동안 오스만 터키 학살로 인한 아르메니아인 생존자의 화와 분노로 심한 괴로움을 겪었다. 프랭클은 칼라이지안에게 조언하기를, 아르메니아 생존자가 화와 분노의 사슬에서 본인을 해방시키고 그 고통과 괴로움이 세대를 거쳐 전승되는 일을 예방하기 위한 수단으로 터키인을 용서할 수 있도록 도우라고 하였다 (Kalayjian, 2010).

시에라리온에서는 비탄, 전쟁 후 치유, 보호자로서의 자신을 돌보는 방법에 대한 인쇄물이 제공되었다. 프로그램이 진행된 나라에서 재난에 대처하기 위해 사용되었던 과거의 종교의식의 복원도 논의되었다. 놀랍게도 그리 많은 것이 공유되지는 못했고 소심한 낄낄거림이 여기저기서 들려왔다. 이는 모든 토착 종교의식이 공식 종교로 대체되었음을 보여 준 것이다.

그들은 함께 모여 노래 부르고 북을 치는 활동과 공동체의 지원이 갖는 가치를 공유하였다. 이 프로그램에 방문한 한 토착 치유자는 찬송가를 부르고, 기도하고, 조상과 연결하고, 선조가 지닌 지혜의 메시지를 공유하였다.

시에라리온을 포함한(Peddle, Stamm, Hudnall, & Stamm, 2006; Truth and Reconciliation Commission[TRC], 2004) 다양한 인구집단에서 영적인 활동과 문화적 의식과 전통이 정신적 외상을 회복하는 과정에 미치는 영향에 대해 강조한 연구가 있었다(Benson, 1996; Gordon, Staples, Blyta, & Bytyqi, 2004; Hedva, 2009). 사전 평가 연구를 통해서는 영적 활동에서 별다른 차이점을 발견하지 못했고 토착 종교 활동에 대한 어떤 정보도 발견하지 못했다. 그러나 ATOP 팀은 시에라리온에 있는 동안 서로 다른 종교가 얼마나 조화롭게 공존하고 통합된 삶을 살고 있는지에 대해 기분 좋은 놀라운 일을 경험하였다. 기독교도는 강제적인 개종이나 까다로움 없이 이슬람교도와 결혼할 수 있었다. 봉사 팀이 머물렀던 가정은 감리교를 믿었는데, 그들의 사촌 중 일부는 이슬람교도인 반면 다른 사촌은 환생 기독교도였으며, 양 집단은 별 문제 없이 서로 결혼하여 함께 살기도 하였다(이러한 종교적 조화에 대한 추가적 연구를 추천한다). 게다가 악령을 내쫓기 위해 코로마와 같은 피해자의 팔뚝에 특수 고무링을 감는 등 토착적인 치유 활동도 있었다. 그렇다고 해서 코로마가 그가 새로 개종한 환생 기독교도의 신앙 활동을 병행할 수 없는 것은 아니었다. 따라서 전통적인 방식의 건전한 통합은 시에라리온의 새로운 종교와 함께 실천된 것이었다.

제6단계 생태중심적 과정을 제공하라

어머니인 대지와 연결되는 실천적인 방도가 공유되었다. 환경적 연결을 둘러싼 토론과 연습이 이루어졌다. 자기 주변 환경에서 보다 큰 세계에 이르기까지 자신이 처한 환경을 돌보는 방법이 논의되었고, 다가올 미래의 시스템을 고려하고 우리와 환경이 어떤 영향을 주고받을 수 있는지를 마음에 새겼다. 이 단계가 시에라리온에 적용되었을 때 우리는 함께 에메랄드 그린 세상을 만들어 나가기 위한 참가자와 함께 명심해야 할 리스트를 공유했다. 이 리스트에는 재활용하기, 운전 대신 걷기, 시에라리온 병원, 대학, 집, 거리 등의 앞에 놓인 잡동사니와 쓰레기 치우기 등이 포함되어 있었다. ATOP 팀은 대학에서 자원봉사자를 모아 환경미화 클럽을 만들었다. 이 위원회는 황폐화된 프리타운 대학의 도서관들을 리모델링했는데, 먼지가 자욱한 책, 색이 누렇게 바랜 신문, 조각나 떨어진 페인트 등을 손보고, 앙상하게 드러난 유리창에는 새 커튼을 달았으며, 깨끗한 책을 반듯이 정리 정돈하여 진열하였고, 페인트도 새로 칠해진 방으로 대체하였다. 은잘라 대학교(Njala University)의 학장은 이 프로젝트의 결과에 매우 흡족해 하였고 ATOP와 자원봉사위원회에 축하를 보냈으며 새로운 도서관을 위한 개관식을 마련하였다.

제7단계 호흡운동과 신체운동을 제공하라

호흡은 자연적인 치료제와 치유도구로 사용된다. 누구도 '자연' '타인' '자기 외부에서 벌어지는 일'을 통제할 수 없으므로, 생존자는 재난에 대해 어떻게 대처할지를 통제할 수 있도록 도움을 받는다. 이것은 이 모델의 실험적인 부분이다. 생존자는 앞으로 어떻게 나아가고 공포, 불안, 분노를 완화시킬 수 있을지에 대한 강습을 받았다. 또한 참가자는 어떻게 하면 재난에 대응하여 감사, 연민, 믿음, 강인함, 용서의 마음을 키울 수 있을지, 어떻게 자기 자신을 강화시키는 호흡을 할 수 있는지에 대한 교육도 받았다.

시에라리온에서는 바취(Bach)약품과 추출유가 심신을 치유하는 데 사용되고 있었다. 칼라이지안 박사는 코로마에게 바취 레스큐 약품(전쟁의 결과로 생긴 정신적 외상, 공포, 상실감, 무력감을 완화시켜 주는 효과가 있는 꽃 추출

액)을 건네주었다. 바취 꽃 약품은 정신적 외상을 위해 영국에서 특별히 제조되었는데 넬슨 유통 회사가 배포하고 기증하였다. 이 꽃 약품은 70여 년이 넘는 세월 동안 66여 개국에서 그 효과를 인정받아 오고 있다. 예를 들어, 레스큐 약품은 정신적 외상의 충격과 무력감을 완화시켜 주며 다양한 자연 추출물(Helianthemum nummularum, Clematis vitalba, Impatiens glandulifera, Prunus cerasifera, Ornithogalum umbellatum 등)을 함유하고 있다. 그와 함께 유쾌한 기분을 불러일으키기 위해 자몽과 같은 감귤류 추출물도 제공되었다.

코로마가 참가한 집단 치유 치료는 큰 강당에서 진행되었다. 지역 공동체의 주민도 원조에 대한 정보를 제공받았다. 코로마의 친구는 코로마에게 그 치유에 참여하라고 권하였다. 치유는 이틀간의 집중 워크숍과 추후 개별 회기로 구성되어 있었다.

코로마가 참가한 첫날의 훈련에서 ATOP는 전쟁의 부정적 영향, 전쟁의 결과에 따른 치유 단계, 치유 양식의 유형에 대한 정보를 제공하였는데, 토착적이고 문화적인 지역 활동, 지역의 현인 치유자의 지혜, 영적 믿음 체계, 그리고 대처와 회복에 관한 과거의 경험 등을 통합하였다. 첫날 아침 시간에는 강의가 진행되었고 뒤이어 점심시간에는 영화가 상영되었다. 이 영화는 ATOP에서 제작한 것인데, 세계의 여러 지역에서 발생한 다양한 종류의 정신적 외상을 보여 주며 세계 각지의 사람들이 정신적 외상에 대처한 방법에 강조점을 두었다. 오후 회기는 실험적인 것이었는데, (매일 대략 70명 정도) 집단의 구성원이 빙 둘러앉아 (네 개의 작은 그룹으로 나뉘어) 서로를 마주하고 각자의 감정을 공유하였고, 다른 구성원은 공감과 정당화를 표출하였다. 설리반(Sullivan, 1953)에 따르면, 정당화와 공감은 이렇듯 정신적 외상을 가져오는 참극 이후의 회복과 봉합에서 가장 중요한 반응이라고 하였다.

팀은 또한 첫날 치유의 일환으로 집단 구성원을 치유하는 데 사용할 수 있는 어떤 토착적 방식이 있는지를 살펴보았다. 집단 구성원은 낄낄대며 냉소적인 미소로 반응했다. 그들은 체계적으로 구성된 종교를 믿으며 자라왔다고 말했고, 결국 토착적인 치유 방식은 진행되지 않았지만 그들이 부모에게서 들은 방법은 공유하였다. 이러한 방법 중에는 토착 치유자와 대화하기, 찬송하기, 치유 회기 시작 전에 조상을 부르기 등이 있었다. 집단이 토착 치유 방법에 그다지 호감을 보이지 않았기 때문에 ATOP 구성원이 제공한 치료 내에 포함시키지는 않았다. 코로마를 포함한 집단 구성원이 실천한 단 한 가지 문화적 믿음이 존재하기는 했다. 그들은 악령을 피하고 악령이 다시 그들을 사로잡는 것을 막기 위해 그들의 팔에 검은 고무링을 일 년간 감아 놓았다. ATOP 구성원은 그들의 믿음을 존중하였다.

심리치료자가 정확하게 치유 순간이라고 집어낼 수 있는 명확한 순간이 존재하지 않는 경우가 너무 많았다. 그러나 희생자를 혼란스럽게 하고 괴롭히던 문제를 결국 끝낼 수 있는, 서로를 완성시키는 '아하' 시점과 통찰은 많이 있었다. 코로마의 경우 그를 괴롭히던 경험은 RUF에 강제로 징집되었던 경험이었다. ATOP 훈련의 첫날에 그는 전쟁과 다른 인간이 초래한 재난의 부정적 영향에 대해 배웠고, 또 민병대에 연루된 경험에 대해 그를 비웃고 괴롭히는 지역 주민을 용서할 수 있는 방법을 배웠다. 지역 공동체의 반응에 대해 코로마는 (RUF의 고문 탱크로 다시 들어가는 자신의 모습을 상상하는 등) 숨어 버리거나 극도로 공격적으로 반응하여 결국 극단적인 신체적 · 감정적 붕괴를 낳는 신체적 격투에 이르기도 했다. 그는 투쟁 또는 회피 등으로 정신적 외상에 대해 전형적으로 나타나는 반응을 경험하고 있던 것이다.

코로마는 둘째 날에 훈련 장소로 돌아와서, 용서하는 방법과 용서가 용서하는 사람 자신에게 주는 긍정적인 영향에 대해 배웠다. 또한 그의 영성지수(SQ)뿐만 아니라 감성지수(EQ)를 통제하는 방법도 배웠다. 점심시간에 또 다른 영화가 상영되었는데, 〈용서의 힘(Juday & Schmidt, & Doblmeier,

2007)〉에 관한 것도 이와 함께 반성을 위한 시간도 할당되었다. 오후 집단에서 코로마는 그 전날 밤 MHOP 훈련 회기에서 뛰쳐나간 뒤 그에게 일어난 사건을 공유하였다. 다음은 코로마가 집단과 공유한 그의 경험이다.

> "저는 집으로 걸어가고 있었어요. 뭐, 사실 숙모 집이긴 하지만 제가 불쌍하다고 들여보내 주셨죠. 제 직장 동료는 저를 괴롭히기 시작했고 제 주위를 돌고 저를 때리면서 'RUF, RUF, RUF'라고 외쳤어요. 보통 때 저의 반응 같았으면 그 녀석한테 더 크게 소리치고 걔가 때린 것보다 더 세게 맞받아서 때려주었겠지요. 근데 이번에 저는 멈춰서서 그 녀석 눈을 바라보고는 선생님이 어제 가르쳐 주신 대로 아주 부드러운 목소리로 이렇게 말했어요. '예전에 일어난 일에 대해서는 사과할게. 나도 그 일을 없었던 걸로 할 수 있다면 정말 좋겠어. 나는 과거를 바꿀 수는 없지만 내가 너에게 말해 줄 수 있는 것은 내가 정말 미안한 마음을 가지고 있다는 것뿐이야. 그리고 네 가슴속에서도 나를 용서해 줄 수 있는 공간을 찾을 수 있기 바라. 나는 이미 내 안의 죄책감, 곤혹스러움, 비탄으로 충분히 고통받고 있어. 제발 부탁해. 나를 용서해 줘.'"

코로마는 울음을 터뜨리고 말았고, 나머지 사람들도 소리 죽여 흐느꼈다. ATOP 팀 멤버도 눈물을 흘렸지만 이내 공감 과정을 시작했다. 참으로 감동적인 회기였다.

이는 감동적이었을 뿐만 아니라 변화를 가져오는 회기이기도 했다. 코로마는 계속해서 그의 심정을 함께 나누었다. 이전에는 보통 분노, 공격성, 죄책감, 곤혹스러움으로 인해 주먹다짐까지 갔는데, 이제는 공감, 연민, 용서로 변화했을 뿐만 아니라 두 명의 동료 역시 마음의 큰 변화를 겪어 처음으로 함께 앉아 이야기하고 서로를 친구로 부르게 되었다.

칼라이지안 박사는 치료과정의 일환으로 계속해서 진행되는 치유 과정에 코로마를 노출시켰다. 그녀는 종종 그의 내담자에게 "치유는 연속적인 것이고 태어날 때 시작해서 죽음으로 끝나는 여행입니다."라고 말하곤 한다. 이틀간의 집단 치료 후, 코로마는 3일째 되는 날 칼라이지안 박사와 개인 회기를 가졌다. 자신에 대한 용서야말로 코로마가 가장 힘써야 할 부분이었기 때문에 두 번의 개인 회기는 이 부분에 중점을 두고 등을 맞댄 채 이루어졌다. 그는 그가 참가했던 극악무도한 행위에 대해 스스로를 용서할 필요가 있었다.

개인 회기가 끝난 뒤 칼라이지안 박사는 코로마에게 자신이 미국으로 돌아간 이후에도 전화를 통해 다음 달까지 회기를 계속 이어 나가고 싶다고 말했다. 칼라이지안 박사는 코로마의 휴대 전화 번호를 받았고 그녀의 집 전화번호를 그에게 알려 주었다. 다음 달이면 코로마가 전화 회기의 약속 시간을 잡기 위해 칼라이지안 박사에게 연락할 것이고 그러면 박사는 회기를 진행하기 위해 그에게 전화를 걸 것이다. 코로마는 "당신이 제가 어떤 심정인지 이해해 주다니 믿을 수가 없어요. 다른 누구도 저를 이해하지 못했어요."라고 말하며 지지받은 심정을 드러냈다.

그들은 5차례에 걸친 전화 회기를 가졌고 치유 모델의 7단계 중 5단계에 해당하는 비탄상담과 자기 용서에 주로 초점을 맞추었다. 코로마는 12세의 나이에 기숙학교에서 나와 민병대에 징집되고 탈영한 뒤로는 몸을 숨긴 채 몇 년을 보냈기에 그의 교육적 삶에서 가장 중요한 부분을 잃어버리고 말았다. 코로마는 치료과정을 진행하기 위해서 고등학교에 갈 필요가 있었다.

칼라이지안 박사는 그의 교육에 대해 어떻게 할 것인지, 또 어떤 조치를 취할 것인지에 대해 그가 결정하도록 도와주었다. 또한 직업적 목표에 대해서도 함께 논의했다. 코로마는 고등학교를 마치고 대학에 가기로 결심했다. 치료의 전화 회기 부분은 한 달 뒤에 마무리되었다. 칼라이지안 박사는 코로마에게 무슨 생각이 떠오르면 언제든 그녀에게 연락하라고 했고, 또 그가 잘해 나가고 있음을 알리는 이메일을 보냈으면 좋겠다고 말했다. 코로마는 칼라이지안 박사에게 자주 편지를 썼고 그의 상황에 대해 알려 왔다. 마지막으로 연락이 되었을 때 코로마는 대학에 다니고 있었고 졸업을 앞둔 상태였다. 코로마는 이런 글귀로 칼라이지안 박사에게 감사를 표했다. "처음에는 박사님이 만든 치유 프로그램에 참가하고 싶지 않았어요. 제 또래 친구와 공동체 주민 때문에 정말 곤혹스러웠거든요. 그런데 지금은 큰 해방감을 느끼고 제 가슴과 심장에서 커다란 짐이 덜어진 것 같아요."

치료의 평가

코로마가 모두에게 이야기해 주었던 그의 극악무도한 만행은 ATOP 팀에게 충격을 주었는데, 특히 칼라이지안 박사에게 큰 충격을 주었다. 왜냐하면 그 만행은 1895~1915년의 오스만 터키 학살에서 그녀의 부모가 당했던 일과 정확히 일치했기 때문이다. 칼라이지안 박사는 거의 백 년이 지난 지금도 다른 대륙에서 인류가 계속 똑같은 만행을 저지르고 있다는 점을 곰곰이 되씹어 보았다. 우리는 인간으로 무엇을 잘못하고 있는 것일까? 어째서 우리는 교훈을 얻지 못하는 것일까? 이런 만행을 치유하기 위해서는 몇 세대를 거쳐야 한다는 사실을, 그리고 그런 행위가 우리에게 신체적으로도, 정력적으로도, 사회적으로도, 감정적으로도 건전하지 못하다는 사실을 왜 마음에 새기지 못하는 것일까? 이러한 만행이 우리 자신뿐만 아니라 우리의 환경도 파괴한다는 사실에 왜 주목하지 못하는 걸까? ATOP 멤버는 치료를 제공하면서 그들의 마음에 떠오르는 이러한 의문에 답하려 노력하였다.

회복에서 중요한 것은 정신적 외상을 입히는 사건에서 의미를 찾아내는 능력이다(Frankl, 1962; Kalayjian & Eugene, 2010a, b). MHOP 훈련 및 치유 집단은 코로마가 그의 고통 속에서 긍정적인 의미를 찾아낼 수 있도록 도와

주었다. 그는 자신의 믿음 체계를 공고히 하고 ATOP 팀을 만나고, 용서하는 법을 배우기 위해 정신적 외상을 겪어야 했음을 깨달았다고 말했다. 그 강도에는 차이가 있고 어떤 사람들은 직접, 또 다른 사람들은 간접적으로 겪지만 이 세상의 모든 사람은 정신적 외상에 노출되어 있다. 어떤 개인적 특징이나 성향들은 정신적 외상에 대처하는 우리의 자세나 그 지속적인 부정적 영향에 영향을 준다. 그런 요소에는 생물학적 구성, 감성지수(quotient), 사회적 구조, 과거의 정신적 외상 경험, 문화, 지구물리학적 환경, 사회정치적 지위, 세대에 걸친 정신적 외상, 공병성(comorbidity) 등이 있다. 미해결된 정신적 외상은 결단을 내리지 못하게 하여 또 다른 정신적 외상을 부른다. 정신적 외상을 일으키는 장본인인 가해자 본인 역시 많은 경우 어린 시절에 그들이 애착을 가진 사람으로부터 유기, 모욕, 거부, 조롱 등의 정신적 외상을 입은 피해자였다.

용서는 또한 갈등 이후의 사회에서나(Swart, Turner, Hewstone, & Voci, 2011) 시에라리온인 집단의 경우와 같이(Toussaint, Peddle, Cheadle, Sellu & Luskin, 2010) 인간이 저지르고 야기한 정신적 외상의 효과를 다루는 방법으로 확인되어 왔다(Chapman, 2007; Kalayjian, 2010; Schaefer, Blazer, & Koenig, 2008; Staub, Pearlman, Gubin, & Hagengimana, 2005; Worthington, 2006). 비록 코로마는 이틀간의 집중적인 훈련과 치유 집단 회기를 거친 결과 타인을 어느 정도 용서할 수 있었지만, 그가 고백하기를 자기 자신을 용서하기는 힘들었다고 한다. 칼라이지안 박사는 정의하기를 '용서란 다른 사람들도 역시 인간임을 고려함으로써 분노, 자기 보호, 보복 등의 자동적인 자아 반응에서 반발적이지 않은 의식적인 공감의 반응으로 이행하는 것'이라 하였다(Kalayjian, 2010).

연구에 따르면, 용서는 정신적 외상 이후 스트레스와 정신의학적 질병의 수준을 낮추어 준다고 한다(Friedberg, Adonis, von Bergen, & Suchday, 2005; Peddle, 2007; Stein et al., 2008). 자신의 가해자를 용서하지 못하는 것은 심리적 고통을 악화시키는 것으로 드러났다(Worthington, 2006). 일반적으로 용서는 여성과 노인에게서 더욱 높은 비율로 나타난다(Miller, Worthington, & McDaniel, 2008; Toussaint, Williams, Musick, & Everson, 2001). 코로마는 칼라이지안 박사와 개인 회기를 몇 번 가진 후 자신의 정신적 외상을 다른 관점에서 바라보고 스스로를 용서할 수 있게 되었다. 물론 이것은 진행 중이었으며 ATOP 팀이 미국으로 돌아간 이후에도 몇 번의 전화상담 회기가 이어졌다.

코로마에게는 ATOP 멤버가 시에라리온계 미국인을 포함하여 백인으로 구성되어 있다는 사실이 다행이었다. 그들은 시에라리온 전쟁을 목격하지도 않았고 RUF이나 지역사회에 연루된 일도 없기 때문에, 코로마는 그들을 먼 곳에서 온 편견 없는 전문가로 볼 수 있었다. 또 ATOP 멤버가 우수한 교육을 받은 것으로 인식되는 미국인이라는 사실도 그의 신뢰를 높이는 데 영향을 주었다. 덧붙여 그들은 모두 자원봉사자이었기 때문에 무상으로 일했을 뿐만 아니라 미화 4,000달러에 이르는 항공비와 다른 비용 역시 각자가 부담하였다. 이 점은 코로마와 치유 집단의 다른 구성원에게 큰 영향을 미쳤다. 시에라리온 사람들은 대부분 ATOP 팀을 존중하고 사랑했고 그들이 한 일에 대해 존경을 표시하였으며 이렇게 말하기도 했다. "우리를 도우려고 그 머나먼 미국에서 거의 사흘이나 걸려 와 준 건가요? 우리는 정말 축복받았군요!" 거의 모든 생존자는 그들이 가진 공포를 누군가에게 표현한 것은 ATOP 팀이 처음이라고 고백했다. 코로마는 전쟁이 끝난 후 최근 십 년 중에 ATOP 팀에게 가장 많이 마음을 열었다고 말했다. 그는 ATOP 팀이라면 그가 속한 지역사회처럼 자신에게 선입견을 갖지는 않을 것이라고 느꼈다.

코로마의 신체적 증상 역시 사라졌는데, 훈련 이틀째 되던 날 그는 이렇게 말했다. "오늘 아침만 해도 저는 이런 악몽을 겪는 게 저 혼자라고 생각하고 숨어 지냈어요. 하지만 이제는 그것들이 자연스러운 감정이고 정상적인 증상이라는 것을, 그리고 내게 정신적 외상을 입힌 과거를 포용하기만 하면 결국 완화될 것임을 알게 되었어요. 그리고 원래는 심한 신체적 긴장, 두통, 어깨 통증도 있었는데 이젠 모두 사라졌어요."

참고문헌

Benson, H. (1996). *Timeless healing: The power and biology of belief.* New York: Scribner.

Chapman, A. (2007). Truth commissions and intergroup forgiveness: The case of the South African Truth and Reconciliation Commission. *Peace and Conflict: Journal of Peace Psychology, 13,* 51-69.

Denov, M. (2010). Coping with the trauma of war: Former child soldiers in post-conflict Sierra Leone. *International Social Work, 53*(6), 791-806. doi:10.1177/0020872809358400

Dubro, P. P., & Lapierre, D. P. (2002). *Elegant empowerment: Evolution of Consciousness.* New York: Platinum.

Frankl, V. E. (1962). *Man's search for meaning: An introduction to logotherapy.* Boston, MA: Beacon Press.

Friedberg, J. P., Adonis, M. N., von Bergen, H. A., & Suchday, S. (2005). Short communication: September 11th related stress and trauma in New Yorkers. *Stress and Health: Journal of the International Society for the Investigation of Stress, 21,* 53-60. doi:10.1002/smi.1039

Gordon, J. S., Staples, J. K., Blyta, A., & Bytyqi, M. (2004). Treatment of posttraumatic stress disorder in postwar Kosovo high school students using mind-body skills groups: A pilot study. *Journal of Traumatic Stress, 17,* 143-147. doi:10.1023/B:JOTS.0000022620.13209.a0

Hedva, B. (2009). *Spiritually directed therapy protocol training manual.* Calgary, AB: Finkleman.

Juday, D., & Schmidt, A. (Producers), & Doblmeier, M. (Director). (2007). *The power of forgiveness* [Motion picture]. United States: South Carolina Educational Television (SCETV).

Kalayjian, A. (1995). *Disaster and mass trauma: Global perspectives on postdisaster mental health management*. Long Branch, NJ: Vista.

Kalayjian, A. (2002). Biopsychosocial and spiritual treatment of trauma. In R. Massey & S. Massey (Eds.), *Comprehensive handbook of psychotherapy* (pp. 615-637). New York: John Wiley.

Kalayjian, A. (2010). Forgiveness in spite of denial, revisionism, and injustice. In A. S. Kalayjian & F. R. Paloutzian (Eds.), *Forgiveness and reconciliation: Psychological pathways to conflict transformation and peace building*. New York: Springer.

Kalayjian, A. (2010). *Mental health outreach projects (MHOP)*. Retrieved from http://meaningfulworld.com/index.php?option_com_content&task_view&id_179&Itemid_108

Kalayjian, A. (2010, August). Therapeutic modalities for victims of sexual trafficking: The biopsychosocial and eco-spiritual model. In A. Pipinelli (Chair), *Taxonomy of Sexual Trafficking-Treating Survivors and Exploiters of Sexual Abuse*. Symposium conducted at the American Psychological Association Convention, Washington DC.

Kalayjian, A., & Eugene, D. (Eds.) (2010a). *Mass trauma and emotional healing around the world: Rituals and practices for resilience and meaning-making* (Vol. 1). Santa Barbara, CA: ABC-CLIO.

Kalayjian, A., & Eugene, D. (Eds.) (2010b). *Mass trauma and emotional healing around the world: Rituals and practices for resilience and meaning-making* (Vol. 2). Santa Barbara, CA: ABC-CLIO.

Kalayjian, A., Shahinian, S., Gergerian, E., & Saraydarian, L. (1996). Coping with Ottoman Turkish Genocide of Armenian Survivors. *Journal of Traumatic Stress, 9*(1), 87-97.

Lindy, J. D. (1986). *Vietnam: A casebook*. New York: Brummer/Mazel.

Maclure, R., & Denov, M. (2006). "I didn't want to die so I joined them": Structuration and the process of becoming boy soldiers in Sierra Leone.

Terrorism and Political Violence, *18*, 119-135. doi:10.1080/09546550500384801

McKay, S. (2005). Girls as "weapons of terror" in Northern Uganda and Sierra Leonean rebel fighting forces. *Studies in Conflict & Terrorism*, *28*, 385-397. doi:10.1080/10576100500180253

Miller, A. J., Worthington, E. L., Jr., & McDaniel, M. A. (2008). Gender and forgiveness: A meta-analytic review and research agenda. *Journal of Social and Clinical Psychology*, *27*, 843-876. doi:10.1521/jscp.2008.27.8.843

Peddle, N. (2007). Reflections of a study on forgiveness in recovery from resiliency to the trauma of war. In W. Malcolm, N. DeCourville, & K. Belicki (Eds.), *Women's reflections on the complexities of forgiveness* (pp. 187-213). New York: Taylor & Frances.

Peddle, N., Stamm, B. H., Hudnall, A. C., & Stamm, H. E., IV. (2006). Effective intercultural collaboration on psychosocial support programs. In G. Reyes & G. A. Jacobs (Eds.), *Handbook of international disaster psychology: Fundamentals and overview* (pp. 113-126). Westport, CT: Praeger/Greenwood.

Schaefer, F. C., Blazer, D. G., & Koenig, H. G. (2008). Religious and spiritual factors and the consequences of trauma: A review and model of the interrelationship. *International Journal of Psychiatry in Medicine*, *38*, 507-524. doi:10.2190/PM.38.4.i

Staub, E., Pearlman, L. A., Gubin, A., & Hagengimana, A. (2005). Healing, reconciliation, forgiving, and the prevention of violence after genocide or mass killing: An intervention and its experimental evaluation in Rwanda. *Journal of Social and Clinical Psychology*, *24*, 297-334. doi:10.1521/jscp.24.3.297.65617

Stein, D. J., Seedat, S., Kaminer, D., Moomal, H., Herman, A., Sonnega, J., & Williams, D. R. (2008). The impact of the Truth and Reconciliation Commission on psychological distress and forgiveness in South Africa. *Social Psychiatry and Psychiatric Epidemiology*, *43*, 462-468. doi:10.1007/s00127-008-0350-0

Sullivan, H. S.(1953). *The interpersonal theory of psychiatry*. New York, NY: Norton.

Swart, H., Turner, R., Hewstone, M., & Voci, A. (2011). Achieving forgiveness and trust in post-conflict societies: The importance of self-disclosure and empathy. In S. Hermann, R. Turner, M. Hewstone, & A. Voci (Eds.), *In moving beyond prejudice reduction: Pathways to positive intergroup relations* (pp. 181-200). Washington, DC: American Psychological Association. doi:10.1037/12319-009

Toussaint, L. L., Peddle, N., Cheadle, A., Sellu, A., & Luskin, F. (2010). Striving for peace through forgiveness in Sierra Leone. In A. S. Kalayjian & D. Eugene(Eds.), *Mass trauma and emotional healing around the world: Rituals and practices for resilience and meaning-making* (Vol. 2, pp. 251-267). Santa Barbara, CA: ABC-CLIO.

Toussaint, L. L., Williams, D. R., Musick, M. A., & Everson, S. A. (2001). Forgiveness and health: Age differences in a U.S. probability sample. *Journal of Adult Development, 8*, 249-257. doi:10.1023/A:1011394629736

Truth and Reconciliation Commission (TRC). (2004). *Witness to truth: Report of the Sierra Leone Truth and Reconciliation Commission*. Avon, U.K.: Graphic Packaging.

U.S. Department of State. (2010). *Background note: Sierra Leone*. Retrieved from http://www.state.gov/r/pa/ei/bgn/5475.htm

Worthington, E. L. (2006). *Forgiveness and reconciliation*. New York, NY: Brunner-Routledge.

Zack-Williams, T. B. (2006). Child soldiers in Leone and the problems of demobilization, rehabilitation, and reintegration into society: Some lessons for social workers in war-torn societies. *Social Work Education, 25*, 119-128. doi:10.1080/02615470500487085

04

Counselling as Much More Than "Counselling": A Case From Zimbabwe

‘상담’ 그 이상의 상담

짐바브웨의 사례

ARCTIC OCEAN

Beaufort Sea

Chukchi Sea

East Siberian Sea

Laptev Sea

NEW SIBERIAN ISLANDS

ALASKA (UNITED STATES)

Bering Sea

Sea of Okhotsk

NORTH PACIFIC OCEAN

HAWAIIAN ISLANDS

MONGOLIA

KOREA

East Sea

JAPAN

CHINA

East China Sea

TAIWAN

Philippines Sea

MICRONESIA

MARSHALL ISLANDS

MARSHALL

KIRIBATI

NAURU

PHILIPPINES

PALAU

CAROLINE ISLANDS

MELANESIA

TUVALU

SAMOA ISLANDS

MYANMAR

LAOS

THAILAND

CAMBODIA

VIETNAM

South China Sea

MALAYSIA

BRUNEI

INDONESIA

SOLOMON ISLANDS

PAPUA NEW GUINEA

VANUATU

FIJI

TIMOR-LESTE

Coral Sea

AUSTRALIA

Tasman Sea

NEW ZEALAND

04 '상담' 그 이상의 상담

짐바브웨의 사례

Margaret Rukuni
Chalmer E. Thompson
Mmoja Ajabu

치료자

부족한 자원과 성폭력 및 근친상간 피해자의 정신적 외상을 가중시키는 법적 체계로 인해 심리적 보호에 대한 수요는 복합적일 때 보다 많은 심리건강 전문가가 요구된다. 상담자의 역할에 대한 전통적 인식은 확대될 필요가 있다(Atkinson, Thompson, & Grant, 1993). 이 장에서 마가렛 루쿠니 박사는 상담자이자 옹호자로서 자신의 역할이 내담자를 돌보는 데 얼마나 중요한지 보여 준다.

사 례

트레이시(가명 사용)는 몹시 동요되고 명확하게 말을 할 수 없는 상태로 내 사무실에 왔다. 입을 뗄 수 있는 상태가 되기까지 몇 분이나 걸렸다. 기독교 종파인 짐바브웨 제7의 날 예수 재림론자로 알게 되었던 그녀의 예전 학생이 트레이시에게 나를 상담자로 추천했던 것이다.

이 사례에서 가해자는 트레이시가 세를 든 집 여주인의 아들이다. 피해 어린이의 가족이 내게 알려 주기를, 상담을 받기 위해 가족 지원 트러스트(FST)를 방문했지만 더 많은 정보를 공개하기를 원치 않았다고 한다. FST가 제공하는 서비스에는 성폭력 전후 상담을 비롯해서 성폭력 발생 후 72시간 이내인 경우 의사의 항레트로바이러스 약품 투여 등이 있다. 부모가 말하기를, 그들이 만났을 당시 이 사례의 어린이는 HIV 양성이 아니었다고 한다.

가해자의 나이는 당시 세 살 된 첫째 아이인 루도를 성적으로 학대하기 시작한 것으로 추정되는 시기에 18세였고, 두 살이던 둘째인 치치를 성폭력한 것으로 추정되는 시기에는 그보다 한 살 더 많았다. 트레이시가 이 사례를 가지고 내게 왔을 무렵 루도는 네 살이었고 치치는 두 살 하고 몇 개월이었다. 트레이시는 루도가 성적 학대를 받은 지 거의 2년이 되도록 그런 일이 있었는지를 눈치채지 못했다고 내게 설명했다. 당시 아이들을 돌보던 두 명의 유모는 성폭력이 벌어지는 줄 알고 있었지만 트레이시와 가족이 임대한 오두막의 여주인이었던 가해자의 어머니로부터 협박을 받아 말하지 못했다. 가해자는 학교를 다니지 않는 청소년이었으며 짐바브웨 법에 따르면 당시 본인의 행동에 대해 책임을 져야 하는 청년이자 성인이었다. 참고로 짐바브웨는 1997년에 아동의 권리에 대한 국제 연합 협정을 승인하였고, 따라서 가해자는 성폭력 혹은 아동 학대에 대한 범죄 정의 구현의 대상에 해당되었다. 가해자는 부모와 살고 있었기 때문에 21세라고 해도 관행상 아동으로 간주되었다. 이는 실제 연령과 관계없이 부모의 권한하에 있는 사람이라면 누구든 '아동'으로 간주하는 관행을 이용하여 그를 보호했던 이유를 설명해 줄 수 있다.

아이들의 두 유모가 진술하길, 가해자인 아들보다 그 어머니를 더욱 두려워했다고 한다. 사례가 재판에 회부되었을 때 가해자에 맞서 증언하기를 끝까지 거부했다. 두 유모의 말에 따르면, 여주인은 그들을 난폭하게 위협했고 그래서 당시(2006년) 그들은 법적으로 하라레(짐바브웨의 수도) 강제 소환하는 것이 거의 불가능했던 시골집으로 피신했다.

왜 트레이시는 아이들이 학대당하고 있다는 사실을 그렇게 늦게 알았는가

앞서 언급한 것과 같이, 트레이시와 그 남편인 타탄다는 가해자의 어머니 집에 세 들어서 부지 내에 있는 침실 두 개 딸린 오두막에 살고 있었다. 아이들의 유모들도 함께 그 오두막에 살고 있었다. 아이들은 여주인을 사실 이모가 아닌데도 이모라고 불렀는데, 이는 짐바브웨의 도시 지역에서는 흔한 일이었다. 아이들은 가해자가 '무코마' 또는 사촌 오빠라고 배웠기 때문에 신뢰할 만한 사람이라고 믿게 되었다. 부모 역시 그를 신뢰했으며 어린아이들에게 해를 끼치리라고는 상상도 하지 못했다.

오레트(1995)에 따르면, 수입 정도와 관계없이 부모가 직장에 나가 있을 때는 주거 환경이 아이들 보육 환경에 영향을 미칠 수 있다고 한다. 이 사례의 경우 부모가 모두 직장에 나가야 했고 두 여자아이를 타인이 돌보도록 내버려 두어야 했기 때문에 세 들어 있는 사람이라는 점이 아이들의 복지에 잠재적 위협으로 작용한 것이다. 게다가 어른들에 대한 신뢰(이 경우에는 여주인에 대한 신뢰)를 생각하면, 아이들이 마을에 속해 있다는 문화적 믿음이 학대가 이루어지기 쉬운 환경을 조성했을 수도 있다. 아이들이 아무 말도 하지 않았기 때문에 트레이시는 자녀가 피해를 입고 있다는 사실을 짐작도 하지 못했다. 그녀와 같은 언어를 쓰는 쇼나의 어린이는 성적으로 학대받았을 때 알리도록 교육받지 못했다.

치니앙가라 등(1997)에 따르면, 아이들은 어른들에 대한 신뢰와 존경과 같이 전통적 관례에 기반을 둔 믿음 때문에 이 경우처럼 희생양이 될 수 있다. 저자들도 이러한 견해를 뒷받침할 만한 민족학적 증거가 없다는 사실은 인정하고 있다. 여주인이 사업의 성공에 도움이 될 만한 약품인 '무티'를 조제하기 위해 아들이 여자아이들을 성폭력하도록 권했다고 트레이시는 내게 말했다. 비록 이 진술의 진위를 파악할 수는 없었지만, 어린아이와 성관계를 한 아들의 정액을 행운을 부르는 약품 조제에 사용할 수 있다는 여주인의 조언을 듣고 트레이시는 믿는 듯했다. 가해자에게 왜 루도를 성폭력했느냐고 물었을 때 그가 이 믿음을 갖고 있다는 것이 확인되었다. 그는 자신이 저지른 범죄에 대해 아무런 양심의 가책을 보이지 않았는데, 아마도 자기 행동에 대한 책임을 느끼지 않기 때문인 듯하다. 그 어머니는 아들을 부추겨서 연루된 것으로 보아야 마땅하나 트레이시는 그녀가 체제 내에서 영향력 있는 인사에게 뇌물을 준 것이라고 믿었다. 왜 집주인을 신고하지 않았느냐고 물었을 때, 트레이시는 집주인이 주물, 혹은 발각되지 않는 효험이 있는 전통적인 보안을 사용했기 때문이라 믿었다고 말했다.

일부 전통 치유자를 대변하는 짐바브웨 전통 치유자 연합(ZINATHA)은 어떤 전통 치유자도 미성년자와의 성관계를 치유의 한 방식으로 처방하지 못하도록 하는 활동 규약을 가지고 있다(Chinyangara et al., 1997). 여주인이 10대 아들에게 아이들을 성폭력하도록 주문한 신앙·전통 치유자는 ZINATHA의 회원이 아닐 가능성이 있다. 이 조직은 그러한 행동을 금지하는 엄격한 규율을 가지고 있기 때문이다.

앞서 밝혔듯 여주인이 유모들과 아이들을 해치겠다고, 심지어 죽이겠다고 위협했기 때문에 트레이시와 남편은 아이들이 학대당하고 있다는 사실을 뒤늦게야 알 수 있었다. 아이들이 학대에 대해 입을 다물고 있었던 것은 물론이고 유모들 또한 이 추악한 비밀을 간직하고만 있었다. 유모들은 아이들에게 음식을 주고 보살펴 주면서 이 일을 발설하지 못하도록 하였다. 트레이시가 지난번 유모에게서 전해 들은 이야기에 따르면, 가해자가 아이들을 성폭력을 행한 후에는 매번 그 공범자인 어머니, 즉 여주인이 아이들을 담요로 덮고 어떤 주술 의식을 행했다고 한다. 이 주술 의식의 일부는 아이의 생식기에서 정액을 긁어내어 '무티'를 만드는 데 사용하고 나서 목욕시키는 것이었고, 이것이 유모의 의심을 키웠다. 유모가 여주인에게 왜 아이들을 목욕시키느냐고 물었을 때 그녀는 죽인다는 위협을 받았다. 어머니이기도 한 그 여주인은 법정에서 기소당했어야 할 간접적 가해자였다.

또 한 가지 문제는 두 아이 중 동생은 말은 할 수 있었지만 자기에게 무슨 일이 벌어진 것인지에 대해 말할 수 있는 어휘력을 갖추지 못했다는 점이다. 짐바브웨의 피해자 친화 기구(VFU)는 언어 문제 때문에 동생을 대신하여 가해자를 고소하는 데 어려움이 있다고 트레이시에게 조언했다. 두 번째 유모가 아이가 성폭력당하고 있다고 말하려 했을 때 트레이시는 믿지 않았고, 딸 아이가 성병에 걸렸다는 사실을 알았을 때에야 그 말을 믿게 되었다고 말했다. 아이들이 성적으로 학대당하고 있다는 사실을 발견하자마자 트레이시는 남편에게 말했는데, 남편도 처음에는 그녀의 말을 믿지 못했다. 아이들의 순결뿐만 아니라 자신의 결혼마저 위험에 처했다는 사실을 깨닫고 트레이시는 교회의 원로들에게 도움을 요청했다. 트레이시는 곧바로 경찰에 신고하지 않은 채 가해자와 그 어머니를 대면했고 그들은 그녀에게 난폭한 반응을 보였다.

낙인과 편견

루도가 처한 곤경 때문에 생긴 한 가지 문제는 아이가 보육원에서 경험해야 했던 낙인이었다. 상담 중에 한 회기에서 트레이시는 루도가 보육원에 가기를 거부했다고 말했다. 교사가 루도가 당한 성폭력에 대해 알고서 루도를 불쾌한 별명으로 부르고 다른 아이들에게 루도와 놀지 말라고 일러두었기 때문이었다. 교사는 루도가 스스로 성폭력에 대한 책임이 있다고 느끼게 했던 것이다. 나는 교사에게 그에 관해 이야기하라고 트레이시에게 조언했고, 트레이시가 교사에게 말을 하자 루도를 별명으로 부르는 일은 곧 멈추었다고 그녀는 말했다. 루도는 다른 아이들과 놀이터에서 노는 데

도 어려움을 겪고 있었다. 학교에서 친구가 누구냐고 물었더니 루도는 고양이가 자기 친구라고 말했다. 루도는 왜 보육원 친구가 더 이상 자기와 놀아 주지 않는지를 이해하지 못했다. 이것이 루도를 슬프게 했다.

트레이시를 괴롭게 한 다른 어려움은 루도의 외할머니가 성폭력에 대해 듣자마자 트레이시를 비난했다는 것이다. 그녀는 트레이시만 집에서 아이들을 잘 돌보아 줬다면 성폭력은 발생하지 않았을 것이라고 믿었다. 한번은 성폭력이 발생한 지역사회와 학교에서 멀리 떨어져야 한다는 절박한 마음에 아이들을 데리고 시골집으로 간 적이 있었다. 하지만 루도가 그곳에서 잘 적응하지 못했다. 루도가 밤에 울어서 침대를 적시기 시작했으며 예전에 즐겨 먹던 음식에 대한 식욕을 잃었다고 트레이시는 말했다. 트레이시는 루도를 오두막으로 다시 데리고 왔고 법정에서 낙인에 맞서 싸우기로 결심했다. 동생은 증거를 제시할 수 있을 정도의 언어 구사 능력이 없다는 잘못된 사법 체계의 전제 때문에 완전히 논외로 여겨졌다.

트레이시는 아이들이 겪은 사건을 스스로 언어로 표현하는 능력에 대해 공정치 못한 편견이 있다는 것을 알았다. 어린 동생인 치치가 자신에게 일어난 일을 설명할 수 없다고 해서 치치의 사건을 법정 밖으로 내쫓겼다는 사실은 내게도 마찬가지로 사법의 졸렬한 점으로 보였다. 치치가 그 경험 때문에 정신적 외상을 입었다는 사실을 보여 주는 징후도 존재했다. 해부학적으로 적절한 장난감을 주면 상당한 스트레스를 보인다든지 조숙하게 행동하는 등의 징후 등이 그것이다. 그 사건이 법정에서 다루어지지 않은 또 다른 이유는 유모 중 하나가 트레이시에게 두 아이가 성폭력을 당하고 있다고 직접 말했음에도 불구하고 가해자에게 불리한 증언을 하러 법정에 나타나지 않았기 때문이다. 매번 성폭력을 저지르고 나서는 아이들을 씻기는 의식에 대해 두 유모가 모두 이야기했으므로 트레이시에게는 치치 역시 희생양이라는 사실을 의심할 이유가 없었다.

트레이시가 직면했던 또 다른 어려움은 남편이었다. 남편은 처음엔 성폭력 사건을 믿기 어려워했고 트레이시와 그 사건에 대해 의논하기조차 꺼려했다. 트레이시는 남편을 한번 만나서 상담해 달라고 요청했다. 처음에 나는 남편에게 부모가 아이들을 신뢰하고 그들 곁에 있어 주어야 할 필요성에 대해 이야기했다. 이 상담의 목표는 남편이 성폭력으로 추정되는 사건에 대해 본인이 느끼는 감정을 표출하도록 하는 것이었다. 그의 첫 반응은 가족을 위해 새로운 집을 물색하는 것이었다고 말했다. 그러나 그는 아이들이 성폭력당한 장소를 떠나기를 망설였는데, 집세가 싸고 여주인과 문제를 일으키고 싶지 않았기 때문이었다. 그러므로 아이들이 가해자와 살게 됨으로써 이차적인 성폭력을 당할 수도 있는 위험한 환경에 처한다는 사실은 그의 예상을 빗겨 간 것이었다. 트레이시는 성폭력 사건으로 매우 심란한 상황이었음에도 불구하고 남자가 가정의 중대사를 결정하는 전통을 염두에 두었기에 남편이 오두막을 떠나기로 결심하기만 기다렸다.

원조: 여아 네트워크와 여타 관련 기관

성적으로 학대받은 개별 아동 사건은 아이들의 신원을 보호하기 위해 대중에 공개되지 않았다. 그러나 이런 경우보다는, 익명의 아동 사건이 미디어를 통해 과도하게 선정적으로 표현된 나머지 현실적인 삶과 아이들의 진행 중인 재판이 대중에게 무시되거나 점차 잊혀져 가는 것이 더 일반적인 경우다. 고맙게도 여아 네트워크(GCN)가 유해한 가정이나 종교 환경에서 성적으로 학대받는 아이를 구하고 있다. 그 지지의 일환으로 GCN은 아동을 성적으로 학대한 사람, 집단, 가족, 종교 집단을 찾아내어 명단을 발표하기 위해 언론과 포럼을 가능한 한 많이 활용하고 있다. GCN의 첫 번째 소장은 그녀의 업적을 인정받아 CNN 상을 받았다. 구출된 어린이는 상담을 받고 피난처와 교육을 제공받았다. GCN은 대중에게 남자와 여자 아이 모두에게 가해지는 끔찍한 성적 행위에 관한 정보를 전달했다.

아쉽게도 상담 서비스를 제공하는 사람들은 아주 어린 아이들을 다루기에 충분한 훈련을 받지 않았을 수 있다. 짐바브웨의 한 연구는 248명의 상담자 중 6%만이 훈련을 받은 경험이 있다는 사실을 발견했다. 훈련을 받은 사람들도 대부분은 아동 성학대에 대한 상담 훈련이 아닌 건강 관련 상황에 대한 훈련만을 받았다. 아이들의 사생활이 보호되지 않았고 주의가 충분히 기울여지지 않았으며, 생식에 관련된 건강에만 초점이 맞추어지는 일이 잦았다.

차일드라인(Childline)은 핫라인 전화 시스템을 통해 아이들을 상담하는 짐바브웨의 한 기관이다. 차일드라인의 대표자들은 그들이 받는 15,000여 건의 전화 중 30%가 아동 성학대에 관한 것이고 그중 일부는 이 장에 서술된 사건과 비슷한 반복적인 성폭력에 관한 것이었다고 말한다. UNICEF가 밝혔듯 대부분의 아동 성학대는 자기가 알고 또 신뢰하는 사람에 의해 발생한다. 앞서 언급한 FST는 아이를 학대당하지 않도록 보호하고 상담하는 또 다른 비정부 기관이다. 이 기관은 활동을 통해 가해자가 대개의 경우 양아버지, 삼촌, 할아버지, 교사, 혹은 가정 내의 남자 일꾼 등이라는 사실을 관찰할 수 있었다. FST는 나라에서 발생하는 아동 성학대에 관련된 사건이 적어도 하루에 여덟 건이라고 보고 있었다. HIV 감염률이 세계에서 가장 높은 나라에서 이는 충격적인 수치가 아닐 수 없다.

공식적인 경찰 통계수치에 따르면, 2009년에 발생한 아동 관련 성폭력 사건은 3,448건이라고 보고하였는데, VFC는 1,222건의 사례를 접하였고, 이 중 상당수의 사례가 VFC에 보고되지 않았다(UNICEF, 2011). 2008년 이후부터는 공공서비스, 근로, 사회복지 기관과 여성전담부, 성과 지역사회 개발 기관, 교육 문화부, 법무부, UNICEF 등이 후원한 '일어서서 정보를 외쳐라 운동'을 통한 아동 학대에 대한 불관용 운동이 있었다. 이는 아동 학대를 근절하려는 관심이 나라에 어느 정도 존재했다는 것을 보여 준다. 약 30%의 짐바브웨 아이들이 성적 학대의 희생양이었다. UNICEF(2011)에 따르면, 짐바브웨 어린이 열 명 중 세 명이 매일 성적으로 학대받고 있는 반면 4,146건의 아동 성학대가 하라레에서 기록되었다고 한다. 무텡가(2011)에 따르면, 짐바브웨의 아동 친화적 사법 체계에도 불구하고 아동 성학대는 증가세에 있을 뿐만 아니라 치명적인 건강 문제와 사법 조치의 위협 때문에 더욱 악화되고 있다고 한다. 즉, 여아 희생자는 HIV 바이러스에 감염되고 다른 희생자는 범죄를 은폐하기 위해 살해당하고 있다. 짐바브웨에서는 성폭력과 가정 폭력이 남성이 여성에 대한 지배를 실행하는 방식의 명백한 사례다(Osirim, 2003). 비정부 기관인 짐바브웨의 아프리칸 파더스(African Fathers)는 아이들에 대한 사회적 보호를 제공하는 아버지의 역할이 상당 부분 결여되어 있음을 인정한다. 이는 아동에 대한 몇몇 성적 폭력 사례가 발생한 이유를 설명해 준다.

아동에 관한 국제 협정

아동 학대에 관용이 베풀어져서는 안 된다. 아이들은 아동의 권리에 관한 협정(CRC, 1989년 11월)에 따라 규정된 권리를 가지고 있다. 이 협정은 성 차별에 대한 반대를 포함하여 모든 아이에게 주어진 권리를 서술하고, 모든 형태의 성적 착취와 학대를 받지 않도록 아이들을 보호하며, 각 연방이 아이들을 성적 착취와 학대 보호하고 성에 근거한 성적 학대(Sexual Gender Based Violence: SGBV)를 당한 아이들이 사회로 재통합될 수 있는 조치를 취하도록 의무화한다. 짐바브웨에서 SGBV에는 놀라울 정도로 빈번하게 발생하는 성폭력, 근친상간 등이 있다. 짐바브웨는 CRC뿐만 아니라, 아동의 연령을 18세 이하로 규정하고 아이들에게 착취, 학대, 인신매매, 유괴, 성적 착취를 당하지 않도록 보호받을 권리를 주며 헌장을 비준한 연방은 이를 실천에 옮기도록 의무화하는 아동의 권리와 복지에 관한 아프리카 헌장(ACRWC, 1995)에도 가입해 있다. 이 두 가지 수단이 짐바브웨가 모든 아이를 보호하도록 의무화한다. 아이들을 보호하는 권한을 가진 정부 내각은 보건아동복지부와 노동사회복지부이고 교육예술체육문화부는 3세부터 대부분 아이의 아동복지를 책임진다.

상 황

다음에 언급되는 정보는 짐바브웨에 관한 미국 연방 현황부 책자(2011)에서 발췌된 것이다. 짐바브웨 공화국은 잠베지 강과 림포푸 강에 인접한 남아프리카의 내륙 국가다. 공식 언어는 영어다. 그러나 인구의 대부분은 인구의 75%를 이루는 마쇼나 사람들이 사용하는 언어인 쇼나어를 쓰고, 제2의 지방어는 인구의 약 20%를 구성하는 마타벨레의 은데빌레 사람들이 사용하는 언어다. 남아프리카의 백인, 모잠비크 출신의 포르투갈인, 영국에서 온 이민자가 인구의 나머지를 이룬다. 짐바브웨의 인구 중 91%가 읽고 쓸 줄 알아 아프리카에서 가장 문맹률이 낮은 나라 중 하나다. 약 11,000,000명의 인구가 이 나라에 살고 있다. 짐바브웨는 빅토리아 폭포, 그레이트 짐바브웨, 대표적인 자연 동물 보호 공원 등의 관광 자원을 보유하고 있지만 나라의 기반시설은 불경기 상태이며 응급 의료 보호는 제한되어 있다.

1980년 해방 전쟁 이후 짐바브웨는 영국으로부터 독립을 쟁취했다. 해방 전쟁을 일으켰던 가장 큰 쟁점은 백인 정착민이 토지의 대부분을 소유하고 있다는 사실이었다. 영국에게서 짐바브웨의 독립을 명시한 랭카스터 의회 조약하에, 짐바브웨 정부는 백인 농부의 토지 일부를 땅이 없는 흑인 농부 중 원하는 구매자에게 파는 방식으로 분배하였다. 랭카스터 의회 헌법은 1990년에 만료되었고 뒤이어 짐바브웨 정부는 백인 농부에게서의 강제 토지 취득을 수용하기 위해 헌법을 개정하였다. 2000년 짐바브웨 정부는 미국과 같은 서양 국가의 관심을 끌었던 패스트트랙(fast-track) 토지 프로그램을 시작하였다. 2008년 치열한 경쟁이 있던 선거 이후 3대 주요 정당은 2009년 2월 국립 연방 정부 형성을 야기했던 세계 정치 조약에 서명하였다. 총괄적인 정부는 제재가 풀리기를 원했지만 그러기는 고사하고 서양 정부는 일반 짐바브웨 시민에게 인도주의적 지원을 제공하는 한편 제재를 매년 갱신했다. 이 제재는 짐바브웨의 발전과 기간산업에 파괴적인 영향을 주었다(Moyo, 2011; United Nations Security Council, 2008). 예를 들어, 서비스는 황폐화되고 물과 전기는 부족했으며 여러 도심에서 콜레라가 발생하였다. 많은 가족은 건강 서비스를 쉽게 이용할 수 없었다(United Nations Human Development Report, 2010).

상황 속의 상담

지역 대학의 상담자 트레이너로서 나(루쿠니)는 상담 프로그램 학생이 유럽-미국의 상황에서 개발된 상담 기법을 배우고 있다는 점을 고려할 때 상담이 짐바브웨 사람들에게 어떻게 인식되고 있으며 어떻게 실행되고 있는지 항상 궁금했다. 학생은 짐바브웨의 맥락과 매우 다른 맥락에서 빌려 온 원칙과 기법을 익혔으며 기껏해야 다문화적 관점을 채택하도록 요구받았을 뿐이었다. 짐바브웨 사람들이 직업상담을 어떻게 인식하고 있는지를 알아내기 위해 나는 2006년에 유명한 텔레비전 토크쇼 진행자에게 짐바브웨 시청자와 이 쟁점에 대해 논의해 달라고 요청했다. 전문 상담자에게 상담 서비스를 받을 것인지에 대해 논의하기 위해 도시와 시골에서 온 남녀가 짐바브웨 방송 텔레비전으로 초대되었다. 20명의 관객 중 3명은 전통 치유자였고 2명은 기독교 목사였으며 5명의 여성은 토크쇼의 고정 출연자였다. 짐바브웨에 '상담' 이라는 단어를 대중화시킨 건강에 대한 관심사 중 하나는 아직도 나라를 황폐화시키고 있는 HIV와 AIDS 유행병이었다. 아이들이 그토록 성적 학대에 취약하게 한 책임을 물을 수 있는 사유 중 하나는 절박한 경제 사정이다. 최악의 시기는 2006~2010년이었고 다음에 서술될 트레이시의 사건도 이 시기에 포함된다. 물가의 폭등 때문에 많은 여성이 직업을 찾아 나서면서 아이들이 집에서 보호를 받지 못하고 지내게 되었다. 이 틈간의 훈련에서부터 고등 교육 기관에서 운영되는 학위 프로그램에 이르기까지 상담에 관한 다양한 훈련 워크숍이 있다. 보통 사람들에게 '상담'이란 단어는 HIV와 AIDS를 연상시키는 것이었으며 기존에 받은 훈련 대부분은 가정 간호였다. 전문 상담자는 낯선 사람이므로 그들에게서 서비스를 받지 않겠다는 텔레비전 관객이 압도적으로 많았다. 그들은 짐바브웨 사람의 96% 이상이 사용하는 주 언어인 쇼나어 혹은 은데벨레를 쓰는 가족 구성원을 활용하기를 선호했다. 많은 짐바브웨 사람이 가족의 비밀을 낯선 사람에게 드러내는 것이 불필요하다고 믿었기 때문에, 한 참가자는 자신의 질병을 낯선 사람에게 공개적으로 드러내는 것은 비유적으로 자신을 노출시킨다는 의미를 가진 "겨드랑이를 다른 사람이 냄새를 맡도록 하는 것과 다름이 없다."고 말했다. 쇼나어를 쓰는 사람 사이의 질병은 공개적으로 이야기되어서는 안 되는 가까운 가족만의 사정이며, 상담자는 낯선 사람이므로 가족의 사적인 일에 관여할 수 없다. 그 관객은 서양에서 훈련받은 상담자는 외국의 관념과 방법을 가지고 있어서 그들 자신의 믿음이나 체제를 무시하기가 더 쉬울 것이라고 여기고 있었다.

대학에서 훈련받은 짐바브웨 상담자는 논외로 하더라도, 많은 상담자가 HIV와 AIDS에 중점을 둔 의료 모델을 따라 훈련을 받았다. 2002년도까지 짐바브웨에서 인기가 높던 상담 훈련 학교 중 하나는 정신역동 기법을 사용하던, 커넥트(CONNECT) 학원이라 부르는 영국의 타비스톡 학교였다. 이 학원이 아이들과 가족에게도 상담을 제공하기는 하지만 주로 상대하는 것은 엘리트 계층, 즉 부유층이었다. 토착 연구자는 전통적 상담 방법의 효력을 충분히 연구하지 않았고 상담에 영향을 미치는 다문화적 쟁점 역시 심도 있게 탐구하지 못했다.

치 료

트레이시와 남편, 그리고 아이들에게 제공된 상담의 일환으로 가족 구성원 개인에 대한 접촉이 이루어졌다. 또한 부부상담과 희생자 친화적 법정(Victim Friendly Courts: VFC)과의 정기적 접촉도 이루어졌는데, 다음에서 자세하게 서술할 것이다.

희생자 친화적 법정

앞서 밝혔듯이 트레이시가 상담을 통해 도움을 받기 위해 나를 찾아왔을 당시 그녀는 FST의 상담을 받고 있었고 아이들은 희생자 친화 집단(VFU)에게 상담을 받도록 하고 있었다. VFU에는 상담 훈련, 주로 체계적인 상담 기법에 대한 훈련을 받은 남녀가 있었다. VCU는 인도적이고 세심한 면담을 통하여 성적 학대의 희생자를 돕는 것으로 기대되고 있다. VFU와 VFU에 대한 경험을 통해 GCN이 관찰한 바에 따르면, 성적 학대의 희생자를 보호하기 위한 상담 기술이 때로는 미흡한 경우가 있다는 것이다. 어떤 경우는 아이의 반복적인 법정 출석을 통해 아이가 이차적 성폭력의 대상이 되거나 사건 처리가 연기되는 때도 있었다. 아이가 자신에게 정신적 외상을 입힌 사건 혹은 성폭력 사건을 잊으려 해서 협조를 거부할 가능성도 있다.

VFU의 조사자는 섬세하고 친근하며 공감 능력을 가지고 있어야 한다. 루도 같이 아주 어린 아이에게는 가해자를 대면하는 것은 있을 수 없는 일이다. VFU는 아이가 안전한 방에서 가해자를 식별할 수 있도록 하는 비디오 카메라 기술 등의 기법을 사용하도록 훈련받았다. 하지만 때로는 이런 도구가 제대로 작동하지 않는다. 내 경험에 따르면, 2006년 트레이시와 아이들과 함께 이 방에서 대기하고 있었지만 비디오가 작동하지 않았다. 방 안의 장난감은 너무 오래된 것이었고 해부학적으로 정밀한 인형은 아이들에게 또 다른 정신적 외상을 안겨 주는 것 같았다. 우리는 이러한 것을 사용하는 대신 동물에 대한 책을 가져오거나 대기실의 벽면의 벽화에 새겨진 동물에 관해 쇼나어로 된 노래를 불러야 했다. 우리는 VFU 직원이 우리에게 주의를 기울일 때까지 여러 시간을 기다렸다.

내 입회하에 VFU 직원은 아이에게 그의 무코마(오빠) 또는 가해자가 무슨 짓을 했는지 자세히 설명하도록 아이에게 요구했다. 그 남녀 중 누구도 가해자가 아이에게 이차적 성폭력을 저지르고 있다는 사실에 크게 신경 쓰지 않음을 관찰할 수 있었다. 아이의 어머니는 VFU 멤버가 아이를 괴롭히고 있다고 몇 번이나 선임 검사에게 불만을 토로했다. 아이는 매일 어머니 혹은 나와 함께 수시간 동안 남겨졌고 동일한 질문을 받았을 때는 가끔 돌발 행동을 하기도 했다. 회기가 끝난 후 어머니가 내게 말하길 아이가 밤중에 불안해하고 침대를 눈물로 적시며 회기 다음 날에는 보육원에 가길 거부했다고 한다. 법정에서의 회기와 침대에서의 눈물 사이의 인과적 연결성을 찾기는 힘들지 모르지만 가능한 한 빨리 정의가 제공되면 정의 실현이 가능할 수 있다. 엄밀하게 말하면 연방은 사건이 경찰에 신고된 후 최대한 빠른 시간 내에 희생자에게 도움을 주어야 한다.

VFC는 도전할 부분이 많은 고귀한 생각을 가졌지만, 이 사건을 다룰 때 아이와 그 가족에게는 안도보다 좌절이 더 많았다. VFC가 희생자에게 교통수단을 제공하기로 되어 있음에도 불구하고 가족은 법정 회기에 출석하도록 호출받을 때마다 의료비와 교통비를 자비로 부담해야 했다. 사건 해결이 지지부진할수록 가족은 심리적 · 정서적 · 재정적으로 더욱 큰 대가를 치러야 했다. UNICEF(2011)에 따르면, 만약 VFC가 모든 지방에 존재했다면 2003년에 시작된 아동 학대에 대한 불관용 운동은 아동 학대에 대항해 싸울 수 있었을 것이라고 한다. 안타깝게도 VFU는 짐바브웨의 한정된 지역에만 있었으며 직원을 훈련시킬 만한 충분한 자원을 가지고 있지 않은 듯했다. 여성 기관과 개인의 연합체인 여성 연합이 제기한 불만은 경찰이 상담을 활용하도록 훈련시키거나, 성폭력 희생자를 보다 효과적으로 도울 수 있도록 경찰에게 정보를 제공하는 데 진전이 없다는 것이다.

개인 회기와 부부 회기

타탄다와 트레이시와 함께 한 회기를 가졌을 때 다른 결혼 관련 문제가 성폭력 사건에만 집중하기를 어렵게 했다. 결국 그들은 함께 성폭력 사건에 초점을 맞추는 것이 중요하다는 것에 동의하였고 서로에 대한 부정적인 감정은 일단 제쳐 두기로 했다. 타탄다는 아이들에 대한 부모로서의 관심과 별개로 결혼에 관한 문제를 교회 원로들과 함께 논의하기로 하였다. 이 문제가 해결되자마자 나는 그들이 신속히 아이들을 보호하고 지지하는 데 도움을 주고자 계획했다.

트레이시와 함께 한 세 번째 회기에서 그녀는 좀 풀린 듯했고 나는 그러한 모습의 변화에 대해 질문을 던졌다. 트레이시는 살고 있는 집을 옮기는 데 필요한 모든 지원을 해 주기로 남편이 결심했다는 사실 때문에 매우 행복해 했다. 예를 들어, 타탄다는 아이들을 돌봐 줄 유모를 찾기가 비교적 쉽도록 인구가 적은 교외에서 인구가 많은 교외로 이사하는 데 동의했다. 더욱 중요한 것은 더 이상 아이들이 겪은 일 때문에 따돌림당할 걱정이 없는 다른 보육원으로 아이들을 옮겼다는 사실이다.

큰딸인 루도와의 회기

루도에게 집중한 세 번의 회기가 있었는데, 이는 루도가 성폭력으로 받은 피해에서 자존감을 되찾고 법적인 환경에서 이차적인 정신적 외상을 받지 않도록 하기 위해서였다. 앞서 말했듯이 나는 루도가 신속하게 기억을 털어놓을 수 있도록 하는 방편으로 루도에게 동물 이야기를 담은 영어 혹은 쇼나어 책을 읽게 했다. 때로는 루도가 좋아했던, 그 아이의 언어로 된 게임을 함께했는데, 그 예로는 영리한 토끼와 멍청한 비비에 대한 이야기에 대한 연극이 있었다. 어머니는 루도가 그 이야기를 동생에게 수없이 반복적으로 들려주었다고 했다. 부모는 아이들과 소통할 때나 서로 소통할 때 일반적으로 영어를 사용하지 않았다. 따라서 영어로 된 이야기는 아이들에게 낯설었고 이해하기 어려웠다. 루도가 더욱 쾌활해지도록 돕고 그 아이의 언어로 이야기하는 것은 아이의 자존감을 높이는 데 도움이 되는 것으로 나타났다.

아이들이 폭력적인 행동을 이해하도록 돕는 것은 어려웠다. 루도는 처음에는 가해자에 의해, 나중에는 다른 어른이나 보육원 친구에 의해 희생양이 된 과정에 대해 질문할 수 있는 기회가 필요했다. 루도는 자기에게 일어난 일을 검사나 VFU 사람들에게 설명해야 하는 이유를 알고 싶어 했다. 그녀에게 성폭력을 행사한 사람은 법정에 불려 나와야 하고 잘못된 것은 루도나 그 동생이 아니라 바로 그 사람이라고 나는 루도에게 천천히 설명해 주었다. 나는 루도는 잘못이 없고 가해자가 루도에게 잘못한 것이라는 사실을 루도가 알기를 원했다. 루도가 겪은 성폭력에 대해서 다른 아이들이 어떻게 루도를 비웃었는지에 대해 자세히 말했을 때, 루도는 그 아이들은 그럴 권리가 없다는 것을 들을 필요가 있었다.

루도는 또한 가해자가 자기를 보면 어떤 일이 일어날지에 대해 알고 싶어 했다. 그는 루도를 해칠 것인가? 아이는 다시 성폭력당하는 것을 두려워했다. 나는 그 아이가 부모를 포함한 다른 사람들을 다시 신뢰하게 되는 것을 관찰할 수 있었다. 루도는 유별나게 동생에 대해서도 걱정을 했는데, 우리는 이 점에 대해서도 이야기를 나누었다. 루도는 다른 아이들과 다를 것이 없으며 아이다워지도록 도움을 받아야 한다는 점을 재확인해 줄 필요가 있었다. 우리는 그 아이가 VFU의 질문에 계속해서 대답하는 것이 왜 중요한지를 다룬 수차례의 회기를 거쳤다. 루도는 가해자가 정확히 어떻게 그 아이를 성폭행했는지를 자세히 서술했고 그의 성기를 그의 물건으로 번역되는 '친후 차케'라는 말로 불렀다. 그 아이와 시간을 보낼 때 나는 성폭력범의 성기를 분명한 쇼나어를 써서 확인하려 하지 않았다. 쇼나어는 루도만큼 어린아이와의 성관계를 다루지 않는다. 이는 금기다. 또 한 가지 중요한 것은 이렇게 어린아이와의 성관계에 대한 어떠한 이야기를 하는 것도 금기이기 때문에 해부학적으로 정밀한 인형을 사용하는 것은 곤경에 처해질 수 있다.

반영하기

루도와 가진 처음 세 번의 회기는 나를 지치게 했고 치료가 제대로 될 수 있는가 하는 불안을 느꼈다. 예를 들어, 내가 가족의 삶에 침범하는 것은 아닌지 걱정이 되었다. 부모가 가진 문제에 대해 이야기할 때면 더욱 그랬다. 아이에게 집중하는 것이 내가 해야 할 일이라고 느꼈지만 양 부모 모두 서로를, 그리고 아이들을 지지해 줄 필요가 있음을 깨달았다. 나는 부모가 서로 논쟁하고 다투는 모습을 아이들이 보거나 들어서는 안 된다고 믿었는데, 그럴 경우 아이들이 죄책감을 느낄 수 있기 때문이었다. 나는 회기마다 아이들과 50분 이상의 시간을 함께했다.

아이가 카메라로 진술할 수 있다는 사실을 알게 되자 가끔 그 과정이 너무 질질 끄는 것이 아닌가 하고 느꼈다. 이는 그 시스템이 각 법정 회기가 루도에게 다시 정신적 외상을 입힐 수 있다는 사실을 무시하고 있었기 때문이다. 나는 회기가 지연된 원인일 수도 있는 아이와 가족에 대한 이런 둔감성에 항의하기 위해 선임 검사에게 편지를 썼다. 그것조차 제대로 신속하게 이루어지지지 않았다. 트레이시와 타탄다, 그리고 나는 선임 검사를 만나려고 시도했지만 번번이 실패로 돌아갔다. 결국 트레이시가 사건의 종결을 요청한 후 가해자는 12개월의 징역을 선고받았다고 한다. 앞서 말했듯 그 어머니는 기소되지 않았다. 이 사건이 그렇게 오래 걸렸다는 사실을 특별히 감안하면 이 결과는 충분하지 못한 것이었고 마땅한 절차가 이루어지지 않은 것으로 보였다. 비록 정의가 충분히 이루어지지 못했지만 가해자가 재판을 받고 선고를 받았다는 사실에는 의의가 있었다. 내가 선고에 대해 어떻게 느끼냐고 물었을 때 트레이시는 적어도 가해자가 감옥에 가기는 한다는 말로 대답했다. 이 점만으로도 그녀에겐 충분히 좋았던 것이다.

치료의 평가

내가 아이와 그 부모와 가졌던 상담 관계의 본질은 무엇이었는가? 절충적인 상담 접근이 채택되었는데, 이는 어떤 이론을 따를 필요가 없었기 때문이 아니라 그것으로 내가 루도와 그 부모가 필요로 하는 다양한 것에 대해 관심을 가질 수 있도록 해 주었기 때문이다. 예를 들어, 친근하게 다가갈 수 있는 관계를 발달시키는 것, 특히 그런 관계를 맺는 것이 중요했다. 내가 무엇을 하든 절대 아이에게 해가 되지 않을 것이고 내가 윤리적으로 행동할 것이며 또 그 아이에게 어떠한 추가적 해악도 끼치지 않을 것임을 부모가 신뢰하도록 할 필요가 있었다. 아이에게 무슨 일이 있었는지를 말해 보라고 요청하기 이전에 아이의 신뢰를 얻기 위해 나는 많은 노력을 기울였다. 내가 부모를 대신할 수는 없었지만 그 아이에게 내가 잠재적 해악에서 보호해 줄 사람으로 비춰져야 했다. 전이와 역전이 문제가 상담 관계에서 개입에 방해가 되었을 때 다른 상담자에게서 도움을 받았다. 비폭력 실천활동가로서 이러한 일이 아이와의 상담 관계에 있을 때 내 생각이 끼어들지 않도록 균형을 잡아야 했다. 나는 종종 아이와 그 부모를 대할 때 내가 사용하는 언어에 대해 의식하고 있었다. 내가 입회한 상태에서 VFU 직원이 아이에게 말을 할 때마다 나는 참여하지 않았다. 내가 방에 있었다는 사실이 그들이 아이와 상호 교류하는 방식을 바꾼 것 같다고 생각한다.

돌이켜 보면 내가 배우거나 가르쳤던 행동주의나 정신분석과 같은 어떤 특정한 상담 이론도 채택하지 않았던 것 같다. 그렇지만 내담자를 향한 인간성(hunhu 혹은 ubuntu)에 대한 존중감을 지니고 있었고 그들이 최선의 결과를 얻도록 한다는 내 목표도 중요했기에 나의 가치와 믿음이 내담자의 가치와 믿음과 통합될 수 있도록 노력했다. 심리치료 분야의 가장 큰 어려움은 '현재 의료 서비스를 지배하고 있는 효율성과 증거에 대한 담론 속에서 다양한 문화의 가치와 세계관을 통합하는 창조적인 방식을 발견하는 것'이 될 것이라고 말한 노크로스, 헤지스와 프로차스카(Norcross, Hedges, & Prochaska, 2002)의 말에 나는 동의한다(Corey, 2011, p. 274에서 인용). 다른 이론에서 주요 원칙이나 개념을 차용하는 것을 허용하면서 기술적인 절충적 접근을 채택하는 것이 효과적인 방법으로 보인다. 예를 들어, 트레이시는 자신을 실패한 어머니라고 비난하는 경향을 가진 남편이 아버지로서 가진 문제를 말할 수 있었다. 쇼나 문화에서 이러한 직면은, 특히 이것이 책임감 있는 어머니이자 기독교인일 경우 여성이 남성에 대해 가진 관계에 대한 중대한 모독으로 여겨진다. 트레이시와 나는 가해자가 아이들을 성폭력한 데 대해 책임이 있다는 것과 부모가 모두 아이들을 신뢰해야 했다는 것을 남편이 받아들이기 꺼려하는 근본적인 이유를 여성주의적 상담 관점에서 명료화할 수 있었다.

신뢰를 쌓고 아이의 자존감을 높이기 위해 나는 언행일치를 하고 공감을 하려고 노력했고 아이들에게 무조건적인 긍정적 존중을 보이려 애썼다. 이 개념은 칼 로저스의 인간 중심 상담 접근법에서 나온 것이다. 트레이시는 자신이 성폭력에 대해 책임이 없다고 믿을 수 있게끔 도움을 받을 필요가 있었기 때문에 이렇게 편리한 개념적 도구가 있다는 사실은 나의 작업에 매우 중요했다. 성폭력, 가장 두드러지게는 특히 여아의 학대를 둘러싼 사회적 위기에 관련된 문제가 가진 심각성 때문에, 솔직히 말해 내가 상담자로서 그리고 실천행동가로서 평생받은 교육을 통해 배운 이론에서 개념을 찾아내는 데는 어려움이 있었다. 트레이시는 부계사회 문화적인 현실에 대처해야만 했다. 이러한 문제를 해결하기 위해 수차례의 회기 동안 함께 작업해 왔기 때문에, 우리가 어떤 특정한 이론적 입장에 호소하지 않고 치유가 가능할 만한 관계를 형성했다는 사실은 내게 만족스러운 결과였다. 실존주의적 관점에서 내가 그 가족을 위해 거기에 있던 이유가 그들이 나와 전화를 통해 혹은 직접적으로 이야기를 나눌 수 있었기 때문이었다고 믿었다. 우리는 효과적인 치료상담이 이루어질 수 있도록 신뢰 관계를 발전시켰다. 때로는 직접적인 접근이 필요했고 때로는 내담자가 치유 과정을 책임지고 이끌었다.

결 론

이 장에 시간 순으로 기록된 경험은 반복된 성폭력 때문에 정신적 외상을 입은 두 아이들을 중심에 둔 실제 사건에 기반을 둔 것이다. 공간상의 제약 때문에 나는 장녀인 루도와 그 부모에 집중하였다. 어떤 아동 성폭력 사건은 신고조차 되지 않으며 설령 신고가 되더라도 가해자가 체포되고 재판받고 기소되는 재판의 완결까지 가지 않는다는 것이 사실이다. 이 상담 경험을 통해 아이들의 지닌 지적 능력이나 회복력에 대해 깨달을 수 있었다. 사법 체계는 그렇게 간단하지 않다. 나는 왜 그 소년이 두 아이들을 성폭행했는지, 나아가 왜 가해자의 어머니가 두 어린아이에게 가해질 정신적 외상에 무감각했는지 궁금했다. 코리(Corey, 2011)가 말했듯이, 상담자와 피상담자 모두의 문화적 가치를 통합시킬 수 있는 체계적이고 일관적이며 개인적이고 질서 잡힌 상담 접근법을 갖는 것이 중요하다. "어떻게 상담해야 할지는 상황이 결정한다."는 표현은 이 상담 경험을 치료적이고 특별한 것으로 만들어 준다. 상담자와 상담받는 사람이 아동 성폭력에 관해 다른 방식의 경험을 갖게 되는 것이 그들을 희생자로 만들기도 하고 생존자로 만들기도 한다. 루도는 이제 초등학교 5학년이다. 루도가 자신의 시련을 딛고 일어서서 잘해 나가고 있기를 바란다.

참고문헌

Atkinson, D. R., Thompson, C. E., & Grant, S. K. (1993). A three-dimensional model for counselling racial/ethnic minorities. *The Counselling Psychologist, 21,* 257-277.

Auret, D. (1995). *Urban housing: A national crisis? Overcrowded and inadeguate housing and the social and economic effect.* Gweru, Zimbabwe: Mambo.

Chinyangara, I., Chokuwenga, I., Dete, R., Dube, L., Kembo, J., Moyo, P., & Nkomo, R. (1997). Indicators for children's rights: Zimbabwe country case study. Retrieved from http://childabuse.com/childhouse/childwatch/cwi/projects/indicators/Zimbabwe/ind_zim_ch4.html

Corey, G. (2011). Designing an integrative approach to counselling practice. *Article 29.* ACA Vistas ACA Online Library. http://www.counselling.org

Moyo, T. (2011, October 18). We need other power sources. *The Herald.* Retrieved from http://www.herald.co.zw/index.php?option=com_content&view=article&id=24023%3Awe-need-other-power-sources&Itemid=129

Mutenga, T. (2011, August 3). Zimbabwe: Child sexual abuse on the rise. *The Financial Gazette.* Retrieved from http://allafrica.com/stories/201108081194.html

Norcross, J. C., Hedges, M., & Prochaska, J. O. (2002). The face of 2010: A Delphi poll on the future of psychotherapy. *Professional Psychology: Research and*

Practice, 33, 316-322.

Osirim, M. J. (2003). Crisis in the State and the family: Violence against women in Zimbabwe. *African Urban Quarterly, 7*(2&3), 145-162.

UNICEF(2011). A situational analysis on the status of women's and children's right in Zimbabwe, 2005-2010: A call for veducing disparites and improving equity. Retrieved from http://www.unicef.org/zimbabwe/sitAn_2010_FINAL_FANAL_01-02-2011.pdf

United Nations Human Development Program. (2010). *2010 Human development report*. Retrieved from http://www.beta.undp.org/undp/en/home/presscenter/pressreleases/2010/11/04/undp-launches- 010-human-development-reportanalysing-long-term-development-trends.html

United Nations Security Council. (2008, July 11). *Security Council fails to adopt sanctions against Zimbabwe leadership as two permanent members cast negative votes* [press release]. Retrieved from http://www.un.org/News/Press/docs/2008/sc9396.doc.htm

U.S. Department of State Bureau of African Affairs. (2011, October 14). Zimbabwe: Background notes. Retrieved from http://www.state.gov/r/pa/ei/bgn/5479.htm

05

Bisexual Identity in a Traditional Culture: A Case Study From Turkey

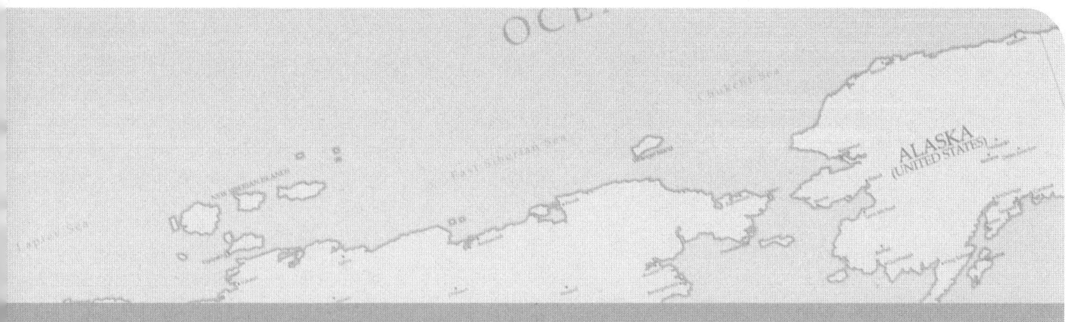

전통 문화 속의 양성애적 정체성

터키의 사례연구

이 장에서는 한 터키 남자의 심신증 증상과 그에 대한 치료를 다루고 있다. 독자가 주의해야 할 점은 이 장에 나오는 사례 이야기, 치료자, 그리고 치료가 나라 전체를 대표하지는 않는다는 사실이다. 따라서 독자는 과도한 일반화를 지양하길 바란다.

05 전통 문화 속의 양성애적 정체성

터키의 사례연구

Senel Poyrazli
Mehmet Eskin

치료자

에스킨 박사는 터키, 노르웨이 그리고 스웨덴에서 정규 학교 교육을 받았다. 그는 터키에 있는 중동 공과대학교(METU)에서 심리학으로 학사학위를 받았다. METU와 노르웨이의 오슬로 대학교에서 임상 심리학으로 석사학위를 받았고 스웨덴의 스톡홀름 대학에서 임상 심리학으로 박사학위를 받았다.

에스킨 박사는 터키에서 명망이 높으며 여러 연구 성과물을 출간하였다.(예, Eskin, 2011; Eskin, Ertekin, & Demir, 2008; Eskin, Kaynak-Demir, & Demir, 2005) 등이 있다. 그는 터키 심리학회의 부회장으로 다양한 워크숍을 운영하며 공동체에 활발하게 참여하고 있다. 또한 그가 가진 지식의 기반, 업무 경험, 임상 능력과 소통 능력 등이 그가 유능한 임상학자로 여겨지는 이유다. 그는 내담자의 인격, 존엄성, 그리고 자기결정에 대한 깊은 존중을 강조했으며 이것이 내담자가 치료나 그들이 받는 도움을 긍정적으로 인식하는 데 영향을 준다. 에스킨 박사는 아주 많은 내담자를 만나고 있으며 의과대학 교수로서의 업무의 일환으로 임상 심리학에서 정신의학 레지던트와 대학원생을 지도하고 있다. 에스킨 박사의 동료들과 그를 만났던 내담자가 새 내담자에게 그를 소개시켜 주고 있다. 그를 지명하여 상담 받고자 하는 내담자가 너무 많아 대기자 명단을 만들어야 했던 경우도 여러 번 있었다. 그러나 이 내담자를 설득하여 겨우 그가 지도했던 레지던트나 대학원생에게 대신 상담을 받도록 할 수 있었다. 이 내담자는 에스킨 박사가 치료에 동참할 것이라는 사실을 알았기에 다른 사람에게 상담을 받는 데 동의하였던 것이다.

내담자와 일할 때 에스킨 박사는 그가 인지행동적 정신치료법과 접목시킨 실존주의-인도주의적 접근법을 따른다. 그는 자신이 도움을 주는 사람들을 '내담자(client)'라 지칭하는데, 이는 내담자가 자신의 삶의 다양한 측면에 관하여 스스로 결정을 내릴 수 있는 힘을 가지고 있다는 사실을 인식하도록 그가 강조한 결과다. 그러나 그는 의과대학의 정신의학부에 재직하고 있었기 때문에 거기서는 그의 도움을 청하는 사람들을 '환자'라 불렀고, 거기서 도움을 구하고자 하는 사람들은 흔히 스스로를 환자로 보았다.

에스킨 박사의 치료 접근법이 갖는 특징은 무조건적인 수용, 그리고 내담자의 개인적 결정과 삶을 스스로 이끌어 나갈 힘에 대한 깊은 존중이다. 그는 올바른 치료적 조건만 제공된다면 사람들은 자기 삶의 다양한 측면에 관하여 적절한 해결책과 대안을 찾아낼 능력과 잠재력이 있다고 믿는다. 그는 내담자의 지평을 열고 넓혀 주는 것이 자신의 주된 역할이라고 생각한다. 이러한 목적을 달성하기 위해 그는 소크라테스 식 문답법, 인지적 재구성, 정서적 경험과 행동을 변화시키기 위한 방법으로 믿음과 인식에 집중하기, 내담자의 불건전한 인식에 대한 개선, 과제 제출, 문제해결 능력 교육 등을 포함한 인지행동적 기법과 개입을 활용한다. 에스킨 박사는 인지행동적 방법과 실존주의-인도주의적 방법을 결합하여 내담자를 여러 방식으로 돕는다. 즉, 내담자가 자기가 누군지 알아보고 스스로와의 끈을 다시 잇고, 특히 자신에 대해 갖고 있는 부정적인 인식과 생각을 찾아내어 이러한 인식과 생각을 재구성하여 처음으로 스스로를 있는 그대로 받아들일 수 있도록 한 후, 보다 건전하고 행복한 삶을 살기 위해서는 어떤 종류의 변화가 생겨야 하는지를 탐색하는 등의 과정을 돕는다.

사 례

무스타파(가명)는 대학 교육을 받은 이슬람교도인 30세 미혼남이다. 그는 전통적으로 남자가 할 일로 간주되어 온 직업을 갖기에 좋은 분야를 전공했다. 신원을 보호하기 위해 그의 전공이 구체적으로 무엇인지는 언급하지 않겠다. 무스타파는 자신이 신자라고 생각하지만 하루에 다섯 번 기도하는 등의 종교적 활동을 매일 하지는 않는다. 신체적으로 무스타파는 건장한 사내처럼 보였다. 그러나 치료자의 말에 따르면, 그는 부드러운 말투를 가지고 있었고 여성이 흔히 그러듯 다리를 자주 꼬고 앉았으며 여성적인 언행을 보였다. 무스타파는 외아들이고 결혼한 누나가 있다. 그는 50대인 부모와 함께 살고 있는데 아버지는 직장인이고 어머니는 주부다. 아버지는 아들을 원했기 때문에 무스타파가 태어났을 때 매우 행복해했다.

무스타파는 심한 구토와 트림 때문에 사회생활과 대인관계에 어려움이 있어 도움을 구하려고 했다. 내과에서는 아무런 의학적 물리적 원인도 찾을 수 없다고 했고 그에게 정신의학적 진단을 받아 보라고 권했다. 내담자의 식욕은 정상이었지만 경미한 불면증이 있었고, 자주 잠에서 깨긴 했지만 곧 다시 잠들 수 있었다. 무스타파는 '오직 신만이 생명을 거두어들일 수 있다.'는 종교적 신념에 어긋나는 일이기 때문에 자살하려는 생각은 해 보지 않았다고 했다.

부모 외에 무스타파의 삶에 중요한 어른은 친할아버지였다. 그는 무스타파의 근처에 살았고 집안일에 자주 관여하였으며 권위적인 훈육 방식을 보였다. 내담자와 마찬가지로 무스타파의 아버지 역시 가족의 유일한 아들이었으며 유일하게 대학 교육을 받은 자식이었다. 그래서 가족은 그를 매우 아꼈다.

무스타파는 행복한 어린 시절을 보냈다고 했다. 부모와 누나에게서 사랑을 받는다고 느꼈고, 특히 어머니에게서 각별한 보호와 보살핌을 받는다고 느꼈다. 무스타파는 아버지를 매우 존경했으며 역할모델로 생각했다. 그러나 무스타파는 사업을 운영하는 방식이나 결혼 시기 등 어떤 점에 대해서는 아버지와 의견이 다르다고 말했다.

무스타파는 첫 성경험을 14세일 때 그보다 두세 살 정도 많고 같은 동네에 살았던 소년과 가졌다. 이 경험은 합의에 따른 것이었고 무스타파가 '받는 역할' 을 했다. 그는 그 경험이 호기심 때문이었다고 말했다. 관계는 순전히 성적인 것이었고 단 한 번뿐이었다. 둘 사이에 감정적이거나 낭만적인 관계는 추호도 없었다. 비록 그 경험이 그에게 만족스러운 것이었는지에 대해서는 말하지 않았지만 무스타파는 그 사건이 밝혀져서 동네에서 망신을 당할까 봐 매우 괴로웠다고는 말했다. 이 경험은 또한 그가 궁금해했던 것과 그의 종교적 신념 및 사회적 가치 사이의 내적 갈등을 일으켰다.

무스타파는 고등학교 시절 남자보다는 여자인 친구가 더 많았던 것으로 기억한다. 그러나 그는 또한 이 시기에 여자아이들에게 낭만적인 감정을 전혀 느끼지 않았다고 말했다. 그럼에도 불구하고 그는 자신을 양성애자로 간주한다. 그는 양쪽 성에 모두 이끌리는 감정을 느끼며 성적인 공상을 할 때 남자와 여자 모두를 떠올린다고 말했다.

무스타파는 학창 시절 내내 계속 공부를 잘했다. 그러나 대학 입시에서 충분히 좋은 성적을 거두고 대학과 전공을 배정받기까지는 2년의 세월이 걸렸다. 터키에서의 대학 입시는 주로 응시 학생의 선택과 시험 성적에 따라 결정된다. 이 시스템의 한 가지 단점은 전과를 하기가 매우 힘들다는 것이다. 전공을 옮겨 공부하려면 학생은 일 년에 한 번밖에 없고 매우 경쟁이 심한 대학 입학시험을 다시 보아야 한다. 대학에 배정되었을 때 무스타파는 전통적인 남성적 직업을 갖기에는 좋은 자신의 전공을 마음에 들어 하지 않았지만 아버지의 요청 때문에 어쩔 수 없이 등록했다.

3학년이 되었을 때 그는 다시 입학시험을 보았고 역시 남성적 직업을 갖는 데 좋은 다른 전공으로 전과하게 되었다. 가족은 그의 진로 변화에 대해 지지하는 입장이었고 무스타파는 그 전공에 등록해서 학사학위를 받았다. 그는 학위를 받았음에도 불구하고 직업에 활용하지 않고 있다. 대신 그는 소매 가게를 마련하여 운영하고 있는데, 어쨌든 다른 직업의 길을 택하는 것은 그리 드문 일이 아니었다. 무스타파는 외아들이었으므로 대학을 마치고 집으로 돌아와 부모와 함께 살며 그들을 돌볼 것이라고 다들 기대하고 있었다. 그는 자신의 대학 교육과 관련된 직업을 찾기가 매우 어려운 작은 마을에 살았다. 부모님과 함께 살며 문화적 기대를 충족시키기 위해서 소매 가게를 열었던 것이고 그는 직업에 만족한다고 말했다.

상 황

터키는 유럽의 남동부이자 아시아의 서부에 있고 양 대륙에 걸친 영토를 가졌으며 중동에 전략적으로 자리 잡고 있다. 터키는 지중해, 에게해, 흑해로 둘러싸여 있으며 육지 쪽은 그리스, 불가리아, 아르메니아, 아제르바이잔, 조지아, 이란, 이라크, 시리아 등의 나라와 맞닿아 있다. 인구는 78,000,000명이며 대부분이 이슬람교도다(Central Intelligence Agency, 2011).

무스타파가 제기한 문제를 고려하려면, 터키가 지닌 두 가지 특수한 조건을 논의하는 것이 매우 중요하다. 그것은 레즈비언, 게이, 양성애자, 트렌스젠더(LGBT)에 대한 선입견과 차별, 그리고 성 역할 사회화와 기대다.

터키의 부모는 게이가 되는 것이 용납될 수 없음을 보여 주기 위해 다양한 방법을 사용한다. 이성애적이지 않은 아이를 변화시키거나 압박하기 위해 '아이를 정신과 의사에게 데려가 치료하기, 집에서 쫓아내기, 위협하거나 체벌하거나 사회적 지원을 제한하는 방법으로 처벌하기'(Oksal, 2008, p. 514) 등의 방법을 사용하기도 한다. 이러한 유형의 압박과 배척을 목격하면서 LGBT인 터키 사람들은 가족에게 들켰을 때 가족의 지지를 잃고 유사한 취급을 받을 것을 두려워할 수 있다.

터키에서는 LGBT 집단을 향한 법적·실제적 차별이 행해지고 있다(Amnesty International, 2011). 이렇듯 LGBT 집단을 향해 깊이 뿌리박힌 부정적 태도와 선입견은 어느 정도 동성애를 죄악으로 규정하는 이슬람교에서 비롯된 것이다. 국제 앰네스티의 2010년 연간 보고서에 따르면, 게이인 남자가 아버지에 의해 명예 살해를 당한 증거가 있음에도 불구하고 아버지가 즉시 범죄행위로 기소되지 않는 등의 사례가 있다고 한다. 또 다른 경우는 LGBT를 지원하는 기관들이 아이들을 이성애적이 아닌 성향을 갖도록 부추긴다는 주장에 근거하여 몇몇 사람들이 그와 같은 기관을 폐쇄시키려고 기소하기도 했다.

국제 앰네스티 외에 미국 주 정부(2011) 역시 터키의 LGBT 해당자가 성적 성향이나 성 정체성 때문에 고충을 겪고 있다고 보고했다. 이런 사람들은 종종 타인으로부터 차별당할 뿐 아니라 정부의 공직자나 법 집행 집단에 의해서도 차별당하고 있다. 종교적 직무를 담당한 기관과 여성과 가족을 담당하는 정부기관(The Directorate of Religious Affairs and the State Ministry in Charge of Women and Family Affairs) 등 두 개의 정부 부처는 동성애를 용납할 수 없는 것이자 치료되어야 할 질병으로 간주한다. 2010년 인권보고서(U.S. Department of State, 2011)에 따르면, 이러한 유형의 진술은 일반 사람들의 LGBT 해당자에 대한 이차적 차별을 발생시킨다고 하였다. 또한 이 보고서는 쇼 프로그램에 게이 커플을 포함시키고 동성애가 정상적이고 용납할 수 있는 것으로 보이도록 방영한 TV 방송국에 정부가 경고를 보냈다고 밝혔다. 공개적으로 LGBT에 해당된다고 밝힌 사람들이 바로 그 이유 때문에 해고되거나 괴롭힘을 당했고, 경찰에게 구타를 당한 사례도 보고되고 있다. 보고서가 보여 주듯이, 안타깝게도 LGBT 해당자가 직장을 잃은 수많은 사례가 있다. 신문에서 다루어져 널리 알려진 한 사례의 경우, 게이인 한 초등학교 교사는 남자와 동성애적 관계를 가진 이유로 직장에서 해고를 당했다(Basaran, 2010). 이 교사는 차별이 두려워서 공동체와 동료 교사가 알지 못하도록 자신의 성 정체성을 숨겨 왔다. 그러나 이 교사의 성 정체성을 알게 된 한 남성이 그를 성적으로 유혹하려 했다. 그러나 이 교사는 거부했고 그 남성은 교사의 공동체에 그가 게이라는 사실을 폭로하며 보복했다. 그 결과 교사는 직장에서 해고당했다. 그는 헌법재판소를 포함한 터키의 모든 법적 통로를 샅샅이 조사했다. 그는 지금 유럽 인권 재판소(ECHR)의 도움을 받아 터키 정부를 고소하는 재판을 접수해 놓은 상태다. 그는 ECHR이 직업을 되찾도록 도와주기를 희망하고 있다.

차별 행위에 대한 이러한 보고가 있기는 하지만, 직장이나 학교 상황에서의 공정성을 진작시키고 '커밍아웃을 한' LGBT 해당자에 대한 폭력을 근절하려는 등 많은 발전이 있고 그들의 성 정체성을 지지하는 공식 집단 모임의 수가 증가하고 있기도 하다. 터키의 많은 LGBT 집단은 지속적으로 조합을 결성하고 그들의 주장이 알려지도록 하며 자신에 대한 선입견과 차별을 줄이려는 노력을 기울이고 있다. 인권 보고서(U.S. Department of State, 2011)는 캠퍼스에 LGBT 클럽을 만들도록 대학 학장의 허가를 받으려고 한 학생 집단을 다루고 있다. 이러한 시도 중 몇몇은 성공을 거두었다. 한 대도시의 법원이 LGBT 권리 연합 중 하나인 블랙 핑크 트라이앵글을 폐쇄하려는 결정을 기각했다는 것도 또 다른 긍정적 발전이다. 이 연합을 옹호하는 법원의 판결은 아마도 터키가 유럽 연합(EU)에 가입하려고 노력하고 있다는 사실 때문에 일어난 일일 수도 있다. EU는 터키가 가입 전에 먼저 터키에서의 인권이 개선되어야 한다고 요구하고 있기 때문이다. 이러한 긍정적인 발전 중 몇몇은 언론을 통해서도 이루어졌다. 많은 TV 채널과 쇼 프로그램은 LGBT 집단에 관련된 주제를 이야기하고 보여 주고 있다. 몇몇 LGBT 기관은 LGBT 해당자를 지지하고 대중을 교육하기 위해 워크숍을 제공하거나 항의 집회를 열고, 아니면 "당신은 틀리지도 외롭지도 않습니다("Ne yanlis, ne de yalnizsiniz")!"와 같은 다양한 주제를 가진 캠페인을 준비하기도 한다. 나아가 터키의 연구자들은 LGBT 관련 주제를 갈수록 많이 연구하고 있고 그들의 발견을 학회 발표나 학술지 논문 발표를 통해 유포하고 있다(예, Bereket & Adam, 2006; Cirakoglu, 2006; Eskin, Kaynak-Demir, & Demir, 2005; Gelbal & Duyan, 2006; Oksal, 2008). 예를 들어, 이러한 긍정적인 발전은 '동성애적 행위를 그들의 자존감에 포함시키고 그들의 사회적 정체성을 찾는 데 있어 '게이'라는 꼬리표 때문에 불편함을 느끼지 않도록' 점점 더 많은 게이에게 도움을 주고 있다(Bereket & Adam, 2006, p. 132). 이러한 발전은 또한 더 많은 사람이 LGBT 해당자에 대해 관용을 갖고 보다 수용적이 될 수 있도록 돕는다.

터키의 상황에서는 양성애자에 관련된 저서가 출판된 일은 극히 드물다. 그래서 독자가 양성애자인 터키인이 겪을 가능성이 있는 경험을 이해하도록 돕기 위해서 터키 밖에서 출판된 게이나 레즈비언에 관한 저서에서 정보를 얻었다.

터키 문화는 성 역할 사회화와 기대에 관해서 비교적 전통적인 경향이 있다. 터키의 부모는 아이들에게서 전통적인 성 역할을 기대하는 경향이 있고 여자와 남자가 어떻게 느끼고 행동하고 옷을 입어야 하는지에 관련된 문화적 고정관념에 기반해서 아이들을 사회화시킨다(Oksal, 2008). 아들은 가족의 성을 계승하도록 기대되고 이는 남자아이를 갖도록 요구되는 근거가 된다. 터키 법에서는 신생아는 성을 하나만 가질 수 있으며 그 성은 아버지의 성이 되어야 한다. 또한 아들은 노년기의 부모를 모시도록 되어 있다(Kagitcibasi, 1994). 아내를 맞이함으로써 부모를 모시기가 보다 수월해지는데 이는 일상적으로 돌보는 일은 여자의 일로 여겨지기 때문이다. 남자는 여자를 찾아 결혼하여 아이를 갖도록 압력을 받는데(Bereket & Adam, 2006), 특히 국방의 의무를 마친 뒤에 그 압력은 더욱 강해진다. 그 결과 많은 게이와 양성애 성향을 가진 남자는 압력에 굴복하여 여성과 결혼하게 된다.

여자아이와 비교했을 때 터키 문화는 유년기에 남자아이에게 보다 많은 독립성을 허락한다. 그러나 남자아이에게도 강한 독립성을 권장하지는 않는다(Kagitcibasi & Sunar, 1992). 사실 대부분의 장성한 아들은 살아가면서 의사결정을 내릴 때 부모의 바람을 크게 고려하거나 따라야 하는 것으로 여겨지며, 어떤 경우에는 부모가 정한 목표를 위해 자신의 목적을 희생하기도 한다(Poyrazli, 2003). 이러한 성 역할 사회화와 문화적 전통의 측면 때문에 터키 사회에서 발생하고 있는 여러 긍정적인 발전에도 불구하고 LGBT에 속한 사람들이 성적 취향과 정체성을 부모나 가족에게 공개하기가 매우 어렵다.

치 료

무스타파는 인지행동적 접근법에 실존주의-인도주의적 틀이 가미되어 있는 치료를 아홉 번의 회기에 걸쳐서 받았다. 무스타파는 초기에 트림과 구토에 초점을 맞추었고 이런 증상은 추가 검사를 통해 탐색되어야 할 필요가 있는 의학적 원인에 근거한 것이라고 믿었다. 첫 번째 회기에서 그는 삶에서 잘못된 선택을 했다는 것과 그것이 후회스럽다는 말을 우리에게 해 주었다. 그러나 그 잘못된 선택이 무엇인지에 대해 말하는 데는 망설임을 보였다. 에스킨 박사는 이것이 첫 회기라는 사실과 그 선택에 대해 언급하는 것을 그가 망설였다는 점을 감안하여 그 '잘못된 선택'이 무엇인지를 알아보는 일을 다음 회기로 미루었다.

이러한 심신증 증상을 야기한 심리적 이유를 찾아내기 위해 무스타파에게 언제, 어디서, 몇 시에 그런 증상이 일어났는지, 주위에 누가 있었는지, 증상 발생 전후에 어떤 생각이 들었는지 등을 기록하라고 요청했다. 그는 약 3주 동안 매일 이 사항을 기록했다. 첫 번째와 두 번째 회기 사이에 무스타파는 에스킨 박사가 그의 심리적 경험을 이해하는 데 도움을 주기 위해 제공한 몇 개의 설문지를 작성하기도 했다. 그는 BDI(Beck의 우울척도)에서 22점, BAI(Beck의 불안척도)에서 17점을 받았는데 이는 가벼운 우울과 불안 정도를 나타낸다. 터키인을 위해 특별히 개발된 정체성 척도, 즉 '정체감 측정 형식(Kimlik Duygusu Değerlendirme Aracı)'에서 받은 점수는 그가 자신의 전반적인 정체성에 대해 혼란을 겪고 있음을 보여 준다. 로터 문장 완성 검사에 대한 무스타파의 대답을 평가해 보면 그가 때론 자신이 약하고 무력하다고 느끼고 있다는 것을 알 수 있다. 가장 큰 두려움은 사랑하는 사람들을 잃는 것이었다. 다른 사람들을 볼 때 그는 그 사람들이 사랑을 모르고, 배려가 없으며, 그를 지지하려 하지 않는 데다 감정이 메마르고 믿을 수 없는 존재라고 여기고 있었다. 그는 과도하게 남의 인생에 참견하려는 사람들에 대해 화가 나 있었다. 그는 혼란을 겪고 있었으며 집중하는 데 어려움을 보였다. 그는 불행해 보였고 삶에서 다른 경험을 찾고자 하였다. 자신의 삶이 불만족스럽고 불행하다는 사실이 그를 괴롭혔다. 검사에서 그의 다른 대답은 그가 동성에게서 매력을 느꼈다는 것, 자기 마을에서 예전에 가졌던 첫 동성애 경험에 대해 후회를 하고 있다는 것, 그 경험이 그를 내내 따라다닐까 봐 걱정하고 있다는 것 등을 보여 주었다. 무스타파는 자신이 잘못된 성의 길로 빠져들었다고 믿었으며 동성애 충동을 억제할 수 없는 자신을 미워했다.

무스타파는 내적 갈등을 겪고 있음이 분명했다. 그는 가족을 기쁘게 하고 올바른 일을 하고 싶었지만 남성에 대한 이끌림이 그렇게 하도록 내버려 두지 않았다. 이런 내적 갈등을 해소하기 위해서는 자신의 양성애적 정체성과 가족과 문화 둘 중 하나를 버릴 필요가 있었다. 그에게는 자신의 정체성을 버리는 것이 비교적 쉬운 선택으로 보였다. 상담을 받으러 오기 전에 그는 그에게 신붓감을 찾아 주려는 가족과 친척의 노력을 받아들였다. 예를 들어, 그는 부모님과 함께 혼기가 찬 여성이 있는 집을 방문하거나, 서로 궁합이 맞는지 보기 위해 신부 후보와 커피 한 잔을 하러 만나는 데 동의하기도 했다.

두 번째 회기를 시작하며 나누었던 이야기를 통해 무스타파가 대부분의 성경험을 남자와 가졌다는 사실을 알 수 있었다. 또한 여성과의 성경험은 드물었다고 말했다. 무스타파는 성적 공상을 하거나 포르노를 보거나 자위 행위를 할 때 남녀 모두를 떠올렸다고 에스킨 박사에게 말했다. 에스킨 박사가 무스타파에게 성적 취향에 대해 물었을 때 그는 자신을 양성애자로 여기고 있었다.

터키 문화에서 동성애나 양성애는 취향이라기보다는 성적 활동으로 간주되고 있으며, 이런 문화 때문에 사람들은 자신의 성적 활동이나 누구에게 성적인 매력을 느끼는지를 더 강조했다(Bereket & Adam, 2006). 이러한 주안점을 인지한 채 내담자가 성적 취향이 무엇인지를 더 잘 이해하도록 돕고 싶었던 에스킨 박사는, 무스타파가 어떤 성별과 정서적으로 친밀하게 느꼈으며 과거에 어떤 성별과 사랑에 빠졌는지도 함께 물었다. 무스타파의 대답으로 보면, 대체로 남자에게서 정서적 · 낭만적 친밀감을 느낀 것 같았지만 그는 또한 소수의 여성과도 낭만적 관계를 가진 적이 있다고 말했다. 그는 생애 단 한 번, 대학 시절 한 남자와 사랑에 빠졌다. 그러나 강한 감정을 혼자 느꼈을 뿐 아무 관계도 없었고 그 남자에게도 말하지 않았다고 했다. 무스타파는 또한 온라인 포털 사이트를 통해 데이트를 하고 즉석 만남을 가질 만한 남자를 찾았다고 말했다. 그는 그런 남자들과 주로 성적 활동을 목적으로 마을 밖으로 나와 집에서 멀리 떨어진 곳으로 갔다. 이는 그가 양성애자라는 사실이 마을에 알려지지 않도록 하기 위해서였다. 그러나 무스타파는 그가 함께했던 남자들이 '단지 성관계만을 하고 싶어' 했지만 자기는 '낭만적이고 친밀한' 관계를 열망했다며 불만을 표했다. 즉, 남자에게 관심이 있는 다른 남자들과 관계를 갖는 것은 비교적 쉬웠지만 로맨틱한 파트너를 찾는 일은 무스타파에게 더 어려웠던 것이다.

무스타파가 자신의 성경험을 털어놓았을 때 에스킨 박사는 그에게 성관계를 통해 감염되는 질병을 예방하는 방법에 대한 심리교육적인 정보를 알려 주었다. 에스킨 박사는 성적 활동을 하고 있는 내담자를 대할 때면 으레 이 정보를 제공한다. 무스타파는 그 정보를 준 것에 대해 감사를 표했고 자신은 안전한 성관계를 맺고 있다고 말했다.

무스타파가 '내 증상은 의학적인 원인 때문이다.'라는 첫 번째 회기의 관점에서, 뒤에 이은 회기에서 '내 증상은 심신증이고 나의 양성애 성향과 관련되어 있다.'는 관점으로 바뀌는 데 영향을 주었을 만한 치료적 조건을 논의하는 것은 매우 중요하다. 에스킨 박사는 동료와 내담자 사이에서 좋은 경청자로 정평이 나 있다. 첫 번째와 두 번째 회기의 일환으로 그는 내담자가 자신의 이야기를 할 기회를 준다. 그는 내담자가 하는 말을 사려 깊게 경청하며, 중간중간에 다른 말로 바꾸어 말해 주거나 요약하기도 하고, 내담자에게 논점을 분명히 하는 질문을 함으로써 내담자의 감정을 반영한다. 터키 문화에서 가장 흔한 소통 방식은 주로 질문과 조언을 하는 것이며, 사례에 따르면 다른 사람들이 자기의 말을 몰입해서 경청하고 있다는 느낌을 받는 경우가 거의 없다고 생각해도 무방하다. 그렇기 때문에 에스킨 박사의 반영적 방식은 내담자를 초반부터 기분 좋게 하며, 중간에 가로막히거나 질문을 받거나, 아니면 문제를 어떻게 풀어야 하는지에 관한 해결책이나 조언을 들어 맥이 끊기는 일 없이 안심하고 자신의 이야기를 해 나가는 데 도움을 준다. 내담자는 에스킨 박사가 자신을 이해하고 있다고 느끼며 그들이 겪은 일을 잘 알고 있는 것으로 보인다고 말한다. 에스킨 박사가 첫 번째 회기에서 강조하는 또 한 가지 사항은 몇몇 예외 상황을 제외하고 상담과 치료는 철저히 비밀이 보장되는 과정이며 내담자가 말하는 것이 다른 곳으로 전해지지 않는다는 사실이다. 그는 또한 앞으로 몇 가지 질문을 하겠지만 답하기 싫은 질문에는 답하지 않아도 된다는 점을 내담자에게 알려 둔다. 에스킨 박사는 내담자의 능력을 인식하고 그들이 자기 삶에서 선택을 행할 수 있는 능력이 있다는 사실을 깨닫도록 하기 위해 이러한 정보를 알리는 것이다. 이러한 정보의 제공과 특정한 치료적 조건의 설정은, 무스타파가 에스킨 박사를 신뢰하고 자신의 양성애적 성향을 편안하게 이야기하며 자신의 성적 취향이 심신증 증상의 이유가 아닌지 생각해 보도록 하는 데 도움을 주었다.

무스타파는 자신을 양성애자로 여기면서도 동시에 이러한 성향이 그의 이슬람교 신앙에 위배된다는 생각에 갈등을 느꼈다. 그는 이러한 자신의 성향 때문에 매우 괴로워했고 양성애적 성향을 용납할 수 없는 것으로 보았다. 치료가 진행되는 동안 무스타파는 모든 동성애적 성향을 역겨운 것이라고 생각했고 에스킨 박사가 그에게 자신이 동성에 매력을 느끼지 않도록 하는 방법을 가르쳐 주길 원했다. 에스킨 박사는 자신의 동성애적 성향을 치유하고자 하는 이러한 욕구는 모든 종류의 동성애적 감정이나 활동에 대한 터키 사회의 부정적인 태도, 이성애만이 건강한 성적 취향이라는 인식과 그 맥을 같이하고 있다고 결론 내렸다. 사회의 태도를 아는 상태에서 이성애적이지 않은 성적 취향을 가지고 있는 사람은 내적 갈등과 혼란을 겪을 수 있다. 에스킨 박사가 내린 또 다른 결론은 무스타파가 내재화된 동성애 공포증 때문에 고통받고 있다는 것이다. 치료과정의 후반부에서 에스킨 박사는 성적 취향이 발달되는 데는 생물학적인 요소와 심리적인 요소가 모두 영향을 미친다는 사실(Bem, 1996, 2000; James, 2005; Rahman & Wilson, 2003)을 무스타파에게 알려 주었고 내재화된 동성애 공포증에 대한 이야기를 함께 나누었다. 에스킨 박사는 내재화된 동성애 공포증을 경험하는 사람은 자신이 이성애적이지 않은 성적 취향을 가졌다는 사실 때문에 자기 자신을 혐오하며 사회의 가치, 즉 무스타파의 경우 사회의 종교적 신념과 부딪치지 않기 위해 자신의 정체성을 강하게 부정하는 모습을 보인다고 그에게 말해 주었다. 무스타파는 그 정보를 접하고 뭔가 깨달은 느낌을 받았고 이 개념이 그의 내적 갈등을 너무나 잘 설명해 주는 데 대해 놀라움을 느꼈다. 새로 얻은 관점 덕분에 무스타파는 안도감을 표현했고, 그가 자기 자신과 자신의 취향에 대해 왜 그리 많은 부정적 감정을 느꼈는지를 더욱 잘 이해할 수 있었다.

에스킨 박사와 무스타파는 지난 일주일 동안 해 온 기록을 분석했고 그의 심신증 증상에 대한 추적을 시도하였다. 무스타파가 샤워를 할 때와 그가 가족과 함께 있을 때 구토와 트림 증세를 보인 것으로 드러났다. 이 한 주간의 기록을 통해 에스킨 박사는 이러한 심신증 증상이 내담자의 양성애적 성향과 어떤 관련이 있는지를 조사하였다. 무스타파는 이것이 합리적인 설명이라는 것을 치료과정 중에 알게 되었다. 에스킨 박사가 제공한 도움을 통해 무스타파는 그런 증상이 왜, 어떤 장소에서 발생하는지에 여러 가지 이유가 있다는 결론에 도달하였다. 무스타파가 샤워를 하면서 옷을 벗은 자기 자신을 볼 때 그의 몸은 예전에 성관계를 가졌던 남자를 상기시켰다. 자신의 벗은 몸을 보는 일은 동성애적 성향을 상기하게 해서 내재화된 동성애 공포증을 불러일으켰고, 그는 구토와 트림 증세를 느끼기 시작했다.

에스킨 박사의 결론은 무스타파의 성적 취향이 터키 사회가 정상으로 여기고 용납하는 취향과 반대되기 때문에 그가 내적 갈등을 겪고 있다는 것이었다. 이 갈등에서 승자는 사회였다. 즉, 무스타파는 의지할 곳 없고 무력하다고 느꼈고 그 결과 심신증 증상이 발생한 것이다. 인도주의-실존주의적 관점에서 보면, 무스타파의 고민은 자아를 실현하고 자기 자신이 되고자 하는 본인의 뜻에서 나온 것이었다. 그러나 그가 살고 있던 곳의 문화적 맥락은 그의 자아 실현을 방해했다.

또한 무스타파는 그의 증상이 가족과 함께 있을 때 발생한 이유가 터키 사회와 그에 대한 가족의 기대 때문이었다는 통찰도 얻었다. 터키 문화는 교육과 병역 의무를 마치고 취직한 무스타파 정도 연령의 사람은 결혼하여 아이를 가질 것으로 기대한다. 그의 부모는 손주들을 보고 싶어 했다. 만약 이런 장성한 아들이 결혼을 고려하지 않는다면 부모, 친척, 친구, 심지어 자기가 남의 삶에 끼어들 권리가 있다고 종종 믿는 이웃까지도 의아해하는 사태가 발생한다. 이번 회기 동안 무스타파는 그가 결혼하도록 가족이 압박하고 '신붓감 고르기' 를 하고 있었다고 말했다. 터키 문화에서는 만약 어떤 사람이 결혼할 준비는 되어 있지만 배우자감을 찾지 못한 경우, 가족과 친척이 책임지고 참한 후보를 물색하여 그 사람에게 그런 가능성을 알려 준다. 무스타파가 가족과 함께 있을 때면 그들은 결혼 이야기를 꺼내어 '언제 결혼할 거니?' '시간이 없다.' '언제 우리한테 손주 보여 줄 거니?' 등의 말을 그에게 하곤 했다. 하지만 무스타파는 그의 성적 취향을 가족에게 밝히는 것은 '말도 안 되는' 일이며 만약 가족이 그의 양성애적 성향을 알게 된다면 그의 '인생이 송두리째 뒤집힐' 것을 알고 있었다. 그래서 가족과 함께 있을 경우 무스타파는 자신의 양성애적 성향을 직면할 상황에 처하여 자신이 기대에 어긋나는 사람인 것으로 여겼고 이것이 다시 구토와 트림을 야기한 것이다.

치료의 평가

무스타파의 내적 갈등과 터키 문화의 동성애 공포증에 초점을 둔 것은 무스타파가 안도감을 갖는 데 도움을 주었다. 무스타파는 만약 그가 좀 더 포용적인 문화에 살았다면 그의 성적 취향을 가지고도 행복할 수 있었을 것이라는 결론에 도달하였다. 나아가 그가 터키 문화 속에서 겪고 있는 어려움에 대해 본인이 더 잘 알 수 있도록 하는 한 방법으로 관련 정보를 그에게 제공하였고, 또한 터키와 다른 지역의 현대 정신의학과 심리학은 동성애와 양성애를 비정상으로 여기지 않는다는 사실도 그에게 알려 주었다. 이러한 심리 · 교육적 논의는 무스타파가 경험하는 구토와 트림의 수준을 감소시켜 주었다.

아홉 번째 회기가 끝나 갈 무렵에는 무스타파의 심신증 증상은 거의 사라졌다. 내담자와 에스킨 박사는 치료를 끝내기로 결정하였다. 에스킨 박사는 만약 나중에 증상의 강도나 빈도가 증가되거나 다른 이유로 상담이나 치료를 받을 필요가 생긴다면 언제든 예약을 잡아도 된다고 말해 주었다. 마지막 회기 이후 약 8~9개월이 지난 뒤 에스킨 박사는 주차장에서 무스타파를 만났다. 내담자의 비밀이 보호되어야 하기 때문에 에스킨 박사는 절대로 공 공장소에서 내담자에게 먼저 아는 체를 하는 법이 없다. 이번 경우에는 무스타파가 먼저 에스킨 박사에게 다가왔으며 그를 만나 매우 기뻐했다. 그는 에스킨 박사에게 그의 구토와 트림이 완전히 사라졌다고 말했다. 그는 에스킨 박사가 주었던 도움에 대해 다시 한 번 감사를 표했다.

상담이 진행되는 동안 에스킨 박사는 다음과 같은 것을 관찰할 수 있었다. 즉, 무스타파가 자신의 성적 취향을 인정한 후부터 이어지는 모든 회기의 주제는 양성애, 무스타파의 내적 갈등, 그의 성적 취향과 부딪치는 가족의 결혼 압력 등에 초점이 맞추어졌다. 어쩌면 무스타파는 그가 치료자와 함께 만났던 회기를 밖에서는 말할 수 없는 것들을 말할 수 있는 안전한 피난처로 보았는지도 모른다. 그의 두려움, 억눌린 감정, 그가 느낀 압박감, 자신의 성적 취향에 대한 불안 등을 공유한 덕분에 그는 안도감을 느낄 수 있었고, 또한 자신이 무엇을 경험하고 있으며 그런 경험이 자신이 살고 있는 문화권과 어떤 관련이 있는지를 보다 잘 이해할 수 있었다. 인지적인 재구성은 무스타파가 치료과정 중에 새로운 관점과 이해를 얻도록 돕는 데 매우 유용한 기법으로 드러났다. 예를 들어, 에스킨 박사는 한 회기에서 무스타파가 한 사람의 정체성과 인생 전체에서 성이 몇 퍼센트나 기여한다고 생각하는지 말하도록 요청했다. 무스타파는 "30~35%요."라고 대답했다. 무스타파는 자신의 정체성과 삶 '전체'가 성으로 구성되어 있으며 그가 자신의 성에 사로잡혀 있다는 걸 깨닫고 놀라움을 느꼈다. 치료과정의 마무리가 진행되는 동안, 그리고 과정을 마친 후에도 에스킨 박사는 무스타파가 '게이'와 연합된 보다 부정적인 오명을 피하기 위해 '양성애적 성향'이라는 용어를 사용했는지가 궁금했다. 많은 게이는 거부될 확률을 줄이기 위해 자신을 양성애자로 소개한다. 터키 문화에서는 자신이 양성애자라는 사실을 인정하는 것조차 꽤나 위험한 일이다. 그래서 에스킨 박사는 무스타파가 게이인지 아닌지를 캐물어서 그를 더 불편하게 하고 싶지 않았다. 에스킨 박사는 무스타파의 양성애적 정체성에 초점을 맞춤으로써 문화, 사회의 기대, 그가 직면했던 압력, 어떻게 이 모든 요소가 그의 증상에 영향을 미쳤는지에 대해 논의할 수 있었다. 그렇지만 에스킨 박사는 무스타파가 양성애자가 아닌 게이인지, 그가 사회의 압력에 굴복하여 여성과 결혼할 것인지가 궁금했다. 만약 혹시라도 그렇게 된다면 무스타파는 비슷한 심신증 증상을 경험할 수 있고 상담과 치료를 위해 다시 돌아오기로 결심할 수도 있다.

저자들은 무스타파가 이성애 심리학자를 만난 것이 그에게 더 도움이 되었을지도 모른다고 생각한다. 에스킨 박사는 여성과 결혼하여 가정을 이루었고 그 결과 이성애자의 삶을 살았다. 그는 에스킨 박사를 만나기 전에 이 사실에 대해 이미 들었고, 에스킨 박사는 자신이 결혼한 이성애자임을 알려 주는 금반지를 왼손에 끼고 있었다.

무스타파는 극도로 이성애주의적인 문화 속에 살고 있다. 동성애와 양성애를 정상적인 것으로 보는 이성애자 상담자를 만난 것은 무스타파가 자신이 성 정체성을 보다 쉽게 탐색하고 존중하는 데 도움을 주었을지도 모른다. 저자들은 또한 그보다 나이가 많은 심리학자를 만났던 것도 그에게 도움이 되었을 것이라 믿는다. 터키 문화에서 연장자의 인식과 의견은 중요성을 지닌다. 무스타파는 부모님과 할아버지 등 그보다 나이가 많은 사람에 둘러싸여 있었고 그들은 결혼하여 자식을 갖는 것, 즉 '옳은 길'을 그에게 보여 주려고 했다. 에스킨 박사는 무스타파보다 15세가 더 많았으며 그는 무스타파의 성적 취향과 결혼에 대한 양가감정을 이해해 주고 그것을 평범한 것으로 보았다. 더구나 남자 심리학자를 만난 것 또한 무스타파에게 도움이 되었을지 모른다. 터키 문화에서 동성애 공포증이 적어도 공개적 · 폭력적으로 표출되는 경우는 여성보다 남성이 더 많다. LGBT 해당자에 대한 추행, 성폭력, 명예 살인 등의 행위는 거의 언제나 남성이 저지른다. 따라서 에스킨 박사가 무스타파의 성적 취향을 포용했던 것이 무스타파가 어떤 남성은 그의 성적 취향에 관해 그를 수용하고 인정하고 존중하리라는 사실을 아는 데 도움을 주었을 수도 있다.

비록 무스타파가 상담 과정의 말미에 안도감을 느끼고 자신의 양성애적 성향을 받아들인 듯이 보였지만, 그는 여전히 내적 갈등을 계속 경험할 가능성이 높다. 왜냐하면 용납될 수 있는 성적 취향이 어떤 것인지에 대해 들어 온 문화적 교훈을 제거하거나 잊어버리는 일은 누구에게나 쉽지 않기 때문이다. 또한 그는 성적 취향 때문에 가졌던 기억이나 당해야 했던 행위들을 잊어버릴 수 없었다. 그러므로 특히 그가 직면했던 배척, 선입견, 불관용, 억압, 그리고 그의 문화가 어떤 성적 취향이 건전하고 건전하지 않은 것으로 간주하는지를 기억해 낼 때, 그는 계속해서 주기적인 갈등을 겪을 것이다.

무스타파가 받은 상담 과정의 한계는 증상 완화에만 중점을 두었다는 점이다. 내담자가 심신증 증상이 거의 사라지고 증상을 완화시키려는 목표가 달성되었다고 생각했을 때 에스킨 박사는 상담을 종결하는 데 동의했다. 그러나 에스킨 박사조차 무스타파의 치료가 앞으로 그가 받아야 할 보다 광범위한 상담 과정의 시작에 불과할지도 모른다고 믿었다. 만약 무스타파가 에스킨 박사를 다시 만나러 오기로 결심한다면, 추가적 목표로 다음 사항을 고려해 볼 수 있다.

- 무스타파가 양성애자인지 아니면 게이인지를 알기 위해 그의 성 정체성을 보다 깊이 탐색해 보기(무스타파가 할 수 있는 경우의 수는 정체성을 탐색하는 데 달려 있을 것이다. 만약 그가 양성애자라면, 가족을 기쁘게 할 것이라 알고 있는 이성애적 관계를 형성할 수 있을지도 모른다. 그렇지만 만약 그가 게이라면 이 선택을 고려하기가 훨씬 더 어려울 수 있다)
- 무스타파가 자신의 성적 취향에 관해 전적으로 포용해 주는 사람을 만날 수 있도록 하는 방안으로 사회적 지원 체계를 확장하기(그는 사람들이 서로 얽혀 사는 작은 마을에 살기 때문에 LGBT에 우호적인 지원 체계를 확립하는 것이 선택 사항이 될 수 없을지 모르지만, 온라인 지원 체계에 가입함으로써 그러한 사회적 지원 체계를 구축할 수도 있다)
- 그의 개인적 요구, 그리고 그가 결혼하기를 바라는 사회와 가족의 기대 사이의 균형을 맞출 수 있는 더 나은 방안 찾기
- 종교 문제를 다루어 그가 자신의 종교와 성적 취향을 조화시킬 수 있도록 돕기(무스타파는 이슬람교도이며 종교적 신념에 따라 동성애를 죄악으로 간주한다. 그는 자신의 종교적 신념을 따라 활동하기로 하고 남자에 끌리는 그의 욕구를 따르지 않을 필요가 있는지를 탐색해야 한다. 더욱이 편견을 갖지 않는 치료적 환경에서 무스타파는 자신의 성 정체성과 종교적 신념을 조화롭게 포용할 수 있는지 탐색해야 한다. 또 만약 그렇지 않다면 어떤 것을 더 중시하는지도 탐색해야 한다)
- 그의 전체적 정체성은 성 정체성 그 이상이라는 것, 그리고 일, 경력,

성격, 종교, 사회적 관계 등 그의 성 정체성 외에 그의 정체성의 일부인 다른 많은 것이 있다는 것을 깨달을 수 있도록 돕기

결 론

몇몇 정신건강 전문가는 개인적 패러다임을 따르는 선택이 가족과 문화를 거부하는 것과 같은 극단적인 조치를 포함한다 해도, 무스타파가 자신의 성 정체성 전체를 수용하고 개인적 목표를 따라야 한다고 볼 수 있다. 그러나 이 책의 저자들은 그들과 다른 주장을 한다. 즉, 무스타파와 같이 서양에 비해 비교적 전체주의적이고 전통적인 문화 속에서 자란 내담자의 경우에는 내담자가 자신의 요구와 목표, 문화적 기대 사이의 균형을 맞추도록 도와주는 접근법을 사용하는 것이 치료를 더욱 효과적으로 만들고 내담자의 정신건강을 더욱 증진시켜 줄 것이다.

참고문헌

Amnesty International. (2011). *2010 Annual report for Turkey*. Retrieved from http://www.amnestyusa.org/annualreport.php?id=ar&yr=2010&c=TUR

Basaran, E. (2010, December 5). Escinsel ilahiyatci sinifini geri istiyor. *Radikal*. Retrieved from http://www.radikal.com.tr/Default.aspx?aType=RadikalYazar&Date=5.12.2010&ArticleID=1031426

Bem, D. J. (1996). Exotic becomes erotic: A developmental theory of sexual orientation. *Psychological Review, 103*, 320-335.

Bem, D. J. (2000). Exotic becomes erotic: Interpreting the biological correlates of sexual orientation. *Archives of Sexual Behavior, 29*, 531-548.

Bereket, T., & Adam, B. D. (2006). The emergence of gay identities in contemporary Turkey. *Sexualities, 9,* 131-151.

Central Intelligence Agency. (2011). *The world factbook: Turkey.* Retrieved from https://www.cia.gov/library/publications/the-world-factbook/geos/tu.html

Cirakoglu, O. C. (2006). Perception of homosexuality among Turkish university students: The roles of labels, gender, and prior contact. *The Journal of Social Psychology, 146,* 293-305.

Eskin, M. (2011). Türk gençlerinde cinsel yönelim çalıçmaları [Studies related to sexual orientation among the Turkish youth]. In M. Eskin, C. Dereboy, H. Harlak, & F. Dereboy (Eds.), *Türkiye' de Gençlik: Ne biliyoruz? Ne bilmiyoruz?* [*Youth in Turkey: What do we know? What do we not know?*]. Manuscript submitted for publication. Ankara, Turkey: Hekimler Yayın Birliği Yayınları.

Eskin, M., Ertekin, K., & Demir, H. (2008). Efficacy of a problem-solving therapy for depression and suicide potential in adolescents and young adults. *Cognitive Therapy and Research, 32,* 227-245.

Eskin, M., Kaynak-Demir, H., & Demir, S. (2005). Same-sex orientation, childhood sexual abuse, and suicidal behavior in university students in Turkey. *Archives of Sexual Behavior, 34,* 185-195.

Gelbal, S., & Duyan, V. (2006). Attitudes of university students toward lesbians and gay men in Turkey. *Sex Roles, 55,* 573-579.

James, W. H. (2005). Biological and psychosocial determinants of male and female human sexual orientation. *Journal of Biosocial Science, 37,* 555-567.

Kagitcibasi, C. (1994). Psychology in Turkey. *International Journal of Psychology, 26,* 729-738.

Kagitcibasi, C., & Sunar, D. (1992). Family and socialization in Turkey. In J. L. Raopnarine & D. B. Carter (Eds.), *Parent-child socialization in diverse cultures* (pp. 75-88). Norwood, NJ: Ablex.

Oksal, A. (2008). Turkish family members' attitudes toward lesbians and gay men. *Sex Roles, 58,* 514-525.

Poyrazli, S. (2003). Validity of Rogerian Therapy in Turkish culture: A crosscultural perspective. *Journal of Humanistic Counseling, Education, and Development,*

42, 107-115.

Rahman, Q., & Wilson, G. D. (2003). Born gay? The psychobiology of human sexual orientation. *Personality and Individual Differences, 34*, 1337-1382.

U. S. Department of State. (2011). *2010 Human rights report: Turkey*. Retrieved from http://www.state.gov/g/drl/rls/hrrpt/2010/eur/154455.htm

06

Case Study of a Female Patient with Anxiety Disorder and Depression: Psychotherapy Within a Lebanese Cultual Framework

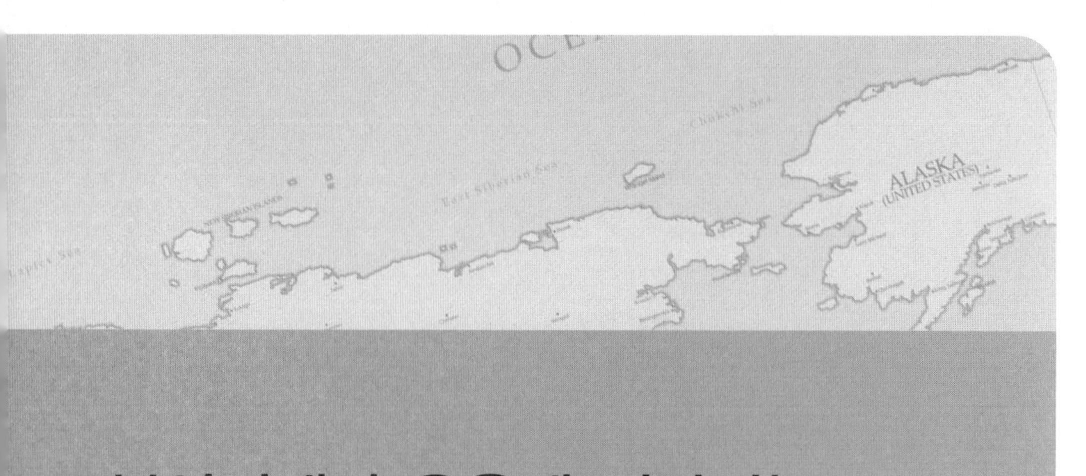

불안장애와 우울에 시달리는 여성환자의 사례연구

레바논 문화의 틀에서 본 정신치료

ARCTIC OCEAN

Beaufort Sea

Chukchi Sea

East Siberian Sea

NEW SIBERIAN ISLANDS

Laptev Sea

ALASKA (UNITED STATES)

Bering Sea

Sea of Okhotsk

NORTH PACIFIC OCEAN

HAWAIIAN ISLANDS

HAWAII (U

MONGOLIA

KOREA

JAPAN

CHINA

East China Sea

TAIWAN

Philippine Sea

MICRONESIA

MARSHALL ISLANDS

MARSHALL

MICRONESIA

KIRIBATI

NAURU

PHILIPPINES

South China Sea

CAROLINE ISLANDS

PALAU

MELANESIA

TUVALU

SAMOA ISLANDS

MYANMAR

LAOS

THAILAND

CAMBODIA

VIETNAM

SOLOMON ISLANDS

PAPUA NEW GUINEA

VANUATU

FIJI

BRUNEI

MALAYSIA

INDONESIA

Coral Sea

TIMOR-LESTE

AUSTRALIA

Tasman Sea

NEW ZEALAND

06 불안장애와 우울에 시달리는 여성환자의 사례연구

레바논 문화의 틀에서 본 정신치료

Brigitte Khoury

치료자

이 글에서는 내담자를 환자로 지칭하고 있는데 이는 다른 의료전문인과 소통하고 병원 내외의 참고자원을 얻기 위한 것이다. 한편으로 진단명(label)은 정신건강 전문가인 동료가 아닌 환자나 그 가족과 의사소통할 때 조심스럽게 다루어지고 다르게 사용되고 있다. 모든 직원은 미국의 연구소에서 훈련을 받았고 정신장애의 진단 및 통계편람 4판(DSM-IV-TR)이 일반적으로 환자를 진단하고 치료를 안내하는 데 사용되고 있다. 이 매뉴얼은 다른 건강의료 전문가와 소통하는 자료로 활용되어 일반적인 전문용어를 제공하고 있다.

그런데 환자나 가족과 의사소통을 할 때 진단명을 사용하는 것은 그들이 서구에 기반한 교육을 받은 적이 있는가에 달려 있다. 환자나 가족과 관련된 다른 요인에 관해 어느 정도까지 정보를 공개해야 할지 결정하는 것도 고려해야 할 부분이다. 환자에게 진단을 내리는 것이 이 문화에서는 매우 수치스러운 일이라는 것은 자명한 사실이다. 확실히 치료과정에 방해가 되거나 거부당할 수 있는 위험부담이 있을 때 나는 가족이나 환자에게까지도 진단에 관한 상세한 정보를 주는 것을 보류한다. 예를 들어, 어떤 환자가 자기가 성격장애라는 것을 안다는 것은 그 사실에 짓눌리지는 않더라도 충격적인 일일 수 있기 때문이다. 따라서 이런 정보는 환자의 의욕을 상실시키거나 치료를 받지 않으려 하는 것을 막을 수 있도록 부드럽고 정신질환을 다루는 것 같지 않은 방식으로 전달된다.

진단명이 공개되든 되지 않든 간에, 나는 항상 정신질환에 대한 그들의 개념을 수용하고 민감하게 대처하면서 그들에게 영향을 미치고 있는 장애에 관해 교육시킨다. 레바논에서 심리적인 문제에 대한 문화적 이해는 DSM에 묘사된 것과는 아주 다를 수 있다. 환자와 그 가족은 정신질환을 다른 방식으로, 이를테면 "신경이 피곤하다."라든가 "신경이 지쳤다."라고 묘사한다. 그리고 그 원인을 규명하는 데 "직장과 가족에게서 너무 압력을 받아서 무너졌다."라든가 "남편과의 문제 때문에 그녀의 신경이 더 이상 그것을 감당할 수 없었다."라는 식으로 묘사한다.

이런 문화적인 상황에서 환자가 "신경이 피곤하다."라는 식으로 표현하고 정신질환을 육체적인 용어로 말하는 것은 주목할 만한 일이다. 이것은 문헌적인 의미에서 심리적인 병이라기보다는 육체적인 병이라는 것을 지칭하고 있기 때문이다. 나는 환자가 육체적인 은유와 심리적인 의미로 가득 찬 것들로 표현하면서 근심을 토로하는 경향이 있다는 것을 경험을 통해 잘 알고 있다. 정신질환을 묘사하는 데 쓰이는 언어에 민감한 것에 덧붙여, 심리적인 장애의 원인을 대하는 사회문화적인 믿음과 서구의 신체의학적인 모델이 날카롭게 대립할 때도 도전하기를 피한다. 예를 들어, 어떤 환자는 심리적인 장애를 초자연적인 현상인 악마의 눈 때문이라는 식으로 귀인하는 경향이 있다. 이런 상황에서 나는 판단을 삼가고 환자의 사회문화적 맥락에서 이해하려고 노력한다.

환자에게서 수집된 증거를 토대로 입증되지 않은 레바논에서 정신건강 전문직의 유능함을 결정짓는 주요 준거는 AUB-MC 등의 유명한 기관에서 일하는 것 말고도 다른 환자와 비밀을 보장하고 성공을 이끌어 내는 전문가의 능력에 달려 있다.

레바논에서 의료전문가는 능력자로 간주되기 때문에, 다른 사람들에게 친구나 가족이 성공적으로 도움받은 것을 입에서 입으로 전하게 된다. 심리학에서도 예외는 없다. 나와 성공적인 경험을 나누었던 환자나 가족이 다른 사람들에게 나를 추천하고는 한다. 그들은 나를 찾아와서 이렇게 말하고는 한다. "제 친구 아무개가요…… 혹은 우리 이웃사람이요…… 혹은 아주머니가 선생님한테 와서 너무 큰 도움을 받았다고 해서요. 그래서 저도 선생님께 제 문제를 해결해 달라고 왔어요." 환자의 피드백에 근거해서 보면 솔직하고 힘을 주는 치료자는 많은 환자가 향상되도록 도움을 준다는 것을 깨달을 수 있었다. 이들 환자는 자기 자신을 신뢰할 수 있게 된 것과 두려움을 줄여 주고 실제적인 활동을 하도록 도와준 데 감사를 표시했다. "이제 확신이 생겼어요." "이제 더 이상 갇혀 있지 않은 것 같아요." "좀 더 힘이 생긴 것처럼 느껴져요." 이렇게 말하는 환자의 피드백은 새로운 환자가 치료받으러 오도록 격려한다. 또 다른 격려의 요인은 인지행동치료의 사용이다. 직접적이고 잘 안내하는 기법은 사람들에게 무엇인가 생각한 것을 실제 세상에서 적용해 볼 기회를 제공하기 때문에 사람들은 마음에 들어 한다. 따라서 환자는 치료가 새로운 대처 기술을 가르쳐 주고, 그들에게 이 효과가 지속적이라고 느끼도록 격려를 받는다.

레바논에서 정신건강에 관한 도움을 구할 때 비밀보장은 아직도 중요한 이슈다. 환자와 가족은 정신질환 때문에 수치를 겪게 되고 무능하게 보여서 조롱당하고 무시당하게 될까 봐 두려워한다. 그러므로 환자의 사생활을 존중받을 수 있는 비밀보장이 가능한 서비스가 레바논의 환자와 가족에게 가장 중요한 관심사다. 비밀보장을 존중하는 것은 미국심리학회(APA) 윤리학 강령(APA, 2002)과 AUB-MC 실천표준에 의거하여 적절한 정신건강 서비스를 제공하는 데 가장 중요한 조건이다. 나는 환자에게 언제나 치료를 시작할 때 비밀보장의 권리를 이야기하지만 그 한계에 관해서도 명료하게 이야기한다. 덧붙여서 가족이 전화로 환자에 관해 논의하려고 할 때 나는 그 사람이 내 환자라는 것을 알리지 않고 비밀보장의 한계를 설명하며 가족에게 환자와 직접 이야기할 것을 촉구한다. 또한 가족이 그들의 관심사를 논의하기 위해 환자와 함께 회기에 참석하는 것을 허용할 수 있음을 알려 준다. 이것은 비밀보장을 유지하는 좋은 방법일 뿐 아니라 가족을 치료에 참여시키는 데 도움이 된다.

나는 미국에서 임상심리학자 훈련을 받고 자격증을 받았지만 레바논에서 일을 시작하자마자 이 상황에서 성공하기 위해서는 서구에서 배운 수많은 기법과 이론을 지역의 문화에 맞게 조정해야 한다는 것을 깨달았다. 인지행동치료자로서 제일 처음 경험한 것 중 하나는 내담자의 부정적인 사고패턴을 조금씩 검토해 보는 숙제를 주는 것이었다. 환자는 이것을 진지하게 받아들이지 않고 내가 자신을 아이처럼 대하며 자신의 고통에 둔감하다고 생각했다. 그는 숙제를 하지 않았지만 나중에 가서 부정적인 지각의 중요성을 이해하고 그것을 바꾸는 것이 얼마나 도움이 되는가를 이해했다. 어쨌든 연필과 종이를 들고 숙제를 하는 대신 그와 나는 회기에서 숙제에 관해 이야기를 나누었는데 그렇게 한 것이 그가 인정받고 존중받는다는 느낌을 받게 했다. 이 경험을 바탕으로 나는 환자에게 숙제의 사용과 왜 그것이 치료과정에 중요한 것인가에 대해 교육하기 시작했다. 나는 또한 환자가 자기 숙제에 관해 글로 쓰는 것을 편안해하는지 말로 하기를 좋아하는지 탐색했다. 나는 적용 가능한 이론도 종종 실제 측면에서 적용이 안 되는 경우도 있다는 것을 깨달았고 이론이 문화에 맞도록 이론을 조절해야만 한다는 것을 알게 되었다. 그래서 나는 레바논 환자에게 가족이 얼마나 중요한지를 배웠던 것처럼 문화에 적절하지 않다고 깨닫게 된 많은 기법을 사용하지 않았다. 레바논의 치료자는 개인만 참여하는 것이 아니라 가족도 참여해야 하는데 이것은 치료가 성공하기 위해서 가장 중요한 동맹을 이루게 되기 때문이다. 치료자가 치료과정에서 가족을 참여시키지 않고 개인의 향상을 도모하면 가족은 치료를 중지하거나 치료자를 바꾸어야 한다고 확신한다. 또한 가족이 환자에게 해를 입히고 치료에 참여하는 것이 환자에게 바람직하지 않으며 임상적으로 적절하지 않은 경우도 있다는 것을 꼭 염두에 두어야만 한다.

레바논 가족이 참여할 수 있는 자신들의 문화적 권리를 요구하면서 치료자에게 자신들이 치료에 기여하고 싶다고 알리는 수많은 방법이 있다. 예를 들어, 환자와 함께 회기에 나타나서 방에 같이 들어오기를 요구하거나 환자와의 회기 전후에 치료자와 이야기하기를 원하고, 치료자에게 질문하러 전화를 걸거나 약속이 되어 있지 않은 시간에 환자와 그의 치료에 관해 논의하기 위해서 불쑥 나타나는 것이다. 가족이 치료과정에 참여하는 것을 환자가 원하고 가족이 기꺼이 그렇게 하겠다고 하면 나는 허용한다. 어떤 경우에 내가 가족을 따로 만날 때면 그 대화는 환자의 상태에 관한 것이 아니라 그들 자신의 이야기나 그들의 스트레스에 관한 이야기로 대화가 이루어진다. 이런 일이 일어날 때면 나는 지속적으로 부드럽지만 엄격하게 환자에게 초점을 맞추는 쪽으로 돌아가며 가족이 제공한 정보가 치료나 환자의 행복을 위해 도움이 될 수 있도록 노력한다. 어쨌든 가족도 도움이 필요하다는 것이 명백해지면 나는 그들을 동료들에게 보낸다.

환자뿐 아니라 가족까지 만나는 것은 상당히 어려운 일이지만 다른 사람들을 떠나 독립적으로 살아가기 어려운 문화에서 개인의 행복에 대한 맥락을 보려면 이 부분을 간과하기 어렵다(Dwairy, 2006; Harb & Smith, 2008). 환자의 치료에 가족을 참여시키는 것은 여러 측면에서 치료의 효율성에 기여한다. 이는 유연성과 정서적인 지지를 제공해 주며 가족 내의 갈등을 해결하기 위해 문화적으로 적절한 방법을 알아내는 데 도움을 준다.

사 례

모나는 45세의 기혼자이며 레바논의 기독교 신자다. 그녀는 지난 3년 동안 회사에서 관리자로 일했다. 남편과 두 자녀와 함께 살고 있으며 아들은 17세이고 딸은 20세다. 그녀는 불안과 우울 증세로 약물치료를 권한 정신과 의사에 의해 의뢰되었다. 정신과 의사는 모나가 약물치료에 덧붙여 정신치료를 받기를 원했다.

모나는 처음에 어머니와 함께 왔다. 어머니는 모든 질문에 거의 혼자 대답했고 모나에게 말할 기회를 주지 않았다. 이런 의사소통 방식은 레바논 문화에서 아주 보편적이다. 가족 중 연장자는 환자가 몇 살이든지 간에 대신 대답을 하는 것이다. 환자에 관한 몇 가지 질문에 어머니가 대답하는 문화적 역할을 충족시킨 다음에 나는 어머니에게 면담의 두 번째 단계로 환자와 단둘이서만 면담을 할 수 있도록 로비에서 기다려 달라고 청했다. 어머니는 치료하는 동안 딸과 내가 둘이서 시간을 보내야 할 필요가 있다는 것을 이해했다. 모나는 혼자 남는 게 불편해 보였다. 모나는 어머니가 질문에 대답하는 것이 면담을 더 쉽게 할 수 있기 때문에 더 좋아하는지도 몰랐다. 우리 둘만 남게 되자, 모나는 자기가 문제에 직면하지 못하고 쉽게 의지가 꺾이며 불안해져서 저조한 느낌이 든다고 말했다. 잘 자지도 못하고 잘 먹지도 못한다고 말했다. 그녀는 자신의 무기력함에 대해 종종 울었고 최악의 상황을 상상하는 듯했다.

그녀는 자기존중감이 낮았고 그녀가 일하는 것에 상사가 만족하고 있음에도 불구하고 직업을 잃을까 봐 언제나 불안했다. 모나는 우울증과 불안이 심해서 일을 쉬어야 할 필요성이 높아지고 있는데 그러다가 해고당하게 될까 봐 염려하고 있었다. 나를 만나기 위해 일주일 동안 병가를 냈는데 일을 책임질 수 없어서 더 휴직해야 하는 것이 아닌가 하고 우려하고 있었다.

우리는 그녀가 자신을 돌아보고 기분이 더 나아져서 직장에 점차적으로 돌아가기 위해 좀 더 휴가를 낼 수 있는 가능성에 대해, 또 직장에 복귀하기 전에 시간제 일을 하는 가능성에 대해서도 이야기를 나누었다. 모나는 이 계획에 동의하고 상사에게 이야기하였는데, 상사는 동의해 주었다. 모나는 직장에서 신뢰를 얻고 있고 높이 평가받고 있어서 그녀가 요청하는 여가를 준 것이 확실했다. 이는 모나를 압박과 걱정의 큰 근원에서 벗어나게 해 주었다.

모나는 자신의 증상이 석 달 전부터 시작되었고 더 이상 집안일이나 필요한 일을 할 수 없게 되었다고 말했다. 그 이래로 그녀는 남편이 아이들과 집을 돌보도록 남겨 두고 집에서 20분가량 떨어진 부모님 집으로 옮겼다. 그런 조치는 아내로서, 어머니로서, 주부로서 그녀의 역할에 대한 사회적 기대에 반하는 것이었다. 그녀의 주된 임무는 집안 살림을 하고 가족을 돌보는 것이었기 때문이다. 많은 속담이 여자의 이런 역할을 보여 주고 있다. "어머니는 자녀를 양육하는 사람이다.", "어머니는 가족을 하나로 묶는다." 그리고 "여성은 가정을 일으켜 세운다." 등이다. 이런 기대는 모나가 스스로를 가족과 지역사회에서의 자기 역할에 실패한 사람으로 보게 만들어 더 많은 고민에 빠지게 했다.

설명은 '신경이 피곤하다.' 라고 되어 있고 부모님의 집에서 휴식을 취할 필요가 있다고 되어 있었다. 이렇게 이해한 것은 기분이 나아지면 물론 그녀가 가족에게 돌아가 아내와 어머니의 역할을 수행할 것이라는 점이었다.

모나가 언급한 주요 스트레스 요인은 10대인 아들이 아버지와 갈등 상태에 있는 것이었는데 모나가 보기에 남편은 아들을 이해하지 못했다. 모나의 남편은 아들이 학교 공부에 관심이 없고 성적이 부진하며 항상 집 밖에 나가 친구하고 놀기만 하고 밤늦게 돌아오고 언제나 자기가 있는 곳을 알리지 않고 나가는 데 불만을 토로했다. 한번은 아들이 담배 피우는 것을 목격하자 격분해서 아들을 집 밖으로 내쫓았다. 그날 밤 아들은 친구네 집에서 잤다. 모나가 다음 날 집에 돌아오라고 애원했지만 그는 돌아오지 않았다고 한다. 모나는 종종 남편이 욕설을 퍼부을 때 아들을 옹호하려고 목소리를 높였다. 남편은 아들에 대해 불평하고 그녀가 적절한 한계를 정해서 규칙을 지키지 못한다고 그녀를 탓했다. 아들은 엄마에게 아버지에 관한 불평을 말하고 집을 떠나겠다고 위협했다. 그녀는 여러 번 남편과 싸우고 아들을 옹호했다. 그리고 아들이 아버지 때문에 집을 멀리하고 집에 있으려고 하지 않는다고 남편을 탓했다. 그들 사이에 끼어 있는 것이 모나에게 극심한 영향을 미쳤고 무기력하고 우울하고 불안한 느낌은 점점 더 심해져 갔다. 그녀는 자신이 모든 일에 수많은 부정적인 예견을 하는 '걱정꾼' 이라고 묘사했다.

남편은 모나처럼 레바논인이고 기독교 신자다. 그는 회사에서 한 부서를 책임지는 총감독으로 일하고 있었다. 모나는 남편에 대해 "교육받고, 전통적이고, 보수적인 사람으로 별로 관심사가 없다."고 말했다. 자기 자신은 '관심사가 많고 포부가 있는 민주적이고 사회적인 여자' 라고 묘사했다. 그녀는 남편이 그녀에게 줄 수 있는 것보다 더 많은 것을 원했다. 처음에 결혼했을 때 그녀는 남편이 현실보다 더 재정적으로 유복하다고 생각했다. 그래서 모나는 결혼한 후에는 일할 필요가 없으리라고 생각했는데 지금은 가족을 부양하기 위해 일해야 하는 상황이라면서 남편을 탓했다. 그녀는 남편의 수입만으로는 혼자 살림을 꾸려 나갈 수가 없기 때문에 일을 해야만 한다고 느꼈다. 남편은 '친구가 없고' 외출하는 것을 싫어하며 사람들과 많은 관계를 맺지 않는데 자기는 좀 더 활동적인 사회생활을 하는 것을 좋아한다고 이야기했다. 그녀는 남편보다 자신이 더 여행도 많이 하고 지적으로도 더 세련되었다고 느꼈다. 그런 점이 일반적인 대화의 핵심이나 주제를 제한하게 하였다. 그녀는 본질적으로 결혼한 이래 남편이 자신의 인생을 풍요롭게 해 주거나 더 가치 있는 삶을 살도록 해 주지도 않았다고 느꼈다.

그녀는 자매가 다 결혼했기 때문에 자기도 그래야만 한다고 생각해서 결혼했다고 인정했다. 그녀가 막내는 아니었지만 혼자 결혼하지 않고 남게 되어 나이가 든 후 노처녀가 될까 봐 가족과 친구들은 그녀를 압박하였다. 레바논 가족 중에는 결혼을 해야 딸의 미래가 재정적 · 정서적 · 사회적 관점에서 안전해진다고 믿는 경우가 많다. 또한 여성에게 결혼이란 가족에게 짐이 되지 않는 것을 확인시켜 주는 것이다. 레바논 문화에서 결혼을 안 한 여성의 아버지가 더 이상 곁에 없으면 오빠나 삼촌이 그녀를 돌보는 것이 당연하다. 그 결과 성장한 여성의 짐은 부모에게만 국한되는 것이 아니다. 미혼여성은 혼자 살아갈 수 없고 친척과 살아야만 한다. 혼자 사는 것은 가족에게 수치를 안길 뿐 아니라 평판을 망치는 일이다. 가족 구성원의 가까운 감독하에 있지 않고 혼자 사는 여성의 순결은 아랍사회에서 의심을 받기 때문이다.

결혼생활이 시작되었을 때, 모나는 자신과 남편이 배경이나 성격 면에서 많은 차이점이 있다는 것을 깨달았다. 그녀는 부모가 남편과 그 가족에 관해 더 잘 알고 있으면서 결혼 전에 경고하지 않은 것에 대해 부모를 탓했다. 남편과의 차이점에도 불구하고 그녀는 자녀를 위해, 또 남편이 그녀를 사랑하고 잘 대해 주었기 때문에 결혼했다고 말했다. 그녀는 남편이 아들과의 갈등 때문에 그녀를 둘러싸고 있는 스트레스 요인과 압력에 관해 이해심이 없다고 말했다. 이 사실은 부분적으로 그녀에게 우울과 불안을 안겨 주었다. 거기다 가족 내에서 이혼이라는 것은 수용되지 않는 일이었기 때문에 모나는 이혼을 자신을 위한 대안으로 고려하지 않았다.

모나가 우울증 치료를 처음 받은 것은 일 년 전이었다. 그때 약을 처방받았는데 그녀의 부모가 모나는 멀쩡하며 치료를 받을 필요가 없다고 우겨서 6개월 만에 복용을 중단했다. 그런데 약을 끊자 공황장애와 중증우울증이 와서 현재 치료를 받게 된 것이었다.

환자는 부모와의 관계에 양가감정을 느끼고 있다고 했다. 부모에게 많이 의지하고 있으며 부모가 사소한 일도 도와주고 자녀와 살림도 돌봐 주지만, 동시에 모나와 자녀가 자기와 함께 살아야만 한다고 고집하면서 남편이나 가족을 떠나게 한 것에 분개하고 있었다. 부모가 함께 살자고 강요한 건 아니지만 정서적 및 심리적으로 올바른 선택을 해서 가족에게서 떨어져 있어야 한다고 강한 압력을 넣었는데, 부모는 가족이 그녀의 문제의 근원이며 특히 남편이 문제라고 본다는 것이다. 모나가 집에 돌아가고 싶다고 할 때마다 부모는 모나가 자신을 위해 올바른 결정을 하고 있지 않으며 병을 극복하려는 의지가 없다고 탓했다.

모나는 상담회기 중에 부모, 특히 아버지가 남편을 낮게 평가하고 있으며 그에게 종종 생색을 내는 어조로 말한다고 했다. 모나의 아버지는 모나의 병을 약하다고 여기는 것, 그리고 더 나아지기 위해 불안과 우울과 싸우려는 동기가 생기지 않는 것은 사위 탓이라고 했다. 그리고 모나의 문제가 결혼 후에 시작되었으니 사위와 그녀의 병 사이에 인과관계가 있다는 결론을 도출했다. 그 결론은 물론 모나 부모의 소망을 충족시키지 못하고 거주지 문제, 직업의 결정, 재정적 안정, 자녀 양육 등에 관해 문제를 야기해 온 사위를 명백하게 싫어하는 데서 나온 것이었다. 아버지는 사위가 재정적으로 불안정해서 모나가 가족을 부양하기 위해 일해야만 한다며 사위를 탓했다. 아버지는 그들이 부모가 살고 있는 곳처럼 고급 주거 지역이 아니라 유행을 타는 도시의 아파트를 산 것에 대해서도 못마땅해했다. 아버지는 모나의 남편이 보잘것없는 부모라서 아들을 적절하게 다룰 줄 몰라 비행에 빠져들게 하고 서로 갈등을 일으키게 되었다고 생각했다.

내가 내린 전문적인 사정에 따르면, 모나는 한쪽에는 부모, 다른 쪽에는 남편과 자녀 사이에서 끊임없는 갈등을 느끼고 있었다. 모나의 남편이 병을 이해하지 못해서 모나가 허약해졌을 때 부모가 필요했지만 그녀는 가족에게 초점을 맞추고 남편과 더 향상된 관계를 원했으며 자녀와 함께 집에 있으면서 자녀를 더 많이 돌봐 주기를 원했다. 이 이중성은 모나에게 엄청난 불안을 야기시켰고 어떤 입장도 취할 수 없는 무력감이 그녀를 우울하게 했다. 그 결과로 그녀는 무기력해졌고 다른 사람들, 말하자면 부모에게 자기 인생의 책임을 지고 결정을 하도록 했던 것이다.

상 황

이제 다양한 아랍 문화의 양상을 언급하는 것이 모나의 사례를 문화적인 맥락에서 이해하는 데 중요하다고 본다.

첫째, 개인과 가족의 상호의존은 아랍세계에서 지배적이다. 가족 구성원의 생애 전반에 있어서 가족의 지지(정서적 · 사회적 · 재정적)는 중요한 자원이다. 따라서 한 개인은 생애 전반을 통해 가족에게 심리적으로 의존하면서 성장한다. 여성은 원가족과 새가족에게 보다 더 순종하고 지지하는 것이 요구되기 때문에 남성 가족의 신뢰와 상호의존은 여성 가족과 다르다(Dwairy, 2006). 모나가 자신의 욕구와 가족의 욕구 사이에서 결단을 내리고 분화할 능력이 없는 것은 개인적인 독립보다 의존에 우선권을 주는 아랍문화의 배경이 영향을 미치기 때문이다(Dwairy, 2006). 모나는 순종하는 모습과 부모가 보기에 사위가 자기 역할을 다하지 못할 때 자녀의 보호와 구원에 책임을 지려고 하는 모습을 보이고 있다. 이는 아랍문화권에서 개인이 가족에게서 분화되지 못하고 가족의 권위와 가치에 순종하는 경향이 있다는 것을 잘 보여 준다.

둘째, 성별과 세대의 위계질서가 가족 내에서도 존재하고 있다는 점이다. 여성과 연소자는 남성권위자와 연장자에게 순종하는 것이 당연하다. 모나가 아버지가 결혼문제에 끼어드는 것을 잘 막지 못한 것은 아랍문화권에서 흔히 있는 일이다. 아랍에서는 딸이 아버지의 권위에 순종하는 것이 당연하다(Dwairy, 2006). 아버지에게 대들거나 아버지의 권위를 무시하면 가족의 정서적인 지지를 잃을 수 있다. 그렇게 되면 전통적인 관습을 따르는 다른 사람들과 맞지 않아 그녀의 입장을 난처하게할 수 있다. 그런데 이들의 지지는 그녀가 필사적으로 원했던 것이라 포기할 준비가 되어 있지 않았던 것이었다. 세대 간의 위계질서는 모나가 자기에게 던져진 질문에 어머니가 대답하도록 순응하는 것에서도 잘 반영되고 있다.

셋째, 결혼은 아랍세계에서 여성의 삶의 중심을 이루고 있는 것으로 되어 있다. 아랍 여성이 결혼하려는 이유는 독신 생활이 줄 수 없는 성적 및 정서적 친근감, 더 많은 자유와 독립, 재정적인 안정, 높은 사회적 지위, 그리고 자녀 등의 이유 때문이다(Dwairy, 2006). 모나가 결혼하지 못하게 될까 봐 두려워서 망설이면서도 결혼에 서둘러 뛰어든 것은 아랍 독자나 아랍 문화권에 익숙한 사람에게는 결코 놀라운 일이 아니다.

넷째, 아랍 문화권에서 결혼은 두 개인의 결합이라기보다 두 가족의 결합이다. 원가족 구성원이 부부의 삶의 여러 문제에 끼어드는 것은 흔한 일이며, 그렇게 함으로써 상황을 악화시키거나 결혼문제를 불러오기도 한다(Abu-Baker, 2003; Abu-Baker, 2005; Dwairy, 2006). 부모가 모나의 가족에게 한 관여는 모나나 모나의 남편에게 명백히 환영받지 못하는 파괴적인 요소를 지니고 있었다. 게다가 남편에 대한 불만에도 불구하고 그녀는 결혼을 끝내고 싶지 않았다. 그 결과 아버지의 가혹하고 비판적인 태도와 딸이 어디서 지내야 한다고 따지는 것은 그녀가 정신적 고통을 겪게 한 원인이 되었다. 이 고민에 덧붙여, 부모는 모나의 우울증과 불안 증상이 아랍 문화에서는 수치스러운 정신질환이어서 받아들이지 못했다. 정신건강 서비스를 찾는 것은 당사자인 개인과 가족에게 부끄러운 일이고 그들의 평판을 위협하는 것이다(Abu-Ras, 2003; Endrawes, O'Brien, & Wilkes, 2007). 정신질환자가 있는 가족은 사회적으로 수치와 차별을 당할 위험이 높다(Kadri, Manoudi, Berrada, & Moussaoui, 2004). 예를 들어, 정신질환이 있다는 것은 아랍 기혼 여성의 결혼 생활에도, 미혼여성의 결혼 전망에도 위협이 된다(Al-Krenawi,

Graham, Dean, & Eltaiba, 2004; Al-Krenawi & Graham, 2000; Endrawes et al., 2007).

다섯째, 이혼은 여성의 지위를 낮추고 안 좋은 평판을 듣게 하기 때문에 아랍 문화에서 승인되지 않고 있다(Dwairy, 2006). 아랍의 기혼 여성은 침묵 속에서 결혼 생활을 견디며 개인적인 완성보다 가족에게 우선권을 두고 있는데 그중에서도 자녀가 첫째다(Abu-Baker, 2005). 실제로 침묵 속에서 견디는 이들이 사회에서 존경받고 칭송되고 있다(Abu-Baker, 2005). 모나가 이혼 생각을 거부하는 것은 가족과 사회의 규범을 받아들이는 경향을 반영하고 있다. 그녀가 자녀를 위해서 결혼을 유지하려는 결정은 개인보다 가족을 중시하는 경향을 명백하게 보여 주고 있다.

마지막으로, 가족의 응집력을 유지하기 위해 침묵 속에 결혼문제를 견디어 내는 것에 덧붙여, 아랍 가족에서 어머니는 아버지와 자녀 사이에 문제가 생길 때 완충 장치의 역할도 해야 한다(Dwairy, 2006). 아내가 남편의 권위를 강화함으로써 가족의 조화를 유지시키고, 동시에 자녀와의 친밀함을 유지하는 것은 당연한 것이다(Dwairy, 2006).

최근 아랍세계에서 여성의 역할은 어머니와 아내의 역할을 뛰어넘고 있다(Goveas & Aslam, 2011; Metcalfe, 2008; Moghadam, 2003). 여성의 교육과 고용은 지역적으로 점점 더 흔해지고 있다(Moghadam, 2003). 그러나 아직도 여성의 역할이 어머니와 주부로서 최우선적으로 간주되는 사회적 기대와 전문적인 범주에서 아랍 여성의 향상을 가로막는 문화적 · 종교적 · 제도적 요인이 있다(Forster & Al-Marzouqi, 2011; Gallant & Pounder, 2008; Metcalfe, 2008; Whiteoak, Crawford, & Mapstone, 2006). 이 양분된 역할은 모나의 사례처럼 남편과 자녀 사이에서 갈등하면서 이중적인 입장에 처한 어머니에게 어마어마한 스트레스를 부과하고 있다.

치 료

나는 모나를 1주일에 한 번씩 3달을 만났고 회기를 끝낸 후에도 2주일에 한 번 만나는 회기를 가졌다. 처음 두 회기에는 어머니가 함께 왔다기에 참여했고 그 다음에 6, 7회기 동안 따라오기는 했지만 대기실에서 기다렸다. 모나가 기분이 좀 나아지기 시작해서 직장에 돌아갈 수 있게 되었을 때, 나는 어머니에게 함께 치료받으러 오지 말라고 부탁했다. 다른 회기와 마찬가지로 마지막 달에 모나는 동행 없이 혼자 왔다. 그것이 가족에게서 독립하는 건강한 수준을 성취한 첫 번째 신호였다.

치료과정 동안 나는 종종 환자의 증상의 전모를 보다 정확하고 완전하게 파악하기 위해 함께 살고 있는 핵심적인 사람들을 참여시켰다. 모나의 경우에는 치료를 시작할 때 남편이 회기에 한번 참석해서 아내와의 관계에 관한 그의 관점을 들을 수 있겠느냐고 청했다. 모나는 이 제안을 받아들였다. 두 사람은 여섯 번째 회기에 함께 왔다. 남편은 매우 상처받은 사람처럼 보였다. 그는 결혼 생활에 처갓집이 끼어드는 수준에 대해 몹시 화가 나 있었다. 그는 처갓집 식구들이 노상 집에 와 있고 그들의 삶에 지속적으로 끼어든다고 했다. 장모는 언제나 모나에게 전화를 걸어서 그녀를 체크한다고 했다. 모나는 어머니하고 함께 외출했고 어떤 때는 어머니와 나갈지 남편과 나갈지 갈등이 생기면 어머니와 나가는 편을 택했다는 것이다. 처가 식구들이 때로 모나와 가족을 돌보는 것을 수긍하기는 했지만 너무 잦아서 남편과 모나가 함께 있을 여지가 없었다. 남편은 이 문제를 모나 앞에서 이야기했고 모나는 동의했다. 그리고 처갓집 식구에 관해 남편이 어떻게 느끼는지를 이해하고 있는 듯이 보였다. 두 사람은 좀 더 많은 시간을 함께 보내기로 했다. 그녀를 위해서 필요할 때는 부모를 거절할 수 있는 한계를 정하기로 했다.

몇 주 후에 우리는 모나와 남편과 함께 상담을 하면서 남편과 아들과의 관계와 그 긴장, 의사소통의 어려움에 관해 이야기를 나누었다. 이 일이 모나의 주요 스트레스 요인이기 때문이었다. 나는 이 회기가 부모역할에 관해 심리교육적인 정보를 얻고 사춘기의 경험에 관해 이해하는 기회가 되도록 했다. 이 논의는 모나와 남편에게 10대의 세계를 성찰할 수 있게 도와주었고 남편이 아들을 이해하고 보다 자발적으로 부자 관계를 향상시키려는 노력을 하는 데 도움을 주었다. 나중 회기에서 모나는 아들과 남편이 덜 싸운다고 하면서 남편이 아들에게 의견을 좀 더 표현할 기회를 주고 있으며 아들이 하는 말을 기꺼이 들어 주려고 한다고 했다. 또한 남편은 아들과 서로 유대를 공고히 하는 데 도움이 되는 활동을 찾아내려고 시도한다고 했다. 그리고 그녀도 두 사람을 대하는 태도를 바꾸어 개입자 역할을 하거나 아들의 편을 더 이상 들거나 하지 않았다.

그녀는 남편에게서 조금 물러서서 확실한 양육의 규범을 만드는 데 동의했다. 두 사람이 규정을 지켜야만 하는 부분을 아들과 함께 나누기로 한 것이다. 그 대가로 그들은 학교 공부에 초점을 맞추는 역할을 하는 한 아들이 친구와 만나는 것을 정한 한도 내에서 받아들이기로 약속했다.

치료의 중요한 목표 중 하나로 두 사람이 동의한 것은 치료 장면 밖에서 그녀가 부모와 좀 거리를 두어서 결혼의 불화와 관련된 스트레스를 경감시키는 것이었다. 모나가 부모와 멀어져 자신의 결혼을 지키려고 하고 남편과 가까워지려고 하자 아버지는 공격을 해 왔고 어머니는 회기에 나타나서 치료자에게 모나 아버지의 메시지를 전했다. 어머니는 모나가 가족을 돌볼 능력이 없다고 이야기했고 그녀의 정신적인 문제는 남편이 지지해 주지 않기 때문에 일어난 것이라고 말했다. 실상 모나는 상당한 압박과 스트레스를 이기지 못하고 있었다. 회기 동안에 모나와 나는 그녀가 성숙하고 높은 성취를 이루었으며 독립적인 성인이지 부모에게 의존하는 어린아이가 더 이상 아니라는 이야기를 나누었다. 어머니는 이 사실을 알 수 있었고 이 성숙과 독립에 따르는 활동을 하기로 동의했다. 나는 그녀가 부모에게 직면해서 자신의 중요한 욕구와 변화를 표현하도록 코치했다. 모나가 어머니와의 공동 회기를 요구한 것은 치료자가 현장에서 지지해 주는 가운데 이런 문제를 어머니에게 말하고 싶었기 때문이었다. 모나는 공동 회기에서 어머니에게 부모가 자신의 스트레스의 주요 원인이라고 말할 수 있었다. 또한 모나는 결혼을 유지하고 가족을 지키고 싶기 때문에 부모가 조금 물러나 있기를 부탁했다. 그녀는 침착하고 자신감 있게 이야기를 했다. 무엇을 원하고 무엇이 자신에게 최상인지 아는 여성의 태도였다. 그녀는 부모의 도움과 사랑에 대한 감사를 강조했고 자신의 방식으로 그들과 함께할 수 있기를 바랐다. 회기 동안 나는 부모가 원하는 것이 그녀의 행복이고 핵가족과 부모 사이의 균형이 그녀에게 행복을 얻도록 해 줄 수 있으리라는 데 강조점을 두었다.

그 회기 이후 모나는 자신의 가족에게 아주 돌아왔다. 그 회기에 앞서 그녀는 시간제 일을 이미 하고 있었다. 어느 날 그녀는 퇴근할 때 자기 집으로 돌아가기로 결심했다. 그녀는 부모에게 전화해서 시험 삼아 자기 집으로 돌아간다고 말했다. 어쨌든 그 실험은 계속되었고 그녀는 때때로 부모를 방문했다. 그리고 자기 물건을 집으로 옮겼다. 그녀가 자기 집에서 머물기로 확고하게 결심했다고 말했을 때 나는 그 결정을 축하해 주었고 자신의 가족문제에 관해 계속 노력하면서 부모와는 적극적이면서 부드러운 태도로 한계를 설정하도록 격려했다.

부모의 집에서 나오면서 모나의 아버지는 더 자주 전화를 걸었고 모나의 집을 찾아와서 남편과 많이 싸웠다. 어떤 때는 아버지가 강제로 그녀를 집으로 끌고 가려고도 했다. 모나는 그것을 거절하고 처음으로 아버지와 남편 사이에 서서 "안 돼요."라고 면전에서 아버지에게 말했다. 그녀는 또한 어머니와의 사이에 한계를 정하고 매일 만나는 것을 거절했다. 그리고 부모가 집으로 돌아오라고 더 많은 압력을 넣었음에도 불구하고 전화 연락을 줄였다. 회기 중에 그녀는 부모에게 죄책감을 느끼고 있고 어떤 때는 남편과 아이들과 함께 있기로 한 것에 회의가 든다는 자신의 느낌을 이야기했다. 나는 그녀에게 자기가 무엇을 원하는지 알고 자신이 스스로 기분이 나아지기 위해 우선적으로 자신의 욕구를 추구할 권리가 있다는 맥락에서 그녀의 생각을 재정립했다. 그 결과 그녀는 자신이 원할 때 부모를 볼 수 있도록 주도했고 부모를 자기 집에 초대해서 저녁을 대접했다(몇 달 동안 그녀가 하지 않던 일이었다). 그리고 쉬는 시간에는 어머니와 함께 좋은 시간을 보냈다.

치료과정을 겪으면서 모나는 자신의 결혼문제와 정신적인 문제에서 부모가 했던 역할을 깨닫게 되었고 그 일을 끝내기로 작정했다. 우리는 원가족보다 자기 자신의 가족, 핵가족에 우선적으로 초점을 맞추는 것의 중요성에 관해 이야기를 나누었다. 그렇다고 이 일이 원가족의 실재를 가볍게 여기는 것은 아니다. 원가족은 핵가족에 지지적인 역할을 하고 있고 정서적으로, 사회적으로, 어떤 때는 재정적으로도 도움을 주지만 핵가족이 활기를 띠는 것을 방해해서는 안 되는데 부모가 방해를 하고 있었던 것이다. 모나는 부모가 무엇을 하고 있었는지 깨닫고는 부모와 남편 사이의 관계에 더 나은 균형을 잡으려고 노력했다.

그녀의 기능은 자기가 필요한 것이 무엇인지에 대한 결정적인 증거가 되었다. 그녀는 규칙적으로 직장에 나갔고 집안일, 아이들, 그들의 요구, 그리고 남편의 요구를 보살폈다. 또한 자녀나 남편과 더 많은 시간을 보내며 그들의 관심사와 삶에 관해 이야기를 주고받았다. 내 요청에 따라 그녀는 일주일에 한 번 남편과 데이트를 했고 두 사람은 함께 밖에 나가 일상의 스트레스에서 벗어나 함께 좋은 시간을 가졌다.

모나의 부모는 딸의 변화를 처음에는 못마땅하게 받아들였지만 시간이 흐른 후에 딸이 삶의 행복을 찾고 호전된 것을 보고는 기꺼이 변화를 인정하게 되었다. 그들은 딸이 부모와의 관계에서 조금만 더 사생활과 경계선을 갖고 싶은 바람을 존중했다. 그들은 스스로 어느 정도 거리를 두었고 모나와 가족은 그녀가 청하거나 초대했을 때만 만나게 되었다.

모나의 자기존중감은 향상되었고 긍정적인 자기상은 그녀의 불안 증상에 마술처럼 도움이 되었다. 마침내 그녀는 자신의 인생과 원하는 것을 통제하고 있다고 느꼈고 자신이 희망하는 방향으로 결혼과 가족생활이 진행되었다. 모나의 변화는 남편의 성격과 행동에 변화를 불러왔다. 남편은 좀 더 의사소통이 원활해졌고 모나와 아들에게 좀 더 지지적인 반응을 하게 되었다. 남편은 모나가 함께 외출하고 싶어 하고 더 나은 사회생활을 하기 원하는 것을 기꺼이 따라와 주었다. 모나의 남편은 모나가 자신의 삶과 인간관계에서 보다 더 행복해하고 만족해할 때 자신과 자녀 또한 더 행복해진다는 것을 마침내 깨달은 것이다.

사례를 종결할 때, 모나는 훨씬 더 기분이 좋아졌다고 했고 불안이 거의 사라졌으며 삶이 그녀가 바라는 방식으로 가고 있다고 말했다. 그녀는 남편과 자녀, 그리고 부모와 지속적으로 노력할 필요가 있다는 것을 깨달았고, 그것을 극복할 동기와 에너지를 갖게 되었다.

치료의 평가

모나가 보여 준 변화와 기분이 더 나아졌다는 진술은 치료 성공의 명백한 지표였다. 그녀는 치료에서 제안된 모든 것을 적용했고 자신의 인생에 큰 변화를 만드는 데 필요한 자원을 내면에 지니고 있었다. 가족 체계의 관점에서 볼 때 핵가족에서 남편과 아들의 갈등에 반영하는 것 때문에 바로 자신이 환자인 것처럼 보일 수 있었다. 병이 나게 되자 시스템은 그녀의 질병에서 맴돌게 되고 다른 문제는 뒤에 가서야 논의되고 해결되었다. 결국 이 모든 것은 그들의 문제 이슈와 함께 모나 원가족의 큰 가족 체계에 둘러싸이게 되었다. 모나의 문제에 초점이 맞추어지자 그들의 문제는 이차적인 것이 되었다. 따라서 치료의 결과로서 주변의 가족 체계도 변화했다. 부모의 초기 저항에도 불구하고 그들은 모나의 변화가 지속적이고 모나의 결정이 일관적이라는 것을 깨달았다. 내 의견으로는 모나가 여성 치료자를 만나서 독립의 필요성을 정상화하고 무기력한 여성상에서 기대감을 수정했으며 보다 더 적극적이 되도록 격려받은 것이 대단한 도움을 주었다고 본다. 따라서 나는 치료자의 역할모델로 보일 수도 있다. 내가 나이가 더 아래로 보임에도 불구하고 치료 밖의 환경에서 힘을 얻도록 지속적으로 시도한 것이 치료자로서 즉각적인 신뢰를 얻게 했다. 치료자와 학자로서의 내 입장은 나이문제를 극복하고 그녀와 남편과 부모에게 신뢰감을 주는 것이었다.

모나에게 발전하도록 힘을 준 것은 그녀가 자신만의 목소리를 가지고 있고 그 목소리에 귀 기울여 들을 필요가 있다고 지속적으로 상기시켜 준 데 있었다. 처음에는 그녀의 목소리가 부모와 남편, 심지어는 아이들에 의해 가려져 있었지만 나중에 그들로부터 자신을 분화할 수 있었고 그 사실에 더 주의를 기울일 수 있었다. 인생에서 처음으로 그녀는 자신이 무엇을 원하는지에 대답할 기회가 주어진 것이다. 그리고 보다 중요한 것은 그녀가 그 기회를 잡아 움직인 것이다. 힘의 강화는 그녀의 성취와 성공에 초점을 맞추고 지속적으로 상기시킨 데서도 왔다. 치료의 결정적인 측면은 원가족과 소외되거나 관계를 완전히 끊지 않고 독립성을 추구한 데 있었다. 그녀를 위해 균형을 잡고 부모가 이에 동의하도록 하는 것은 상당히 어려운 일이었다. 치료자는 모나가 인생에서 이 두 양상이 서로 배제되어야 하는 것이 아니라 상호보완적이라는 것을 연결하는 방식을 찾는 것을 도와주었다.

레바논 사람으로 생의 대부분을 레바논에서 살아온 나는 소녀나 여성들이 자신의 성에 근거를 둔 레바논 문화 속에서 사회화되어 간다는 것을 알고 있었다. 모나는 독립을 위한 욕구와 가족의 지지를 잃을까 봐 두려워하는 아랍 여성의 전형적인 사례로 보였다. 나는 그녀의 우울증을 자기 충족보다 대인관계의 충족에 초점을 맞추는 문화에 대한 정상적인 반응으로 이해했다. 아랍 문화에 익숙하지 않고 서구 치료자나 서구에서 훈련받은 치료자는 그녀를 이해하지 못해 가족에 대한 의존과 연대를 병적이라고 이해할 수도 있다. 서구에서 살았고 영어에 익숙한 레바논 치료자와 함께한 것은 그녀가 원하는 방식으로 어떻게든 자신을 표현하도록 도움을 주었다. 따라서 대부분의 회기는 레바논에서 진행되었지만 우울증이나 불안처럼 아랍어로 똑같은 단어가 없어 표현이 어려울 때 모나는 영어로 이야기하기도 했다. 이런 단어들은 아랍에서 좀 더 공식적인 해석이 있기는 하지만 일상적인 대화를 나눌 때는 영어로 표현했다.

이 사례는 아랍 문화 내에서 가족의 역할을 잘 보여 주고 있다. 이런 문화는 지지의 큰 원천이기도 하지만 근심의 원천일 수도 있다. 여성의 교육과 직업전선으로의 투입은 그들의 입장을 변화시켰고 중동부의 부계사회에 도전이 되었다(Moghadam, 1998). 대가족의 중요성은 핵가족 단위에 밀려나고 있다. 아랍 가족은 중동부에서 아직도 개인의 삶의 중심에 위치하고 있지만 핵가족의 한계 사이에 놓여 있다(Moghadam, 2003). 이는 레바논 가족과 그 초점에서 변화의 신호가 될 수 있다. 오늘날 우선권은 핵가족연대와 그 요구에 있으며 원가족에게는 힘이 덜 실린다는 것을 의미할 수 있다. 레바논이 점점 더 산업화되고 있고 여성이 보다 더 많이 직장을 가지고 있으며 여행과 이주 때문에 가족의 이별이 이루어지고 있다. 그리고 현대 생활의 빠른 속도와 새로운 사회구조의 일상적인 스트레스 요인은 대가족보다 핵가족에 기반을 둔 경우가 많다.

따라서 이런 경향은 부모, 자녀, 그리고 다른 가족 구성원과 맺어지는 다른 타입의 관계로 이어지고 있다. 부모는 성장한 자녀를 이끌어 줄 수 있지만 보다 더 많은 자유를 주는 것을 배워야만 한다. 동시에 성장한 자녀가 극심한 갈등을 만들지 않으면서도 가족과 지역사회에서 적극적으로 개인적인 권리와 가족의 권리를 주장할 수 있어야 한다. 이는 물론 원가족에게서 정서적으로 멀어지는 것을 의미하는 것은 아니다. 대부분의 레바논 사람에게 대가족은 정서적 · 심리적 · 사회적 지지의 주된 원천이다. 열쇠는 건강한 방식으로 핵가족의 성장하고 성숙하려는 욕구와 원가족과의 유대 사이에서 알맞은 균형감각을 찾아내는 것이다.

참고문헌

Abu-Baker, K. (2003). Marital problems among Arab families: Between cultural and family therapy interventions. *Arab Studies Quarterly, 25*(4), 53-74.

Abu-Baker, K. (2005). The impact of social values on the psychology of gender among Arab couples: A view from psychotherapy. *Israel Journal of Psychiatry & Related Sciences, 42*(2), 106-115.

Abu-Ras, W. (2003). Barriers to services for Arab immigrant battered women in a Detroit suburb. *Journal of Social Work Research and Evaluation, 4*(1), 49-65.

Al-Krenawi, A., & Graham, J. R. (2000). Culturally-sensitive social work practice with Arab clients in mental health settings. *Health and Social Work, 25*(1), 9-22.

Al-Krenawi, A., Graham, J. R., Dean, Y. Z., & Eltaiba, N. (2004). Cross-national study of attitudes towards seeking professional help: Jordan, United Arab Emirates (UAE) and Arabs in Israel. *International Journal of Social Psychiatry, 50*, 102-114.

American Psychological Association. (2002). *American Psychological Association ethical principles of psychologists and code of conduct.* Retrieved from http://www.apa.org/ethics/code/index.aspx

Beck, J. S. (1995). *Cognitive therapy: Basics and beyond.* New York: Guilford.

Dwairy, M. (2006). *Counseling and psychotherapy with Arabs and Muslims.* New York: Teachers College.

Endrawes, G., O'Brien, L., & Wilkes, L. (2007). Mental illness and Egyptian families. *International Journal of Mental Health Nursing, 16*, 178-187.

Forster, N., & Al-Marzouqi, A. (2011). An Exploratory study of the underrepresentation of Emirate women in the United Arab Emirates' information technology sector. *Equality, Diversity and Inclusion: An International Journal, 30*(7), 544-562.

Gallant, M., & Pounder, J. S. (2008). The employment of female nationals in the United Arab Emirates (UAE): An analysis of opportunities and barriers. *Education, business and society: Contemporary middle eastern issues, 1*(1), 26-33.

Goveas, S., & Aslam, N. (2011). A role and contributions of women in the Sultanate of Oman. *International Journal of Business and Management, 6*(3), 232-239.

Harb, C., & Smith, P. B. (2008). Self-construals across cultures: Beyond independence-interdependence. *Journal of Cross-Cultural Psychology, 39,* 178-197.

Kadri, N., Manoudi, F., Berrada, S., & Moussaoui, D. (2004). Stigma impact on Moroccan families of patients with schizophrenia. *Canadian Journal of Psychiatry, 49*(9), 625-629.

Metcalfe, B. D. (2008). Women, management and globalization in the Middle East. *Journal of Business Ethics, 83*(1), 85-100.

Moghadam, V. M. (1998). *Women, work and economic reform in the Middle East and North Africa.* Boulder, CO: Lynne Rienner.

Moghadam, V. M. (2003). *Modernizing women: Gender and social change in the Middle East.* Boulder, CO: Lynne Rienner.

Poulin, J. (2009). *Strength-based generalist practice: A collaborative approach.* Belmont, CA: Marcus Boggs.

Rasheed, J. M., Rasheed, M. N., & Marley, J. (2011). *Family therapy: Models and techniques.* Thousand Oaks, CA: Sage.

Teyber, E. (2006). *Interpersonal process in psychotherapy: An integrative model* (5th ed.). Belmont, CA: Thomson Brooks/Cole.

Whiteoak, J. W., Crawford, N. G., & Mapstone, R. H. (2006). Impact of gender and generational differences in work values and attitudes in an Arab culture. *Thunderbird International Business Review, 48*(1), 77-91.

World Health Organization. (2005). *The mental health atlas-2005*. Geneva, Switzerland: Author.

07

College Counseling in China:
A case Study

중국의 대학상담

사례연구

사람들을 돕는 전문직으로 알려진 상담은 중국에서는 불과 몇십 년 전에 시작되었고 그동안 급격하게 발전했다. 최근에는 거의 모든 중국 전문대학이나 대학교마다 학생, 교수, 직원을 위한 상담 서비스가 제공되고 있다(An, Jia, & Yin, 2011). 그 밖에 직업훈련에서부터 단기, 임시 코스에서 고급학위 프로그램(M.A. and Ph.D.)에 이르기까지 다양한 프로그램이 최근에 우후죽순 격으로 생겨나고 있다.

오늘날 세계적으로 국가가 상호연결되고 전문적인 상담과 과학적인 훈련에 관한 문헌이 방대하여 중국 상담의 발전이 서구의 이론과 실천에 상당히 많은 영향을 받아 왔다는 점에 주목하는 것이 중요하다(Hou & Zhang, 2007). 이와 같은 서구의 영향은 중국 전문직을 활성화시키는 데 의심할 여지 없이 기여했지만 상담이 어떠해야 하는지, 효율적이 되기 위해서는 어떠해야 하는지를 지시하는 서구와 중국의 문화적 상황이 너무 다르다는 것을 간과해서는 안 된다. 따라서 서구가 얼마나 영향을 미쳤든지 간에 상담의 효과적인 실천은 문화의 산물로서 독특한 점을 보여 준다. 그러나 이것이 서구 문화 속 상담 양상이 중국 상담에 존재하지 않는다는 것은 아니다. 우리의 연구가 주목하고 이해하고자 하는 것은 서구에서 정립된 상담 문헌과 중국의 삶을 돕는 데 관한 문화적 지식, 그리고 중국 내담자의 경험이 상담 과정과 결과에 어떤 역할을 하는가다. 서구의 이론가와 연구자는 국제사회의 동료들이 문화와 관련된 현상 속에서 어떻게 상담을 실천하고 있는지를 보고 배울 수 있다. 이런 지식은 서구의 상담 이론을 새롭게 하는 데도 도움을 줄 수 있다.

이 장에서 우리는 대학생 내담자와 상담소 직원 상담자 간의 관계를 제시하고 있다. 또한 전문적인 상담 심리학자로서 공식적으로 훈련받은 1세대인 전문적인 상담 심리학자와 상담자 사이의 감독 관계도 살펴보고 있다. 사례를 제시하면서 중국의 상담 과정을 일별해서 중국과 서구 상담 사이의 차이점과 유사점을 볼 수 있도록 돕고 내담자의 경험에 문화가 어떤 중요한 역할을 하는가의 예를 제공하려고 한다.

07 중국의 대학상담

사례연구

Changming Duan
Xiaoming Jia
Yujia Lei

사 례

첫 번째 저자는 중국의 대학상담 센터의 상담 관계를 깊이 이해하기 위해 이 사례연구를 주도했다. 그녀가 이 사례에서 임상적인 역할에는 관여하지 않았다는 점이 중요하다. 이 사례연구는 상담이 종료된 지 8개월 후에 시작되었다. 이 사례연구의 목적은 집중적인 사례 탐색을 통해 상담과 감독에 관한 지식이 상담 장면에서 어떻게 진행되는지, 서구의 이론과 방법론으로 훈련받은 중국 상담자가 어떻게 내담자에게 접근하는지(내담자의 관심사와 임상적인 개입을 하는 것을 포함해서), 어떻게 슈퍼비전이 상담자의 성장과 치료적인 결과를 창출하는지, 어떻게 내담자가 비교적 새로운 현상으로 받아들여지는 상담 과정(종종 수치감과 함께)에 반응하는지, 치료적인 관계를 내담자와 상담자는 어떻게 바라보는지 등을 알아보는 데 있었다.

절 차

상담 과정은 통제되거나 조작되지 않았다. 실제로 관찰 데이터는 회고하기, 사례기록, 회기 녹음, 상담자와 슈퍼바이저가 제공한 감독 노트에 의거한 것이다. 이 기록에 나타난 정보를 근거로 첫 번째 저자는 상담자와 슈퍼바이저를 인터뷰했다. 그는 다음과 같은 일련의 질문을 했다. 이 사례에 접근할 때 상담자의 마음 자세는 무엇이었는가, 내담자의 관심사에 관한 작업 개념화는 무엇인가, 진행 중인 치료계획과 목표는 무엇이고 어떤 이론이 이 목적을 달성하게 해 주는가, 긍정적인 혹은 부정적인 치료 결과의 징후는 무엇인가, 어떤 과정의 변인, 기법 혹은 기술이 긍정적인 결과를 나타내고 있는 것 같은가, 어떤 과정의 변인, 기법 혹은 기술이 부정적인 결과를 나타내고 있는 것 같은가, 앞으로의 연구에 가치 있는 경험이 여기에서 도출될 수 있는 가설(상담 과정과 결과 사이의 개념으로 볼 때)은 무엇인가 등이다.

이 장을 쓰는 과정에서 세 저자, 즉 두안 박사, 지아 교수, 라이 씨가 함께 반복해서 살펴보고 편집 논의를 한 것 중에서 뽑아 두안 박사가 기록하는 형식을 취했다. 새로운 지식을 얻고 명료화를 하기 위해 기술하는 과정에서 간단한 형식의 추후 면접과 짧은 토론이 있었다.

내담자

내담자는 중국의 주요 도시 종합 공과대학의 2학년인 중국 남학생이다. 이 대학은 중국에서 가장 좋은 수준의 대학은 아니지만 입학하려면 국가고사에서 높은 성적을 받아야만 들어갈 수 있는 명문대학이다. 내담자는 높은 성적으로 이 대학에 들어갔고 아주 상위권 학생만이 받을 수 있는 성적 최우수 장학금을 받았다. 그는 극심한 경쟁을 뚫어야 하는 응용물리학이 전공이었다. 학생은 과학 분야 전공에서 처음 2년간 높은 성적을 얻어 능력을 입증한 후에야 입학이 허가되었다. 해마다 가장 우수한 소수만 입학할 수 있었다.

내담자는 상담에 온 이유를 '정서적인 불안정, 동기 부족, 자기 통제의 취약성' 등이라고 진술했다. 그는 한 달 가까이 침대에서 뒹굴면서 수업에 참석하지 않았다. 내담자 자신도 어디가 아프다고 보고하지 않았고 초기 면접에서 보았을 때도 다른 의학적인 문제가 있는 것 같지 않았다.

내담자는 처음 상담 받으러 왔을 때 눈에 띄게 우울해 보였다. 매우 말랐으며 어떤 때는 면도도 하지 않고 왔다. 그는 상담자와 말할 때 종종 눈을 맞추지 않았다. 그는 세련된 어휘를 썼고 긴 문장을 구사했다. 어떤 때는 상담자에게 물리학에 관한 과학적인 용어를 사용하기도 했다. 그런 것은 자신의 지적 능력을 과시하려는 의도 같았다. 그는 한때 대학의 심리학연구회 회원이었기 때문에 상담 과정에 관한 지식도 좀 있었다. 그는 '나 자신을 완전히 이해하고' '나 자신의 문제를 해결하기' 위해서는 장기간의 상담을 하는 시간이 필요하다는 등의 상담용어를 사용하면서 상담에 관한 지식을 피력했다.

속해 있는 상황

중국의 내담자와 그의 관심사를 이해하려면 고려해야 할 많은 문화적 상황이 있다. 그중 세 가지가 내담자의 경험과 특별한 관계가 있다고 볼 수 있다. 첫 번째는 중국에서 명문대학에 들어가는 것은 매우 높이 평가되고 바라는 바이지만 그런 대학에 들어가기가 대단히 어렵다는 점이다. 대학의 등급에 따른 위치는 사회에서 드러나게 되고 제시된다. 그리고 아주 좋은 대학에 들어간다는 것은 학생 자신의 성공만을 의미하는 것이 아니라 가족 전체의 입장을 세워 주는 지표가 된다. 많은 부모는 자녀가 높은 위치에 이르기를 바라고 자녀의 노력을 지지하기 위해 무엇이든지 전부 다 희생해서

하려고 든다. 1980~1990년에 엄격하게 강화된 한 아이만 낳기 정책 때문에(인구조절을 위해 부부는 한 명의 아이만 낳을 수 있도록 허용된다) 그 당시 태어났던 아이들은 가족의 유일한 아이여서 부모의 꿈을 혼자 실현시켜야 하는 무거운 책임을 어깨에 짊어졌다. 더군다나 대학 입학은 일 년에 한 번 실시되는 국가고사 성적으로 대부분 결정된다. 따라서 시험을 잘 봐야 한다는 압박감은 극도로 높고 시험을 가장 잘 본 사람들만이 상위권 대학에 들어갈 수 있다.

언급할 만한 두 번째 조건은 중국이 최근에 광범위하고 빠른 경제 성장을 경험해 왔다는 점이다. 그 결과 경제적 상태가 개인적으로 두드러진 문제가 되었다(Wu & Chen, 2010). 여기에는 여러 가지 이유가 있는데 최근 중국 경제가 일부 사람들이 다른 많은 사람보다 부자가 되는 것을 허용한 정책도 그 이유 중 하나다. 강한 집단 전통을 지니고 있는 사회가 평등과 조화를 유지하려 들면 계층의 차이가 심리적 스트레스를 불러오고 많은 사람에게 적응곤란을 야기하게 된다. 특히 경제 성장에서 뒤처졌다고 느끼는 사람들이 그럴 것이다(Yang, 1998). 종종 부자는 성공한 사람이고 우월한 사람으로, 가난한 사람은 무능한 사람이나 실패자로 간주되고 있다.

세 번째 조건은 상담에 대한 사회적인 관점과 관련이 있다. 중국에서 대학 캠퍼스의 상담은 정부와 각종 교육기관에서 촉진하여 왔다. 한편으로는 상담과 도움을 청하는 분위기가 생겨 왔지만 다른 한편으로는 상담을 청하는 것과 관련된 수치감이 아직 높다. 그래서 심리적인 문제나 어려움을 경험하는 대부분의 사람들이 도움을 청하지 않는다(Jiang, Xia, & Duan, 2011). 도움을 청하는 사람은 상담자가 자신의 문제에 해결책을 제공하기를 기대하고 상담을 가능한 한 빨리 끝내고 싶어 한다(Qian, Smith, Chen, & Xia, 2002).

상황 속의 내담자

이러한 상황은 내담자의 경험에 유의미한 영향을 미쳤다. 내담자는 그 도시의 가장 좋은 학교를 졸업했다. 그 학교 학생은 시험 성적에 근거해서 도시의 모든 다른 학교에 갈 수 있기 때문에 대단히 우수한 학생으로 간주된다. 운이 나쁘게도 그는 고등학교 졸업반일 때 국가물리학 올림픽 경시대회와 대학입학 시험에서 전처럼 좋은 성적을 얻지 못했다. 상당히 높은 성적임에도 그는 중국에서 가장 좋은 두 대학에 들어가지 못했다. 그리고 별로 마음에 들지 않는 대학에 들어가게 되었다. 성적도 잘 받고 우수한 성과를 올렸지만 그는 자기가 다니고 있는 대학의 교수진과 교육적인 시스템에 몹시 실망했다. 그런 것들이 내담자나 다른 학생에게 충분히 좋지 못하다고 느꼈다. 따라서 그는 미국의 박사과정 프로그램을 지원할 것이라고 말했다. 그는 자신을 위해서가 아니라 '중국의 다음 세대의 행복을 위해서'라고 말했다. 그리고 '젊은이에게 좋은 교육을 제공하기 위해서'라고 말했다. 그는 결국 자신이 미국의 박사 학위를 취득하려는 것이 아닌 것을 드러냈음에도 불구하고, 중국의 현재 교육 시스템을 바꾸기 원한다는 입장을 고수했다.

가족환경을 보면, 내담자는 부모가 그리 부유하지 않아서 GRE시험 준비반에 다닐 수 없었다고 말했다. 가족의 상대적 빈곤 때문에 그는 할머니의 의료비용으로 장학금을 보태 주어야만 했다. 그는 부모가 근로자인 것을 부끄러워했다. 그래서 그는 사실이기는 하나 좀 더 높은 사회계층을 반영하는 것처럼 보이도록 면담 용지에 적었다. 또한 자기 가족이 교외에 살고 있고 그곳의 생활 스타일은 '도시에 비할 바가 못 된다(중국에서 교외에서 사는 것보다 도시에서 사는 것을 바람직하게 본다)' 고 보고했다. 어느 정도까지는 내담자가 도시가 아닌 교외에서 성장했다는 사실에 분개하고 있는 것처럼 보였다.

내담자의 관심사에 대한 상담자의 개념화

인본주의 철학과 일관되게, 상담자는 내담자가 성장과 자기 성찰이 필요하고 자아 강점을 더 강화시킬 필요가 있다고 보았다. 안녕감에 관해 중국이 고수하는 가치는 문제를 고치거나 수정하기보다는 기능적으로 향상시키는 것이어서 상담자는 내담자를 병리학 관점에서 진단할 필요가 없다고 보았다. 상담자는 그를 정상적인 성장과정에서의 외적 및 내적 요인 때문에 앞뒤가 막혀 있어서 발전을 위해 앞으로 나아갈 수 있도록 내담자를 풀어 주는 데 도와줄 필요가 있다고 보았다. 다시 말해서 상담자는 내담자의 지각문제보다 성장과 발전의 욕구에 초점을 맞추었던 것이다. 상담자는 내담자의 성장에 대한 자신의 역할을 촉진자이자 협조자로 보았다. 그리고 내담자가 넓은 사회적 및 문화적 맥락에서 자기 자신을 이해하도록 돕는 역할이라고 보았다.

상담자는 내담자가 대단히 지적이고 최우수 학업집단에 속해 있기 때문에 다른 사람보다 우월하다는 것을 알았다. 그와 동시에 고등학교의 물리학 올림픽 경쟁에서 높은 등수를 차지하지 못하고 중국의 가장 좋은 대학에 입학하는 데 실패했기 때문에 열등하게 느끼고 있다는 것을 알게 되었다. 그의 열등감의 뿌리는 가족의 사회적 및 경제적 위치와 내담자의 학업에 대한 부모의 높은 기대, 그리고 그의 실패를 사회적 시각에서 바라보는 방식에 있었다. 상담자는 그의 경험이 약한 자아의 강도를 반영하는 것이기는 하지만 지금 인생에서 겪는 어려움의 수준에 기여한 것은 광범위한 사회적 및 문화적 맥락의 영향이라고 느꼈다. 그의 약한 자아강도는 그의 느낌과 경험, 그리고 사람들과의 관계에서 기인한 증상이 그 원인이라고 지각될 수 있었다. 상담자는 역동적인 관점에서 내담자의 내적 투쟁을 이해하는 것이 그를 이해하고 정확하게 강화하는 것이라고 믿었다. 또한 상담자는 내담자가 가장 필요로 하는 것을 공감이라고 보았는데 그 이유는 그의 입장에서 볼 때 다른 사람들에게서 동감이나 공감을 거의 얻지 못하고 있기 때문이었다(그의 지능과 학업의 성공은 대부분의 또래보다 높은 수준이었다). 공감과 무조건적인 지지는 상황의 영향에 관한 통찰과 함께 그가 열등감에서 벗어나 성장할 수 있도록 촉진시켜 줄 것이다.

대부분의 사람들 눈에는 내담자가 가장 총명하고 유망한 학생을 모아놓은 고등학교에 다닐 수 있었다는 것이 대단히 인상적인 것이었다. 그 학교에 다니는 학생은 압도적으로 높은 지능과 훌륭한 가족배경(곧 높은 교육과 높은 수입을 갖춘)을 지니고 있었다. 그러나 그 학교에 다니는 것이 내담자의 약점을 없애 주지는 않았다. 다른 급우들은 해외여행을 다니고 비용이 많이 드는 활동을 하고 있는 동안에 그는 어머니 회사에서 가는 소풍을 빼고는 방학이나 휴일에 집에 있어야만 했다. 이런 경험도 아마 그의 열등감의 한 원인이 되었을 것이다. 강한 자아가 없는 내담자는 종종 자신의 존중감과 가치를 다른 사람들이 자기를 어떻게 보는가에 맞추어 확인하는 경향으로 키워 왔을 것이다. 그는 다른 사람들이 자기를 얕보는 것에 대해 극도로 두려워하는 징후를 보였다. 내담자는 자신을 개천에서 난 용이라고 표현했다(가족이 제대로 뒷바라지를 해 주지 못했는데 엘리트가 되는 것은 중국에서 전형적인 성공과 관련되어 있다). 그는 높아졌다가 낮아지고 높아졌다가 낮아지고……. 이렇게 돌아가는 덫에 갇혀 있는 것 같다고 했다. 그는 머리가 덜 좋은 급우들과 경쟁할 때는 높아진 것처럼 느꼈지만 머리가 더 좋은 사람들과 경쟁할 때는 낮아진 것처럼 느꼈다. 그에 따라 우월감과 열등감이 느껴졌다. 외적 및 내적 세계에서 그는 자신의 수행과 자신에 대한 느낌에 따른 기복을 경험했다. 그는 자신보다 낮은 보통 학생을 깔보았지만 탁월한 사람들과 경쟁할 때는 두려움을 느낀다고 인정했다.

상담자는 그가 회기에서 보이는 대인관계의 어려움 속에서 내담자의 약한 자아의 반영을 보았다. 그는 거의 친구가 없었고 캠퍼스에 있는 그 누구와도 가깝게 느끼지 못했다. 그는 다른 사람들에게 도움을 주고 싶지만 도와주려고 했을 때 사람들이 고마워하지 않을 것이라고 느꼈다. 예를 들어, 그는 항상 자신의 급우에게 지식과 아이디어를 더 알려 주고 싶어 했는데 그 이유는 그들이 더 알아야 하기 때문이라는 것이다. 그러나 가르치려고 노력하면 그들은 귀를 닫고 그를 피하기도 했다. 이런 일은 그를 화나게 했다. 그 이야기를 듣고 상담자는 그가 자신을 급우들하고 같은 수준에 놓거나 동등하게 보는 것에 어려움을 겪고 있는 것으로 보았다. 그리고 이런 점이 대인관계에서 두려움과 불안정함으로 작용하고 있었다.

같은 대인관계 패턴이 낭만적인 관계에서도 드러났다. 내담자는 자신이 친밀한 관계에서 배우이자 감독이라고 정의를 내렸다. 여자와 데이트를 할 때 그는 여자에 대한 '계산' 이 일단 끝나면 그 여자에 대한 흥미를 잃는다고 했다. 내담자의 인간관계 패턴을 보면 대인관계에서 통제하거나 윗자리에 있는 것을 느끼고 싶어 했는데 이것은 내담자가 가진 불안정의 다른 지표였다. 내담자가 통제하려고 하는 욕구와 다른 사람과 불평등한 위치를 만들어 윗자리에 있고자 하는 욕구가 다른 사람들을 떠나게 한다는 것을 깨닫지 못하고 있었다.

상담자는 상담 과정을 통해서 그가 건강한 자아의 발달과 성장을 가로막는 것이 무엇인가에 대한 대답을 찾고 있었다. 그녀는 가족, 사회, 문화적 여건이 내담자가 자신의 향상을 위해 필요한 자유를 얻지 못하는 데 기여하고 있다고 생각했다. 그는 성공하기를 원했고 좋은 학생이 되기를 원했다. 그렇게 되려면 부모와 선생님에게 순종하기와 뛰어난 학업성취(예, 압도적으로 높은 점수와 등수) 등의 객관적인 평가를 보여 주어야 하는 문화권에서 살고 있었다. 이처럼 학업의 성취를 중요시하는 문화에서는 많은 학생이 성공하기 위해 혹독한 대가를 치러야 하고 좀 더 높은 점수와 경쟁에만 초점을 맞추어야 하며 대인관계와 사회적인 능력을 발전시킬 기회는 없다. 그 결과 많은 사람이 높은 지능 점수를 얻고 책벌레가 되지만 정서적인 지표인 EQ가 낮고 실패나 대인관계의 문제를 다룰 줄 모르게 된다. 이 내담자는 이와 같은 문화 산물의 표본인 것처럼 보인다. 그는 학업에서 기대되는 성취를 다 이루고도 우울하고 불안정하며 인생의 방향을 찾지 못하고 있는 것처럼 느끼고 있었다.

상 황

중국의 상담 센터에서는 전문적인 능력을 보증하기 위해 최소한 석사 학위가 있는 상담자가 주로 상담을 맡고 있다. 아니면 상담 심리학의 석사 과정이나 박사 프로그램에 있는 학생이 진행한다. 그리고 교수진은 상담직원이나 실습하는 학생을 감독할 책임이 있다. 대학에 등록한 학생은 8번의 상담 서비스를 무료로 받을 수 있으며 더 상담을 받을 때는 약간의 요금을 지불하게 되어 있다.

기본적인 상담 회기는 일주일에 한 번, 50분씩 이루어진다. 센터에 있는 교수진에게서 슈퍼비전을 받기 위해 후배 상담자와 실습생은 녹음과 녹화 기록을 해야 한다. 슈퍼비전은 개인이나 집단 형식으로 진행된다. 이 사례 연구에서 이 장의 두 번째 저자인 슈퍼바이저는 대학의 상담 심리학 프로그램의 석사훈련과정을 맡은 교수이며 상담 센터의 책임자다. 그녀는 중국 심리학 협회의 임상심리학 상담 분야에서 자격증을 받은 소수의 주 슈퍼바이저 중 한 사람이다. 그녀는 이 사례를 위해 집단 슈퍼비전을 맡았다.

치 료

내담자가 안정감을 지니고 자유롭게 성장할 수 있도록 돕기 위해서 상담자는 그와 개인적인 관계를 맺는 데 치료의 초점을 두었다. 그런 것들은 내담자에게 익숙하지 않은 경험이었다. 그녀는 전략적으로 주의를 기울이며 경청하고 따뜻함과 무조건적인 긍정적 존중을 전했다. 그가 자기 자신에 대해, 상담자에 대해, 또는 다른 사람들에 대해 비난할 때도 절대로 내담자를 판단하거나 비난하지 않았다. 그 대신 그의 모든 정서와 생각을 인정하고 어떻게 그가 경험하고 표현하는가를 상관하지 않으면서 그의 모든 정서와 생각을 인정해 주었다. 그가 자기도취나 교만한 태도를 보여도 상담자는 진솔하게 그를 인정해 주었다. 열심히 공부하고 지적인 능력이 있으며 자기반성을 하고 시간이 흐르면서 점차적으로 자기 개방을 하는 점 등이 그의 강점이었다.

또한 그녀는 애써 노력하는 그의 투쟁에 공감하였고 그 투쟁이 주로 교육제도와 사회문화적 환경에서 기인한다고 보았다. 상담자는 자신이 그와 관계를 맺기 위한 초점이 힐(Hill, 2009)에 의해 정립된 상담의 3단계, 곧 초기 단계, 작업 단계, 종결 단계 등을 거치는 18회기 동안 지속되었다고 회고했다. 상담자는 슈퍼비전을 받으면서 내담자와 효율적인 치료 관계를 형성하려는 노력이 상담 과정이 전개될수록 성공적으로 되고 있다고 느꼈다.

슈퍼바이저는 언어적·비언어적 상호작용을 관찰하면서 내적 및 외적 과정에서 내담자가 경험하고 있는 핵심 이슈를 상담자가 더 많이 이해할 수 있도록 도와주었다. 내담자가 말한 내용, 그가 상담 초기에 쉬지 않고 말을 하는 패턴, 상담자가 내담자에게 가까이하기 어려운 느낌, 두 사람이 비언어적으로 소통하는 방식(예, 한 회기에서 내담자나 말하는 동안 앞으로 몸을 기울이고 상담자는 손에 컵을 들고 뒤로 기대 앉는 방식) 등에 근거해서 슈퍼바이저는 내담자의 핵심 이슈가 ① 자기 중심성, ② 정체감의 위기라고 가설을 세웠다. 상담자와 공동연구를 하면서 슈퍼바이저는 [그림 7-1]로 내담자의 개념화를 제시했다.

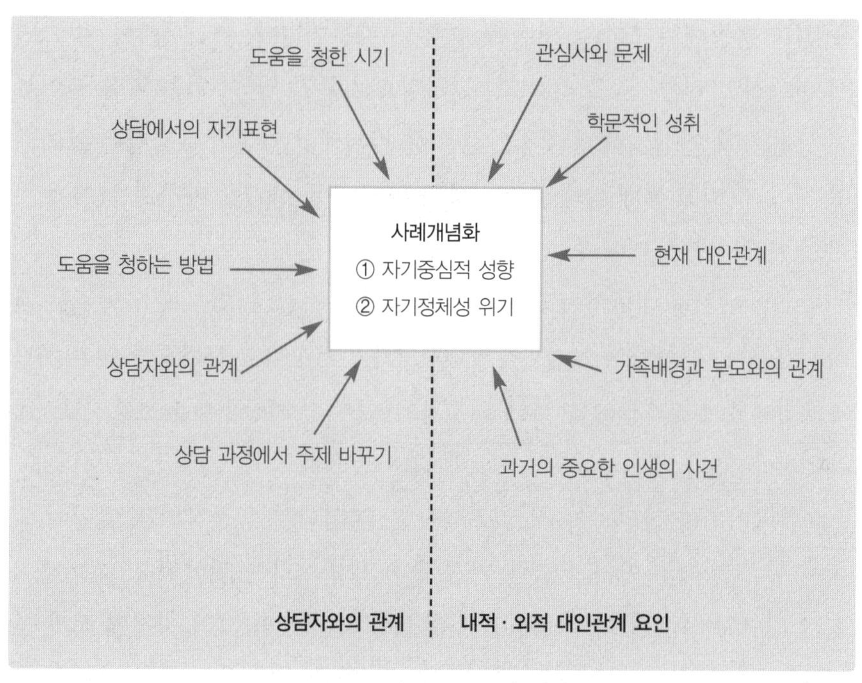

[그림 7-1] 사례개념화

이 표에 따르면, 내담자의 분투는 두 집단 요인이 반영된 결과다. 내적 요인과 대인관계의 요인, 상담 과정과 관련된 요인이 그것이다. 대인관계의 요인에는 가족배경 때문에 열등감을 느끼는 것이 포함되어 있다. 그리고 아마도 부모와의 친밀한 관계의 결핍도 그 요인일 수 있다. 의미 있는 대인관계의 결여, 월등하지만 충분하지는 않다고 보는 학업성적, 도움을 원하지만 자신이 월등하다고 느낄 필요가 있기 때문에 도움을 청하는 것에 대한 갈등, 인생의 다양한 대인관계에서 받은 상처의 경험이 여기에 포함되어 있다. 이 내적인 과정은 지각된 사회문화적 기대에 미치지 못한 실패를 반영하기 때문에 내담자에게 스트레스로 작용하고 있다. 이에 따라 다음과 같은 내담자의 행동이 상담에서 관찰되었다. 그가 상담을 받으러 온 유일한 이유는 수업에 가지 않고 침대에 누워 있는 것과 같은 잘못되고 수용할 수 없는 행동에서 스스로 벗어날 수 없기 때문이었다. 그는 상담을 받으면서 현학적인 진술, 큰 소리 치기, 심리적으로 뜻을 알 수 없는 말을 늘어놓기 등을 통해 상담자에게 지적인 능력을 과시해서 자신의 유능함을 보이려고 했다. 그리고 통제 상태를 유지하기 위해 종종 화제를 바꾸고 화제에 깊이 들어가는 것을 피했다.

슈퍼바이저는 내담자가 공감하는 힘을 발전시킬 수 있도록 도와주는 것의 중요성을 강조했다(그럼으로써 내담자가 자기 멋대로 하지 않고 다른 사람과의 관계 속에서 자신을 돌아보도록 도울 수 있다. 곧 자신을 다른 모든 사람처럼 강점과 약점을 함께 지닌 사람으로 보게 되는 것이다).

슈퍼바이저와 상담자가 서로 동의한 것은 상담자가 공감의 모델링이 되어서 이 목적에 다가가는 것이 가장 좋은 방법이라는 것이었다. 슈퍼바이저는 내담자가 초기 회기에서 쉬지 않고 말하는 것이 그의 지적인 점과 능력을 보여 주려는 욕구에서 나온 것이라는 것을 상담자가 알 수 있도록 도와주었다. 이런 행동은 아마도 상담자가 캠퍼스에서 잘 알려져 있고 뛰어난 성적을 받았으며 매우 지적이라는 평가를 받고 있다는 것에 내담자가 위협을 받고 나타낸 태도일 수 있다. 슈퍼바이저는 상담자에게 내담자의 경험을 직접적으로 해석하거나 자기중심적인 부분을 줄이기 위해 직접 말하는 대신 공감을 활용하는 것이 그가 존중받고 존경받고 이해받는다고 느끼는 데 가장 도움이 될 것이라고 제안했다. 다시 말해서 그를 긍정적인 방향으로 인도하는 것이 그때 그의 방향에 무엇이 잘못되었는가를 지적하는 것보다 효율적이라는 것이다. 왜냐하면 그는 방어적이고 불안정해서 그가 잘못되었다는 것에 관한 지적을 들으려 하지 않을 것이기 때문이었다. 상담자의 인간 중심적인 접근이 내담자의 개인적인 스타일과 일관되도록, 슈퍼바이저는 상담자가 내담자와 함께함의 중요성을 강조했다. 슈퍼바이저와 상담자는 내담자의 자아강도의 이슈와 무의식적인 동기를 이해하는 것이 상담자가 내담자의 현상을 파악하고 인지적이고 정서적인 공감을 효율적으로 사용하는 데 도움이 될 것이라고 동의했다. 슈퍼바이저는 상담자의 공감과 무조건적인 존중이 내담자에게 진정성 있고 순수한 돌봄을 받는 관계를 경험할 기회를 제공할 것이라고 믿었다. 궁극적으로 그들은 내담자가 상담자에게 배우고 대인관계에서 다른 사람을 향한 공감을 진전시킬 수 있기를 바랐다.

상담자는 상담 장면에서 내담자가 경쟁적이고 불안하게 행동하는 것과 상관없이 내담자와 공감하는 데 초점을 두었다. 점차로 내담자는 자신의 취약성을 좀 더 대면할 수 있게 되었다. 그는 대인관계와 관련된 자신의 생각과 행동을 탐색하기 시작했다. 내담자는 사람들, 특히 여자들과 의미 있는 관계를 형성하는 데 심각한 어려움을 겪고 있다고 털어놓았다. 그는 대부분의 시간을 도서관에서 보내고 있으며 급우들이나 룸메이트와도 거의 관계를 갖지 않는다고 말했다. 낭만적인 관계가 될 수도 있는 여자들과의 관계에서도 그는 주로 온라인을 통한 교류에 의존했다. 그는 과거에 그런 관계를 가졌던 여자들의 이야기를 하면서 그것은 계산적인 관계로서만 괜찮았다고 이야기했다. 그 여자들과의 관계는 "정말 짧았다."고 말했다. 그는 여자와 지속적이고 낭만적인 관계를 진심으로 갖고 싶었지만 지속적인 관계를 편안하게 느끼지 못했다.

내담자는 괄목할 만한 기능상의 진전을 보였지만 상담 안과 상담 밖에서 기복이 심한 행동을 보였다. 그는 여러 번 상담을 받은 후에 수업에 참석하기 시작했지만 때때로 부스스한 매무새와 언짢은 기분으로 상담을 받으러 와서 침대 밖으로 나오기가 어렵다고 불평했다. 상담자는 온전한 수용을 해 주기로 했고 그의 문제를 해결하려고 하기보다는 그의 경험을 인정하면서 치료 관계를 존중하고 강화하기로 했다.

슈퍼바이저의 도움을 받아 상담자는 내담자가 사회문화적 상황이 자신의 행동을 조성한 점을 볼 수 있도록 도우면서 내담자와 함께 문화적 조망을 강조할 수 있었다. 예를 들어, 내담자가 취약한 자기 통제에 관해 스스로를 비난할 때는 상담자가 문화적 맥락에서 자신의 불평을 바라보도록 도왔다. 자녀가 모든 성적에 'A'를 받도록 양육되고 좋은 성적을 받아야 부모가 자랑스러워하면 자녀양육에서 자기훈련과 자기요구가 심하게 강조될 뿐 자기양육은 아닌 것이다. 따라서 자기통제에 약하다는 사실보다도 자기지각으로 인해 더 어려움을 겪을 수 있다. 중국 문화에서는 자기비난이 스트레스에 대응하는 책임감 있는 방법으로 종종 간주되고 있다. 자기회의나 자기정체성에 관한 불확실성은 문화적인 환경과 관련된 스트레스의 부산물일 수 있다. 게다가 가족역동이 명백히 환경의 영향을 받고 이 역동이 영향의 중첩된 시스템을 만들어 전반적인 사람들에게 영향을 끼치지만 개인이나 가족의 조건을 다루지 않았을 때 치료가 더 성공적이라고 상담자는 받아들였다. 회기에서 상담자는 내담자의 동기부족이나 낮은 자기존중감을 직접 언급하지 않고 내담자를 한 사람으로서 신뢰하고 수용하는 데 초점을 두었다. 이것은 특히 자기기대에 관해 말할 때 간접적인 의사소통 스타일을 선호하는 중국의 가치 안에서 발전하고 성장하는 데 협조가 필요하다는 인본주의적인 개념화와 일치한다(Zhang, Li, & Yuan, 2001). 내담자는 이런 개입에 잘 호응하는 것처럼 보였다. 그는 상담 과정에 관여하고 동기화되었고 자신의 취약점을 탐색하는 데 적극성을 보여 주었다.

상담자는 상담 과정 동안 여러 구체적인 분야에서 슈퍼비전을 청했다. 첫째, 상담자는 내담자가 가족이나 가족에 대한 느낌을 이야기하는 데 어려움을 겪는 것에 대해 어떻게 접근할 것인가를 확신할 수 없었다. 사례개념화에 의거하자면 가족 환경에 관한 내담자의 감정은 확실히 관심 영역이었고 열등감에 기여하는 부분이었다. 하지만 사람은 자신의 가족의 체면을 지켜 주어야 한다는 문화적인 기대 때문에 이것은 논의하기에 특히 민감한 부분이었다. 중국에서는 자신의 부모에 대해 부끄럽게 느낀다는 것이 절대로 수용할 수 없는 일이다. 누구도 자신의 부모를 선택할 수 없고 부모를 부정하는 것은 자신을 부정하는 것과 같다. 슈퍼바이저는 내담자의 어려움이 문화적 맥락에 뿌리내린 것이라는 것을 알고 그 어려움을 인정하고 존중하는 것이 공감적인 반응에 포함되어야만 한다고 상담자에게 상기시켰다. 이런 마음가짐은 상담자가 이런 역동을 인지하고 인내심을 가지고 내담자를 대하는 데 도움이 되었다. 상담자는 내담자가 솔선해서 이야기할 준비가 될 때까지 가족에 관해 이야기하지 않아도 괜찮다고 진심으로 느꼈다. 나중에 상담자는 자신이 접근하는 방식이 내담자가 과거에 어려움의 원인이 된 인생의 경험을 털어놓음으로써 다시 바로잡을 수 있는 경험을 제공할 수 있다는 정신분석적인 관점과는 일치하지 않았다고 회고했다. 이 사례에서는 가족이 너무나 가난해서 어렸을 때 수치와 부끄러움을 느꼈다고 말한 것이 여기에 포함되어 있다.

상담자가 슈퍼바이저에게 가져온 또 다른 질문은 성에 관한 주제였다. 내담자가 회기에서 편안해지자 여성에게 강한 성적 욕구를 지니고 있는데 지속적으로 낭만적 관계가 유지되지 않았기 때문에 충족되지 못했다고 이야기했다. 중국 문화에서는 성에 관해 공개해서 말하는 것은 일반적으로 수용되지 않았고 비슷한 나이의 이성 앞에서 그런 이야기를 하는 것은 적절하지 않았다. 상담자는 대학원에서 이 분야에 관해 훈련을 받지 못했다고 말했다. 따라서 그녀는 "내담자가 처음 이 문제를 꺼냈을 때 그 주제에 관심을 보이지 못했다."고 말했다. 아마도 그것이 그 다음 회기에 내담자의 침묵을 불러왔으리라는 것이다. 슈퍼바이저는 내담자가 자기지각하는 재능을 지니고 순수하고 완벽한 존재의 자기 이미지를 유지할 필요가 있을 수 있다는 가능성을 논의했다. 성에 관해 이야기하는 것이 그에게 위험한 이유는 성적인 관계를 갖고 싶다는 것이 금지된 영역에 들어서거나 말해서는 안 되는 것을 의미하기 때문이다. 슈퍼바이저는 내담자가 그 화제를 내어놓았다는 것은 상당한 진전의 표시라고 보았다. 상담자의 불편함은 이 이슈를 직면하는 능력과 관련된 내적 갈등과 스트레스를 반영하는 것일 수 있어 어딘가 내담자의 경험과 닮아 있었다. 슈퍼바이저는 상담자가 문화적으로 수용되지 않는 성문제를 다루어 내담자와 이 문제를 이야기하는 것이 어려웠다는 것을 인정하고 내담자도 그렇게 느끼는지 물어보기를 제안했다. 다시 말해 이것은 문화적 가치와 일치하는 금기시되는 주제에 관한 의사소통의 전략적이고 간접적인 방법이다. 유감스럽게도 종결이 다가오고 있어 이 부분에 관해 내담자와 더 탐색하기는 어려웠다.

상담자와 내담자 모두 상담을 하는 기간 동안 성별의 문제를 상당히 의식하고 있었다. 중국 사회에서는 종종 남자가 상대방 여자보다 더 높은 사회적 힘을 지니고 있다고 간주된다(Tang, Chua, & O, 2010). 대부분의 학생이 남성인 과학 연구소에서 특히 그렇다. 남학생이 여성 상담자를 만날 때 힘의 위계질서가 바뀌게 된 것이다. 이 사례에서 그 대학의 졸업생인 상담자와 내담자는 새로 생긴 힘의 질서에 적응해야만 했다. 곧 여성이 힘의 구조에서 윗자리에 있었던 것이다. 슈퍼바이저와 상담자는 상담 과정을 통해서 전이와 역전이의 감정을 세밀하게 관찰했고 이런 감정의 신호가 있는지를 분석했다. 상담자는 자신이 성에 관해 말하기 불편했던 이유가 부분적으로는 그녀가 받아들인 여성의 사회적 역할에 기인하고 있고(곧 여성은 남성과 성에 관해 이야기해서는 안 된다는 것), 새로운 힘의 구조에 잘 적응되지 못한 데도 기인한다는 것을 깨달았다. 슈퍼바이저는 내담자가 자신이 약하거나 무기력하게 느껴지지 않도록 감독과 배우의 역할을 하려고 시도하는 것(그가 다른 여성들과의 관계에서 그러했다고 보고한 것처럼)을 상담자가 볼 수 있도록 도움을 주었다. 그는 상담 장면에 다양한 주제를 가지고 와서 상담자가 그 주제에 관해 알아채고 그 주제에 담긴 이슈에 관해 공감과 이해를 제공할 수 있도록 맡겨 두었다. 어떤 면에서 내담자는 상담자와 함께 깊어지고, 지속적으로 치료적인 관계를 연기하는 배우처럼 실상 즐기고 있었는지도 모른다. 왜냐하면 그가 전에는 여자 친구와 장기적인 관계를 유지할 수 없었기 때문이었다. 그가 상담자에게 애착을 지니고 있는 것이 그녀가 센터를 떠나게 되어 다른 상담자에게 가는 것을 거절한 이유 중 하나일 수도 있다. 유감스럽게도 상담이 종결된 후에 이 이론을 탐색해 볼 기회는 없었다.

치료의 평가

정신분석적 · 인본주의적인 개념화가 일치하는 상담자와 슈퍼바이저는 내담자의 성장 맥락에서 치료의 효율성을 함께 평가했다.

- 내담자는 침대에서 벗어나기 어려웠던 시기에도 지속적으로 상담에 참석했다. 내담자는 상담 회기가 있는 목요일에 '삶의 시작'을 기대하고 있다고 했다. 내담자는 성적이 뛰어나다고 알려진 상담자에게 경쟁적인 성향을 보였지만 위협받는 느낌을 극복하고 약속을 지켜 18회기에 빠지지 않고 참석했다.
- 내담자는 치료가 진행되면서 언어적 의사소통 방식이 바뀌었다. 초기 회기에서 그는 정서적인 측면을 드러내지 않고 자기 문제의 점진적 변화와 논리적인 결과에 관해 쉬지 않고 이야기했다. 그는 차츰차츰 감정을 드러냈다. 그 느낌이 비록 간접적이기는 하지만 자신이 취약하고 열등하며 두려움을 지니고 있다는 것을 자인했다. 예를 들어, 그는 자신의 정서와 미래에 대한 희망을 묘사하기 위해 '봄이 오면' 이라는 시를 쓰고 함께 읽었다.
- 내담자는 점차로 자신의 불완전함과 불확실함을 수용하는 어떤 단계를 발전시켰다. 인생을 보는 관점에서 사고의 경직성과 편협성은 좀 더 유연해졌다. 인생에는 성공을 향해 가는 더 많은 선택과 통로가 있다고 보게 되었다.
- 내담자는 점차로 자기에게 초점을 맞춘 높은 수준에서 다른 사람들과

시스템에 초점을 맞추는 쪽으로 움직이고 접촉하려는 자발성을 보였다. 예를 들어, 그는 치료 기간 동안 가족과 대인관계에 관해 말하고 직접적으로 온라인을 통해 다른 사람들과 연결되려는 노력을 했다. 사회적으로는 뉴스에 흥미를 보였다. 그는 여전히 자신을 '정복하고 패배시키는' '투쟁의 사이클'에 관해 많이 이야기했지만 바깥 세상과의 관계에 초점을 맞추는 쪽으로 눈에 띄게 자발적으로 움직였다.

- 내담자는 인생의 부정적인 사건과 좌절, 그리고 대인관계를 유지하지 못하는 무능력에 관해 이야기를 나누려는 용기를 분명히 얻었다. 특히 여자와의 관계에 관한 감정을 이야기했다. 그는 친밀한 관계를 맺는 것을 두려워했지만 항상 온라인을 통해서 그런 관계를 추구하고 있었다. 회기에서 감정을 이야기하는 것을 통해서 자기가 원했던 것이 진지하고 배려하는 여자와의 관계라는 통찰을 지니게 되었다. 그는 과거의 관계에서 이 배려를 확장시키지 못하고 욕구를 이루지 못했던 것을 이야기했다.
- 내담자는 상담자가 떠나기 때문에 상담을 종결해야 한다는 것을 잘 받아들이는 것처럼 보였다. 내담자의 경쟁적인 성향으로 미루어 볼 때 이는 진전의 반영이라고 볼 수도 있다. 이 상담은 내담자가 시간을 내어 받아 볼 생각을 했던 처음이자 유일한 상담이었다. 내담자는 그 당시 센터의 다른 상담자를 만나는 대신 상담을 그만두는 것에 대해 편하게 느꼈다. 그는 마지막 상담 회기에서 자신의 생각을 이렇게 말했다. "상담은 내 심장의 보이지 않는 부분까지 구석구석 닦는 헝겊 조각 같아요. 그리고 현실과 과거와 다시 직면하는 기회를 가졌어요. 전에는 그런 것들이 두려웠죠. 많은 회고를 통해 다시 태어난 것 같아요."

결 론

돌이켜 보면 상담자는 치료 기간 동안 내담자의 신뢰를 얻고 함께 작업 동맹을 형성하는 도전에 초점을 맞추었다. 그녀는 내담자가 더 강한 자아를 진전시키고 자기중심적 사고 대신 관계에 초점을 맞추고자 하는 사람으로 개념화해서 내담자가 변화에 필요한 시점에 도달할 수 있는 조건을 마련해 줄 수 있었다. 내담자의 정신역동적인 평가는 그녀가 정확하게 공감을 경험하고 표시할 수 있는 기회를 주었고 효율적인 지지를 하게끔 도와주었다. 존중과 감사를 공감과 함께 드러낸 것이 긍정적인 결과를 얻도록 이끈 개입의 가장 중요한 요소로 보인다.

덧붙여 상담자는 사회문화적 조건이 내담자의 삶에 중요한 역할을 한 것을 인식했다. 중국의 문화에서 볼 때 학업이 우수하고 매우 높은 성취를 이룬 것이 내담자에게 우월감을 느끼게 한 것이다. 그렇지만 재정적인 자원의 한계와 부모의 직업과 낮은 사회계층, 생활 여건은 열등감을 불러일으킨 것 같았다. 이런 것들은 최근에 중국 사람들에게 두드러진 이슈가 되었다. 이러한 양극화되고 혼란스러운 느낌은 자신을 정의하는 데 어려움을 겪게 할 수 있다. 이 사례에서 내담자의 경험은 이러한 내적 갈등에서 생겨나는 심리적 열등감의 본보기다.

그녀의 임상 경험에 근거를 두고 중국에서 심리적 건강 문제를 다루는 대학생과의 실습에 관한 연구를 위해 상담자는 다음과 같은 관찰을 제공했다.

- 공부를 잘하는 우수한 학생은 부모, 동료, 교사 그리고 사회에서 선망의 대상이 된다. 잘 인식되어 있지는 않지만 그런 높은 위치를 성취하려면 학생이 심리적인 스트레스를 받게 된다. 그 결과 많은 학생이 사회의 요구를 내재화하고 학업성취에서 높은 수준의 자기 요구를 부과

한다. 이런 것들이 일반적인 그들의 심리적 발전을 저해한다. 예를 들어, 이 사례의 내담자는 공부를 더할 수 있는 5분이나 10분을 얻기 위해서 언제 카페테리아에 가야 기다리는 줄이 가장 짧은가를 계산했다. 그는 오전 7시부터 오후 11시까지 공부하는 빡빡한 계획표대로 움직이고 집단 수업이나 토론, 휴식, 혹은 사회활동 등은 하지 않는다. 공부하는 데 이렇게 경직되어 있으면 높은 심리적 각성상태와 긴장이 소진된 상태로 이르게 할 수 있다. 이처럼 강도 높은 투자를 한 후에 높은 점수를 얻지 못하면 자기 회의와 열등감을 느끼게 될 수 있다(Costigan, Hua, & Su, 2010).

- 중국의 대학생을 심리적으로 돕기 위해 예방과 시스템, 혹은 정책적인 단계의 개입이 필요하다. 학생이 사회생활과 개인적 정신건강이라는 대가를 지불하고 학업의 우수성을 추구하는 것을 비난해서는 안 된다. 사실상 공부 잘하는 학생은 사회문화적 기대에 맞추기 위해 기꺼이 개인적 흥미와 건강을 희생할 준비를 해야만 한다. 학생의 압박을 감소시키기 위해 학업평가 시스템과 표준을 재정비하는 것이 필요하다. 이 사례연구에 나오는 내담자는 "우리는 어릴 때부터 공부하는 데 초점을 맞추도록 교육을 받았어요. 더 높은 점수를 얻고, 더 높은 지능을 갖고 있으면 더 좋은 학생이 되는 거예요. 이런 점에 회의를 느끼지만 이런 태도는 그 뿌리가 아주 깊죠. 저는 확신이 있으면서 동시에 열등감을 느껴요. 다른 사람들에게는 제가 탁월한 능력이 있어서 좋게 보이겠지만 내심 약하다는 것을 알고 있어요." 분명히 성적이 좋은 학생에게는 시스템 차원에서 심리적인 지원이 필요하다. 교육, 평가, 대학 입학 기준 같은 보상 시스템에서 탁월하고 성공적인 학생을 가려내는 데 있어 다양한 흥미와 기술을 가진 학생을 장려하는 목표가 필요하다. 이런 노력은 학생을 향한 사회문화적 기대를 변화시키는 데 도움을 줄 수 있다. 그리고 학생에게 심리적 건강의 중요성에 관해 교육해야 할 것

이다. 그들에게 부과된 여러 가지 기대에 맞추려는 학생의 분투를 돕는 심리적 서비스가 필요하다.

- 대학 성적이 좋은 학생의 심리적인 욕구는 연구의 관심을 끌 만하다. 능력 있는 학생은 종종 지적인 도전과 자극을 충분하게 제공하지 못하는 교육환경 속에 있는 것을 발견하고 자신의 잠재성과 꿈의 충족을 실현하는 데 방향을 잃은 자신을 깨닫는다. 개인적인 교육 계획 등의 예방지지 프로그램과 상담 서비스는 이 학생이 자기 환경 속에서 재능을 발전시키고 지속시키도록 도움을 주기 위해 필요하다. 무엇보다도 모든 학생은 자신의 잠재력을 충족시킬 필요가 있고 우수한 학생이라고 예외는 아니다.
- 일반적으로 중국 사람들을 상담할 때 원가족과 관련된 이슈를 다루고 토론하는 부분에서 주의해야만 한다. 내담자가 나눌 수 있는 명백한 영광의 부분이 없을 때 더욱 그렇다. 이 사례 속의 내담자에게 가장 어려웠던 것은 부모에 관해 이야기하는 것이었다. 그는 부모에 관해 이야기할 때 눈에 띄게 부끄러워했지만 가족관계의 결핍을 의미하는 것 같지는 않았다. 내담자는 가족에 관한 부정적인 이야기를 피하도록 자기 관리를 하고 스스로를 교육한다고 이야기했다. 자신의 가족에게 관해 불평하는 것은 효에 어긋나는 것이었다.

그렇게 하는 것은 부도덕하거나 잘못된 것으로 간주되었다. 덧붙여서 내담자는 교육과 부귀에 관한 사회적 가치를 받아들이는 것으로 보였다. 예를 들어, 그는 가족에 대한 존경이 사라지는 것을 막으려고 경제적인 어려움 때문에 미국에서의 박사 학위를 취득할 계획을 포기한 것을 합리화하려는 많은 변명을 찾아냈다. 인생의 의미나 자아 실현의 의미 같은 것에 관한 심리적 교육이나 철학적 토론은 젊은이에게 도움이 될 것이다. 전통적인 중국 문화에서는 개인이나 자신에게 초점을 맞춘 주제는 흔히 토론하지 않는다. 그러나 최근 중국에 소개된 사회변화에서는 개인적인 가치가 좀 더 수용되고 있다. 자신의 사회적 환경 속에서 개인을 돕는 교육이나 지지는 사회적 이슈나 개인적 정신건강의 이슈를 함께 연관시키는 데 필요하다.

참고문헌

An, Q., Jia, X., & Yin, H. (2011). Professional competence and development of college counselor. *Psychological Science, 34*(2), 107-112. (Published in Chinese in China)

Costigan, C. L., Hua, J. M., & Su, T. F. (2010). Living up to expectations: The strengths and challenges experienced by Chinese Canadian Students. *Canadian Journal of School Psychology, 25*(3), 223-245. doi:10.1177/0829573510368941

Hill, C. A. (2009). *Helping skills: Facilitating exploration, insight, and action* (3rd ed.). Washington DC: American Psychological Association.

Hou, Z. J., & Zhang, N. (2007). Counselling psychology in China. *Applied Psychology: An International Review, 56*, 33-50.

Jiang, G. R., Xia, M., & Duan, C. (2011). *Relationships among attribution of psychological problems, self-efficacy of being a counseling client, perceived social acceptance of help-seeking, and actual help-seeking behavior among Chinese college students.* Manuscript submitted for publication.

Qian, M., Smith, C. W., Chen, Z., & Xia, G. (2002). Psychotherapy in China: A review of its history and contemporary directions. *International Journal of Mental Health, 30*, 49-68.

Rogers, C. R. (1957). The necessary and sufficient conditions of therapeutic personality change. *Journal of Consulting Psychology, 21*, 95-103.

Tang, C., Chua, Z., & O, J. (2010). A gender perspective on Chinese social relationships and behavior. In M. Bond (Ed.), *The Oxford handbook of*

Chinese psychology (pp. 533-553). New York: Oxford University Press.

Wu, P., & Chen, G. (2010). Investigation of psychological health condition of undergraduate students in Shanghai universities. *Journal of Shanghai Jiaotong University, 3*(8), 906-909. (Published in Chinese in China)

Yang, K. (1998). Chinese responses to modernization: A psychological analysis. *Asian Journal of Social Psychology, 1*(1), 75-97. doi:10.1111/1467-839X.00006

Zhang, N., Li, Q., & Yuan, Y. (2001). Expectation of folks on psychotherapy and counseling. *Chinese Mental Health Journal, 15*(4), 250-252. (Published in Chinese in China)

08

Counseling a Female Client From Korea: Applying the han Counseling Model

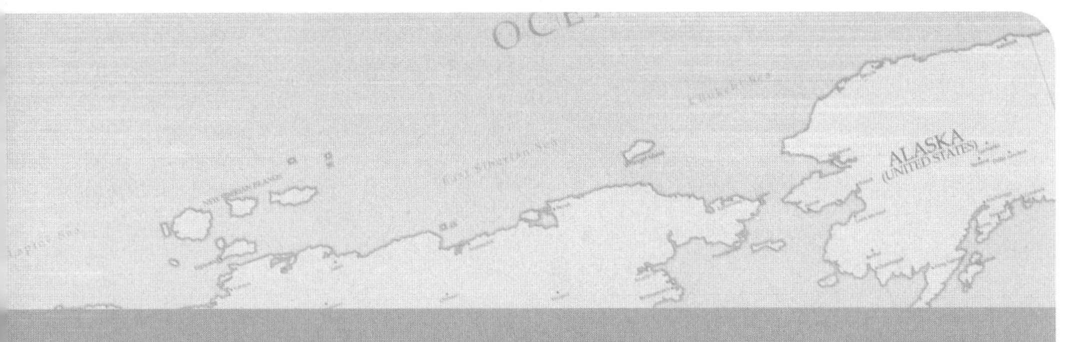

한국 여성 내담자와 상담하기

한상담 모델의 적용

이 장에서는 한국에서 인정받는 정신건강 전문가의 연구를 집중 조명하면서 한국 여성 내담자의 사례를 제시하고 있다. 한국 상담에서 드문 토착 모델 중 하나가 소개되고 특정한상담 의뢰인의 상담 과정이 논의될 것이다. 또한 이 토착적인 접근의 효율성도 논의될 것이다.

08 한국 여성 내담자와 상담하기

한상담 모델의 적용

Lawrence H. Gerstein
김영순
김태선

치료자

김영순은 한국상담심리학회 상담심리전문가, 정신보건상담사, 한(Han) 상담 학회 수련 감독전문가, 한국 아동 및 청소년 상담 수련 감독자(한국상담학회), 가족상담 수련 감독전문가(한국가족상담협회), 집단 상담전문가(한국상담학회), 그리고 국제현실치료강사(William Glasser Institute) 등에서 받은 전문 자격을 지니고 있다.

그녀는 임상실습에서 내담자가 자신의 변화에 놀라는 것을 눈여겨보아 왔다. 그들은 삶에서 그런 평화를 경험해 본 적이 없다고 말했다. 또한 내담자는 항상 자신의 문제를 놓고 고군분투하고 성공하려는 압박에 억눌리며, 자신이 처한 상황 때문에 마음의 상처를 받는다고 느끼고 있다. 더 나아가 그녀는 내담자가 상담을 받은 후 그들 스스로 삶을 더 잘 관리하고 잘 돌본다는 것을 알게 되었다. 또한 내담자는 가족과 친구들이 그들의 평화로운 얼굴과 잘 웃는 모습, 긴장하지 않고 편안한 태도를 보면서 상담이 긍정적인 도움을 주었다는 것을 알아챘다고 상담자에게 말했다. 김영순은 내담자가 완벽하지 않지만 자신의 방식이 받아들여지고 자신이 인정받는다는 것을 느끼기 때문에 안도하는 것을 발견하였다. 또한 내담자가 사랑받기 위해 어떻게 해야만 할 필요가 없다는 것을 깨닫게 되면서, 자신의 가치를 증명하기 위해 아주 열심히 노력했다는 것을 발견해 냈다. 그녀는 내담자에게 보여 준 공감하는 이해와 존경이 이 변화를 가능하게 했다고 믿고 있다.

한상담 모델

김영순은 상담수련 초기에 칼 로저스(Carl Rogers)의 인간 중심 접근과 윌리엄 글라서(William Glasser)의 현실 치료 접근을 신뢰하였는데, 실제 현장 경험을 하면서, 로저스의 접근은 짧은 시간에 청소년의 구체적인 행동변화를 시도하도록 도와줄 때 충분하지 않고, 글라서의 접근은 내담자에게 표현할 수 있는 깊이 있는 공감이 필요하다는 것을 깨달았다.

그녀는 한사상(Han Ideology)으로 알려진 한국 토착상담 접근을 기꺼이 받아들였다(Kim, 1986). 오랫동안 한국 문화와 정서에 적합한 모델을 찾다가 한상담 모델을 발견하고 그것을 배우게 된 것이다. 이 모델은 유동수에 의해 개발 및 발전되었고, 그녀는 전 세계와 한국에 이 모델을 소개하는 데 기여했다.

한(Han)상담 모델은 한국 사람 또는 한사상에 근거를 두고 있다(Kim, 1986). 한국인의 독특한 사고방식은 한사상에 반영되고 특별히 한(Han)이라는 단어에 반영된다. 한국에서 'ᄒᆞᆫ'은 큰, 하나, 제한되지 않는, 많은, 몇 개의, 어떤, 같은, 중간을 포함하는 다양한 의미와 관련이 있는 단어다. '한'은 하나와 많음과 같은 매우 다양한 의미를 포함하기 때문에 '한' 사람이 되는 것은 다양한 의미를 함축하고 있다(Kim, 1982). 사실상 '한'은 인간이 세상을 포함하는 하늘 같은 존재가 되는 것이라는 사상이다. 한의 인간은 '한' 의 정신을 통해 하늘에 도달할 수 있다. 그때 인생의 목적은 하늘에 도달하는 '한' 의 사람이 되는 것이다(Yoo, Kim, & Lee, 2008). 처음에는 그 모델을 'Oneness Counseling' 으로 부르다가 최근에 '한상담(Han counseling)' 으로 바꾸었다. 한사상은 한국에 있는 세 개의 가장 오래된 경전인 '천부경' '삼일신고' '참전계경' 에서 유래되었다(Choi, Dong Hwan, 1991, 1996).

이 경전은 하늘의 뜻과 한국인의 집단 무의식을 설명하고 있고 하늘에서 비롯된 것이었다. 하늘의 손자 단군이 BC 2333년에 한국의 첫 번째 왕이 있는 나라인 고조선을 세웠다(Korea Tourism Organization, 2011). 그리고 그가 이 경전들을 남겼다. 이 경전들은 전통적인 한국인의 가치 '홍익인간 이화세계' 를 포함하고 있다. 이것은 모든 인간을 널리 이롭게 함과 세상과 마땅히 조화를 이루는 것을 말한다. 이 경전에서는 한 사람이 하늘, 땅, 인간을 수용하고 있음을 보여 준다(Yoo, 2002). 구체적으로는 어떻게 인간과 우주가 생겨났는지가 천부경에 쓰여 있다. 삼일신고 경전에는 생명이 얼마나 소중하고 인간이 된다는 것이 얼마나 축복받은 것인지를 보여 준다(Choi, 1991).

그러므로 한사상은 인간이 우주의 일부임을 가리킨다. 그것은 인간이 가장 중요한 존재이며 하늘, 땅, 우주로 통합된 것임을 나타낸다. 천부경 경전에 따르면, 인간이 하늘이고 그들은 하늘의 뜻을 실현시키고 강화한다. 게다가 인간은 '소아' 와 '대아' 라는 두 가지 면을 가지고 있다. 대아는 온 우주와 최적의 구현 상태를 말한다. 이같이 인간은 소아로 태어나서 대아가 되는 것을 추구한다(Yoo et al., 2008). 이것이 한상담의 목표다. 그 모델은 '성장을 지향하는 상담' 이라고도 부른다. 개인적 성장이 내담자를 자기 자신의 이슈를 말하는 사람이 되도록 이끌어 주기 때문이다. 이 가정은 문제의 해결보다는 오히려 사람의 성장을 장려하는 인간 중심적 상담을 보여주는 동양 사상에서 유래한다.

한모델과 연결된 상담에는 다섯 가지 단계, 즉 상담을 위해 준비하기, 관계를 발전시키기, 문제를 평가하기, 개입하기, 종결하기가 있다. 준비 단계에서는 상담자가 내담자의 상담 동기, 그 사람의 성격 특성, 잠재적인 예후, 표출된 문제를 포함해서 가능한 한 많은 정보를 수집한다. 내담자가 친밀함과 관계 형성의 수준에 따라 다른 정보를 말할 수 있기 때문에 상담자는 이런 영향을 고려할 필요가 있다고 그녀는 믿고 있다.

관계를 발전시키는 단계에서는 상담자가 내담자와 친밀한 관계를 형성하고 상담의 목표를 설정한다. 김영순은 평가의 단계에서 문제 평가와 관련된 내담자와 상담자의 전망을 포함시키는 것이 중요하다는 것을 알게 되었다. 개입 단계에서는 내담자가 전달한 내담자의 드러난 문제를 언급한다. 그다음, 내담자가 다른 견해를 귀담아들을 준비가 되었을 때 상담자는 자기가 확인한 문제에 관한 작업을 하게 될 것이다. 상담 종결 여부는 내담자가 성장해서 처음에 제기한 문제가 더 이상 이슈가 되지 않거나 그 문제가 성공적으로 해결되었을 때 결정된다. 김영순은 상담 목표가 상담 과정 동안 바뀔 수 있다고 생각한다. 지금 설명한 다섯 가지 단계를 통과하는 것은 아주 짧은 시간, 심지어 단 한 번의 상담 기간에도 일어날 수 있다(Kim, Kim, Kim, Yoo, & Cho, 2011).

그녀는 상담자와 내담자의 관계가 한상담 모델에서 중요하다는 것을 알게 되었다. 이 모델에서는 인간이 우주의 한 부분으로 인식되기 때문에 상담자와 내담자가 완전히 분리된 존재가 아니라는 것이다. 그들은 우주의 특징을 공유하고 있기 때문에 상호의존적이다(Kim, 1982). 이 모델에서 관계는 "나는 나이면서 너이고, 너는 너이면서 나다."라고 정의된다(Yoo et al., 2008, p. 8). 조화로운 관계에 대한 이 관점이 한상담의 기본적 개념을 반영한다. 이 모델에서는 관계 당사자는 동등하고 서로 상대방의 관점을 존중하는 관계를 기꺼이 받아들인다. 인간 각자가 가치 있는 존재로 여겨지기 때문에 누구도 보다 더 좋은 사람이 되려고 변화할 필요는 없다. 이 가정은 '윈-윈' 또는 서로의 이익을 증진시키는 것을 말하는 불교용어인 '상생' 의 원리를 정확히 담아내고 있다(Yoo et al., 2008).

한상담 모델에서는 내담자가 문제를 표출할 때 그것이 내담자의 문제일 뿐만 아니라 상담자의 문제가 된다. 실제로 그 문제와 관련된 세 당사자가 있다. 내담자, 상담자, 그리고 내담자와 상담자 사이의 관계가 바로 그것이다. 상담자는 문제를 분명히 하기 위해 내담자가 그 문제를 어떻게 인식하고 있고 상담자가 그 문제를 어떻게 평가하고 있는지 연구해야 한다. 김영순은 상담자가 내담자의 말을 귀담아들을 때 내담자에게 공감하며 긍정적인 존중을 보여야 한다고 본다. 또한 상담자는 내담자가 자신의 문제의 중요성과 긴박함을 평가해 보도록 권장해야 한다. 상담자는 중요한 문제를 인식한 후 내담자에게 어떻게 그 문제를 해결할 수 있겠는가를 묻고 문제해결을 하고 난 결과로 어떤 일이 일어나기를 원하는지 물어본다. 그다음에 상담자는 문제를 평가한다. 한상담 모델에서는 병리학적인 관점이나 발달적 관점을 사용하지 않는다. 상담자는 내담자가 자신의 삶에 대해 소유권을 지녔다고 생각하고 문제를 평가하고 내담자의 자기효율성도 평가한다. 한 사람의 인생에 대한 소유권은 이 모델에서 중요하다. 그런 소유권을 경험하지 못한다면 그는 과거의 부정적인 경험과 습관에 의해 통제받을 것이기 때문이다. 또 상담자는 어떻게 내담자가 관계를 발전시키고 유지하며, 어떻게 그가 생각, 감정, 행동을 선택하며, 내담자의 자아개념은 어떠한지 내담자가 사랑과 인정에 대한 기본적인 욕구가 결핍되어 있는지를 평가한다.

그녀는 한 모델에서 건강한 인간 존재는 높은 수준의 자기효능감을 지니고 있고, 자기 자신, 타인, 세계와 좋은 관계를 맺고 있다고 믿는다. 자기효능감은 사람이 감정, 생각, 행동의 소유권을 가지는 것과 밀접한 관련이 있다. 또 책임감과 자유도 관련이 있다. 높은 자기효능감을 지닌 내담자는 자신을 사랑하고 올바른 자아개념이 있으며, 다른 사람의 견해에 지나치게 의존하지 않는다. 이 모델을 사용하는 상담자는 어떻게 내담자가 자신과 타인, 세상과 관계를 맺는지를 검토한다. 상담자는 내담자가 바른 생각을 지니고 있는지 정서가 안정적인지 적응하는 행동을 보여 주는지 평가한다 (Kim et al., 2011). 또한 내담자의 자아개념이 중요한 이유는 자신의 이미지가 감정과 행동에 대단히 큰 영향을 미치기 때문이다. 김영순은 자아개념에는 자아와 본심(true self)의 두 가지 면이 있다고 생각한다. 그녀는 사람들이 본심에 의해 보이는 자아가 오직 유일한 그 자신이라고 믿는 경향이 있다고 믿지만 그 자아를 보는 본심이 있다고 생각한다. 자신을 소극적인 것이라고 알고 있는 사람을 생각해 보자. 이 사람은 소극적인 것이 아니라 본심은 적극적이기 때문에 소극적인 것으로 인식되는 것에 민감할 수 있다. 그때 이 사람은 자기 자신과 본심을 함께 지니고 있기 때문에 소극성과 적극성을 둘 다 지니고 있다. 한모델에서 건강한 개인은 자아와 본심을 식별할 능력이 있다. 건강한 사람의 또 다른 중요한 요소는 그들 중에서 올바른 생각, 감정, 행동을 선택하는 것이다. 사람은 다른 생각, 감정 그리고 행동을 드러내고 그중 하나를 선택한다. 건강한 개인은 그중에서 긍정적인 감정, 생각, 행동을 선택한다. 마지막으로 상담자는 내담자가 자신이 지닌 사랑과 인정에 대한 욕구를 얼마나 많이 충족시키는가를 평가한다. 내담자는 자신에게 중요한 사람들에게서 받는 사랑과 인정이 결핍되었거나, 아니면 사랑과 인정을 과도하게 추구하고 있는지도 모른다.

김영순은 내담자의 문제 밑바닥에 깔려 있는 요소, 즉 인간관계가 문제의 주된 원인이고 관계에서는 감정이 특별히 원인이 된다고 주장한다. 한모델에서는 사람이 혼자 산다면 문제는 없을 것이라고 말한다. 사람들은 관계를 형성하고 그 속에 존재하기 때문에 문제가 일어난다. 또한 관계가 문제를 만들어 내기 때문에 문제를 풀기 위해서는 그 관계를 밝힐 필요가 있다. 앞에서 언급했듯이, 관계의 상호작용 가운데 감정이 종종 문제의 근원이 된다. 그러므로 상담자는 과거에서 문제를 확인하기보다는 내담자의 인간관계에 주의를 기울이며 현재의 감정을 탐색해야 한다.

사 례

지연[1]은 45세 기혼 여성이다. 그녀의 친구가 김영순에게 상담받도록 권유했다. 가족으로는 남편과 아들, 딸이 있다. 현재 직장에 다니지는 않지만 남편이 공부하는 동안 10년이 넘도록 가족의 경제적인 책임을 떠맡았다.

그녀는 남편이 정규직이 될 때까지 짧은 기간 동안 교사로 일한 것을 포함해서 다양한 직업을 가졌다고 했다. 아이들을 돌볼 사람이 필요했기 때문에 가족의 지원 없이 일하는 것이 어렵다고 했다. 또한 시어머니가 자신의 아이들은 돌보지 않고 다른 손자들을 돌보아 주었기 때문에 마음이 불편했다. 내담자는 자녀 양육을 제외하고는 남편과 문제가 없었다고 했다. 남편은 직장 때문에 다른 도시에 살고 주말이면 집에 돌아온다. 그는 그녀가 '완벽한' 엄마와 가정주부가 되기를 기대한다. 즉, 모든 집안 허드렛일을 처리하고 아이들을 양육하는 책임을 떠맡기를 바란 것이다. 상담이 진행되는 동안, 그녀는 아들 한 명과 딸 한 명이 있는데 아들과 갈등이 있다고 말했다. 또 자신과 가족은 신앙생활을 하지 않는다고 했다.

지연은 아들 친구 엄마들 모임이 주요 사회활동 집단 중 하나라고 설명했다. 또 자신의 사회적 지위가 아들의 학업성취에 따라 정해진다고 말했다. 아들이 성적이 좋을 때 자신의 사회적 지위도 올라가고 성적이 안 좋으면 지위도 떨어진다는 것이다. 최근에 지연은 아들이 학교에서 '문제'를 일으키고 학업성취에 어려움을 겪는 것 때문에 좌절이 되고 수치스럽기까

1) 내담자의 이름과 배경은 비밀보장을 위해 변경되었다.

지 하다고 표현했다. 지연은 아들의 잘못된 행동이 부모의 체면을 떨어뜨린다고 했다.

지연은 반 친구가 학교에서 아들을 괴롭힌다고도 말했다. 아들의 담임 선생님은 그가 또래와 잘 어울리지 못하고 수업시간에 부적절한 질문을 한다고 했다. 또한 아들이 옆에 있는 아이들에게 인사를 하지 않아 예의가 없는 아이로 보인다는 이야기도 들었다. 집에서 아들을 훈계하려고 했을 때 아들은 엄마에게 욕하면서 소리를 질렀다. 그녀는 아들이 욕할 때 몹시 놀랐다고 표현했는데 아들이 엄마에 대한 존중감이 없어서 굴욕적이었다고 했다. 그녀는 자기가 들어줄 때까지 아들이 계속해서 원하는 것을 요구했다는 것을 강조했다. 딸은 아들과 달리 '착한' 딸 이라고 했다. 딸은 오빠를 이해하지 못하며 그의 정신적 상태를 염려했다.

상담자에게 상담을 받기 전에, 지연은 아들을 정신과 의사에게 데리고 갔다. 그녀는 아들이 정신적인 치료가 필요하다는 것을 들었을 때 죄책감을 느꼈다고 털어놓았다. 특히 정신과 의사가 "아들이 치료받으러 좀 더 일찍 왔어야 했습니다."라고 말했을 때 엄마로서 실패자라고 느꼈고, 상처받고 창피했다는 것이다. 정신과 의사는 아들이 정신착란 이전 단계에 있다고 설명했다. 지연은 일을 그만두고 전업주부로 생활했다고 했다. 그 결과 그녀는 아들의 문제가 자신의 문제임을 느꼈다. 이 모든 문제를 풀기 위해 무료로 진행된 12번의 개별 상담에 참여하였다.

한국의 전후관계에서 본 상황

역사적으로 한국에서 여자는 중재자의 역할을 하고 가족에게 물질적으로 필요한 것을 제공하도록 기대되어 왔다. 여자는 집안의 살림을 전적으로 책임지고 사회에서 남자와 비교할 때 상대적으로 좋지 않은 대우를 받았다. 전통적으로, 결혼한 여성은 남성보다 헌신적이고 순종적이며 현숙하면서 아이를 양육하는 일을 해야 했다. 이는 여성이 직업을 갖기 시작하고 한국 사회에서 존중받는 지위를 확보하기 시작하면서 어느 정도 바뀌었다. 현대에는 한국 여성의 지위는 높아졌지만 집과 사회에서 더 잘하라는 압박을 받고 있다. 여자는 유능한 직업인이면서 또 아이들을 잘 키우는 어머니가 되도록 요구받는데, 그 결과 더 큰 스트레스를 경험하게 된다. 현대화로 발생한 또 다른 문제는 한국 사회의 변화하는 가치 때문에 드러나는 사춘기 자녀와 부모 사이의 갈등이다(Kim, Kim, & Park, 2000; Kim, Park, & Koo, 2004). 사춘기 때 아이들은 자신의 목소리를 내며 부모와 수평적이고 독립적인 관계를 갖기 원하지만 부모는 효심과 순종 같은 보다 전통적인 가치를 더 높게 평가한다.

지연이 사는 지역은 교육에 관한 경쟁이 매우 심한 곳이다. 그 지역 학생들은 성적에 근거해서 고등학교에 지원하기 때문에 부모는 자녀의 보다 나은 교육을 절실히 원하고 학생들은 서로 경쟁한다. 학업성취와 관련된 고민은 부모들 사이에서 중요하게 여겨 학생은 물론이고 어머니에게도 고민거리다. 부모가 공부하는 것을 과도하게 강조하기 때문에 배우자나 자녀와의 관계를 종종 소홀히 하게 된다. 이는 부가적인 갈등을 야기한다.

한 모델이 한국의 토착상담 모델이기는 해도 개인의 성장에 강조점을 두고 있다. 한국 사람은 그들의 문제 해결을 보조해 주는 사람으로 상담자를 인식한다. 상담자는 이 기대가 한국 사회를 '속도를 지향하는' 경쟁적인 사회를 초래한 산업화 때문에 생겨난 것이라고 믿는다. 현재 한국 사람들은 정답을 찾으려 하고 과정보다는 결과를 찾는 데 성급한 경향이 있다. 김영순은 전문가, 전문적인 상담가, 멘토, 지지자, 경험이 풍부한 인생 선배로서 존경받고 있다. 그녀에게 상담을 청하는 사람들의 기대는 아주 높다. 그들은 상담자가 높은 교육을 받은 전문가라고 생각해서 대화하는 데 신경을 쓰기도 한다. 실제 상담할 때 상담자는 종종 "제가 무엇을 해야 하죠?"라든지 "제가 잘하고 있습니까?"라는 질문을 받는다. 김영순은 "내 생각을 알고 싶어 하는 것인가요?" 라고 말하면서 대응에 대한 내담자의 욕구를 확실하게 한다. 그녀는 상담 기간 동안 그들에게 힘을 실어 주기 위해 "당신은 어떻게 생각하세요?" 라고 되물어 본다. 그녀는 내담자가 자신의 인생에 대해 전문가라고 믿는다. 그녀는 내담자에게 "당신은 자신의 인생과 문제에 대해 심사숙고하는 사람이고 당신의 인생에 대해서는 전문가죠." 라고 이야기하며, 일단 내담자가 자신감을 갖게 되면 자신의 문제를 풀 수 있는 힘이 생긴다고 말한다. 내담자는 상담자를 신뢰할 수 있다고 말했다. 또한 김영순은 내담자가 상담자의 비판단적인 태도와 적극적인 관심의 표출을 이해하고 인식했을 때 저항이 감소하고 친밀한 관계로 발전하였다는 것을 알게 되었다.

상 황

한국은 북동아시아에 위치해 있고, 1945년에 38선을 두고 남과 북으로 나뉘었다. 공식적인 남한 정부는 대한민국으로, 북한은 민주주의인민공화국으로 구성되었다. 1950년 한국전쟁 후 이념 대립으로 인해 남과 북의 분열은 지속되었다. 이 장에서 한국은 남한을 의미한다. 2009년 국가통계포털(Korean Statistical Information Service, 2009)에 따르면, 한국의 전체 인구는 약 4,870만 명이다. 한국인은 하나의 주 민족성을 공유하고 있으며, 한 가지 한국어인 한글을 사용한다(Korea Tourism Organization, 2011). 한국은 통산교류나 외적의 침입으로 외국인 인구가 유입되어서 한국사회는 단일문화사회에서 다문화사회로 바꾸었다(Oh, 2010). 하지만 출입국 · 외국인정책본부는 한국의 외국인 인구가 2011년 3월 현재 1,308,743명으로 증가하였다고 보고하였다.

2005년 국가통계포털에서 시행한 조사에 따르면, 한국인의 약 53%가 종교를 가지고 있지 않으며, 한국인의 46.58%는 자신을 믿는다고 보고하였다. 종교를 가진 이들 중에 불교, 개신교, 천주교가 각각 43.0%, 34.5%, 20.6%다. 유교는 전통 한국 가치에 가장 큰 영향을 미쳤다. 중국의 윤리적이고 철학적 체계는 생각과 삶에 대한 유사종교적인 접근이다. 유교에서 집단 규범을 따르는 것과 자기조절이 인정되는 것처럼 효심도 마찬가지다. 효심은 매우 공손하고 올바른 태도와 행동을 가지고 부모를 돌보며, 타인과의 관계에 대하여 자신의 정체성을 확립하고 유지하는 것이다. 특히 유교에서 강조하는 관계의 조화는 한국인의 상호작용 방식에 영향을 미쳤다(Kim, Kim, Seo, & Kim, 2009). 상호의존성의 가치는 정과 우리감(weness)과 같은 한국 토착 개념에 반영되었다(Choi & Kim, 1998). 정은 관심 이상의 정서적 유대감을 나타낸다. 정의 기원은 가족 구성원 사이의 관계에서 찾을 수 있다. 사람들은 정을 확인하게 되면 우리가 된다. 개인이 우리가 되면 집단 구성원의 친밀감과 응집력을 고려하여 판단하려는 경향이 있다(Choi, 2000).

한국에서의 상담

관계의 중요성은 한국 상담에서 초점을 두고 있는 부분이다. 한국에서 상담 심리학은 학교상담과 생활지도의 형태로 학교장면에 처음 소개되었다(Kim et al., 2009). 학교상담은 민주적인 교육을 제안하고 학생 삶의 특성에 기반한 교육 정책에 따라 드러났다. 이 정책은 1945년 해방 이후의 새로운 교육 패러다임이다(Ryu & Park, 1998). 처음에 학교상담은 상담심리학을 훈련받은 교사에 의해 주도되었다. 상담 전문가는 학교 장면에서 도움을 주는 데 큰 기여를 했다. 학교 내에서는 교사 외에 전문가를 고용하는 것에 반대하는 교사로 인해 저항이 있었다. 괴롭힘을 포함한 학교폭력이 학교에서 매우 심각해져서 학교상담 서비스는 효과적인 해결책의 일환으로 포함되었다. 2007년에 학교에 상담 전문가가 있어야 한다는 법안이 통과된 후, 학교체계에 상담 전문가가 있어야 한다는 필요성은 공식적이고 핵심적인 것이 되었다(Kim et al., 2009).

또한 한국 상담 전문가는 대학상담 센터와 연계되었다. 1962년 학생상담 센터가 서울대학교에 세워졌다. 이 센터는 개인상담, 집단상담, 연구, 심리 교육을 포함한 다양한 서비스를 제공했다. 최근 들어 한국에는 약 350개의 대학상담 센터가 있다(Kim et al., 2009). 학생은 이러한 센터에서 무료로 서비스받을 수 있다.

청소년상담 또한 널리 퍼져 있다. 1991년에 한국청소년상담원(KYCI, 현 한국청소년상담복지개발원)이 청소년 기본법에 근거하여 구성되었다. 6개 시와 9개 도에 16개의 청소년상담 센터가 있다. 게다가 군 · 구마다 166개의 지역 청소년상담 센터가 있다. 2005년에 한국 청소년 상담원(현 한국청소년상담복지개발원)은 지역사회청소년통합지원체계(CYS-Net)를 발전시키기 위해 지역 상담 센터와 연계하였다. 이러한 네트워크는 심리치료에서 아웃리치에 이르는 상담으로 확대하여 청소년을 위해 힘썼다(Koo et al., 2005). 한국 청소년 센터는 청소년에게 무료이지만 성인을 대상으로 한 서비스에서는 회기마다 만 원 정도 받는다.

한국에서 상담에 대한 태도는 긍정적인 방향으로 바뀌었다. 하지만 체면을 세우는 가치가 한국인이 전문상담을 찾는 것을 가로막는다. 한국인은 가까운 친구와 가족구성원과 함께 자신의 힘든 일을 나누기를 좋아한다(Kim et al., 2009). 또한 한국인은 집단주의를 인정하기 때문에 정신건강 문제가 있는 것을 오점으로 여기는 경향이 있다. 특히 청소년은 다른 연령대에 비해 상담을 받는 것에 대한 부정적인 인식을 가지고 있다(Kim et al., 2009). 도움을 구하는 행동은 서구 문화권과는 다르지만, 종종 불교와 같은 한국인 전통 신념은 상담심리학에서 발견된다. 사실 정통 신념과 의학은 정신건강이 신체 질환을 예방한다는 가정을 촉진하였다. 예를 들어, 마음을 다스림으로써 도(道)를 기르는 것인 심신건강을 증진시킬 것이다. 불교, 유교, 도교와 같은 한국의 전통적인 종교는 자아실현 추구나 최상의 상태인 참자기를 발견하도록 도와준다(Rhee, 1974). 마침내 한국에서 서구상담 모델을 적용하고 한국 토착 모델을 찾고자 하는 노력이 계속되고 있다.

치 료

지연은 아들과 남편, 부모와의 갈등을 포함하는 가족 문제를 제시했다. 자기가 직장을 그만두어서 아이들 양육에 시간을 낼 수 있었다며 자녀가 엄마의 헌신을 좋아하리라고 예상했지만 반대로 그녀에게 압도당한 모습으로 반항하는 태도를 보여 주는 것 같다고 말했다. 아들은 인터넷 게임에 중독되어 있고 학교 공부를 잘 못해서 그녀가 집에서 인터넷을 끊었는데, 그때 아들과의 갈등이 더 악화되었다. 남편은 양육하는 데 관여하지는 않으면서 아들의 문제를 그녀의 책임으로 돌렸다. 그녀는 남편이 자신을 이해하지 못하며 결혼 생활의 갈등 때문에 남편에게서 멀어진 느낌을 표현했다. 지연은 친정어머니에게 친근한 느낌이 전혀 들지 않고 시댁 식구는 자신을 경멸하는 것 같다고 했다. 시댁 식구는 그녀가 일과 아이 양육 때문에 어려움을 겪을 때 전혀 도와주지 않았다. 부부가 둘 다 일할 때 조부모가 아이를 돌보아 주는 것이 한국에서는 흔한 일이다. 그러나 최근에 나이 든 한국 사람들은 자녀와 손자를 돌보기보다는 오히려 자신들이 잘 지내는 것에 더 집중하기도 한다. 지연은 시어머니가 딸이 낳은 외손자는 돌보아 주고 있다고 했다. 이 불공평함이 그녀를 화나게 했다. 그녀는 경제적인 어려움 때문에 아이들을 유년 시절에 충분히 돌보아 주지 못해 미안한 마음이 있다고 했고 아이들에 대해 좀 더 관대해지고 싶었다. 지연은 말다툼을 하다가 자신이 아이들을 향해 미움의 감정을 가지고 있다는 것에 놀랐다. 그녀는 아무도 자신을 이해해 주지 않는 것 같고 자기 자신도 마음에 들지 않아 길을 잃어버린 것 같고 외로움을 느낀다고 표현했다.

김영순이 감지한 것은 지연이 낮은 수준의 자기효능감과 사람들과의 관계에서 오는 어려움을 표출한 것이었다. 지연은 빈약한 자화상을 지니고 있었고 자신을 받아들이지 못했다. 또한 그녀는 자신이 가치 없다는 느낌을 주는 가족의 판단을 믿고 있는 듯했다. 지연은 자신과 타인, 그리고 세상과 좋은 관계를 발전시켜 나가는 것에 어려움을 겪고 있었다. 상담자는 지연이 '완벽한 엄마'가 될 수 없는 것 때문에 스스로를 호되게 비판하고 있다고 말했다. 또한 지연은 친구가 거의 없고 아들의 학업 문제 때문에 자기 친구가 무시한다고 느꼈다. 상담자는 지연의 낮은 자기효능감과 관계의 어려움이 사랑과 인정의 결핍에서 비롯될 수도 있다는 것을 이야기했다. 일반적으로 한 모델에서, 인정받고 싶은 욕구는 아버지와의 관계에서 채워지고 사랑에 대한 욕구는 어머니와의 관계에서 충족된다고 본다. 지연은 부모에 대해 충분히 좋은 느낌을 받은 적이 전혀 없었고 정서적으로 친근한 느낌도 전혀 없었다. 또한 상담자는 지연이 긍정적인 정서보다는 슬프고 죄책감이 드는 정서를 선택하는 것을 보았다. 그녀는 자신이 아들을 좋아하지 않아서 기분이 상했다고 생각했다. 그러나 김영순은 지연이 아들을 사랑하고 그가 성공하기를 바랐기 때문에 아마 화가 났을 거라고 생각했다. 상담자의 역할은 지연이 본심에 도달하도록 도와주는 것이었다. 지연이 본심에 가까이 왔을 때, 김영순은 그녀 자신이 타인과 좋은 관계를 유지하고 효율적으로 마음을 전달하게 될 것이라고 기대했다.

김영순은 상담이 진행되는 동안 먼저 지연과 친근하고 신뢰하는 관계로 발전시켜 나갔다. 지연의 감정에 반응을 보이고 공감해 주었을 때 지연은 문제가 자신만의 문제가 아니라 자신과 상담자의 문제임을 알게 되었다. 지연은 다음과 같이 말했다. "'저'는 선생님이 '저의' 문제를 선생님의 문제처럼 다루어 주셨고 선생님은 '저를' 열심히 도와주셨다고 말씀드릴 수 있어요." 그리고 또 "선생님은 제가 말하는 것과 제가 어떻게 느끼며, 제가 누구인지를 진정으로 이해하고 계세요." 지연은 자신을 알아주는 사람을 찾고 있었는데 마침내 그 사람인 상담자를 만났다고 말했다. 그러나 지연은 상담자가 거울처럼 자신을 비추어 주기 때문에 그녀의 문제에 직면하지 않을 수 없었다고 말했다. 이 관계의 상호작용을 통해 지연은 어떻게 자신의 '큰 자아'를 실현해야 하는지를 배웠다. 이 자아는 다른 사람에 의해 제한되지 않으며 자유롭고, 자기감정의 주인이며 올바른 생각과 감정을 선택하고, 다른 사람들과 윈-윈의 관계로 발전시키며, 최종적으로는 자기가 가지고 있는 것에 항상 행복해하고 감사하는 사람이 될 수 있다.

초기 상담 과정의 일부로서, 김영순과 지연은 상담목표를 세우는 작업을 했다. 장기적인 목표로 지연은 개인적인 성장을 경험하고, 자신을 수용하고 감정을 소유하고 포용하며, 긍정적인 자아 정체성을 지니고 자녀를 더 잘 이해하고, 자녀와 더 좋은 관계를 형성하고, 남편을 포함한 가족과 긍정적인 관계를 형성하고, 자신의 삶을 돌아보며, 미래를 위해 새로운 계획을 세우고 싶어 했다. 단기적인 목표로 지연은 자신감을 되찾고, 자녀의 관점에서 그들을 인식하고, 자녀와의 상호작용에서 자기효능감을 증대시키고, 관계지향적인 대화방식으로 의사소통 방식을 바꾸어 공감하고 적극적인 표현을 하며, 해결되지 않은 과거의 문제를 밝히고, 현재를 받아들이고 사랑하는 것을 원했다. 구체적으로 지연이 자신의 긍정적인 감정을 확인하고 표현하며, 자녀에게 향하는 분노를 조절하고, 보다 깊은 긍정적인 감정을 식별하고, 사람들과 공감하고, 자신의 감정, 생각, 행동을 구분하고 관찰하며, 자녀와 공감하는 대화를 하고, 자녀의 긍정적인 성격을 강화하고, 건설적인 피드백을 주며, 궁극적으로 자신의 삶에 대한 의미를 확인할 수 있게 되기를 상담자는 기대했다.

앞에 제기된 목표를 성취하기 위해, 김영순은 한상담 모델과 연결된 여러 가지 개입을 시도했다. 첫 번째 상담을 받기 전에 그녀는 전화로 지연의 과거, 현재, 미래에 관해 잘 생각해 보도록 당부했다. 지연은 어린 시절에 가족이 원하지 않았던 아이였고 그 결과 부정적인 자아상을 갖게 되었다는 것을 알게 되었다. 김영순은 지연의 관심을 '지금, 여기'에 두도록 했다. 내담자의 유년기를 과도하게 탐색하지는 않고 오히려 아들과 갈등이 있을 때나 상담 기간 중에 어떻게 느끼는지를 알아보았다. 그녀는 내담자와 상담하는 동안 자신의 감정을 확인하고 표현하도록 격려했다. 지연과의 초기 상담은 그녀의 감정을 표출하는 것으로 채워졌다. 영순은 네 번째 회기까지 상담의 성공에 대한 예상이 아주 좋지는 않은 것 같다고 생각했다.

김영순은 지연이 본심을 볼 수 없기 때문에 지루함을 느낀다고 말해 그녀를 자극했고, 자신이 만들고 유지해 온 눈에 보이지 않는 벽에 직면한 것 같다고 지적했다. 더 나아가 그녀는 그렇기 때문에 지연이 상담자와 의사소통하는 데 흥미를 갖지 못하는 것 같다고 보았다. 지연은 이 언급에 말문이 막힌 것처럼 보였다. 그녀가 느낌을 표현하기 시작했을 때 놀라고, 슬프고, 걱정되며, 화가 났다고 말했다. 지연은 "어떻게 상담자가 그런 말을 할 수 있죠?"라고 말했다. 상처받은 감정에 공감해 주었을 때 그녀는 안도감으로 울기 시작했다. 그녀는 지연의 정직한 반응을 인정해 주었고 표현을 강화하도록 했다. 이 직면이 있은 후에 지연은 보다 효과적으로 상담자와 관계를 맺을 수 있었다.

또한 김영순은 상담 밖에서 일어나는 내담자의 유사한 상황을 탐색했다. 지연은 가치 없음, 창피함, 죄의식, 외로움 그리고 분노와 같은 다양한 감정을 표출했다. 자기는 어렸을 때 원치 않는 아이였고 부모에게 정말 좋은 느낌을 지닌 적이 없었다고 했다. 지연은 시댁에서도 지지나 격려를 얻지 못했다. 그녀가 가족의 경제적이고 물질적인 부분을 책임졌음에도 불구하고 인정받지 못했다고 했다. 지연은 가족 내에서 자기가 '아무것도 아닌 존재'라고 느꼈다. 그녀는 지연에게 공감하면서 지연이 모든 느낌 가운데 부정적인 감정을 선택하는 경향이 있다는 것을 언급했고 그녀의 표면적인 감정 이면에 있는 감정을 파악했다. 지연은 아이들을 사랑했지만, 훈육의 결과로 특히 아들과 갈등관계가 되었다고 했다. 그녀는 아들과의 관계에서 경험하는 부정적인 감정을 언급했다.

김영순은 지연의 감정 패턴을 분석하고 바꾸기 위해 두 가지 접근, 즉 감정의 수평 분석과 수직 분석을 사용했다. 수평 분석은 한순간에 느끼는 가능한 한 많은 감정을 확인하고 그중 긍정적인 감정을 선택하는 데 사용된다. 수직 분석은 모든 사람이 마음속 가장 깊은 곳에 무한한 사랑을 지니고 있기 때문에 긍정적인 감정을 파악하기 위해 그 밑에 있는 부정적인 감정을 찾아가도록 돕는 것을 말한다(Kim et al., 2011). 지연은 아들이 잘못된 행동을 할 때 엄마를 경멸하는 것처럼 보여서 속상하고 화가 난다고 밝혔다. 또 자신의 양육방식이 아들에게 문제가 생기도록 했을지도 몰라서 수치감이 든다고 했다. 게다가 아들에게 너무 화가 나서 죄책감까지 들었다. 그렇지만 그와 동시에 가족 중에 자신을 이해해 주는 사람이 없어서 몹시 외로웠다. 내담자가 이런 감정을 표현한 후 김영순은 그녀의 보다 깊은 정서를 알아보았다. 지연은 아들이 성공을 위해 예절 바르게 행동하고 더 열심히 공부하는 것을 바라기 때문에 자신이 속상하고 화가 난다는 것을 알게 되었다. 아들의 성공이 어머니의 성공을 결정하기 때문에 아들의 잘못된 행동에 대해 부끄러운 기분이 든다는 것도 인정했다. 특히 그녀는 죄의식과 미움의 감정이 아들을 향한 사랑에서 나온다는 것을 알게 되었다. 지연은 마음속 깊이 아들을 얼마나 사랑하는지를 알게 되자 안도감과 행복한 느낌을 표현했다.

김영순은 상담 기간 동안 대화의 수준 분석 접근을 사용하여 사람들과 어떻게 관계를 맺는가에 대한 역할모델이 되었다. 이 분석은 여섯 가지 요소로 구성되어 있다(사실과 의미, 심정, 성격, 숨은 뜻과 의미(본심), 칭찬과 인정, 직면과 피드백이다).

그녀는 내담자의 말을 귀담아듣고 그 이야기에 대한 내용과 의미를 명료화했다. 그다음에는 지연의 심정을 파악하고 동감했다. 그리고 이야기를 들으면서 그녀의 성격을 파악했다. 일단 김영순은 내담자의 저변에 깔려 있는 의도와 감정을 알면 그 취지와 감정을 칭찬하고 인정해 주었다. 마지막으로, 그녀는 지연이 놓쳤던 것과 직면했고 피드백을 해 주었다. 예를 들어, 김영순은 지연이 이야기하는 자녀와의 갈등에 대한 것들을 귀담아들었고 아들이 얼마나 오랫동안 인터넷 게임을 했고 지연이 그 게임을 어떻게 제한하는지를 명확히 이해했다. 또한 그녀는 내담자의 감정적인 반응(예, 화, 좌절)을 탐색하며 동감해 주었다. 그리고 김영순은 내담자의 감정을 성격과 연결해 보았고 자신이 알고 있는 다른 부모에 비해 그녀가 매우 책임감이 강하고 양육을 소중하게 생각하기 때문에 더 속이 상할 수 있다고 믿었다. 그녀는 지연이 아이들에 대해 높은 교육열을 가지고 있다고 말했다. 그러고 나서 김영순은 사랑과 책임감 같은 지연의 긍정적인 의도를 강화했다. 마지막으로, 그 결과를 평가하며 그녀의 의도와 결과 사이에 일어난 불일치에 대해 토론했다. 김영순과 지연은 어떻게 이 차이를 최소화하고 감정들 가운데 긍정적인 감정을 어떻게 선택할 것인가를 토론했다. 이것은 '자기 감정의 주인되기'라 부른다.

김영순은 내담자가 아들과의 대화에서 이론적으로 설명된 과정을 활용할 수 있도록 도와주었다. 지연과 아들 사이의 갈등을 명확히 이해했기 때문에 공감해 주었고, 그녀의 성격을 이해했으며, 효과적이지 않은 방식을 직면하게 했고, 의사소통을 더 잘하도록 도와주는 피드백을 제공했다. 김영순은 지연이 원래 의도를 전달하기 위해 먼저 동감과 감사를 보여 주는 것이 필요하다는 것을 강조했다. 예를 들어, 아들이 그녀에게 나가라고 욕할 때 지연은 이렇게 말하도록 권유를 받았다. "네가 나한테 나가라고 소리치는 것 보니까 정말 화가 난 것처럼 보이는구나. 좀처럼 화내지 않던 아이가 화내는 걸 보니 화가 나도 이만저만 화난 것이 아니로구나. 얼마나 화가 났는지를 알겠어. 내가 반복해서 말하니까 화가 난 모양이구나. 네가 내 간섭 없이 스스로를 조절할 때까지 내가 기다릴 수 있다면 좋겠다는 얘기로구나." 그녀는 상담 과정 중 이와 비슷한 이야기를 했는데, 지연에게는 먼저 공감해 주고 나중에 피드백을 줄 필요가 있었다.

김영순은 지연의 의사소통 방식이 효과적이지 못하며 사실 지향적 대화를 주로 사용하는지, 관계지행적 대화를 사용하는지, 논리적 대화를 사용하는지, 감정적 대화를 사용하는지, 자신의 입장에서 대화하는지, 상대입장에서 대화하는지 등 어떤 특정한 대화 방식을 사용할 적절한 시기를 분간하는 것이 필요하다고 말했다. 특히 관계 지향적이고 상대 입장에 선 대화를 사용하기를 권했다. 관계 지향적인 대화는 대화로 인해 관계가 나아지는 방법에 초점을 맞춘다. 어떤 사람이 자신이 차별받고 있다고 불평한다고 가정해 보자. 다른 사람은 이들이 공평하게 대우받았다고 설명할 수도 있다. 이것은 사실 지향적인 대화다. 또 다른 사람이 그 말을 듣고 얼마나 상처받았는지를 공감한다면 이것은 관계 지향적인 대화다. 이처럼 아들이 인터넷 게임을 하는 데 더 많은 시간을 보내려는 욕구를 표현할 때, 지연은 아들과의 관계를 개선하기 위해 관계 지향적인, 그리고 상대방의 입장에선 대화를 사용하도록 안내했다.

내담자는 아들이 자신을 무시한다고 생각해서 상처받은 감정을 표현하기 위해 소리를 질렀다. 그녀는 권위를 보여 주기 위해 소리를 높였지만 아들은 더 나빠졌다. 또한 게임을 통해 학업 문제의 출구를 찾고 싶어 하는 아들의 마음이나 좌절을 생각하지 못했다고 시인했다. 지연은 먼저 상대방의 입장에 선 대화 스타일을 사용함으로써 아들에게 공감해 주고 이해하는 것이 필요하다는 것을 배웠다. 지연은 대화의 악순환을 알 수 있었고 아들과의 의사소통에서 부정적인 패턴을 긍정적인 것으로 대체하기 시작했다.

내담자는 의사소통 방식뿐만 아니라 적절한 생각, 감정, 행동을 선택하도록 권유를 받았다. 김영순은 바른 생각과 착각을 구분하기 위해 내담자가 하는 생각과 관련된 감정적인 반응을 탐색했다. 그리고 그녀가 감정적으로 편안하게 느낄 때는 바른 생각을 하지만, 불편하게 느낄 때는 착각을 한다고 말했다. 지연은 이 과정을 통하여 자신의 부정적인 인지 패턴이나 감정적인 패턴을 파악할 수 있었다.

내담자는 '완벽한' 엄마, 며느리, 아내가 되기 위해 정체성을 양보하거나 사람들에게 거리를 두었다는 것을 알게 되었다. 그녀는 자녀를 위해 모든 것을 희생했다고 말했다. 아이들을 돕는 일에 집중하기 위해 하던 일을 그만두기도 했다. 심지어 아이들이 더 좋은 학교에 다니게 하려고 주중에는 남편과 주말부부로 떨어져 살았다.

김영순은 사람들이 내담자에게 전달할 수 있는 나쁜 자아상을 어떻게 이겨내는지 알 수 있도록 도와주었다. 아들과 남편이 지연을 좋지 않게 말하는 것은 그들의 입장 때문이고 그녀와 상호작용하는 방식은 실제로 그녀 자신 때문에 그런 것이 아니라는 것을 이해하는 데도 도움을 주었다. 지연은 가족 내에 형성된 잘못된 자아상을 확인할 수 있었고 그 이미지에 도전할 수 있게 되었다. 예를 들어, 아들이 그녀를 비난하고 지나치게 통제를 한다는 말을 했을 때를 보자. 김영순과 내담자는 아들이 왜 그렇게 말했는지에 대해 가능성이 있는 이유를 찾아보았다. 그중 한 가지 이유는 아들의 성격이 엄마보다 더 융통성이 있어서 그녀를 이런 식으로 이해했다는 것이다. 또 다른 이유는 아들이 엄마 때문에 속이 상해서 보다 더 부정적인 방식으로 그녀를 인식하고 있을지도 모른다는 것이다.

또한 그는 엄마가 허락했던 것보다 더 많은 자유를 원했기 때문에 이렇게 말했을지도 모른다. 내담자는 그가 좌절된 상황 때문에 엄마에게 나쁘게 말했다는 데 동의했다. 그녀는 이야기를 나누면서 죄책감을 덜 느끼게 되고 자신에 대해 더 좋은 느낌이 든다고 말했다. 김영순은 지연의 잘하려는 본심 때문에 자아를 비판할 수 있다는 것을 보게 했다.

김영순은 그녀가 자신이 성취했던 것을 확인하도록 도움을 주었다. 그녀는 다른 가족의 도움 없이 자녀를 양육하는 데 최선을 다해 왔고 가족을 경제적으로 부양하기 위해 열심히 일을 해 왔다. 덧붙여서 김영순은 지연이 자신의 인생의 의미를 확인하고 인생에 대한 가치를 강화하도록 도왔다. 그녀는 이 개입의 결과로 내담자가 인생의 의미를 찾은 것 같고 힘을 얻게 되었다고 보았다.

치료의 평가

대체로 김영순은 한상담 모델이 단기 치료의 형식과 들어맞는다고 본다. 그녀는 내담자와 10번 정도의 상담을 계획하고 다섯 번째 회기에 중간평가를 실시하려고 했다. 영순은 상담 기간이 비교적 짧기 때문에 목표를 설정하는 것이 중요하다고 보았다. 그녀는 자신과 내담자가 설정한 목표를 성취하는 데 충분한 진전이 있다고 동의할 때 상담을 종료한다.

김영순과 내담자는 다섯 번째 회기에 평가하는 시간을 가졌고 열두 번째 회기 때 종료를 결정했다. 다섯 번째 회기에 두 사람은 그녀가 성취한 것과 나아질 필요가 있는 것에 대해 토론했다. 지연은 자신이 부정적인 감정과 생각을 선택하는 부정적인 의사소통 패턴과 경향을 가지고 있다는 것을 배웠다고 말했다. 마지막 상담 회기에서 김영순은 의사소통 패턴뿐만 아니라 표정을 포함한 외모를 통해 지연이 나아졌음을 알게 되었고 그녀의 얼굴표정이 밝고 평화로우며 자신감을 가지고 자신을 표현하는 것을 보았다. 김영순은 이것이 중요한 변화라고 믿었다. 지연은 한상담 모델과 일치하는 마음, 몸, 정신의 온전한 상태를 추구했기 때문이다. 또한 그녀는 지연이 다른 사람들에게 더 효과적으로 공감해 줄 수 있다는 것도 알 수 있었다. 김영순은 상담 초기에 지연이 상대와 대화하는 것이 아니라, 독백하고 있는 것 같다고 생각했다. 그러나 상담 기간이 진행됨에 따라 지연은 공감적이고 지지적인 반응을 보여 주었다. 지연이 상담을 처음 시작할 때는 감정과 생각을 성급하게 표현하는 것처럼 보인 반면, 상담 관계의 종결을 향해 가는 시점에서는 다른 사람들과 상담자의 말에 귀 기울여 들을 수 있게 되었다.

김영순은 지연이 상담에서 성취했던 것을 확인시켜 주는 것이 중요하다고 생각한다. 지연이 내면적인 평화를 얻었다고 했을 때 이 평화와 변화의 원인을 설명해 보도록 했다. 그녀는 아들이 소리 지르고 욕할 때 그가 얼마나 좌절하고 있는지 알 수 있다고 했다. 지연은 아들이 더 잘해 보려는 몸부림을 느낄 수 있었고 상담을 종료할 무렵에는 그런 일에 다르게 반응하게 되었다고 덧붙였다. 자신이 아들을 얼마나 사랑하는지도 분명히 깨달았다. 이것이 그녀로 하여금 자신감을 갖게 하고 마음이 놓이도록 했다. 그녀는 아들이 크게 바뀌지 않더라도 나아지기를 기다리며 더 좋은 관계를 이어 갈 수 있다고 했다. 또한 자녀 양육에 대해 더 많이 배우고 싶다는 소망을 표현했다.

상담이 종료될 무렵, 김영순과 지연은 남편, 부모, 시어머니와의 관계에 대해 상담을 진행하는 것이 필요하다는 것을 논의했다. 그러나 지연은 적극적인 변화를 유지하고 발전시켜 나갈 것이라는 자신감을 표현했다. 지연은 자신에 대해 자랑스러운 느낌이 든다고 말했다. 그녀는 자신이 다른 사람들의 높은 기대와 반응 때문에 좋지 못한 자아상을 이전에 가지고 있었다는 것을 인정했다. 게다가 지연은 문제에 대한 인식이 바뀌었음을 나타냈다. 이제 그녀는 문제를 두려워하지 않고 표현하는 것에 신뢰와 자신감을 갖게 되었다. 그녀는 문제가 자신이 성장하는 데 어떤 도움을 주었는지를 알게 되었다고 했다. 전에는 압도당한 느낌이었고, 자신을 비난했으며, 높은 기대치를 갖고 있었다고 했다. 그녀는 소망을 가지는 것과 높은 기대를 가지는 것 사이에는 차이가 있다는 것을 인식하게 되었다. 그리고 더 나아가 상황이 더 잘될 것이라는 희망을 갖게 되었다. 그녀는 원예학을 공부하고 화초 재배 자격증을 따기 위해 공부할 계획을 가지고 있다.

결 론

전문적인 상담은 최근에 와서야 한국에 도입되었다. 역사적으로 한국은 상담에 대해 부정적인 태도를 고수하고 있어서 정신건강 지원을 찾으려고 하는 경향이 거의 없었다. 이 상황은 한국 사회가 변함에 따라 바뀌고 있다. 상담전문직에 종사하려는 한국 사람의 수는 점점 더 많아지고 있다. 이 장에서는 경험이 많고 존경받는 한국인 정신건강 전문가가 행한 비교적 새롭고 토착적이며 혁신적인 성장과 관계 지향적인 상담이 집중 조명되었다. 한상담 모델은 고대 한국의 경전과 한국 사회의 다른 영향들에서 도출되었다. 이 장에서는 한국 정신건강 전문가가 어떻게 이를 여성 내담자에게 성공적으로 적용했는가에 대한 설명이 제시되어 있다. 임상적인 관찰에 근거를 둔 한상담 모델은 심리적인 문제를 지닌 한국인을 돕는 데 효율적이고 간결한 접근으로 보인다. 한국에서 매우 드문 토착상담 모델 중의 하나로서 한 체계는 한국인 내담자를 도와주는 것뿐만 아니라 한국 문화, 종교, 사회적 가치, 믿음, 태도, 그리고 행동을 보전하고 존중하고 발전시키는 데 유익하다는 점에서 아주 전망이 밝다. 상담이라는 전문직이 미국이나 유럽 중심의 상담과 심리학을 그대로 행하지 않고 토착적인 한국 문화와 더불어 번성하고 조화를 이루어 이 목적을 추구하고 성취하는 것이 중요하다.

참고문헌

Choi, D. H. (1991). *Sam-Il-Sin-Go.* Seoul, KR: HaNam.

Choi, D. H. (1996). *ChamJunGyeGyeong: Commentary on 366 Things.* Seoul, KR: Samil.

Choi, S. C. (2000). The theoretical background and practice of Korean cultural psychology: Twenty years of experiential learning through doing cultural psychology in Korea. *Korean Journal of Psychological and Social Issues. 6*(3), 25-40.

Choi, S. C., & Kim, C. W. (1998). "Shim-Cheong" psychology as a cultural psychological approach to collective meaning construction. *Korean Journal of Social and Personality Psychology, 12*(2), 79-96.

Kim, C., Kim, D., Seo, Y., & Kim, K. (2009). Professional accomplishments and current cultural challenges of counseling psychology in South Korea. In L. H. Gerstein, P. P. Heppner, S. AEgisdóttir, S-M. A. Leung & K. L. Norsworthy. (Eds.), *International handbook of cross-cultural counseling: Cultural assumptions and practices worldwide* (pp. 173-182). Thousand Oaks, CA: Sage.

Kim, D. C. (1986). *Chun-Bu-Kyung and Dangun mythology.* Seoul, KR: Kirinwon.

Kim, G. (1982). *The principle of Han ideology.* Seoul, KR: Han Research Center.

Kim, M. J., Kim. Y. S., Kim, C.O., Yoo, D. S., & Cho, Y. S. (2011). *Han Counseling.* Seoul, KR: HakJiSa.

Kim, M. U., Kim, U., & Park, Y. S. (2000). Intergenerational differences and similarities between adolescent and adults. *Korean Journal of Social and Personality Psychology, 6*(1), 181-204.

Kim, U., Park, Y. S., & Koo, J. (2004). Adolescent culture, socialization practices, and educational achievement in Korea: Indigenous, psychological, and cultural analysis. *Korean Journal of Social and Personality Psychology, 10,* 177-209.

Koo, B., Keum, M., Kim, D., Kim, D., Nam, S., Ahn, H., Joo, Y., & Han, D. (2005). Development and intervention model for at risk-youth. Seoul, KR: National Youth Commission.

Korea Immigration Service. (2011). *Statistical resources.* Retrieved from http://www.immigration.go.kr/HP/TIMM/imm_06/imm_2011_03.jsp

Korea Tourism Organization. (2011). *Visit Korea.* Retrieved from http://english.visitkorea.or.kr/enu/index.kto

Korean Statistical Information Service. (2009). *Statistical database.* Retrieved from http://www.kosis.kr/eng/index/index.jsp

Oh, S. (2010). An exploratory study on multi-cultural education policy: Its challenges and future direction. *The Journal of Korean Educational Idea, 24*(2), 149-170.

Park, Y. K. (2009). Cultural conflicts between Korean adolescents and their parents. *Youth Culture Forum. 21,* 110-137.

Rhee, D. S. (1974). Philosophical ground-laying for psychotherapy and counseling in Korea. *Korea Journal, 14*(2), 32-37.

Ryu, J., & Park, S. (1998). Formation process of school counseling in Korea. *The Korean Journal of Counseling and Psychotherapy. 10* (1), 297-312.

Yoo, D. S. (2002). *Humanitarianism and humanity education.* Seoul: Korea Institute of Counseling.

Yoo, D. S., Kim, Y. S., & Lee, D. G. (2008). The effectiveness of a sensitivity-training program on Korean counselor trainees' locus of evaluation. Symposium conducted at the International Counseling Psychology Conference, Chicago, Illinois.

Yoo, S., & Lee, D. (2000). An exploratory study on attitudes toward seeking professional help among Koreans. *The Korean Journal of Counseling and Psychotherapy. 12*(2), 55-58.

Yoo, S. K. (1997). *Individualism-collectivism, attribution style of mental illness, depression symptomatology, and attitudes toward seeking professional help: A comparative study between Koreans and Americans* (Unpublished doctoral dissertation). University of Minnesota Minneapolis, MN.

09

Mayan Cosmovision and Integrative Counseling: A case Study from Guatemala

마야의 우주관과 통합상담

과테말라의 사례연구

ARCTIC OCEAN

Beaufort Sea

Chukchi Sea

East Siberian Sea

NEW SIBERIAN ISLANDS

Laptev Sea

ALASKA (UNITED STATES)

Bering Sea

Sea of Okhotsk

NORTH PACIFIC OCEAN

HAWAIIAN ISLANDS

MONGOLIA

KOREA

East Sea

JAPAN

CHINA

East China Sea

TAIWAN

Philippines Sea

MICRONESIA

MARSHALL ISLANDS

MARSHALL

MICRONESIA

KIRIBATI

NAURU

PHILIPPINES

PALAU

CAROLINE ISLANDS

MELANESIA

TUVALU

South China Sea

MYANMAR

LAOS

THAILAND

CAMBODIA

VIETNAM

SOLOMON ISLANDS

PAPUA NEW GUINEA

BRUNEI

MALAYSIA

VANUATU

FIJI

INDONESIA

TIMOR-LESTE

Coral Sea

AUSTRALIA

Tasman Sea

NEW ZEALAND

09 마야의 우주관과 통합상담

과테말라의 사례연구

Andrés J. Consoli
María de los Ángeles Hernández Tzaquitzal
Andrea González

치료자

마리엘로스는 마야 공동체에서 치유자로 알려져 있다. 즉, 지식과 특별한 능력을 통해 전통적이고 문화적으로 조화로운 방식으로 사람들을 돕는다. 마리엘로스는 돋보이는 개인적 특성이 많이 있다. 그녀는 인내심 있고 감정이입에 능한 경청자이며 또 그만큼 사귀기 쉽고 젠체하지 않는 사람이기도 하다. 게다가 전문적 수준에서 지역사회의 구성원은 지식의 폭 때문에 그녀에게 자연히 끌린다. 그녀는 지역사회의 치유자와 연합하여 전통적인 방식과 마야의 우주관을 통합하였다. 그녀는 치유력을 가진 식물과 세대를 통해 전승된 선조의 지식에 기반을 둔 의식을 사용한다. 그녀는 전통적인 지식을 바하(Bach) 꽃 요법과 같은 좀 더 현대적인 접근방식과 결합한다. 또한 그녀는 에너지 점 또는 샤크라와 같은 바이오살루드(biosalud, 생명건강)의 관점을 더 종교적인, 심지어 가톨릭적인 전통과 결합시킨다. 그 전통이란 기도하기나 환자의 필요에 따라 특별한 종류의 초를 사용하는 것

등이다.

마리엘로스의 도움을 찾는 사람들은 그녀가 친근하고 포용적이기 때문만이 아니라, 적어도 초반에는 그들이 공유하는 문화적 배경을 따르는 친숙한 방식을 사용하기 때문에 그녀에게서 편안함을 느낀다. 또한 마리엘로스의 학문적 자격증들은 특히 지역사회에서 매력적인 특징인데, 이는 마을 사람들이 그러한 공식적인 훈련을 받은 사람에게 높은 지위를 부여하기 때문이다. 마리엘로스에 따르면, 이러한 현상은 지역사회 구성원이 심리학자라는 말이나 대학 교육이 함축하는 의미를 이해하지 못할 때조차 나타난다고 한다.

전반적으로 마리엘로스는 치유에 대한 자신의 이론적이고 철학적인 접근법을 치료를 원하는 사람들에게 권한과 힘을 주면서도 통합성을 추구하는 접근법이라고 설명한다. 그녀는 마야의 우주관과 같은 전통적인 지식을 되찾고 활용하는 것의 중요성을 강조한다. 그리고 그것을 기존의 학교 교육뿐만 아니라 대안적인 치유 활동과도 결합한다. 마리엘로스는 자신의 교육과 전문적인 경험 덕분에 사람들이 광범위한 신체적 불편감을 호소하며 상담받으러 온다고 한다. 하지만 많은 환자가 진정 필요로 하는 것은 건강을 추구하는(health-seeking) 행위에 담긴 무언의 정서적인 욕구를 다룰 수 있는 섬세하고 통찰력 있는 경청자라고 인식하고 있다. 그녀는 환자의 정서적인 욕구를 끄집어 내는 것이 특히 어려운 일이라고 본다. 그러나 그 일이 통합적인 방식으로 행해졌을 때 훨씬 좋은 결과가 나타나며 치유 가능성이 높아진다.

사 례

어머니가 마리엘로스에게 데려온 신시아[1)]는 17세의 마야 Tz'utujil이다.

사 례

학교 관계자는 신시아가 일주일간 학교에 결석하여 신시아의 어머니에게 연락을 했다. 그들은 '정신적 붕괴' 또는 '분열적 과정' 때문에 신시아의 안녕에 대해 걱정스러웠다. 신시아는 작년에 고등학교 졸업반이었는데 고등학교 교육에서 시장 중심에 대한 필수조건으로 유기농 야채 판매의 할당량을 채워야 한다는 것 때문에 학교 관계자에게서 압박감을 느끼며 큰 스트레스를 받고 있었다. 신시아는 지역사회에서 집집마다 유기농 야채가 든 가방을 판매하도록 강요받았다. 하지만 그녀는 상품이 다른 야채보다 훨씬 더 비싸서 판매가 어렵다는 것을 알게 되었다.

학교 관계자가 가장 우려했던 부분은 밤늦게 이상하고 반복적인 경험을 했다는 신시아의 증언이었다. 신시아는 가족 모두가 잠자리에 든 후에 숙제를 끝내기 위해 깨어 있었다고 말했다. 숙제를 마친 후 곧바로 침실에 등이 저절로 켜졌고 그녀는 자신을 '붙잡으려고' 하는 '이미지' 나 '형상' 의 존재를 느꼈으며 목 주위가 손으로 짓눌리는 경험을 했다.

신시아는 지역 병원의 간호사인 어머니에게 이런 경험을 이야기했고 그녀는 신시아가 병원의 보건진료원에게 검사받도록 했다. 신시아는 자신의 경험 대부분이 '남자 친구나 우정 문제' 와 결부된 스트레스 때문이며, '마음을 편히 가지고' 친구에게서 '주의를 돌려야' 곧 모든 것이 빨리 지나갈 것이라는 이야기를 들었다. 신시아에게 차도가 없자, 어머니는 신시아를 몇 번 본 적이 있는 동네의 가톨릭 신부에게 도움을 청했다. 신시아는 계속해서 늦은 밤의 '출현' 을 경험했고, 학교생활에 지장을 받기 시작했다. 학교 관계자가 신시아의 어머니에게 연락했을 때, 그녀는 다른 치료 방식을 모색하기로 결심했고 지역 신부의 추천을 받은 후 마리엘로스에게 도움을 구했다.

1) 내담자의 이름과 환경의 일부는 그녀의 비밀보장을 위해 변형되었다.

신시아는 첫 회기에서 창백해 보였고 공포에 떨고 있었으며 몸이 차가웠다. 이 모든 것이 마리엘로스가 신봉하는 마야의 우주관에서는 심각한 징후였다. 신시아는 스트레스를 받고, 정신이 팔려 있으며, 공포에 떨고 있었다. 마리엘로스는 신시아의 이야기에 대해 더 알게 되면서 신시아의 가족력, 신념, 문화적 관습에 대해 물어보았다. 마리엘로스는 신시아 어머니의 남동생인 삼촌이 약 1년 전에 죽었다는 것을 알게 되었다. 사인은 생선 뼈를 삼키다 일어난 사고로 묘사되었다. 삼촌은 가톨릭 신부였으며 신시아와는 특히 가까웠다. 신시아의 아버지는 그녀가 아주 어렸을 때 가족을 버렸으며 신시아는 삼촌을 아버지로 여겼다. 그녀는 여자 형제가 둘이 있었다. 신시아의 외갓집은 가톨릭 전통을 신봉하며 매우 신앙심이 깊었지만 마야 관습도 받아들였다.

상황 조건

신시아의 지역사회는 엄청난 파괴력을 지닌 열대 폭풍에 큰 타격을 받아왔으며, 가장 최근에는 2005년 허리케인 스탠으로 타격을 받았다. 역사적으로 지역사회는 1996년 평화 협정으로 종결된 수년간의 내전의 영향을 받아 왔다. 그러한 도전적인 국면에서도 지역사회는 결속력을 가지며 활발한 사회생활을 통해 시민이 서로 긴밀히 상호교류를 한다는 사실을 자랑으로 삼고 있다.

신시아의 지역사회에는 여러 마야 집단이 공존한다(Kaqchikel, K'iche' and Tzuthuhil). 또한 지역사회 자체가 hacedores del mal(악을 행하는 사람, evil doers)과 ajq' ij, timekeepers(시간을 기록하는 사람)의 세계에서의 존재와 같은 신념을 가진 마야 우주관을 포함해 다수의 영향을 수용하고 있다. 운명에 따라 시간을 기록하는 사람은 마야력에 의거해 시간을 기록하는 것 외에도 각 개인이 지닌 신성한 힘을 식별해 내는 것뿐만 아니라 해몽, 해

독, 도전을 해석하는 데 참여한다. 또한 신시아의 지역사회는 대체로 가톨릭 신념의 영향을 받지만 신교도의 신념에도 영향을 받아 종교적이다. 다른 여러 현대적 관점도 신시아의 지역사회에서 찾을 수 있는데, 생태학과 같이 현대적이지만 선조의 전통과 꼭 들어맞는 것부터 '대안적 치유 활동'이라는 말로 집합적이라고 불러 온 활동까지 존재하는데, 이러한 활동은 건강과 질병을 찾아내고 이해하는 사람들의 민간요법에 통합되어 왔다. 이렇듯 상당히 많은 다양성이 존재하는 가운데 토착 사회의 구성원은 의도적으로 서구의 정신건강 치료자를 피하려는 경향이 있다. 그 이유의 일부는 결국 내전까지 야기시킨 수세기 동안의 억압과 차별 때문에 불신이 싹튼 것이고, 또 다른 일부는 그들이 전통적인 마야의 방식을 선호한다는 것이다. 정신건강 분야는 상담을 토착 사회에 도입하기 위해 비공식적 혼합주의와 토착 사회에서 높은 신뢰를 받는 마야의 우주관과 심리치료 접근법을 통합하려는 고집이 있는 상담자에게 의존해 왔다.

전체적으로, 토착민 사회에서 건강은 '정신을 나타내는 마음'과 사람이 지역사회에서 일하고 참여할 수 있도록 해 주는 '신체의 조화'로 인식한다. 병은 사고와 기쁨, 희망, 일을 방해하는 영혼과 마음, 그리고 신체적 감정 사이의 불균형으로 보고 있다. 그것은 나쁜 욕망이나 부정적인 생각에 따라서, 사명에 대한 불복종에 따라서, 술이나 의약품 남용 때문에, 또한 노인에 대한 무례함 때문에 야기될 수 있다.

이러한 맥락 속에서 마리엘로스는 여러 다른 전통에 익숙하며 놀라운 양의 지식을 가진, 자타가 공인하는 치유자다. 게다가 마리엘로스는 지역사회에서 여러 중요한 역할로 지도력을 발휘하며, 사람들은 여러 방면에서 도움을 주는 그녀를 존경하고 있다.

상 황

과테말라는 중앙 아메리카를 구성하는 일곱 국가 중 하나이며 인구는 약 1400만 명이다. 인구의 약 60%를 차지하는 가장 큰 집단은 라디나(Ladina) 또는 메스티자(Mestiza)(주 언어로 스페인어를 사용하는 다민족 집단으로 원주민은 아닌 집단)인 반면, 인구의 40%는 대략적으로 마야인이라고 부르는 원주민이다. 인구의 1% 미만을 차지하는 마야인이 아닌 두 개의 원주민 집단이 있다. 한 개의 집단은 징카(Xinka)로 알려져 있으며 구성원은 과테말라의 남동부에 주로 살고 있다. 다른 집단은 가리후나(Garifuna)로 알려져 있으며 구성원은 과테말라의 캐리비안 해안가에서 주로 살고 있는 아프리카 후손이다.

과테말라는 문화적 · 인종적 · 언어적 다양성으로 특징지을 수 있다. 공용어는 스페인어이며 23개의 추가적인 토착 언어가 있다. 사회적인 불평등 또한 과테말라의 특징적인 부분이다. 세계 보건 기구에 따르면, 토착민 중의 91%가 빈곤하게 살고 있고 라디노족은 45%에 불과하다. 유엔의 인권 개발 지표는 토착민이 라디노족에 비해 수명, 학교 교육, 삶의 질과 같은 지표에서 크게 뒤처져 있고, 의료 서비스를 받는 데 격차가 있음을 보여 준다(Hautecoeur, Zunzunegui, & Vissandjee, 2007). 과테말라의 지진, 허리케인 그리고 가뭄의 상당 부분이 이러한 사회적 불평등을 더 명확하고 통렬하게 했다(Alejos, 2006).

과테말라 마야인의 역사는 길고 복잡하다(Ekern, 1998). 라틴 아메리카의 다른 많은 토착 집단과는 다르게 그들은 1523년에 시작된 스페인의 지배하에서 차별, 동화의 노력, 배제하려는 전략을 견디어 내면서 생존해야만 했다(Instituto Nacional de Estadística, 2009). 1821년 과테말라가 스페인에서 독립한 후 과테말라 마야인은 Ladinization이라고 부르는 과정인 동화 노력을 견디어 내야 했다(Falbo & de Baessa, 2006). 1960년에 시작된 내전(conflicto armado나 무력 분쟁이라고 알려진)은 약 20만 명의 죽음 또는 실종을 초래했으며 100만 명으로 추정되는 과테말라인이 이동(추방)했다. 시간이 흐를수록 내전은 마야인의 집단 학살과 마야 문화에 대한 박해를 야기했다. 사살된 사람의 90%가 남성으로 추정되는데 그들 중 78%는 마야의 성인 남성이었다(Beristain, 1998). 게다가 내전 기간 여러 농촌, 대개 마야 지역사회에서 발생한 대학살은 엄청난 사회 구조적 문제점을 초래했고 마야인 사이에서 큰 불신을 일으켰다. 많은 마야 집단이 참배할 장소와 휴가와 제식을 잃었으며 어떤 지역 공동체는 전체가 대부분 이웃 나라인 남부 멕시코로 연달아 추방당했다. 여러 마야 지역사회는 심지어 민족 정체성과 자부심을 나타내는 전통 의상인 트라제티피코를 입는 것도 금지되었다.

최근 몇 십 년간 과테말라에서 민족적 차이를 재고하자는 노력이 진행되고 있다. 사실 새로운 공공 정책은 민족적 · 문화적 다양성을 가치 있게 여기려고 모색해 온 한편(Bastos & Cumes, 2007), 교육 정책은 2개 국어 교육과 문화 간의 교육을 발전시킬 목적으로 Escuelas Mayas(마야 학교)를 창설했다.

1996년의 평화 합의안은 사회적으로 더 공정한 사회에 대한 희망을 갖게 했고 마야 사회 기관과 당국에 대한 욕구를 재점화시켰다(Beristain, 1998). 그럼에도 불구하고 한 나라이자 사회로서 과테말라는 내전의 여파를 계속해서 다루어 오고 있다(Garavito, 2003). 히에라, 드 제수스 마리와 페라즈(Herrera, de Jesús Mari, & Ferraz, 2005)는 1962~2004년에 출간된 과테말라인의 정신장애 유병률에 관한 글을 검토하고 내전 후 사람들에게서 정신장애가 눈에 띄게 증가한다는 증거가 있다고 결론지었다. 범미 보건 기구(PAHO)가 진행한 연구에 따르면(Rodríguez, De la Torre, & Miranda, 2002), 내전 기간 동안 중독을 포함한 정신건강 문제는 사람들의 좌절, 무망감, 사회적으로 무질서한 느낌의 정도가 증가함에 따라 함께 늘어났다. 사람들은 고문, 납치, 가혹한 죽음과 같이 정신적 외상을 남기는 사건에 노출되었다. 그리고 이것은 특히 토착민에게 불안과 공포를 가중시켰다. 게다가 토착민의 구세대가 다음 세대에게 문화적인 지식을 전하는 전통적인 방식이 대량학살과 군의 사회적인 모임 금지로 눈에 띄게 방해를 받았다. 더 최근에는 많은 토착민이 과테말라시티 주변의 슬럼 지역으로 이동함에 따라 solidaridad(어려움, 도전, 또는 힘든 상황에 직면했을 때의 상호 협력과 책임)와 personalismo(서로를 감사, 배려, 존중으로 대하기-서로 "너는 나고, 나는 너다."라는 시각에서 파생된)와 같은 공공 가치가 도전을 받게 되었다. 또한 내전 중에 멕시코 남부로 추방을 당한 젊은 마야 난민들은 귀향이 매우 어려운 일임을 알게 되었고, 그 대신 그런 경험을 활용하거나 귀향에서 멀어지게 되었다(Rousseau, de la Aldea, Rojas, & Foxen, 2005; Rousseau, Morales, & Foxen, 2001).

과테말라의 정신 의료 전달 체계는 전체 보건 예산의 약 1%로 비참할 정도의 자금난을 겪고 있다. 이 1% 중에 과테말라시티에 위치한 정신의학병원이 자금의 90%를 받는다. 이 서비스의 도시 집중은 대부분의 마야인이 사는 농촌에 서비스가 상당히 부족하게 하며 사회적 불평등을 가중시킨다. 농촌 지역에서 토착민이 이동 정신건강 서비스를 사용하는 경우는 현저히 드물다(Rodríguez et al., 2007).

이런 일에 관한 여러 가지 가능한 설명 중 하나로 토착민이 영적인 지침을 따르는 그들의 전통적 관습에 더욱 의존한다는 사실을 들 수 있다. 이런 지침은 권위를 갖게 되었고 그 결과 그 지침은 영적인 문제에 대해서뿐만 아니라 개인적, 공동체적, 사회적 관심사를 아우르는 광범위한 문제에 대해서도 조언을 제공하게 되었다. 이는 성스러운 세계와 일상적 삶을 구별하지 않는 마야인의 우주관과도 일치한다(Tovar, 2001).

이 점에 관해서 더 설명하자면, 차베스, 폴, 빌라세노르(Chávez, Pol, & Villaseñor, 2005)는 마야인의 우주관에는 여섯 가지 질병이 있다고 말한다. 첫 번째는 Xib'rikil 또는 susto(공포 또는 영혼의 상실)로, 영혼을 앗아 가는 정신적 외상 사건으로 발생하는 상태다. 두 번째는 Paq' ab' Chuch tat으로, 사회적 · 문화적 규범을 어김으로써 발생하는 상태다. 세 번째는 Qijalxik으로, 마야인의 달력에서 지정하는 사명을 따르지 않는 사람들이 겪게 되는 고통이다. 네 번째는 바이러스, 기생충, 박테리아의 작용이 야기하는 육체적 징후인 Molem으로, 최근의 내전과 같은 사건을 포함하는 심리사회적 문제에 관계될 수 있다. 다섯 번째는 '묻히다' 라는 원래의 뜻을 가진 Muqu'n o pison' 으로, 남을 속인 사람들 사이에서 나타나는 반응이다. 마지막 여섯 번째는 '광기' 라는 원래의 뜻을 가진 Moxrik인데, 질투, 원한, 복수, 불신, 시기, 폭력, 무책임, 험담, 야망, 도둑질 등과 같이 피해야 할 행동이 야기하는 결과를 가리킨다.

과테말라와 관련된 상황의 측면에 대해 상담자의 이해를 돕는 중요한 자료가 여러 가지 존재하며, 이러한 자료의 내용에 대해 정통하면 내가 만나는 내담자가 속한 사람들의 집단에 대해 더욱 잘 알 수 있다. 추천할 만한 자료로는 특정 국가에 관한 정보와 프로젝트를 담은 미국발전프로그램(the United Nations Development Program[UNDP], www.undp.org.gt), 그리고 가장 주목할 만한 *Crecimiento con equidad: La lucha contra la pobreza en América Central*(공정성의 성장: 중앙 아메리카의 빈곤과의 투쟁, Growth with Equity: The fight against poverty in Central America)을 비롯한 UNDP 출판물들이 있다.

이 출판물은 스페인어로만 출간되어 있는데 온라인 사이트(http://www.undp.org/latinamerica/docs/Libro_Crecimiento_con_equidad. pdf)에서 전문을 쉽게 구할 수 있다. 현재의 동향과 미래의 정책을 이해하는 데 도움이 되는 'UN 정기 보고서' 도 추천할 만하다. 또 우리는 'Diversidad étnico cultural: La ciudadanía en un estado plural(문화적 · 민족적 다양성: 복수 사회의 시민권, Cultural ethnic diversity: Citizenship in a plural state)' 을 추천한다. 이 포괄적인 보고서는 과테말라의 민족 역사를 간략히 다루는 동시에 특히 다민족

간의 정의, 차별과 인종주의 같은 문제를 자세히 다룬다. 최근의 판본은 UN이 2006년에 출간하였다. 전통적 지식, 토착적 지식, 전통 환경적 지식, 전통 생태적 지식 등 여러 방식으로 지칭되어 온 마야인의 방식으로 고유한 지식을 다루고, 건강과 안녕에 대한 그들의 관점에 관한 것으로 마야인의 우주관의 중요한 측면을 강조하는 정보를 조사하고자 하는 사람에게 우리는 UN 출간물인 *Raxalaj Mayab' K'aslemalil: Cosmovisión Maya Plenitud de la Vida*(Raxalaj Mayab' K'aslemalil: Mayan cosmovision and life's fullness, 마야의 우주관과 인생의 충족)를 강력하게 추천한다. 이 출판물도 스페인어로만 출간되어 있지만 온라인 사이트(http://www.undp.org.gt/data/publicacion/Cosmovision%20maya.pdf)에서 찾아볼 수 있다.

마지막으로, 앞으로 나올 치료자, 사례, 치료에 관한 서술이 전체 국가를 대변하는 것이 아니라는 사실에 유념하기 바란다. 과테말라와 그 국민, 그리고 이 나라 안에서 활동하는 정신건강 전문가는 매우 큰 다양성을 띠기 때문에 한 명의 치료자, 하나의 사례, 한 번의 치료는 그러한 다양성을 포괄하기에 부족하다고 할 수 있다. 우리는 독자가 다음의 이야기를 전체적으로 복잡한 나라의 작은 단면으로 이해하고 보기를 권하고 싶다. 이 단면은 저자들의 관점에서 제시된 것이기 때문에 그들이 받은 양육, 교육, 훈련과 경험을 통해 형성된 것이며, 따라서 본질적으로 제한된 것이다. 그렇기에 이제 제시될 설명은 다른 사람들과 겸손하게 영적인 도움을 나누고 있는 것을 보여 준다. 그러므로 우리는 독자가 이국화시켜 버리는 위험과 경향을 피할 수 있도록 단일 사례연구를 보다 넓은 관점으로 발전시키기를 바란다.

치 료

신시아가 겪는 문제는 문화적 기반을 가진 susto(원뜻: 공포) 신드롬을 둘러싸고 생겨난 것으로 볼 수 있다(American Psychiatric Association, 2000; Chávez et al., 2005). 마야인의 우주관에서 susto를 겪는 사람은 영혼 상실이라 부르는 영적 상태에 빠져 공포에 질리고 이성적 사고를 할 능력을 잃거나 질병에 취약해지기도 한다. susto는 나쁜 소식, 사고, '떠도는 영혼'의 방문 등 다양한 원인으로 발생할 수 있다. 마야인의 우주관에서 떠도는 영혼이란 평화 속에 안식하지 못한 채 정신적 외상을 입을 만한 방식으로 세상을 떠나서 그들이 성불할 수 있도록 도와줄 사람들을 찾아 떠돌아다니는 원혼을 말한다.

전통적 믿음에 따르면, 하루 중 사람들이 사고 또는 갑작스러운 죽음을 당하거나, 떠도는 영혼의 방문을 받을 가능성이 특히 높은 시간대가 있다고 한다. 이런 시간은 las malas horas(원뜻: 나쁜 시간)라 알려져 있으며 자정, 정오, 그리고 오후 아홉 시라고 한다. 이 시간대에 안 좋은 사건을 겪을 확률이 가장 높다는 소문이 있다.

이 전통에 따르면, las malas horas 중에 자신을 보호하는 방법으로 특정 식물의 축복을 받은 물에서 목욕하기, 그런 식물로 만든 차 마시기, 종교 의식 참여와 기도 등이 있다고 한다. 마야 문화는 감사와 존중의 덕목에 큰 가치를 둔다. 그런 문화이기에 그에 속한 사람이 las malas horas 중에 본질적으로 나타나는 취약성에서 자신을 보호하고자 한다면 그는 자기가 가진 운에 대해 감사하고 선조를 체계적인 방식으로 기억하여 그들을 기려야 한다.

그러나 마야 전통에 따르면, 이렇듯 표현된 불만을 개념화하고 그에 따라 개입하기 전에 평정심 공유를 위한 능동적 노력과 함께 치료가 시작되는데, 이는 보통 상담자가 환자에 대해 공감하는 능력에 바탕을 둔 것이다. 이런 공감적 관계는 치유자가 선의를 가지고 있고 무해하며 교화된 영혼을 가지고 있다고 환자가 느낄 때 이루어질 수 있다. 처음 목표는 환자가 편안하게 있도록 하는 것이다. 신시아는 바로 이런 편안함을 느꼈고 마리엘로스에게 그 기분을 말로 표현할 수 있었다. 한편 마리엘로스는 신시아가 첫 회기의 말미로 갈수록 나아지고 점점 활기를 띠었으며 치료에 동참할 준비가 되어 갔다고 말했다. 이런 맥락 속에서 마리엘로스는 신시아가 즉시 교실로 돌아갈 것이라는 확답을 받을 수 있었으며, 신시아는 치료가 진행되는 동안과 그 뒤로도 계속 수업에 나갔다.

치료의 다음 단계는 환자의 믿음과 문화적 관점을 조사하는 것이다. 신시아는 자신과 가족이 las malas horas, 초자연적인 존재, 생명체 사이에 살고 있는 영혼의 세계를 믿는다고 말했다. 그럼에도 불구하고 마리엘로스는 신시아가 삼촌 등 다른 사람들로부터 부적절한 성적 행위를 겪었을 가능성을 조사해 보았다. 신시아는 그런 경험은 없었다고 했으며 심지어 오해를 살 만한 상황조차 없었다고 말했다.

그 후 신시아와 마리엘로스는 신시아가 자신의 경험을 극복할 수 있는 방법을 함께 논의했다. 그들은 신시아의 집을 정화하고 예배를 드리기 위해 'ruda 또는 rue(뉘우침)'라는 식물을 사용하는 방안을 논의했다. 한편 마리엘로스는 동종의 식물 중 일부를 불에 태운 제물로 사용하였다. 또한 신시아는 자신의 아우라를 치유하고 보호하기 위한 방법으로 이 식물의 축복을 받은 물에서 목욕을 하고 초에 불을 켜기로 했다. 신시아와 마리엘로스는 자신만의 방식으로 기도하고 당면한 문제에 대한 치유법을 찾는 데 동의했다. 그들은 대단히 고통스럽게 세상을 떠난 삼촌의 떠도는 영혼이 susto를 야기했을 가능성에 대해서도 대화를 나누었다. 그들은 이 가능성을 함께 고려했고 '이 영혼을 제 갈 길로 보내는' 어떤 의식을 행하는 데 동의하였다. 그런 의식의 일환으로 성불 의식이 준비되었고 신시아는 의식이 끝난 후 바로 어머니와 함께 삼촌의 묘소를 방문하였다. 게다가 신시아는 3주 동안 매주 월요일마다 예배당에 갔고 삼촌을 기리고 그의 영혼에 안식을 주기 위해 특정한 종류의 초에 불을 붙였다.

마리엘로스는 신시아가 추모 과정을 보다 용이하게 할 수 있도록 이끌어 주었다. 신시아에게 빈 의자 기법을 사용하도록 제안했는데, 신시아는 처음에는 불편해하다가 결국 받아들였다. 이 회기를 거치는 동안 신시아는 삼촌에게 얼마나 고맙고 그가 자기에게 얼마나 소중한 존재이며, 또 그의 죽음이 얼마나 큰 비탄을 안겨 주었는지에 대해 자세히 이야기해 주었다. 신시아는 자신의 짧은 생애 동안 두 번째로 아버지를 잃은 듯한(huérfana de padre) 기분을 느꼈다. 신시아는 삼촌의 때 이른 죽음에 작별을 고하기 위한 방법으로 그에게 편지를 쓰기로 결심했다.

치료의 평가

치료는 여섯 번의 회기에 걸쳐 이루어졌으며 신시아는 상당히 좋아지는 모습을 보여 주었다. 그녀의 안색은 눈에 띄게 나아져 창백하지 않았으며 만졌을 때 차갑지 않았다. 마야의 창조 신화에 따르면, 창백함이나 차가움은 좋지 않은 징후다. 가장 중요한 사실은 그녀가 상담을 받는 이유였던 저녁의 '출현'을 경험하지 않았고 첫 회기 때부터 학교에 규칙적으로 등교했다는 것이다. 그녀는 여섯 번의 회기 이후 자발적으로 치료를 중단하였는데 증상이 호전되었기 때문일 가능성이 크다. 만약 치료가 계속되었더라면 마리엘로스는 신시아가 학교에서 경험한 압박과 그에 따른 스트레스에 초점을 맞추도록 권했을 것이었다.

마리엘로스는 신시아의 어머니와 대화를 나눈 적이 몇 번 있다. 마리엘로스는 그녀가 딸의 문제에 대해 어떤 관점을 가지고 있는지 이해하기 위해 첫 번째 회기 중 그녀를 만났고, 또 나중에 신시아가 겪었을 가능성이 있는 성적 학대에 대한 정보를 수집하고 있을 때인 두 번째 회기 중에 한 번 더 만났다. 또한 마리엘로스는 신시아와의 마지막 회기 직후 다시 한 번 그녀의 어머니를 만났다. 그녀의 어머니는 신시아가 전보다는 훨씬 좋아졌지만 끔찍이 아끼던 삼촌의 죽음에 관해서는 도움을 필요로 한다고 했다.

중요한 추후 회기에서는 신시아의 안녕에 대한 학교 관계자의 염려와 그녀의 분투에 대해 그들이 갖고 있는 관점에 관한 대화가 이루어졌다. 신시아의 동의와 어머니와의 합의하에 마리엘로스는 신시아의 성취도에 대한 보고서를 얻기 위해 학교 관계자에게 연락했다. 신시아의 선생님과 교장은 그녀의 성장을 기뻐했다. 마리엘로스는 대화가 진행되는 동안 그들이 했던 질문에 기반을 두고 신시아의 치료에 대한 구체적인 정보는 언급하지 않은 채 그녀의 접근 방법의 상세한 부분을 알려 주기 위해 학교 직원이 근무 중 훈련을 할 것을 제안했다. 이 훈련은 신시아의 졸업 후에 하도록 계획되었다.

치료에 대한 권장 사항

우리는 신시아가 최근에 미국이나 다른 나라로 이민을 간 사례라고 가정하고 다음과 같은 추천을 하고 싶다.

미국은 인구 중 다수가 과테말라 이민자로 이루어져 있기 때문에 특별한 나라로 알려져 있다. 우리는 자신의 문제에 대한 신시아의 관점을 철저히 이해하는 것이 그녀와의 상담을 시작할 중요한 시점이라고 믿는다. 우리는 신시아가 자기 문제에 관해 어떤 관점을 가지고 있는지를 치료자가 우선적으로 조사하도록 권장할 것이다. 우리는 치료 중 이 단계가 상당한 어려움을 동반할 수 있다는 사실을 인지하고 있다. 왜냐하면 신시아가 자기 문제의 신체적 요소에만 초점을 맞추고 자기 상황의 정서적인 측면을 말로 표현하는 데 어려움을 겪을 가능성이 크기 때문이다. 우리는 치료자가 신시아의 가족이 따르는 관습, 믿음, 활동에 대한 대화를 촉진할 것을 권장할 것이다. 특히 중요한 것은 신시아와 그녀와 가족 사이에 있을 수 있는 세대 차이와 신시아가 보다 전통적인 믿음, 관습에서 어느 정도까지 자기 정체성을 찾는지에 대해 탐색하는 일이다. 또한 이민 온 국가의 주류 문화에 대한 신시아의 '자기 동일시'와 출신지역 문화에 대한 충성과 새로운 나라의 문화에 대한 충성 사이에서 느낄 수도 있는 '갈등'에 대해서 의논하는 것도 중요하다. 더 나아가 과테말라나 중미의 다른 지역에서 온 많은 이민자는 이민 과정뿐 아니라 도착한 뒤에도 극도로 힘들고 정신적 외상까지 남길 수 있는 사건을 견디어 왔으므로 이민 경험 그 자체에 대해 논의하는 일 역시 가치가 있다.

우리는 치료자가 특히 las malas horas, 마야인의 우주관, 영적 세계 등 신시아와 그 가족이 신봉하는 신념을 설명해 줄 수 있는 문화 중개인의 도움을 구할 것을 권장하고 싶다. 나아가 치료자는 신시아와 그 가족이 그녀의 문제를 다루는 데 도움이 될 수 있다고 믿는, 문화적으로 조화로운 방식을 신시아와 함께 찾아보아야 한다. 비록 신시아와 가족이 바라고 구하는 모든 측면을 치료자가 다 제공할 수는 없더라도, 신시아의 문제를 문화적으로 관련된 방식으로 힘을 합해 다룰 수 있는 공동 인맥을 형성할 수는 있을 것이다. 그럼에도 불구하고 염두에 두어야 할 중요한 점은 미국과 다른 국가 내의 많은 이민 공동체가 가진 긴밀성이다. 이러한 긴밀성은 기밀 정보를 누설하게 될 잠재성 때문에 상담 진행을 어렵게 할 수도 있고 심지어 미국과 다른 지역의 전문가 활동을 특징짓는 전통적 기밀 체계 내에 특정한 도전을 야기할 수도 있다. 과테말라 이민자, 특히 마야인 내담자와 작업할 경우 염두에 둘 또 다른 중요한 사항은 내담자와 그 가족에게 남겼을지도 모르는 내전의 영향을 고려해야 한다는 점이다. 마지막으로, 미국이나 다른 지역의 다수 문화에 속하는 상담자는 이민자를 돕는 데 쓰일 수 있는 그들만의 능력을 인지하고 있어야 한다. 그 능력은 바로 이민자 환자를 환영하고 존중하며 대하는 (단순하지만 깊이 있는) 인간의 능력인데, 이는 이민자인 환자가 이민 대상국에서 경험했을지도 모를 적개심에 대비할 수 있는 능력이다.

참고문헌

Alejos, J. (2006). *Dialogando alteridades: Identidades y poder en Guatemala* [Dialoguing about othernesess: Identities and power in Guatemala]. Mexico: Universidad Nacional Autónoma de México.

American Psychiatric Association. (2000). *Diagnostic and statistical manual of mental disorders* (4th ed., text revision). Washington DC: Author.

Bastos, S., & Cumes, A. (2007). *Mayanización y vida cotidiana: La ideología multicultural en la sociedad guatemalteca. Volumen 1: Introducción y an análisis generales* [Mayanization and daily life: Multicultural ideology in the Guatemalan society. Volume 1: Introduction and general analysis]. Guatemala: FLACSO CIRMA Cholsamaj.

Beristain, C. (1998). Guatemala, nunca más [Guatemala, Never again]. *Revista Migraciones Forzosas, 3,* 23-26.

Chávez, C., Pol, F., & Villaseñor, S. (2005). Otros conceptos de enfermedad mental [Other concepts of mental illness]. *Investigación en Salud, 7,* 128-134.

Ekern, S. (1998). Las organizaciones mayas en Guatemala: Panorama y retos institucionales [Mayan organizations in Guatemala: Overview and institutional challenges]. *Mayab: Revista de la Sociedad Española de Estudios Mayas, 11,* 68-83.

Falbo, T., & de Baessa, Y. (2006). The influence of Mayan education on middle school students in Guatemala. *Cultural Diversity and Ethnic Minority Psychology, 12,* 601-614.

Garavito, M. A. (2003). *Violencia política e inhibición social: Estudio psicosocial de la realidad guatemalteca* [Political violence and social inhibition: A psychosocial study of the Guatemalan reality]. Guatemala: FLACSO-Guatemala.

Hautecoeur, M., Zunzunegui, M. V., & Vissandjee, B. (2007). Las barreras de acceso a los servicios de salud en la población indígena de Rabinal en Guatemala [Barriers to accessing health care services for the indigenous population in Rabinal, Guatemala]. *Salud Pública de México, 49,* 86-93.

Herrera, W. W., de Jesús Mari, J. J., & Ferraz, M. T. (2005). Mental disorders and the internal armed conflict in Guatemala. *Actas Españolas de Psiquiatría, 33,* 238-243.

Instituto Nacional de Estadística. (2009). *Marco conceptual para enfocar estadísticas de pueblos indígenas* [Conceptual framework to focus statistics of indigenous groups]. Guatemala: SEN Sistema Estadístico Nacional.

Rodríguez, J., De la Torre, A., & Miranda, C. (2002). La salud mental en situaciones de conflicto armado [Mental health in armed conflict situations]. *Biomédica, 22,* 337-346.

Rodríguez, J. J., Barrett, T., Narváez, S., Caldas, J. M., Levav, I., & Saxena, S. (2007). Sistemas de salud mental en El Salvador, Guatemala y Nicaragua: Resultados de una evaluación mediante el WHO-AIMS [Mental health systems in El Salvador, Guatemala, and Nicaragua: Results of a WHO-AIMS evaluation]. *Revista Panamericana de Salud Pública, 22,* 348-357.

Rousseau, C., de la Aldea, E., Rojas, M., & Foxen, P. (2005). After the NGO's departure: Changing memory strategies of young Mayan refugees who returned to Guatemala as a community. *Anthropology & Medicine, 12,* 1-19.

Rousseau, C., Morales, M., & Foxen, P. (2001). Going home: Giving voice to memory strategies of young Mayan refugees who returned to Guatemala as a community. *Culture, Medicine & Psychiatry, 25,* 135-168.

Tovar, M. (2001). *Perfil de los pueblos: Maya, Garífuna y Xinka de Guatemala. Proyecto de Asistencia Técnica Regional* [Peoples' profiles: Maya, Garífuna and Xinka of Guatemala. Regional Technical Assistance Project]. Guatemala: World Bank & Guatemalan Ministry of Culture and Sports (MICUDE).

10

Disaster Counseling:
A Haitian Family Case Post January 12, 2010 Earthquake

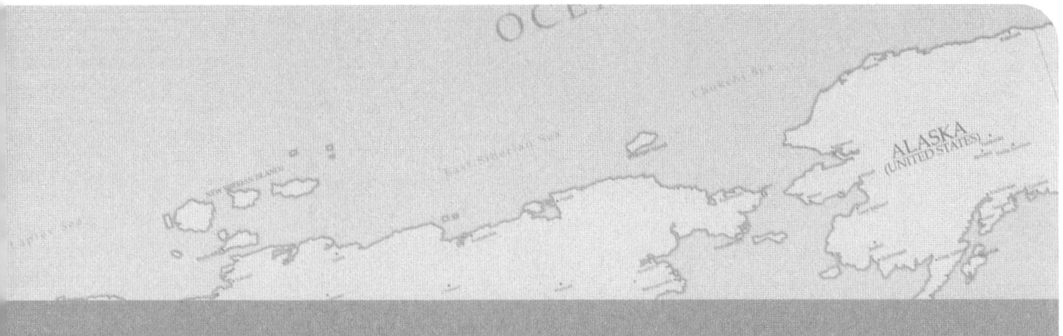

재난상담

2010년 1월 12일 지진 후의 아이티 가족 사례

ARCTIC OCEAN

Beaufort Sea

Chukchi Sea

East Siberian Sea

Laptev Sea

ALASKA (UNITED STATES)

Bering Sea

Sea of Okhotsk

NORTH PACIFIC OCEAN

HAWAIIAN ISLANDS

MONGOLIA

KOREA

East Sea

JAPAN

CHINA

East China Sea

TAIWAN

Philippine Sea

MICRONESIA

MARSHALL ISLANDS

MARSHALL

MICRONESIA

KIRIBATI

NAURU

PHILIPPINES

PALAU

CAROLINE ISLANDS

MELANESIA

TUVALU

SOLOMON ISLANDS

PAPUA NEW GUINEA

VANUATU

FIJI

MYANMAR

LAOS

THAILAND

CAMBODIA

VIETNAM

South China Sea

BRUNEI

MALAYSIA

INDONESIA

TIMOR-LESTE

Coral Sea

AUSTRALIA

Tasman Sea

NEW ZEALAND

10 재난상담

2010년 1월 12일 지진 후의 아이티 가족 사례

Gargi Roysircar

치료자

전통적으로 심리학자는 정신외상 같은 개인적 평가와 진단을 받은 내담자를 돕는다. 우리는 단순히 고통과 상실에만 대응하고 개인적인 정신질환을 개선하려 들지 않는 지역사회 수준의 개입을 하지 않는다. 하지만 21세기의 정신건강 제공자의 역할 범위가 넓어지고 있어서 결과적으로 우리 역할이 더 다양해졌다. 재난 정신건강은 그 지역사회 수준에서 재난의 영향을 개선하는 데 관습적인 실제 범주를 넓히고 있다. 우리는 지역사회 회복과 재건설 서비스에 참여하고 있다. 사회 정의가 취약한 지역사회에서 불균형을 이루고 있는 가난한 사람, 여성, 아동, 고아가 재난으로부터 가장 비극적인 영향을 받는다. 너무 많은 사례에서 정신적 외상의 영향을 받는 사람들이 개발도상국에 살고 있다. 이들 지역사회는 재건설을 위한 자원이 거의 없다.

재난 대응은 동시에 정신건강 전문가의 독특한 기술을 활용할 수 있는 정신건강 작업이다. 적극적인 경청, 공감 그리고 관계의 기술은 가장 중요하다. 무엇이 극도로 분노하거나 우울한 부모가 스스로 통제하고 자신의 욕구를 명료하게 표현하여 다시 자녀 양육으로 돌아올 수 있게 하겠는가? 의료 환자로 볼 때 정서적으로 결여된 사람으로 보이는 사람이 텐트촌에서 쇼크를 경험하고 있는 것은 아닌가? 다른 비치료 자원봉사자는 정신건강 전문가가 할 수 있는 방식으로 생존자의 정서적인 상태를 듣고 평가하는 기술이 부족하다. 덧붙여 집단행동을 평가하고 관리하는 기술, 결정을 내리는 데 지지해 주기, 반응을 정상화시키는 기술 등은 매우 유용하다. 구조 조직에서 스태프의 소진이나 자선활동에서 오는 피로감을 인지하고 방지하는 것, 부모, 고용주, 학교 직원에게 자문을 제공하는 것, 필요할 때마다 응급서비스에 응하는 것이 심리적 훈련을 활용할 기회다.

재난 샤크티 회원은 지역사회에서 생존자의 충족되지 않는 욕구를 알아내고 우리의 전문적인 배경을 적용하는 데 막중한 자유 재량권을 지니고 있다. 위기 개입, 심리적인 보호, 스트레스 관리 서비스와 기술 훈련, 성인과 아동을 위한 슬픔과 상실의 상담, 외상의 문제와 외상후 스트레스 장애를 겪는 사람들에게 단기 구조화 치료 등이 제공되고 있다(Roysircar, Podkova, & Pignatiello, in press). 학교 서비스에 관심이 있는 사람들은 지역 학교의 관리자와 모임을 갖고 학생, 가족, 교사가 회복된 후 다시 학교를 열 때 어떤 방법을 취할지 논의한다. 다른 사람들은 자기 응급 스태프와 함께 자기 보호 훈련에 적극 협력하거나(Roysircar, 2008), 다른 협조 기관과 병원이나 음식 배급 센터에서 자기 권리를 빼앗긴 거주자를 도와줄 수 있다. 재난 활동이 각기 다르기 때문에 재난 대응의 평균적인 일과를 묘사하는 것은 불가능하거나 어렵다. 재빠르지만 온전하게 변화 상황을 평가하고 언제나 심리학적인 대처를 하기 위해 심리적인 훈련을 활용하는 것은, 그 일이 심리적인 것이 아닌 것처럼 보일 때도 모든 재난 정신건강 작업의 특징이 된다(Bowman & Roysircar, 2011).

통합적이고 유연한 상담

학생자원봉사자 팀과 나는 전문적인 심리학을 상담에 옮기면서 전에 하던 역할과 정체성, 그리고 무엇이 '이루어져야만 하는가.'에 대한 선입견을 버리는 것을 배웠다. 우리 기술은 심리학에만 국한된 것이 아니며 구조적이고 사회적이고 경제적이며 사회정치적인 분석을 포함하고 있다. 재난 샤크티 서비스는 진솔하게 그 초점을 여러 학문 분야와 환경적인 데 맞추고 있다. 우리는 응급 상황의 성격을 문화적, 정치적, 그리고 내란이 일어난 곳의 지리적인 맥락에서 파악하고 있다. 우리는 경직된 기관의 노선을 따르는 임상적인 반응을 피하고 이론적인 논쟁에 뛰어들지 않아야 한다는 것을 알고 있다(Roysircar, 2009b).

생존자와 대응자를 이해하기 위한 회복의 틀 잡기

재난 샤크티의 철학이 회복과 정신건강의 복귀이기 때문에 질병으로 보는 것을 피하고 비정상적인 상황에서도 정상적인 반응을 강조하고 있다(Ryff & Singer, 2002). 우리는 재난 심리학이 정신질환 진단을 내리는 것에서 분리될 필요가 있다고 믿는다. 위험 요인을 평가하는 것만으로는 그 사람의 기능에 관한 완전한 그림을 제공할 수 없다. 기능에 관한 확실한 그림을 얻으려면 긍정적인 심리학과 정신건강 요인을 보호하는 평가가 필요하다(Roysircar, 2011b). 우리는 재난에 대한 정상적인 반응을 정신질환으로 진단하고 정신건강을 위한 투쟁에 낙인을 찍는다면 효율적이거나 국지적인 치유의 기능이 잘 이해되지 않을 것이라는 관점을 지니고 있다. 우리는 정신건강 개입을 지역사회의 회복을 돕기 위한 네트워크 내에 존재하는 비공식적인 지원을 보충하는 것으로 보고 있다.

각오에 대한 자기 평가

재난 작업에 참여하기 전에 재난 샤크티 회원은 자기 평가를 하기 위해 스스로에게 여러 가지 질문을 하고 자신의 각오를 다진다. 지진이 휩쓴 아이티에 선교집단과 함께 가기 전에 우리는 포르토프랭스(port-au-prince, 아이티 수도)의 정신건강이 열악한 조건에 있다는 것을 조사했다. 우리는 지진으로 붕괴된 도시의 정신 병원에서 정신분열증에 걸린 사람이 벌거벗은 채 흙범벅이 되어 콘크리트 바닥에 누워 있는 것을 보았다. 다른 환자는 작은 병실에 갇혀서 창살을 움켜쥐고 주의를 끌기 위해 울부짖고 있었다. 병실에서는 매트리스 없는 금속 철망 아래로 소변이 흐르고 있었고 배설물은 병실 밖 하수구에 덩어리져 있었다. 사회경제적 수준이 낮은 지역의 재난에서 볼 수 있는 것처럼 2010년 1월 12일 아이티의 재난은 정신건강 자원의 극심한 부적절함을 노출하고 확대해서 드러내었다. 이런 부족함은 서비스가 가장 필요한 곳에서 일어났다. 지진 이전에 아이티 전역에 정신과 의사가 손꼽을 정도밖에 없었다는 것은 정신건강 자원이 국가적 재난 이전에 몹시 열악했다는 것을 보여 주고 있다. 이런 정보를 읽으면서 재난 샤크티 회원 대다수는 그 기세가 꺾였다. 그때까지 의료와 건설의 자원자만 받아들이던 클리닉에 오직 두 명의 자원자만 임상치료사로 봉사할 기술과 뜻이 있다고 각오를 밝혔다.

아이티 지방의 배경

우리는 개신교 조직이 운영하는 개발 협동자(Partners in Development: PID)의 의료 클리닉에서 일했는데 그 본부는 매사추세츠의 입스위치(Ipswich)의 2층에 자리 잡고 있다. 아이티 클리닉은 1990년부터 봉사해 왔는데 포르토프랭스 외곽에 있는 가난한 지역사회 중에서도 극도로 빈곤한 블랜차드(Blanchard)에 있었고 카난과 아미엔의 텐트촌에서 살고 있는 사람들을 돕고 있다. 이동 차량은 의료 보호를 받을 길이 없는 텐트촌에서 우선적으로 태아 검진을 해 주고 있다. 블랜차드의 클리닉에서는 고혈압, 당뇨 치료와 눈 관리, 산후 관리 등을 매년 5만 명가량에게 실시하고 있다. PID는 과테말라에서도 유사 작업을 하고 있다.

재난 샤크티 회원은 아이티에서 봉사하기 위해 비행기 값과 기숙 비용으로 1인당 1000달러가량 지불했다. 게다가 우리 각자는 약품으로 가득 찬 가방을 미국에서 아이티까지 운반했다. 우리는 이 가방을 로간 공항에서 PID를 통해 전달받았다. 1주일 동안 아이티 의사 한 명, 그리고 플로렌스 나이팅게일처럼 이타적인 헌신을 하고 있는 미국 간호사 및 지역사회의 의료 종사자와 함께 800명의 환자를 돌보았다. 나는 2주일 동안 매일 오전 8시부터 오후 5시까지 위기관리와 슬픔/상실 상담을 하고 개인과 가족, 부부, 여성과 소녀의 집단에게 자기보호 교육을 했다. 대략 모두 합해 100명 정도의 내담자를 만났다. 다른 상담자 한 명과 목사도 유사한 상담을 했다. 우리는 PID 클리닉이 1990년에 문을 연 이래 처음으로 정신건강 상담자로서 종사한 사람들이었다.

나무에 매어 놓은 푸른 방수포 아래가 상담 장소였다. 벽의 한 면은 콘크리트이고 천으로 라인이 둘러져 있었다. 재난 샤크티 학생이 언급했다. "우리 상담자는 어떤 의미에서 편안하거나 정신을 산만하게 하는 물건을 상담 공간에 마련하는 것 같아요. 의자 두 개(혹은 세 개)와 그늘이 지금은 딱 맞고 적절한 것 같아요." 그 학생은 아이티의 공개된 공간에서 어떻게 상담이 진행될 수 있는가를 정말 적절하게 묘사한 것이다. 구내에 있는 사람들은 우리에게 심리적인 공간을 내어 주려고 엿듣거나 쳐다보거나 하지 않았다. 이와 같은 현상은 가난한 사회의 북적거리는 공간에서 사는 사람들에게 흔한 일이다. 아이티에서는 15인의 가족이 한방이나 텐트에서 함께 살기도 한다. 그런 상황에서 신체적인 사적 공간은 거의 없고 심리적인 사적 공간이나 대인관계의 존중도 거의 없다. 수탉, 암탉, 병아리, 아기 양, 아름다운 흰색 비둘기, 두 마리의 지저분한 개, 수많은 벌레, 열매가 달린 코코넛, 망고, 빵나무 열매, 파파야 나무가 클리닉 밖의 장식이었고 그들은 자기만의 자연스러운 방식으로 주의를 끌었다. 수탉은 언제나 북적거렸고 새벽 2시에는 기상 신호를 보냈다.

지진이 일어난 직후라 공립 대학에 갈 수 없는 젊은 남자들이 통역을 했다. 그들은 포르토프랭스에 있는 가톨릭 대학에 수업료를 낼 수 있는 형편이 아니었다. 통역자들은 스스로 영어를 배워서 말하는 사람들이었고 클리닉에 단 하나뿐인 컴퓨터의 MD 웹(www.webmd.com)을 의학적 · 정신의학적 정보를 통해 얻었다. 그들은 그 지역에서 인쇄된 정보 뭉치를 나르면서 의과대학생처럼 읽고 기억했다. 나는 반나절 동안 통역자에게 상담자와 내담자와 함께하는 역할을 훈련시켰는데(Bradford & Munoz, 1993; British Psychological Society, 2008; Panigua, 2005; Perez-Foster, 1998), 이들은 아주 빨리 배웠다. 통역자들은 자신의 가족과 상담일을 하지 않았고 오히려 스트레스와 근육 이완 같은 교육적인 자료를 제공했다. 이 젊은 남자들은 내가 국제적으로 일하면서 경험한 것 중에 최고의 통역 서비스를 해 주었다.

지진이 일어난 지 6개월 후 아이티의 여건은 말로 다 할 수 없이 절박했다. 대규모 단위의 재난 대응 조직은 성공적이지 못했다. 좀 더 작은 선교 집단이나 자선 조직이 텐트촌이나 도시에 자리 잡고 효율적으로 일하며 지역 사람들에게 호응을 얻었다. 국경 없는 미국 국제적십자와 WHO는 그들의 활동을 끌어내었다. 아이티 여성, 남성, 젊은이, 아이와 함께 삶을 나눌 수 있었던 것은 특권이고 영광이었다. 지속적인 굶주림과 실업과 말을 전할 수 있는 하부조직이 없음에도 불구하고 그들의 쾌활함, 유머감각, 열심히 일하는 것, 신을 향한 믿음은 나를 더 강하고 희망을 지닌 치료자로 만들어 주었다. 7월 4일이 다가왔을 때 나는 미국이 이민자인 내게 허락해 준 권리, 특권, 안전, 정치적 보호와 기회에 감사했다. 그와 대조적으로 아이티 정부는 자기 나라의 가난한 사람들을 방치해 왔다. 밤에는 총으로 무장한 경비원이 수용소를 순찰했다. 나는 그들을 본 적이 없고 긴급 지도자 모임에서 그들의 존재에 관해 들었을 뿐이었다. 그리고 어떤 침입자가 수용소에서 날카로운 유리로 된 높은 벽에 올라갔다가 경비원에 의해 체포되었다는 소식을 들었다. 우리는 이 정보를 팀에게 알리고 우리 거처를 숨기고 밤에 공격을 받았을 때 도피하는 방법에 대해서도 의논하였다.

결과 평가

우리의 활동 연구에서 연구자로 활동하면서 재난 샤크티 훈련생은 다양한 재난에 관련된 인식과 영향, 회복의 자원, 긍정적인 성격, 다중문화의 민감성 수준, (유럽계 미국 후예에게는) 유색인종과 곤궁한 생존자와 접촉할 때 백인종의 정체성과 특권 등에 관한 것들을 깨닫게 되었다(Roysircar, 2011a; Roysircar & Brodeur, 2010; Roysircar, Brodeur, & Irigoyen, 2008). 일간 재난 사이트를 보며 나를 포함한 샤크티 회원은 그들의 사려 깊은 실천에 관해 곰곰이 생각했다.

사 례

그때는 오전 8시였는데도 벌써 수많은 남자와 여자, 아이들이 닫혀 있는 PID 문 밖에 서 있었다. 수용소의 철문이 열리자 사람들이 밀고 들어와 긴 줄을 이루었다. 그리고 트럭이 수용소에 더 많은 사람을 내려놓았다. 많은 사람이 맨발로 4시간을 걸어서 클리닉에 왔고 이제 또 4시간을 걸어서 돌아가야 할 것이었다. 대다수의 사람은 가까운 곳에 있는 네 군데의 텐트촌에서 왔다. 이따금 먼지가 날리고 부서진 길 위에서 침대 모양의 틀이 천천히 문으로 다가오기도 했는데, 그것은 각 모서리를 사람들이 맞잡고 중병에 걸린 환자를 매트리스에 실어 온 것이다. 이런 모든 환자에게는 티켓을 주었다. 이들은 빈민이거나 임산부이거나 불구자이거나 장님이었다. 오전 9시가 되면 40명가량의 사람들이 잘 정리된 실내 정원이 있는 클리닉의 로비에서 기다렸다. 어떤 사람은 벤치에서 티켓을 꼭 움켜쥐고 있었고 어떤 사람은 주위를 어슬렁거리며 돌아다녔다. 아이는 어디에나 있었다. 그곳에는 두 개의 검사실이 있었다. 방 하나는 약국이었고, 다른 방에서는 에센 씨가 기증받은 구두나 학용품, 색칠 연습 책을 나누어 주었다. 모두 배가 고팠기 때문에 나는 그가 콩이나 쌀을 담은 가방을 주었으면 했지만 PID는 음식을 제공하지 않았다.

나는 상쾌한 기분으로 9시에 첫 내담자를 맞이할 준비를 하고 있었다. 그때 어느 젊은 남자가 손등을 다른 사람의 손바닥에 넣는 아이티 식 손 인사를 하면서 통역자에게 질문하는 것을 보았다. 통역자는 그를 푸른 방수포 텐트로 데려와서 말했다. "의사 선생님(Dokté Gargi), 이 사람이 당신은 어떤 타입의 의사인지 알고 싶어 해요. 제가 그에게 '마음의 의사'라고 했어요. 그러자 그가 선생님이 마법사냐고 물었고 제가 좋은 마법사라고 했어요." 나는 통역자인 티 진에게 설명했다. "상담자는 치유자입니다. 그 사람에게 말해 주세요."

이제부터 이야기하는 가족의 사례는 내가 블랜차드에서 만났던 내담자의 사례를 구성한 것이다. 특별히 그 개인이나 가족이 누구인지 알리지 않았고 모든 이름은 가명을 사용했다.

내담자인 티 오파는 기분이 울적하고 지난 며칠 동안 오른쪽 귀가 몹시 아프다고 했다. 귀의 통증은 의학적 문제인 것 같아서 나는 의사와 간호사에게 귀의 통증에 관해 말할 필요가 있다고 이야기했다. 티 오파는 어머니를 의사에게 보이려고 모시고 왔는데 자기 귀의 통증에 대해서도 말하려 한다고 했다. 그는 어머니가 서 있는 줄로 돌아가야 해서 나중에 돌아오겠다고 말했다.

한 시간쯤 지나서 티 오파는 내 텐트 건너편에 있는 떨어진 나뭇가지에 앉아서 나를 보며 미소를 짓고 있었다. 나는 내담자를 보는 사이에 시간이 나서 그에게 들어오라고 했다. 티 오파는 내게 작은 처방 약병을 보이며 열었다. 그는 의사가 자신의 귀에서 나쁜 벌레를 끄집어내서 그가 이것을 의사 선생님에게 보여 줄 수 있게 되었다고 말했다. 티 오파는 자기 누이와 조카가 새 의사(New Doktè)를 만났으면 좋겠다고 말했다. 그는 근처에서 맴돌고 있는 여자 무리에게 손을 흔들었다. 그러자 그들은 망설이면서 아기를 팔에 안고 다른 손으로는 아이를 끌면서 내가 있는 쪽으로 다가왔다. 우리는 서로 인사를 나누었고, 나는 그의 누나인 세레나(Serena)와 디디(Didi), 그리고 누이동생인 욜란데(Yolande)와 티 휘휘(Ti Fifi)를 만났다. 나는 에너지 초콜릿 바를 막대기처럼 가는 팔다리를 한 아이에게 나누어 주고 내가 아기를 안아도 되겠느냐고 물었다. 이때 PID의 감독인 게일 헐이 서둘러 텐트로 들어와서 나하고 둘이서만 할 말이 있다고 했다. 우리는 밖으로 나왔다. 게일은 이 가족의 어머니가 위암 4기 단계에 있다면서 아들이 그녀의 병의 심각성을 알았는데 앞으로의 계획을 세울 수 있도록 도와줄 수 있느냐고 물었다. 티 오파는 어머니를 데리러 갔고, 어머니는 고통이 심한지 허리를 굽히고 티 오파에게 기대서 텐트 쪽으로 천천히 걸어왔다. 다리가 몹시 부어 있었고 힘겹게 숨을 쉬었다. 우리는 어머니가 텐트에 있는 벤치에 눕도록 도와주었다. 어머니는 큰소리로 신음했다. “li fe-m mal, mwen grangou.” 이 말은 티 진의 통역에 따르면 “아파요. 배가 고파요.” 였다. 나는 곧 어머니와 딸과 아들에게 초콜릿 바를 주었다. 어른과 아이가 과자를 조금 깨물었을 때 나는 아이티 사람이 굶주림에 적응하고 있지만 이 가족이 영양분을 섭취할 수만 있다면 상담이 좀 더 효율적이 되겠다는 생각을 했다.

지진이 일어났을 때 아버지는 일을 끝내고 쉬고 있었는데 벽이 무너져 아버지를 덮쳤고 집 전체가 붕괴하자 사망했다. 아들이 밖에서 어정거리고 있는 동안 아내와 네 딸은 아기와 아이를 데리고 시장에서 물건을 팔고 있었다. 모든 소유물과 물건은 순식간에 사라졌다. 그들이 텐트촌에 다시 자리 잡게 되었을 때 딸들의 남편과 남자 친구는 다른 여자와 도망을 치거나 사라져 버렸다. 딸들은 말하기를, 다른 여자들과 이웃의 악감정이 저주를 불렀고, 곧 아버지와 파트너들을 그들의 가족에게서 몰아냈다고 했다. 남동생은 강하거나 남성적인 인상은 아니었지만 살아남았다. 어머니는 혼자 힘으로 일어나더니 셋째 딸을 원망하는 눈으로 응시했다. 욜란데는 "어머니는 저를 미워해요. 저는 창피해요."라고 말했다. 사실상 어머니는 이 딸의 파트너가 자주 아버지하고 다투었는데 그가 지진을 보내서 아버지를 죽게 했다고 믿고 있었다.

나는 어머니에게 그런 미신은 존재하지 않으며 마법사가 지진을 불러온 것은 아니라고 말했다. 재난에 대처하는 첫 번째 심리적인 도움을 주기 위해 가족에게 지진에 관한 정보를 주고 암이 진전되고 있다는 정보도 이야기했다. 어머니의 마음이 차차 누그러졌다. 그렇지만 가족 중에서 남편은 운이 없었는데 생존한 남자 구성원과 함께 온전히 회복이 되려면 긴 시간이 걸릴 것이었다. 그녀는 50세인데 그 나이가 되어야 인생의 경험을 지니고 집안일을 관리할 수 있다고 주장했다. 그녀가 많은 어린이와 손자와 대가족의 친척에게 마미 므웬으로 행사했던 힘과 능력을 더 이상 가지고 있지 못하다는 것을 받아들이는 데 여러 달이 걸릴 것이었다.

누이동생 중 한 명인 티 휘휘는 거의 말이 없었다. 그녀는 벤치에 의기소침하고 좌절된 표정으로 앉아서 머리를 늘어뜨린 채 팔로 아기를 안고 어르고 있었다. 누적된 위기가 한꺼번에 나타나서(곧 집안에서 강한 남자의 모습이 사라진 것, 아픈 어머니, 남자 친구에게 버림받은 것, 살 집이 없는 것) 매우 고통스러운 것 같았다. 티 휘휘는 고통을 조용히 견디고 있는 듯했고 좀 더 자세한 검사가 필요할 것 같았다. 맏딸인 세레나는 말했다. "우리에게 문제가 있지만요, 우리는 아직 죽지 않았어요."

정신건강, 의료 그리고 기도에 대한 믿음은 서로 모순되기는 하지만 효과가 있었다. 어머니는 우리가 대화하고 있는 도중에 손을 잡고 기도하자고 했다. 나는 목회상담자인 네이트 목사에게 둥글게 앉아 기도를 해 달라고 청했다. 우리는 그날 남은 시간과 회기마다 몇 시간 동안 일어서서 서로 손을 잡고, 네이트 목사가 알칸테 가족이 상담에서 새로운 것을 배우면서 가족의 삶을 새롭게 하려는 노력이 축복받을 일이라며 기도했다. 각 회기는 가족이 호소하는 두통, 목의 통증, 근육의 긴장, 불면증, 심장 뛰기 등의 스트레스 반응에 대처하기 위한 근육 이완 훈련으로 시작했다. 이 가족은 지진이 다시 일어날 것만 같다는 강박적인 생각을 털어놓았고 몸이나 의자가 흔들리는 것을 느꼈다고 보고하기도 했다. 그들은 강박적으로 몇 개 남지 않은 물건을 세었고 부서지고 무너지는 소리를 환청처럼 듣는다고 했다. 가족은 그들의 육신을 소유한 악마를 저주했다.

나는 "산 넘어 산이 있다."라는 아이티의 속담을 기억하면서 나 자신에게 아이티 내담자의 여러 가지 현실감을 이해해야 하고 그들의 시각의 복합성을 무시할 수는 없다고 말했다. 이것이 내게는 직관적인 현실 파악이었다. 내가 죽음, 상실, 슬픔, 암, 육체적 스트레스가 마법에서 나온다고 생각하는 사람들의 치료를 거부하려고 했던 것일까?

상 황

서반구에서 가장 가난한 나라인 아이티는 빈곤, 억압, 결핵, 에이즈, 말라리아, 홍역으로 인한 아동의 사망 등으로 죽음의 세기를 헤쳐 왔다. 2010년 1월 12일 진도 7.0에 이르는 지진과 그 여진이 불과 몇 초 동안에 아이티의 수도인 포르토프랭스를 파괴했다[미국의 지리 탐색(United States Geological Survey[USGS], 2010]. 아이티 정부는 21만 명 정도로 추산되는 인구가 사망했고 70만 명의 사람들이 집을 잃거나 이재민이 되었다고 발표했다(United States Agency for International Development, 2010). USGS(2010)는 더 심각한 내용을 보고했다. 22만 2570명 사망, 30만 명 부상, 130만 명이 살 곳을 잃음, 9만 7294채의 집이 파괴됨, 포르토프랭스 지역에서 18만 8383채의 집이 손상을 입음 등이다. 아이티의 많은 지역은 지금도 재건설 중이며 그 과정은 내내 어려웠다(United States Department of State, 2011). 2010년 10월에는 나라 전역에 콜레라가 발생했다고 아이티의 보건당국이 발표했다. 5만 명의 사람들이 의료적 도움을 찾았고 그중에 1만 9646명이 콜레라에 걸린 것으로 확인되었다. 11월 26일까지 1,600명의 아이티 국민이 콜레라로 사망했다(Guzman, 2010; Republique d'Haiti Ministère de la Santé Publique, 2011).

아이티의 원래 언어는 크레올(Creole)이고 교육을 많이 받은 아이티인은 프랑스어도 함께 말한다(Coupeau, 2008). 많은 아이티인이 매우 낙관적이고 열심히 일하며 모든 난관에도 불구하고 그들의 개인적 상황과 미래를 통제할 수 있는 능력이 있다는 것을 강하게 믿고 있다(Desrosiers & St. Fleurose, 2002).

역 사

아이티인은 호머, 톨스토이나 톨킨 등의 이야기 속에 나오는 쾌활함과 낙천주의의 역사를 가지고 있다. 크리스토퍼 콜럼버스는 자신이 히스파니올라라고 이름 지은 섬에 상륙했는데 그 결과 아라와크 인디언은 멸종하게 되었다. 이 섬은 프랑스와 스페인에 의해 분할되었고, 프랑스가 섬의 서쪽 삼분의 일을 소유한 후 돈을 벌기 위한 무시무시한 노예매매가 있었다. 그중에서 서아프리카 노예 중 3분의 1이 3년 동안 배가 항해할 때 사망했다. 1791년에 아이티 노예는 미국 역사에서 유일하게 성공적인 반란을 일으켰다(Coupeau, 2008). 나폴레옹과 4만 명의 프랑스 군대도 그 반란을 저지하지 못했다. 마침내 1804년 아이티가 탄생되었고 남미에서 처음으로 독립한 국가가 되었으며 세계에서 최초로 이루어진 흑인 공화국이 되었다. 아이티의 크레올 언어는 본질적으로 프랑스에서 파생된 로망스어이며 음성학적 습관이나 문법 구조 또한 분명히 서아프리카에 가깝다. 이 언어는 아이티에서 독특한 것인데 표현이 풍부하며 냉혹한 현실에서 태어난 언어다. 프랑스에서 주인은 같은 언어로 말하는 노예를 일부러 분리했고 노예는 그들 자신의 언어능력을 형성했다. 많은 아이티 사람이 이 역사를 자랑스러워하고 이를 자기 문화의 힘이라고 보고 있다(Desrosiers & St. Fleurose, 2002).

그러나 독립이 되자 거의 200여 년 동안 무정부상태가 되었고 프랑스나 미국 등의 외국 권력에 의해 원조와 사주를 받았다. 1915~1934년에는 미국 해군이 나라를 다스렸고 우드로 윌슨 대통령의 임기 때 아이티의 책임을 지게 된 후 미국이 아이티의 군대를 훈련시키고 발전시켰다. 수치스러운 파파 닥(Papa Doc)인 프랑소아 뒤발리에가 1957년부터 드러내 놓고 테러를 자행하면서 1971년 세상을 떠날 때까지 다스렸다. 그의 치세는 아들 베이비 닥에 의해 지속되었다. 아들은 정치적 적을 살해했던 아버지와 같은 방식으로 나라를 다스렸고 외국의 원조를 훔치고 착복했는데 미국은 이를 알고도 멈추게 하지 않았다.

베이비 닥은 자기 자신을 '생명의 대통령' 이라고 불렀다. 그의 영향력이 하도 커서 1981년에 아이티를 방문한 마더 테레사는 호의를 지니고 독재자를 칭송했고 독재자의 부인에게서는 겸손의 수업을 배웠다고 이야기하며 영부인과 국민 사이가 가까운 데 경탄했다. 실제로 베이비 닥의 부인은 수많은 아이티인에게 증오의 대상이었고 수많은 아이티의 보물을 약탈해서 세계 전역에서 쇼핑에 물 쓰듯이 돈을 썼다. 수도의 거리는 검은 안경을 쓴 뒤발리에의 친위대 경비원이 순찰했고, 사람들은 나쁜 아이들을 자기 가방에 채워 넣었다는 가공의 악귀인 엉클색의 이름을 따 이들을 '톤톤 마쿠트

(tontons Macoutes)' 라고 불렀다(Kidder, 2004).

1986년 베이비 닥이 아이티에서 밀려난 후 아이티의 반체제 인사들은 군대를 거느리고 뒤발리에가 없는 뒤발리에즘이라는 독재자의 역할을 수행했다. 수도에는 과격한 정치적 데모가 일어났고 데모대 중에는 그야말로 뛰거나 쇄도하는 일명 코우리(Kouri)가 포함되었는데 이 군중의 뒤를 이어 대규모의 아이티 군대 트럭이 총을 가득 싣고 그 뒤를 따랐다. 도망치는 저항자에게는 총이 발포되었다. 아이티에서는 몇 년 동안 타이어 타는 냄새, 군대의 봉쇄, 그리고 학살로 인해 악취가 끊이지 않았다. 대중적인 저항의 중심은 파괴된 지방에 있는 가톨릭 성당과 수도의 빈민가였고 여기에는 나중에 의장이 된 장 베르트랑 아리스티데(Jean Bertrand Aristide)가 있었다. 1990년 지미 카터 대통령을 포함한 외국의 참관자가 국가 선거를 인정했다. 67%의 투표자가 아리스티데를 찍었고 그의 정부는 세계에서 가장 대중적인 지지를 받았다. 하지만 1991년에 아이티 군대는 아리스티데를 물러나게 했다.

군대가 점령했던 3년간은 전쟁과도 유사했다. UN 당국은 8,000명 정도의 사람들이 아이티 군대와 군사조직에 의해 살해되었다고 추정했다. 보트를 타고 미국으로 도망치려던 수많은 사람이 물에 빠져 사망했다. 아이티의 빈곤과 폭력에서 도망치려던 다른 보트난민들은 플로리다에 도착하는 즉시 미국 이민당국에 의해 돌려보내졌다. 아이티인에 대한 대우는 쿠바 인에 대한 대우와 달랐는데 쿠바인은 경제적인 망명자가 아니라 정치적인 망명자였기 때문에 미국이 수용한 것이었다. 아리스티데는 1994년 10월 중순 다시 입성해서 격려를 받았고 경제적으로는 클린턴 전 대통령의 지지를 받았다.

클린턴 전 대통령은 아이티에 개인적인 관심이 있었고, 변호사 시절에 국방장관을 지낸 아내 힐러리 클린턴과 함께 아이티에서 신혼을 보낸 적이 있었다. 아리스티데는 2000년에 다시 당선되었지만 외국의 원조가 줄어들면서 경제적인 상황은 점점 나빠져 갔다. 2010년 1월 12일 지진이 일어난 후에 정부의 도움은 없었고 지배층은 혼란 속에 빠졌다. 정치가는 권력과 재당선을 위한 획책을 했다. 아리스티데나 베이비 닥은 재입국하기 위해 남아프리카로 망명했고 당시 대통령인 르네 프레발은 재임 기간을 마칠 동안 권좌에 남아 있기를 원했다. 두 번의 투표 후 11월에 행해진 투표 결과는 12월에 발표되었고 그 결과는 폭동으로 이어졌다. 예비선거위원회가 선거를 재가했지만 저항은 계속되었다. 거의 2/3에 해당하는 후보자가 선거 무효화라는 비판을 받았고 부정선거라고 주장하는 유권자는 투표하기를 거부했다. 저항은 수도와 고나비스에서 지속되었고 거리에는 바리케이드가 쳐지고 공항은 폐쇄되었다. 수도에서는 선거결과 발표 후에 4일에 걸친 저항이 있었는데 그 결과는 UN과 미국으로부터 지지를 받았다. 오바마 대통령은 선거 캠페인 동안 아이티로 돌아간 미국의 예전 동맹자 아리스티데를 저지하려고 시도했다. 이러한 매우 극단적인 혼란에도 불구하고 아이티인은 자신의 문화를 잃지 않았다.

종 교

콜럼버스의 도착으로 기독교가 소개되기 전에 아이티 사람은 부두(Voudou)교를 신봉하고 있었다[이는 또한 부동(Voudoun)이나 부두(Voodoo)로도 알려져 있다]. 부두는 아프리카의 영적인 신앙 체계로, 초자연과 좋고 나쁜 영혼인 이와(Iwas)라고 부르는 것과 관련되어 있다. 이와는 대체로 호간(Hougan, 남자 승려)이나 맘보(Mambo, 여자 승려)의 도움을 받아 진행되는 특별한 제식을 통해 존경받고 영광을 누린다(Nicolas, DeSilva, Grey, & Gonzalez-Eastep, 2006). 대중적인 믿음과는 달리 이 영적인 실천에는 다른 사람들을 저주하는 것이 거의 포함되어 있지 않다. 아이티인은 정신적이거나 육체적인 질환이 불행한 이와나 그들을 질투하는 누군가의 저주로 생긴 불행의 일종이라고 믿기도 한다. 경제적으로나 사회적으로 빈곤한 사람들이 유복한 사람보다 더 부두를 실천하기는 하지만 오늘날 대부분의 아이티인은 로마 가톨릭과 개신교를 믿고 있다(Charters, Taylor, Jackson, & Lincoln, 2008). 다수의 아이티인이 부두 실천을 기독교적인 믿음과 뒤섞고 가톨릭 성인과 성경에 나오는 사람이 이와를 대변하기도 한다. 공식적이지 않지만 옛 격언에 따르면, 아이티의 90%는 가톨릭이고 100%는 부두교 신자라고 한다(Desrosiers & St. Fleurose, 2002).

아이티의 시골에서는 마법을 믿는 것과 부두를 실천하는 것 사이에 차이가 있다(Kidder, 2004). 모든 농부가 토착적인 부두교를 믿는 것은 아니지만 실질적으로는 가톨릭 신자, 개신교 신자, 부두교 신자를 포함한 모든 사람이 마지(maji)의 실체나 마법사의 존재를 믿고 있다(Kidder, 2004). 우리가 일하던 블랜차드 근방의 사람들은 적이 보낸 마지의 주술이 많은 질환의 깊은 원인이라고 믿고 있었다. 그리고 의사가 좋은 부두교 성직자처럼 어떻게 마지를 다루는지 알고 있다고 믿는다.

죽음과 슬픔에 관한 아이티의 신념

상담할 때 아이티의 내담자를 이해하고 공감하려면 아이티의 영적인 신념과 환경을 이해할 필요가 있다. 이런 신념에 대한 지식은 내담자의 사별 경험에 힘을 주는 영성을 촉진시키는 데 있어 상담자에게 도움을 준다. 부두를 믿는 사람들은 내세를 믿으며 모든 사람이 두 개의 영혼을 갖고 있다고 믿고 있다. 하나는 큰 천사(grosbon ange)로 우주적인 인생의 힘이고 다른 하나는 작은 천사(ti bon ange)로 개인적인 영혼이다. 이들 혼은 죽은 후 여러 날 동안 육체 가까이에 머무르고 있다고 믿어지지만 나쁜 혼에 의해 포위될 수 있다는 것이다. 이때 가족은 의식을 행하고 죽음을 애도하기 위해 함께 모인다(Métraux, 1972). 죽음에 대한 상실을 애도하기 위해 울부짖기와 울기를 포함한 신체적 표현으로 정서적인 반응이 나타난다(Laguerre, 1984). 이 시기의 끝에 호간이나 맘보가 육신에서 영혼을 자유롭게 하기 위한 의식을 거행한다. 영혼은 가족을 보호하고 살피는 이와가 된다(Métraux, 1972).

사랑하는 사람의 죽음은 그 원인이 설명될 수 있을 때 받아들이기가 좀 더 쉬워진다. 내담자가 죽음을 받아들이기를 어려워할 때는 사랑하는 사람이 저주에 의해서 혹은 성난 이와에 의해 죽었다고 생각할 때다. 이 믿음은 종종 죄책감, 분노 그리고 불행감 등의 심각한 느낌으로 이끈다. 생존한 가족 구성원은 성난 이와를 진정시키는 영적 활동을 한 후에 상실에 대한 평화를 얻는다(Eisenbruch, 1984).

아이티 추도 의식은 각자의 가족이나 경제적 처지에 따라 다양하다. 가톨릭교도나 개신교도가 많은 아이티인은 같은 신앙을 가진 미국 사람과 유사한 의식을 행한다. 다른 사람들은 부두 신념을 기독교 신념과 합해서 사후 세계와 관련된 믿음의 변화를 표현한다. 아이티인은 사망한 사람의 인생을 기리고 기억하기 위해 장례식까지 매일 저녁 깨어 있기도 한다. 가족의 죽음에는 종종 확대가족 구성원이 참여하기도 한다(Laguerre, 1984).

아이티인의 정신건강

아이티인이 상실로 괴로워할 때는 퀴블러 로스의 애도의 단계를 거치기도 한다. 곧 부정, 분노, 타협, 우울 그리고 수용인데 그들은 이 반응을 다르게 나타내서 확인하기가 어렵다. 아이티인은 종종 건강에 관해 전체론적인 관점을 지니고 있고 건강을 육체적 · 심리사회적 요인의 다양성으로 표시한다. 건강은 잘 지낸다는 개념과 아주 유사하다. 아이티인은 그들이 불능에 이르지 않는 한 신체적 · 정신적 증상을 질병으로 받아들이지 않는다(Laguerre, 1984). 아이티인은 그들이 일할 수 없게 되거나 일상적인 일을 수

행할 수 없게 되지 않는 한 우울증, 불안, 슬픔 등을 신경 쓰지 않는다. 정신적 건강에는 주의를 거의 기울이지 않기 때문에 이들 증상은 종종 신체적인 증상으로 나타난다. 부두에 관련된 아이티인은 정신질환이 저주받거나 이와를 존경하는 영적 의식에 참여하지 않은 결과라고 생각한다(Desrosiers & St. Fleurose, 2002).

아이티에는 문화적으로 특수한 질환이 많은데 지진 후의 상황과 관련된 질환은 Séizisman이다. Séizisman은 거의 긴장형 상태에 가까운 것으로 개인이 분별력을 잃고 기능하지 못하게 되는 것이다. 아이티인은 이것이 외상이 될 수 있는 사건을 본 후 심각한 상실을 겪고 어려운 상황에 부딪친 것이 그 원인이라고 믿고 있다(Nicolas et al., 2006). Séizisman은 피를 머리에 쏠리게 하고 더 나아가 건강 문제의 높은 위험을 불러오거나 질식 혹은 죽음에 이르게 한다고 여겨지고 있다(Laguerre, 1984). 이것은 각자 다르게 나타날 수 있는데 어떤 사람은 한 시간 동안 경험할 수 있고 다른 사람은 여러 날 경험할 수 있다. 이 경각심을 불러일으키는 상태에 대한 적절한 반응은 그 사람에게 정서적으로나 신체적으로 지지를 해 주고 마사지, 허브 이완제와 특별한 음식 등을 제공해 주는 것이다(Nicolas et al., 2006). 상담자가 아이티인과 일할 때는 문화적으로 수용되는 원조 반응과 마찬가지로 Se´izisman의 징후와 증상을 알고 있는 것이 도움이 된다.

상담자를 위한 제안

이 제안은 아이티계 미국인 내담자와의 상담에서 한정된 문헌에 근거를 두고 있는데 이 관점은 아이티에서 재난상담을 할 때 유지되었다. 이 제안은 각자에 따라, 지역적인 사회의 요인에 따라, 교육과 사회적 계층에 근거해서 내담자에게 적용될 수도 있고 그렇지 않을 수도 있다는 것을 꼭 기억해 두어야만 한다.

- 상담자는 강점에 근거한 접근법을 사용해야만 한다. 낙관주의와 탄력성은 아이티 문화에서 상담 회기에 이익을 줄 수 있는 주제이기 때문이다(Desrosiers & St. Fleurose, 2002).
- 가족 구성원은 상담에 중요한 자산이며 가능하다면 치료과정에 참여해야 한다(Nicolas et al., 2006). 이는 가족이 특히 함께 작업함으로써 생산적이고 건강한 태도 속에서 상실에 어떻게 대처하고 애도할 것인가의 문제에 대해 가족 전체가 대처하고 수용하려고 애쓸 때 그렇다.
- 상담자는 내담자의 믿음이 상담자의 개인적인 신념과 다르더라도 내담자와 같은 태도를 취해야만 한다. 예를 들어, 아이티인은 지진에서 오는 불운이 나쁜 영혼이나 저주 때문이라고 믿을 수 있다(Desrosiers & St. Fleurose, 2002). 아이티인과 같은 태도를 취하기 위해 상담자는 그들 자신의 태도 속에서 슬픔을 극복하는 일을 하도록 도울 수 있다. 예를 들어, 내담자가 사랑하는 사람을 존중하고 기억하기 위한 영적인 의식을 행하는 것은 더 이상의 불운 위험이 없이 거기서 벗어날 수 있다고 느끼는 데 도움이 될 수 있다.
- 내담자가 영적인 활동의 틀을 짜고 슬픔을 견디어 내는 데 전통적인 상담 방식을 적용하는 것이 도움이 될 수 있다. 이런 활동으로는 내담자가 상실한 중요한 가족 구성원을 떠올리게 하는 기억 상자를 창안하거나 내담자가 죽은 사람을 위해 쓴 메시지를 수소 풍선에 달아 의식을 행하는 태도로 날려 보내는 것 등이 있다(Roysircar, 2008). 이들 활동은 내담자가 자신의 슬픔을 다루고 견디어 내도록 하고 상실을 존중하고 명예롭게 하는 의식으로 틀을 잡을 수 있다.
- 아이티계 미국인은 대체로 열심히 일하고 가족을 돕는 데 헌신적이다. 상담자는 내담자가 슬픔이 지나쳐 통제가 되지 않으면 비생산적이 되어서 가족에게 제공할 수 있는 능력이 감소된다는 것을 이해하도록 도와줄 수 있다. 이에 대한 해결책은 상담을 통해 슬픔을 극복해 내는 것

이다(Desrosiers & St. Fleurose, 2002).

- 아이티계 미국인 사회의 영적인 치유자에게 관심을 갖고 그들에게 자문을 구하는 것이 아이티계 미국인에게 도움이 될 수 있다(Nicolas et al., 2006). 치유자는 내담자가 정신건강 서비스를 신뢰할 수 있도록 도움을 주며 전통적인 아이티인의 영적인 활동이 어떻게 상담 속에 통합될 수 있는지에 대해 제안해 줄 수 있다.
- 다른 서비스 제공자와 상호 전문적으로 협동하는 것이 도움이 될 수 있다. 의사와 간호사를 포함한 전문가는 내담자의 건강을 증진시키고 슬픔을 견디어 낼 수 있도록 도움을 준다. 여기에는 의료적인 보호, 지역사회의 지지 시스템, 아동을 위한 장난감과 옷 등이 포함된다. 예를 들어, 임상가는 직접적으로 의사와 함께 육체적 고통을 다룰 수 있고 육체적 증상이 심리적인 고통과 연관이 되어 있는지를 함께 밝힐 수 있다(Desrosiers & St. Fleurose, 2002).
- 상담자는 내담자에게 적극적인 개입을 하고 각 회기의 끝에 구체적인 활동 계획을 짤 수 있어야만 한다. 그 이유는 아이티 내담자가 상담한 시간이 생산적이었다고 느끼고 싶어 하기 때문이다(Desrosiers & St. Fleurose, 2002).
- 윤리적으로 상담자는 내담자와 비밀보장의 문제를 효율적으로 이야기하고 확신을 주어야 한다. 이와 같은 의사소통은 아이티어로 번역되어서 구두나 필기된 형태로 이루어져야만 한다. 가족이 통역자로 일해서는 안 되고 훈련된 통역자가 활동하는 것이 좋다.
- 마지막으로 상담자는 다중문화상담에 유능해야만 한다. 그들 자신만의 문화적 가치와 편견, 내담자의 세계관, 그리고 문화적으로 적절한 개입 전략을 인지하고 있어야 한다(Roysircar, Arredondo, Fuertes, Ponterotto, & Toporek, 2003).

치 료

알칸테 가족을 위한 치료는 애도 과정, 가족 위기의 관리, 이완 훈련을 함께 다룬 것이다.

애도 과정

첫째 초점은 애도 과정에 있다. 가족은 다른 유형의 상실을 애도하고 있었다. 아버지의 사망, 네 자매가 남편이나 남자 친구에게서 버림을 받은 것, 어머니의 악화된 암, 파괴된 집, 지진 전에 자신이 알던 인생의 상실 등이 그것이다. 나는 이들 주요 상실 중에서 특히 가족의 현상학적 경험에 관심을 두었다. 알칸테 가족의 상실은 퀴블러 로스의 애도의 단계(Kubler-Ross & Kessler, 2005)가 그 출발점이 되었다.

퀴블러 로스와 케슬러(2005)에 따르면, 우울이란 질병이라기보다는 상실에 대한 반응으로 개념화되어 있다. 알칸테 가족은 다양한 상실에 관련된 공허한 느낌을 지니고 있었다. 상담 시간이 그토록 많은 것을 잃어버린 슬픔을 처음으로 느낀 시간이었던 것 같았다. 그 단계에서 애도하는 가족은 지진 후 6개월이 지나서야 마침내 '상황을 점검하게' 될 만큼 여유를 가질 수 있었다(Kubler-Ross & Kessler, 2005). 덧붙여서 어머니의 암 진단은 상실의 느낌과 연관된 진정한 경험의 시작이 되었다.

가족은 지진의 여파 속에서 새로운 인생의 현실적인 단계가 왔기 때문에 우울했다. 아버지는 떠나고, 어머니는 불치병이 들고, 자매의 남편과 남자 친구는 돌아오지 않을지도 몰랐다. 마지막 단계인 수용은 상실이라는 현실을 깨닫는 것으로 규정지을 수 있다. 이 단계에서 애도하는 사람들은 사망한 사람들과 새로운 관계를 맺게 되고 우울한 느낌을 누그러뜨릴 수 있다.

나는 가족이 세상을 떠난 아버지와 영적이고 긍정적인 연결성을 가질 수 있게 하고, 어머니가 환자로서의 새로운 역할과 지진 이전의 인생을 긍정적으로 연결할 수 있도록 도왔다.

개인적인 상실에 대한 반응에 덧붙여, 애도는 사회적 상실이며 문화에 따라 상당히 다양하게 나타난다(Koenig & Davies, 2003). 이는 알칸테 가족의 슬픔과 함께 일하고 이해한 것을 전달하기 위해 나 자신의 문화인 아시아계 인도와 미국의 두 문화에서 '한 발 물러서 있을' 필요가 있었다. 나는 알칸테 가족이 어떻게 죽음을 이해하고 다루고 있는지를 이해하려고 노력했다. 형제에게 애도의 전통과 실천은 무엇이었는가? 모든 형제는 유사하게 애도했는가? 혹은 다르게 애도했는가? 생존한 확대가족 구성원이 아버지의 상실을 애도하고 어머니의 암에 대응하기 위해 무엇을 했는가? 나는 이 가족이 세상을 떠난 아버지와 지금 이루어지고 있는 영적이고 보호적인 관계와 미망인이 되어 현재는 중환자가 된 어머니와의 새로운 관계를 어떻게 상정하고 있는가를 탐색했다. 위기에 영향을 받은 가족 모두가 사망한 아버지와 실종된 남편, 친구, 그리고 어머니가 혼자되기 전, 아프지 않았을 때에 관한 재발견을 하고 이야기를 하기 위해 기억의 통로를 따라 다양한 길을 찾아갈 수 있을까?

아이티의 애도 의식에 관한 지식을 얻었다고 해서 알칸테 가족과의 상담이 완전하게 준비된 것은 아니었다. 나는 아이티의 특정한 종교집단과 연관된 애통의 규정을 따르지 않는 알칸테 가족의 상황 속에서 집단 내의 차이점도 이해해야만 했다. 알칸테 가족은 가톨릭을 신봉하고 있었지만 그들은 악마가 아버지를 삼켜 버렸다고 말했다. 나는 개인적인 수준 차이를 알아보려고 이렇게 물었다. "당신과 가족이 어떻게 아버지의 죽음에 관해 애도하는지 이해할 수 있도록 도와주시겠습니까?" 코에니그와 다비스(Koenig & Davies, 2003)는 상담자가 익숙하지 않은 문화 속의 내담자와 상담 작업을 할 때 이들 문화에서의 애도와 상실을 이해하기 위해 지역사회 리더나 종교적인 리더, 가족 구성원 등 외부의 자원을 활용하라고 권한다. 이 특수한 사례에서 나는 알칸테 가족이 지난 6개월간의 애도 기간에 텐트촌에 다시 자리 잡는 동안 지지와 영적인 자양분을 주는 아이티의 지역사회와 관련을 맺을 기회가 있었는지를 물었다. 또한 알칸테 가족에게 현재 슬픔의 상태와 공명하는 개념이 무엇인지 묻고 슬픔과 상실과 연관된 특수한 언어를 배우고 이해하고 적용하려고 애썼다. 그렇게 함으로써 알칸테 가족의 사별 과정에서 언어적인 민감성을 보였다.

알칸테 가족의 젊은 여성으로 티 휘휘가 완수해야 하는 역할이 있었다. 그러나 그녀의 의기소침하고 우울한 행동은 가족에게 기여하는 데 장애가 되었다. 나는 그녀의 행동이 이 문화에서 어떻게 받아들여지는지 알 필요가 있다고 깨달았다. 심리적인 입장에서 보면 그녀는 우울증으로 고통받고 있었다. 최근의 사건이 가족 구성원과 다르게 그녀에게 영향을 미쳤다. 그러나 아이티 문화에서는 우울을 낙담이라고 불렀고 정신질환으로는 간주되지 않으며 영양실조와 근심 혹은 저주에 따른 일반적인 쇠약한 상태라고 해석한다. 이렇듯 아이티 문화에서는 우울을 뚜렷한 질환으로 보지 않고 개인이 자신에게 미치는 영향을 통제할 수 있다고 믿는다(Desrosiers & St. Fleurose, 2002). 절망이 티 휘휘와 가족을 덮친 데 대해 논의하는 것은 중요한 일이었다. 이 과정에서 문화에 가치를 부여하는 것만 중요한 것이 아니라 절망이 알칸테 가족의 기능에 영향을 미칠 수 있음을 강조하는 것도 중요하다.

알칸테 가족은 다양한 측면에서 상실을 경험했다. 사실상 아버지의 상실은 다른 상실과 미래에 어머니를 잃을 수도 있는 상실을 상징화하고 있었다. 각 상황의 수준에서 그 다양성에 따라 의미 부여가 일어났다. 곧 아이티에서 생명의 상실은 중간 수준이고, 어머니, 아내, 딸, 아들, 연인같이 그들이 가지는 많은 정체성의 상실은 사소한 대인관계 수준의 상실이다. 가족의 상실에 관한 의미가 깊은 슬픔이나 분노와 관련되어 있다면 나는 부정적인 정서를 탐색하는 개입 방법을 사용할 것이었고 그에 따라 가족은 건강을 강화하는 것을 배울 수 있었을 것이다. 그러나 이 과정은 알칸테 가족이 실질적이고 기능적인 태도로 대처하고 있어서 필요하지 않았다. 그들은 일주일에 한 번씩 어머니와 함께 블랜차드 클리닉에 왔고 물건을 팔기 위해 시장 거리에 갔다. 그들은 옷을 깨끗이 빨아 입고 한 텐트에서 모두 함께 살았으며 그 캠프에서 친구가 생겼다. 이 가족의 슬픔과 상실의 이슈에 관한 개입은 그들의 생존의 단계에 대한 민감성을 보여 주었다. 상실에 대한 문화적 반응을 깨닫지 못했더라면 우울한 반응을 잘못 해석해서 적절한 지지와 도움을 주는 데 실패하고 심지어는 애도하는 사람들과 대립할 수도 있어 치료를 받으려고 마음을 여는 것을 저해했을 수 있다.

포스트모던 가족 치료

포스트모더니즘은 지난 19세기 이래 미국 심리학을 지배했던 모더니즘의 관점에 도전하고 있다. 모더니즘은 추구할 수 있고 관찰할 수 있고 경험적인 확실성의 감각을 지닌 객관적 사실의 존재를 제안했지만, 포스트모더니즘은 개인적 사실의 주관적 성격을 강조하고 지식과 진실을 개인과 지역적인 이야기인 관점의 문제로 재개념화했다. 1990년대 이래 포스트모더니즘적 관점은 정신치료의 분야에 큰 영향을 미쳤고, 특히 가족치료 분야에서 그렇다.

치료자와 내담자의 역할

포스트모더니즘의 관점에서 본다면 치료자와 내담자는 대등하게 정당한 조망을 가진 것으로 재개념화된다. 치료자는 치료과정에 관한 전문가라고 간주되고 내담자는 그 자신의 많은 개인적 사실과 이야기의 전문가라고 간주된다. 그러나 이 두 전문성의 형태가 어느 것도 서로의 가치를 뛰어넘는 것은 아니다. 그 대신에 "치료자는 아이디어를 소개하지만 사람들이 그것을 따라야만 한다고 꼭 믿는 것은 아니다." (Becvar & Becvar, 2009, p. 92)

언 어

탈현대주의는 언어의 사용에 큰 강세를 두고 있다. 벡바르와 벡바르(Becvar & Becvar, 2009)는 다음과 같이 쓰고 있다.

> 사회화의 과정에서 우리는 수용되는 방식으로 말하는 것을 배우고 동시에 우리 언어의 시스템에서 공유되는 가치와 사상을 서로 나누도록 적응된다. 따라서 우리의 말은 관례, 상징, 그리고 특수한 집단의 은유를 표현하고 있다. 그리고 우리는 우리의 지역사회에서 벗어난 언어로 말할 수 없다(p. 91).

그 결과로 알칸테 가족의 참조 집단의 태도, 가치, 편견은 알칸테 가족이 그들의 세계를 묘사하고 설명하고 책임지는 방식에 내재하고 있다. 예를 들어, 자매는 남편과 남자 친구를 훔쳐 간 샘 많은 여자와 소녀에 관해 이야기하면서 동시에 지진, 아버지의 죽음, 파트너의 실종, 어머니의 질환 등에 관해 악령의 세력을 탓하였다. 어머니는 그 이야기에 동의했고 그들이 자신과 함께 기도해야만 한다고 고집했다. 남동생은 매형이 다른 여자와 함께 있는 것을 보았다고 이야기했다.

포스트모던 가족 치료에서는 가족 구성원 자신이 보고 있는 사실을 알리면서 가족 구성원의 이야기를 이해하는 방식으로 서로 대화를 나눈다. 치료가 진행되면 가족 구성원은 치료자의 도움을 받아 서로 협조하며 새로운 이야기와 새로운 현실을 건설해 낸다. 가족의 현실을 재건설하는 목표는 치료가 시작될 때 있었던 문제로 가득 찬 이야기에서 그들을 자유롭게 해 주는 것이다.

가장 막내인 남동생은 자신이 가족의 책임에 참여하지 못해서 가족에게 기여할 수 있다는 확신을 느끼지 못했다고 이야기했다. 자매의 이야기에 따르면, 자기가 거리에서 행상을 하는 동안 남동생은 집에서 그들의 자녀를 돌보았다. 그들은 남동생이 누이에게서 물건을 뽑아 오거나 음식 준비하는 것을 배울 수 있다고 믿었다. 그리고 그는 남동생만큼은 캠프에서 어슬렁거리며 물건을 훔치고 여자나 쳐다보는 다른 사춘기 아이와는 다르다는 누이들의 이야기에 동감했다. 그렇지만 그는 자신이 게으르다고 말했고 누이들은 그런 건 쉽게 바꿀 수 있다고 농담을 했다.

질문의 사용

포스트모던 가족 치료의 많은 부분은 치료자가 내담자에게 질문을 하는 것에 기반을 둔다. 그러나 치료자는 언제나 경직되지 않은 태도로 질문해야 한다. 질문에는 세 가지 주요한 카테고리가 있다. ① 기적 질문, ② 예외-발견 질문, ③ 척도 질문이다(Kaslow, Dausch, & Ciliano, 2005).

나는 알칸테 가족에게 아침에 일어났을 때 긍정적인 마법사가 문제를 해결해 주었다면 어떻게 문제가 사라진 것을 알 것인지 설명해 달라고 질문하였다. 그들은 문제 해결의 기적이 일어난 후에 세상이 어떻게 보이고 느껴지고 달라지는지 설명해 달라는 요청을 받은 것이다. 이런 유형의 질문의 목적은 문제에 갇혀 있는 것보다는 해결과 결과에 초점을 맞춤으로써 그들 자신의 문제 해결을 발견하도록 돕는 데 있다. 자매는 모두 다 텐트에서 휴식의 분위기를 느끼고 어머니에게서 평온함을 느끼며 그들 사이에 어머니의 지도력을 느끼고 집에 더 많은 돈과 음식을 가져오기 위해서 열심히 일할 것이라고 말했다. 남동생은 누이들이 시장에서 물건을 팔고 있을 동안 자기가 조카와 어머니를 돌볼 것이라고 했다. 그들은 모두 일요일은 물론 매일 교회에 가서 어머니의 건강과 세상을 떠난 아버지를 위해 기도할 것이라고 말했다. 그리고 블랜차드 클리닉에 규칙적으로 와서 자신과 자녀의 건강을 체크할 것이라고 말했다.

내가 예외-발견 질문으로 알칸테 자매에게 물어본 것은 상실의 문제와 어머니의 질환이 그들에게 영향을 미치지 않았던 시간에 관해 생각해 보라는 것이었다. 내담자는 종종 문제가 자신의 삶에 영향을 끼치는 방식에 대해 너무 많이 초점을 맞추기 때문에 문제가 없는 부분을 알아차리지 못한다. 이런 예외는 전에 시도해 보지 않았던 해결책에 관해 작은 단서를 제공할 수 있다. 이 자매는 일요일 아침에 가족 모두가 옷을 잘 차려입고 교회에 갔을 때 기분이 아주 좋았다고 이야기했다. 신부님의 긴 설교가 스피커를 통해서 들렸고 신도의 환희의 노래는 감동적이었으며 지진이 일어나기 전과 같이 가족이 잘 지내고 어머니가 건강한 축복을 받은 것처럼 느꼈다. 이 강론이 끝난 후 그들은 성당의 별관에서 지진 전에 했듯이 작은 기도와 교육 집단에 참가했다.

예를 들어, 척도 질문에서는 어머니 루스에게 1~10의 척도로 암의 심각성 여부를 물었고 상담 과정 중 여러 측면에서 지도력의 문제에 대한 척도를 물었다. 나는 루스가 자신의 진단을 수용하고 싶어 하지 않을 때 병의 진전의 작은 순간에 초점을 맞추도록 하고 싶었다. 나는 가족의 지도력 문제를 4로 본다는 루스에게 다음 회기에 올 때 자녀가 어머니를 정기적인 검진에 모시고 오는 것을 포함해서 가족에 대한 책임을 어머니와 어떻게 나눌 것인가 하는 것을 의논하고 점수를 5로 옮겨 보려면 무엇을 할 수 있을지 물었다. 루스는 회기가 시작될 때 자신의 질병 수용에 대해 1점을 주었다. 그녀가 열정적으로 자신의 권위와 경험 없이는 가족을 이끌어 나갈 수 없으리라고 주장했을 때였다. 우리가 손을 맞잡고 기도하며 네이트 목사가 가족과 치료자인 나를 위한 축복을 내렸을 때 루스의 척도는 양쪽 문제에서 다 5점으로 올라갔다. 이 척도 측정은 어머니에게 문제 해결의 보다 큰 목표를 향하는 작은 단계를 연마하게 해 주었다(Kaslow et al., 2005).

레이크스, 로페즈와 가로(Lakes, López, & Garro, 2006)는 치료자와 내담자가 세계관에 근거해서 협동적이고 건설적인 이야기를 함께 나눔으로써 개입하는 방법에 대해 논의한다. 다른 치료자와 내담자의 세계관을 인정하고 이 차이점을 통합해서 공동의 이야기로(기도를 함께 한다든가, 가족의 안녕에 초점을 맞춘다든가, 아픈 어머니가 아직도 집안의 어른으로 존경받는다든가 등) 통합되기를 시도하는 것이 이 가족의 사례에서는 매우 중요했다. 아이티인이 다른 문화권, 특히 미국에서 온 치료자를 만날 때는 치료자와 내담자가 함께 문제를 정의하고 치료자가 내담자의 세계를 이해하는 것을 나누고 협동하면서 구성할 필요가 있다.

짐머만과 디커슨(Zimmerman & Dickerson, 1994)은 사춘기의 아이가(제시된 사례에서는 막내인 남동생) 가족(어머니와 누이들)과 함께 상담 작업을 할 때 이야기하기를 시도하면서 가족 치료와 유사한 접근을 한다. 저자는 부모와 사춘기 자녀 사이의 문제는 다른 하위 체계 속에서 다른 이야기를 하기 때문에 생긴다고 말하고 있다.

예를 들어, 부모는 자녀가 태어나거나 태어나기 이전부터 자녀의 미래에 관한 이야기를 가지고 있을 수 있다. 사춘기 자녀가 성장해서 자신의 이야기를 시작할 때 부모가 세웠던 계획과 전혀 다른 이야기를 진전시킬 수 있다. 예를 들어, 루스는 아들이 아버지처럼 작은 사업을 하기 원했지만 아들은 집에 남아 조카를 돌보고 싶어 했다.

부모와 사춘기 자녀가 개인적인 이야기를 명료화하고 서로 그 이야기를 나누도록 도와줌으로써 인생의 문제에 기여하게 된 이야기를 더 많이 이해할 수 있는 틀을 얻도록 개입할 수 있다. 가족이 각 구성원의 삶의 이야기의 영향을 좀 더 잘 이해할 수 있을 때 보다 더 조화로운 방식으로 자신의 이야기를 다시 쓰는 것이 가능해질 것이다.

일단 이 가족과 치료가 시작되면서 치료의 목적이 확인되었다. 이 목적에는 병약한 어머니인 루스가 집안의 권위자인 위계질서 구조를 성취하고 명료화하려는 점이 있었다. 이 사례에 관련된 다른 목적은 남동생을 자매의 하위 체계로 끌어당기면서 자매의 선명한 경계선과 역할을 확인하고 유지하는 것이었다. 이 가족은 약간 경직된 경계선을 지니고 있었으며, 특히 어머니가 권위자였고 성인 자녀는 추종자였다. 이 전통적인 경계선은 지진 이전에는 기능적이었지만 지진 이후에는 가족 구성원의 변경과 어머니의 건강 상태 때문에 다시 조정될 필요가 있었다. 여기서 목적은 어머니인 루스, 좀 더 방치되고 때로는 잊히기도 하고 위협을 당하기도 했던 누이동생들, 그리고 남동생의 관계를 좀 더 향상시키는 것이었다. 부모와의 경계선의 재조정은 경계선에 있는 자녀에게 안전과 지지를 느끼게 하고 애정 깊은 양육을 향상시켜 주었다. 알칸테 가족과 같은 대가족, 특히 한부모 가정인 경우에 나이 든 자녀가 가족을 효과적으로 도울 수 있도록 부모의 역할을 맡아야 할 필요가 생기게 된다. 역할의 유연성은 그 자체로서 문제가 되는 것은 아니지만 이 사례에서 루스처럼 아들에게 능력 수준을 넘는 임무를 수행하도록 기대할 때 문제가 될 수 있다. 더 나아가 자녀가 보호하는 역할이 정당화되지 못하거나 부모로부터 지지받지 못하는 경우에 문제가 일어날 수 있다(Becvar & Becvar, 2009). 루스는 큰딸과 자기 일을 나누는 것을 내키지 않아 했다. 고통 속에 벤치에 누워서도 성장한 딸들에게 소리쳐 명령을 내리거나 우리가 그녀의 기도에 동참해야 한다고 주장했다.

어머니의 하위체계

어머니의 하위체계는 위계질서 구성의 영향을 받아 기능적으로 가동하고 있었다. 어머니가 권위적인 역할로 존재해야 하는데 그 반대로 자녀에게 힘이 있을 때, 자녀는 부모가 가족의 맥락 속에서 우월한 역할을 취해야 한다는 것을 이해해야만 한다(Becvar & Becvar, 2009). 자녀가 부모의 권위를 수용하는 것은 그들이 교사, 법 집행자, 의사, 교회, 그리고 다른 권위를 지닌 권위자와 동등하지 않은 사회적 상황 속에서 적절하게 상호작용하고 수용하는 능력을 지니는 데 매우 중요하다.

형제의 하위체계

이 체계는 가족 내 자녀 간의 상호작용, 의사소통과 관계를 의미한다. 자녀는 이들 상호작용을 통해서 더 큰 사회적 체계의 맥락에서 볼 때 가족 밖의 또래와 어떻게 놀고 경쟁하고 타협하는지를 배우게 된다. 형제 하위체계를 형성하고 있는 아이들은 부모의 하위체계에 함께 도전하게 된다. 건강한 가족에서 형제의 하위체계는 부모의 하위체계와 관련된 위치를 알고 있다. 그러나 현재 사례에서는 누나 두 명이 어머니와 함께 부모의 하위체계 쪽으로 움직여서 어머니의 권위와 책임을 나누고 있었다.

점진적인 근육 이완과 횡격막 호흡

이 가족이 스트레스에 따른 여러 가지 신체적 증상을 호소했기 때문에 문화적으로 일치하는 치료 방법은 점진적인 근육 이완이라고 생각했다. 가족은 이완 훈련에 자연스럽게 반응했고 앞서 서술한 다른 방법보다 각 개인에게 더 효과가 있는 것처럼 보였다. 점진적인 근육 이완은 의도적으로 천천히 깊이 숨을 쉬게 함으로써 교감신경계의 신경시스템이 혈압과 심장의 박동 수를 낮추는 것이다. 근육 이완은 나중에 스트레스와 불안의 신체적 증상을 나타나게 하는 각성 수준을 낮추어서 신체적 스트레스 반응을 예방한다(Wehrenberg, 2008). 덧붙여서 점진적 근육 이완은 직접적으로 불안을 야기시키는 상황에서 나타나는 근육의 통증과 경직을 치료해 준다(Wehrenberg, 2008).

나는 이 가족에게 근육 이완 운동의 우선적인 목적은 10~15분 동안 근육군을 모두 편안하게 하는 것이라고 말했다. 나는 이완상상법을 진행했는데, 블랜차드 지역의 키 큰 야자수, 키 작은 잭 프루트, 파파야, 망고, 부겐빌레아가 만개한 꽃나무, 구름이 떠다니는 푸른 하늘 등의 장소에 상상의 초점을 맞추는 것은 신체적인 반응에 초점을 맞추기 어려운 가족 구성원에게 도움을 줄 수 있으리라고 기대했다.

첫 번째 단계는 목을 바르게 하고 이완된 자세로 앉아 있을 수 있는 편안한 장소를 찾는 것이다. 그다음에 눈을 감고 특정한 근육군에 초점을 맞추도록 한다. 일단 근육군이 확인되면, 다음 단계는 긴장하기, 멈추기를 하고 나서 각 근육을 이완시키는 것이다. 우리는 이렇게 하는 근육 이완을 각 근육군마다 세 번씩 했다.

횡격막을 움직이는 호흡은 느리고 깊은 숨을 쉬어 위를 채우고 육신의 긴장을 풀게 해 준다(Wehrenberg, 2008). 나는 지엽적인 상상을 횡격막 호흡의 이완과 함께 하면 유용하다는 것을 발견했다. 웨렌버그(Wehrenberg, 2008)가 기록한 대로 횡격막 호흡은 점진적인 근육 이완을 하고 있을 때 자연적으로 일어나는 것으로 보인다. 나는 알칸테 가족에게 근육 이완을 할 때 어떻게 숨을 쉬는가에 주목해 보라고 권했다. 횡격막 호흡은 부교감 신경을 자극해서 스트레스를 받을 때 신경내분비계처럼 활성화되는 시스템을 가라앉혀 준다.

치료의 평가

지진이 있기 전에도 아이티인에게 정신건강 자원이 필요했지만 매우 적은 숫자의 사람들만 실제로 정신건강 서비스를 이용했다. 아이티인은 정신건강 서비스에 어떻게 접근해야 하는지, 직면해야 하는 관료적인 장애물을 어떻게 다루어야 하는지에 관해 거의 지식이 없다(Portes, Kyle, & Eaton, 1992). 아이티의 내담자는 대체로 다른 건강 전문가에 의해 상담에 소개된다. 그리고 그들은 상담에서 얻을 수 있는 부분에 대한 이해가 부족한 편이다. 또한 다른 지역사회나 정부기관의 빈약한 치료에 근거를 둔 상담 서비스에 대해 조심스럽다. 나는 아이티 문화의 기원과 역사와 정책에 대한 지식이 있었기 때문에 2010년 1월 12일의 지진 이후에 문화적으로 민감한 재난상담으로 도움을 줄 수 있었다. 알칸테 가족은 기꺼이 거의 종일 서비스를 활용했으며 나뿐만 아니라 내가 제공했던 서비스를 좋아한다고 말했다. 나는 위기관리 일을 하고 있었기 때문에 그들을 안정시킬 수 있었고 응급상황이 일어나지 않는 한 그들을 다시 볼 계획이 없었다. 우리는 가까운 이웃에 있었고 이동한 유니트에 있는 동안 그 가족에 더 이상 문제가 있다고 보고되지 않았다. 나는 일 년 후 티 오파가 귀가 아프다고 찾아왔을 때 내 상담이 그들에게 긍정적으로 영향을 미쳤는지 궁금했다.

한편 나는 미래의 재난 서비스를 향상시키기 위해서 재난 샤크티 자원봉사자에 관한 연구를 하고 있었다. 한 연구(Roysircar, 2011a)는 재난 대응자의 성향과 회복력의 관계에 대해 연구하였다. 그 성향은 대응에 대한 긍정적이거나 부정적인 생각과 느낌에 관한 것이었고 개인적인 성취의 감각, 다중문화의 깨달음, 다중문화적 관계, 황야의 즐거운 사건, 그리고 집단주의적 세계관이었다. 아이티의 재난 샤크티 자원봉사자는 연구에 포함되었다.

다른 재난 샤크티 자원봉사자 팀은 홍수 때문에 주민이 거주지를 옮겨야 했던 멕시코의 비야에르모사에서처럼 미국의 걸프 코스트의 허리케인 생존자와 남아프리카와 보츠와나에서 에이즈에 감염되었거나 영향을 받은 고아나 여성에게 심리사회적인 도움을 주고 그들의 이야기를 들어주었다. 참여자는 두 가지 집단에 속해 있었다. 재난 자원봉사자(n=20)와 비자원봉사자(n=20)였다. 자원봉사자는 대응하기 전에 한 학기 동안 훈련을 받는다. 비자원봉사자는 훈련을 받지 않는다. 이 두 집단은 연령, 성별, 훈련교육, 사회계층, 그리고 자기가 보고하는 인종, 민족, 국가적 기원에 따라 짝이 지어진다. 각 집단은 자기 보고의 방법으로 2주 동안의 기간에 대응하는 일에 관해 4번 보고한다. 다변량 반복측정 종속변인에 의존한 t-검증은 본페로니 조정이 이루어진 후에는 개인적인 성취, 다문화적 깨달음, 그리고 다중문화적 관계에서 높은 수준을 보인다는 것을 보여 주었다. 비자원봉사자는 혼자 하는 즐거운 이벤트를 자원봉사자보다 더 자주 사용했다. 다중회귀 분석은 개인적인 성취, 다중문화적인 관계, 혼자 하는 즐거운 이벤트, 그리고 집단(자원봉사자 대 비자원봉사자)에 각각 유의미한 전체 변인의 54% 설명량을 보였다. 재난 샤크티 프로그램에 대한 수량적인 평가는 자원봉사자에게 요가, 횡격막 호흡, 근육 이완, 그리고 즐거운 상상 등의 훈련을 받도록 이끌었다. 자원봉사자의 혼자 하는 즐거운 이벤트는 그들이 분산되어 있을 때 정서적인 자기 보호를 실시할 필요가 있다는 것을 보여 주고 있다.

결 론

내가 어떻게 주류의 치료를 문화적으로 민감하게 적용하는지, 그리고 어떻게 다중문화의 깨달음의 능력을 나 자신이나 내담자의 세계관에 적용하는지를 알고 있다고 하더라도 이것만으로는 효율적인 상담을 진행하는 데 충분하지 않다. 거기에는 필수적인 일반 요인이 있는데 이는 치료자의 공감과 따뜻함, 관계 형성 라인을 따라 효율적으로 개입할 수 있는 능력이다. 그리고 치료자가 문화가 다른 내담자와 작업동맹을 구축하는 역량이다 (Roysircar, 2009a; Roysircar & Gill, 2010). 나는 지진이 할퀴고 지나간 아이티의 블랜차드에서 살았던 알칸테 가족과 함께 진심으로 교차문화적인 공감을 느끼고 표현했다. 그들의 문화적, 영적, 경제적, 정치적, 그리고 건강보호 맥락에서 사례를 조망해 보았다. 그리고 개인적인 힘과 가족의 힘이 사별, 가족, 인지행동적 개입 속에 존재하는 간격에 다리를 놓아 주었다.

참고문헌

Becvar, D. S., & Becvar, R. J. (2009). *Family therapy: A systemic integration.* Boston, MA: Allyn & Bacon.

Bowman, S., & Roysircar, G. (2011). Training and practice in trauma, catastrophes, and disaster counseling. *The Counseling Psychologist. 39*(8), 1160-1181.

Bradford, D. T., & Munoz, A. (1993). Translation in bilingual therapy. *Professional Psychology: Research and Practice, 24,* 52-61.

British Psychological Society, Professional Practice Board. (2008). *Working with interpreters in health settings: Guidelines for psychologists.* London, UK: Author.

Charters, L. M., Taylor, R. J., Jackson, J. S., & Lincoln, K. D. (2008). Religious coping among African Americans, Caribbean Blacks and non-Hispanic whites. *Journal of Community Psychology, 36*(3), 371-386.

Coupeau, S. (2008). *The History of Haiti.* Westport, CT: Greenwood Press.

Desrosiers, A., & St. Fleurose, S. (2002). Treating Haitian patients: Key cultural aspects. *American Journal of Psychotherapy, 56*(4), 508-521.

Eisenbruch, M. (1984). Cross-cultural aspects of bereavement: Ethnic and cultural variations in the development of bereavement practices. *Culture, Medicine and Psychiatry, 8*(4), 315-347.

Guzman, J. (2010, November 26). Médecins San Frontieres struggles against cholera in Haiti. *Demotix, News by You.* Retrieved from http://www.demotix.com〉NorthAmerica〉Haiti〉Port-au-Prince

Kaslow, N. J., Dausch, B. M., & Ciliano, M. (2005). Family therapies. In A. Gurman & S. Messer (Eds.). *Essential psychotherapies.* (2nd ed., pp. 400-462). New York: Guilford.

Kidder, T. (2004). *Mountains beyond mountains.* New York: Random House.

Koenig, B., & Davies, E. (2003). Cultural dimensions of care at life's end for children and their families. In M. J. Field & R. E. Behrman (Eds.), *When children die: Improving palliative and end of life care for children and their families* (pp. 509-552). Washington DC: National Academies Press.

Kubler-Ross, E., & Kessler, D. (2005). On grief and grieving: Finding the meaning of grief through the five stages of loss. New York: Scribner.

Laguerre, M. S. (1984). Health beliefs and practices. In *American Odyssey: Haitians in the United States* (pp. 109-129). Ithaca, NY: Cornell University Press.

Lakes, K., López, S. R., & Garro, L. C. (2006). Cultural competence and psychotherapy: Applying anthropologically informed conceptions of culture. *Psychotherapy: Theory, Research, Training, 43*(4), 380-396.

Métraux, A., translated by Hugo Charteris. (1972). *Voodoo in Haiti.* New York: Schocken Books.

Nicolas, G., DeSilva, A. M., Grey, K. S., & Gonzalez-Eastep, D. (2006). Using a multicultural lens to understand illnesses among Haitians living in America. *Professional Psychology: Research and Practice, 37*(6), 702-707.

Panigua, F. A. (2005). *Assessing and treating culturally diverse clients: A practical guide* (2nd ed.). Thousand Oaks, CA: SAGE.

Perez-Foster, R. (1998). *The power of language in the clinical process: Assessing and treating the bilingual client.* Lanham, MD: Jason Aronson.

Portes, A., Kyle, D., & Eaton, W. W. (1992). Mental illness and help-seeking behavior among Mariel Cuban and Haitian refugees in South Florida. *Journal of Health and Social Behavior, 33*(4), 283-298.

Republique d' Haiti Ministère de la Santé. (February 4, 2011). *Publique et de la Population.* Retrieved from http://www.mspp.gouv.ht/site/index.php?option=com_content&view=article&id=57&Itemid=1

Roysircar, G. (2008). *Building community resilience in Mississippi: Self-care for disaster response workers and caregivers* (Grantor: Foundation of the Mid-South in partnership with the America Red Cross). Keene, NH: Antioch University New England, Multicultural Center for Research and Practice.

Roysircar, G. (2009a). Evidence-based practice and its implications for culturally sensitive treatment. *Journal of Multicultural Counseling and Development, 37*(2), 66-82.

Roysircar, G. (2009b). *Therapist, heal society and thyself: Social justice advocacy in disaster response work.* Keynote presented at the National Multicultural

Summit and Conference. New Orleans, LA.

Roysircar, G. (2011a). Disaster response competencies of responders: A pilot study. Paper presented at the annual conference of the American Psychological Association, Washington DC.

Roysircar, G. (2011b). Foreword: Positive psychology, Eastern religions, and multicultural psychology. In E. Chang & C. Downey (Eds.), *Handbook of race and development in mental health (pp vii-xi).* New York: Springer.

Roysircar, G., Arredondo, P., Fuertes, J. N., Ponterotto, J. G., & Toporek, R. L. (2003). *Multicultural counseling competencies: Association for Multicultural Counseling and Development.* Alexandria, VA: AMCD.

Roysircar, G., & Brodeur, M. (2010). *Assessment of resilience and its protective factors in disaster outreach volunteers.* Paper presented at the annual conference of the American Psychological Association, San Diego, CA.

Roysircar, G. Brodeur, M., & Irigoyen, J. (2008). *Self-care and resilience of disaster response volunteers: Outcome Evaluations.* Paper presented at the Annual conference of the American Psychological Association, Boston, MA.

Roysircar, G., & Gill, P. (2010). Cultural encapsulation and decapsulation of therapist trainees. In M. M. Leach & J. Aten (Eds.), *Culture and the therapeutic process: A guide for mental health professionals* (pp.157-180). New York: Routledge/Taylor & Francis.

Roysircar, G., Podkova, M., & Pignatiello, V. (in press). Crisis intervention, social class, and counseling: Macrolevel disaster effects. In W. M. Liu (Ed.), *The Oxford Handbook of social class in counseling.* New York: Oxford University Press.

Ryff, C. D., & Singer, B. (2002). Flourishing under fire: Resilience as a prototype of challenged thriving. In C. L. M. Keyes & J. Haidt (Eds.), *Flourishing: Positive psychology and the life well-lived* (pp. 15-36). Washington DC: APA.

United States Agency for International Development. (2010). *Fact Sheet #33, HAITI-Earthquake.* Retrieved from http://haiti.usaid.gov/our_work/humanitarian_assistance/disaster_assistance/countries/haiti/template/fs_sr/fy2010/haiti_eq_fs33_02-14-2010.pdf

United States Geological Survey. (2010). *Earthquake Statistics.* Retrieved from http://earthquake.usgs.gov/earthquakes/recenteqsww/Quakes/us2010rja6.php

United States Department of State, Bureau of Western Hemisphere Affairs. (2011). *Haiti: One year later.* Retrieved from http://www.state.gov/s/hsc/rls/154255.htm

Wehrenberg, M. (2008). *The 10 best-ever anxiety management techniques: Understanding how your brain makes you anxious and what you can do to change it.* New York: W. W. Norton.

Zimmerman, J. L., & Dickerson, V. C. (1994). Using a narrative metaphor: Implications for theory and clinical practice. *Family Process, 33*(1), 233-245.

11

Mr. Paul T: A Black Man in America

Mr. Paul T
미국의 흑인 남성

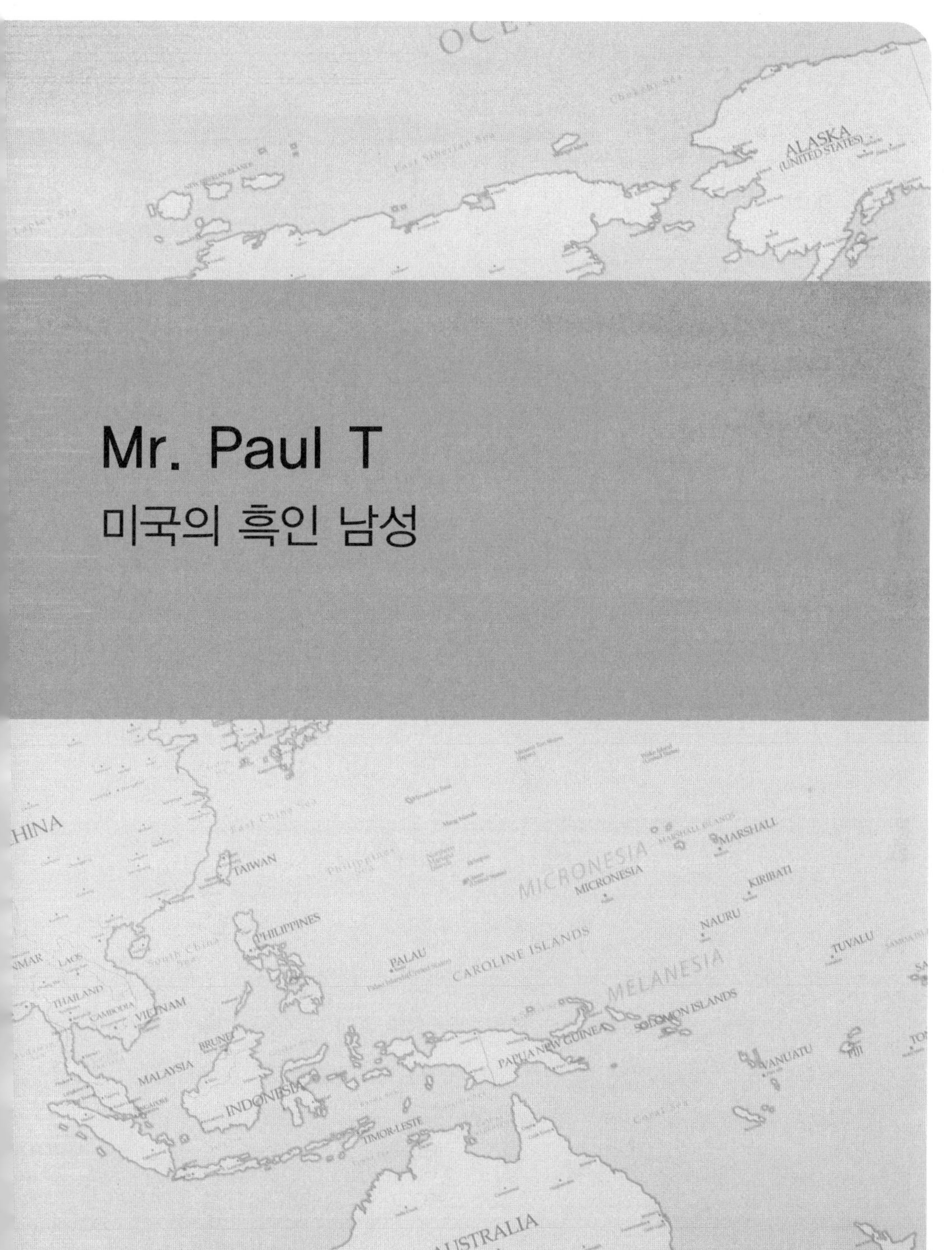

흑인 남성의 기여를 표시하기 위해 그들의 이름 앞에 *표 표시를 했다.

11 Mr. Paul T

미국의 흑인 남성

Camille A. Clay
Chalmer E. Thompson

저자와 치료자

저 자

나(Chalmer E. Thompson)는 학문적인 경력에 근간을 둔 상담 심리학자이며, 인종적인 정체성 발달의 이론과 심리치료과정(각 회기의 치료과정에서 무엇이 일어나고 있는가, 특히 치료자와 내담자가 내담자의 인생에서 겪은 억압의 역할을 이해하고 있는가 등)을 주제로 한 여러 저서를 출간했다. 나는 산타 바바라에 있는 캘리포니아 대학교, 서던캘리포니아 대학교, 블루밍턴에 있는 인디애나 대학교를 포함한 네 곳의 대학에서 재직해 왔다. 지난 몇 해 동안 가끔씩 내담자를 만나기도 하고 지속적으로 상담 장면에서 학생을 감독해 왔다. 2006년 인디애나 대학교의 도시 캠퍼스로 옮긴 이유는 사회정의에 입각한 학문적 프로그램의 발전에 기여하는 데 도움을 주기 위해서였다. 이 프로그램에는 도시의 학교지역에 파트너가 되어 주고 인종적 정체성의 이론의 전제를 전문적인 발전과 사회적 활동에서 변혁시켜 보려는 목적이 포함되어 있었다. 나는 워싱턴 DC에 있는 하워드(Howard) 대학교에서 심리학 학사 학위를 받았고 이 책의 공저자인 클레이(Clay) 박사를 처음 만났던 토우슨 주립대학교에서 임상심리 석사 학위를 받았다. 그리고 1988년에 칼리지 파크의 메릴랜드 대학교에서 상담 심리학으로 박사 학위를 받았다. 나는 미국 심리학회(American Psychological Association: APA)의 상담 심리학(17분과)과 소수민족심리학(45분과) 학회 회원이며 평화심리학(48분과), 국제 심리학(52분과)의 회원이다. 그리고 우간다 캄팔라에 있는 캄보고 대학교에서 공부해 온 교수진에게 전문적 발전 과목을 가르치고 있다. 또한 심리학 석사와 박사 과정의 강의를 발전시킬 수 있도록 KYU의 강사에게 자문을 해 주고 있다. 이 동료관계는 지금도 진행 중이다. 나는 심리학 이론, 연구, 실제의 진전 과정에서 평화연구의 역할에 특별한 관심을 가지고 있다.

앞에서 언급한 것처럼, 나는 클레이 박사를 거의 30년 전에 대학원에서 만났다. 그때나 지금이나 그녀에게서 매우 강력한 인상을 받고 있다. 나는 많은 실천심리학자를 만나고 사람들을 소개해 주고 있는데 워싱턴에 거주하는 사람들에게는 클레이 박사를 강력하게 추천한다. 추천하는 이유는 클레이 박사가 매우 침착하고 대단히 조용한 자기 확신과 안정감을 지니고 있는 성격이기 때문이다. 그녀는 좋은 경청자이며 사람들과 만나 그들의 흥미와 기쁨에 관해 알게 되는 것에 열정을 가지고 있다. 그녀는 인종과 문화 이슈에 관해 풍부한 식견이 담긴 언급을 하며 이 지식을 자신의 일에 유연하게 접목하고 있다. 물론 그녀가 만나는 모든 내담자가 모두 다 인종과 문화에 관해 말하거나 관심을 보이는 것은 아니다. 그러나 이 부분에 관한 그녀의 이해는 잘 정립되어 있고 인종적 정체성의 발달 선상을 따라 성숙한다(Thompson & Carter*, 1997 참조). 그러므로 그녀의 인종과 민족에 관한 지식은 각 개인에 관한 정보만 아는 것이 아니라 사람과 상황의 형태에 영향을 미치는 수많은 다른 힘에 관해 넘치지도 않고 부족하지도 않은 정보를 알아내는 것이다. 이 지식은 또한 그녀 자신이 누구인가에 관한 정보를 알려 주고 인간관계와 조직, 지역사회를 규정짓는 역동에 관한 정보를 알려 주고 있다.

내가 관찰한 그녀의 가치는 뛰어난 심리적 실제를 할 수 있는 강점에 있다고 확신한다. 그녀는 내담자의 영혼과 정신에 관심이 있다(Parham, 2009 참조). 내 관찰은 우리 두 사람 간의 교류에만 근거를 둔 것이 아니라 다른 사람들과의 교류에도 그 근거를 두고 있다. 그녀를 처음 만났을 때 나는 심리치료사로서 갓 교육받기 시작할 때였고 (내가 본받고자 하는 기법을 보여 주는) 그녀와의 첫 만남이 나에게는 큰 의미가 되었다. 그녀는 모든 사람을 위해 타협하지 않는 배려를 보여 주었고 사람들을 알기 위해 노력했다. 또한 기본적으로 인지행동적 전략 기법을 지니고 있어서 이 기법이 그녀와 내담자(그녀의 서비스를 청하는 사람들을 그녀가 지칭하는 단어)가 치료에서 성취하려 했던 것들을 이루는 데 도움을 준다는 사실을 나는 깨달았다. 그녀가 내담자와의 관계에서 건전하고 윤리적인 판단을 하는 것도 알고 있다. 나는 많은 사람을 클레이 박사에게 소개했으며 그들은 모두 만족하고 있다는 이야기를 전해 왔다. 내가 소개한 사람들의 대부분은 아프리카계 미국인이었다. 그들은 연령, 관심 있는 문제, 그리고 사회경제적인 배경이 모두 달랐다. 중산층과 상류층 사람들도 있었고 가난한 배경을 가진 사람들도 있었다.

치료자

나(Camille A. Clay)는 햄프턴 연구소(지금은 종합대학이 되었다)에서 학사 학위를 받은 다음 상담 심리학에서 석사 학위를 받았고 워싱턴 DC의 심리학 연구소에서 집단과 가족에 관해 2년차 수료증을 받았다. 그리고 조지 워싱턴 대학교에서 상담과 인간발달로 박사 학위를 받았다. 내 학위 논문의 주제는 중산층 아프리카계 미국 성인의 심리사회적 발달에 관한 것이었다. 나는 대학상담 센터의 상급 상담자였고 후에는 더 높은 다양한 경험을 위해 보조부총장으로 일했다. 또한 지난 25년 동안 청소년, 성인 부부, 그리고 가족과 함께 개인상담을 해 왔으며, 콜롬비아 지역 대학의 전문직 교수였고 대학원상담 프로그램의 상담위원회 일원으로 일해 왔다. 오랜 기간 동안 상담 전문직의 옹호자로 일해 오면서 콜롬비아 지역의 전문적 상담자를 위한 자격증을 설립하는 작업을 했다. 나는 그곳에서 자격증을 받은 첫 번째 사람이어서 자격증 번호가 1번이다. 1993~2004년에는 전문상담의 D.C. 위원회의 회장으로 일했다. 미국상담학회(ACA)의 멤버이고 미국정신건강 상담학회(AMHCA)의 회원이다. 나는 양쪽 기관에서 진단 및 통계 편람(Diagnostic and Statistical Manual, DSM-5)의 특별 전문위원이다. 그리고 2009년 이래 AMHCA의 애틀란타 지역대표로 일하고 있다.

내게는 상담이라는 것이 이 시점에서 내가 인식하고 있는 것보다 더 많은 실마리를 끌어내 주는 창조적인 기획이다. 나는 치료적으로나 철학적으로 통합적이며 인간주의적이고 실존적인 접근을 하고 있다. "우리 각자는 모두 다 불멸, 확실한 근거, 공동사회, 모범을 열망한다. 그렇지만 우리는 모두 피할 수 없는 죽음, 근거 없음, 소외, 무의미함에도 직면해야 한다 (Yalom, 1980, p. 485). 칼 로저스의 저술에서처럼 나는 내담자가 우리 일의 목표를 함께 결정하고 방향을 잡도록 허용하는 내담자 중심치료를 하는 경향이 있다. 알프레드 아들러(Adler, 2010), 루돌프 드레이커스(Dreikurs, 1967), 그 뒤를 이은 아들러파 사상가는 무슨 일이 일어나고 있는지 내담자와 함께 그 틀을 잡는 방법에 많은 유용한 도구와 방법을 제시해 주었다. 또한 인지행동치료(CBT)의 영향을 받고 있으며 주로 아프리카계 미국인 정신과 의사인 맥시 몰츠비*(내가 알게 된 첫 번째 아프리카 흑인 심리학 이론가였다)를 훈련시키고 영향을 준 앨버트 엘리스(Albert Ellis, 2001)에게서 특히 영향을 받았다. 몰츠비 박사의 저술은 언제나 내가 만나는 대부분의 사람들을 이해하도록 해 주었다. 그는 그가 발전시킨 합리적 행동치료(RBT)에 대해 "이상적인 인지행동치료다. 왜냐하면 이해하기 쉽고 단기간에 이루어지며, 교차문화적이고 약물을 쓰지 않고 장기적인 결과를 주기 때문이다(p. 10)."라고 보고 있다. 그는 더 나아가 다음과 같이 언급했다.

> 합리적 행동치료(RBT)는 교차문화적인 요법이다. 왜냐하면 연령, 인종, 문화적 가치, 선호하는 생활 스타일이 치료자와 아주 다른 사람들에게 수용이 되고 유효하기 때문이다. 따라서 합리적 행동치료는 전통적으로 이상적인 심리치료 후보자뿐만 아니라 심리치료 후보자로서 적합하지 않다고 간과되었던 청소년, 노인, 빈곤자 그리고 인종적 · 민족적 소수민족을 치료하는 데도 탁월한 방법이다(1990, p. 10).

나는 주로 인지행동치료(CBT)의 도구와 기법을 사용한다. 과제를 주기, 생각 멈추기, 재조명하기, 그리고 잘못된 신념을 검토하기 등이다. 필요할 때면 정신집중과 최면도 활용한다. 그러나 내가 생각하기에 치료과정에서 보다 더 중요한 것은 내담자와 치료자 사이에 형성되는 관계의 과정이다. 관계는 우선적인 치료의 요인이다. 그렇게 되기 위해서 다른 사람들을 위한 존중을 보여 주어야 한다. 이는 내(상담자)가 당신에게 인간으로서 가치를 두고 있으며 당신(내담자)을 믿는다는 메시지를 보내고 당신이 선택하는 방식을(내가 할 수 있다면) 변화시킬 수 있도록 내 마음을 기울이겠다는 것을 약속하는 것이다. 또는 내가 당신을 도울 수 없다면 그렇게 말해 주겠다는 것이다. 나는 아프리카계 미국인, 특히 남성과 일할 때 종종 심리적 손상의 영향을 경감시키거나 원상 복구시키는 일을 하고 있다. 이 손상은 미국에서 흑인 남성(여성도 마찬가지다)으로 산다는 것 때문에 너무 자주 지속적으로 일어난다. 이런 문제로는 부정적인 자기 개념, 낮은 자기존중감, 혹은 신뢰하거나 사랑할 능력이 없는 것 등이 있다. 흑인 내담자와 내가 드러내 놓고 인종과 인종차별에 관해 이야기하지는 않지만 사례개념화에서 중요한 고려사항이 된다.

또한 치료자로서 내가 영향을 받는 것은 재즈에 대한 사랑이다. 재즈는 미국의 고전음악이라고 부른다. 탁월한 재즈 음악가인 빌리 테일러(Billy Taylor*)에 따르면, "어떤 토속 음악도 재즈처럼 개인이 가지고 있는 표현의 자유와 같은 개인권리에 대한 미국 이상을 그토록 선명하게 드러내 주는 음악은 없다. 여러 측면에서 재즈는 미국 민주주의의 이상을 나타내는 은유다." 재즈는 얄롬 인생의 실존적이고 궁극적인 관심인 죽음, 자유, 격리, 무의미함을 다 보여 준다. 재즈의 네 가지 핵심요소인 연출, 즉흥 연주, 리듬, 템포는 상담 과정을 잘 보여 주고 있다. 나는 늘 내담자와 관련을 맺어 주는 치료적인 특징을 설명하고 쉬운 말로 다시 이야기하는 것이 필요하다고 느끼고 있다. 각각의 개인은 다른 사람들과 다르기 때문에 자로 잰 듯한 같은 접근을 적용하는 것은 도움이 되지 않는다. 내담자와 관계를 맺기 위해서는 내가 알고 있는 모든 것을 즉석에서 활용할 필요가 종종 있다. 유명한 재즈 베이스 연주자인 찰스 밍구스(Charles Mingus*)는 재즈음악가가 즉석연주를 할 때 작곡가가 된다는 말을 한 적이 있다. 그와 같이 상담에 참석하는 각자가 자신의 리듬과 템포를 지니고 있을 뿐만 아니라 상담 회기 자체가 그 회기만의 리듬과 템포를 지니고 있는 것이다.

내가 늘 좋아하는 재즈 가수인 베티 카터(Betty Carter)는 자기는 똑같은 노래를 두 번 불러 본 적이 없다고 말했다. 그녀는 노래를 재창조하는 것이다(노래할 때마다 리듬과 템포를 변화시키는 것이다). 그녀는 최고의 재즈 잡지인 『다운비트(*Downbeat*)』에 실린 작가 마이클 본(Michael Bourne)과의 1994년 당시 인터뷰에서 이렇게 말하고 있다. "나는 재즈 가수예요. 그건 의심할 여지가 없습니다. 나는 자유에 도달하고 자유를 쟁취해요. 나는 여러 가지 일을 하지요. 그리고 그것은 내 것입니다. 당신이 듣는 것은 그 노래를 부르는 순간의 내 생각과 내 뒤에 있는 음악가의 음악을 듣는 것이지요. 이들은 동시에 도달하고 성장하는 것이지요." 재즈 음악가는 음악의 과거를 연주하고 심장에서 전달하는 것을 노래한다. 재즈 그룹에서는 지지하거나 확대하거나 다른 방향으로 갈 수 있도록 다른 사람들을 위한 공간을 내어 준다. 여기에는 각자가 진취적인 정신을 불러오기 위한 명백한 신뢰와 이해가 있다. 그들은 서로 음악적인 아이디어와 질문을 발전시키고 녹아들게 하는 공간을 내어 주며 동료 연주자가 가 보지 않았던 장소로 갈 수 있도록 격려한다. 그들은 종종 어디서 끝날지 자신도 잘 모르는 음악적 항해를 시작하는 것이다.

윈턴 마르사리스(Wynton Marsalis*)는 켄 번스(Burns, 2004)의 영화 〈재즈(Jazz)〉에서 이렇게 말했다. "재즈의 진정한 힘은 집단이 함께 갈 수 있고 즉석에서 음악을 창안하고 계획을 수정하는 데 있다. ……그리고 그 타협이 바로 예술이다." 나는 이 말을 그대로 인용해서 치료에 관한 언급에 연관시키고 싶다. 그리고 다음을 제안하고 싶다. 치료의 진정한 힘은 두 명 이상의 사람이 함께 즉석에서 예술을 창조하고 그들의 계획을 타협하면서 함께 가는 것에 있는데 그 타협이야말로 치유인 것이다. 이 사례연구에서는 가능한 한 내담자가 언급한 말의 감각을 그대로 독자에게 전달하려고 한다.

사 례

폴 T는 59세로 호감 가는 용모를 지닌 아프리카계 미국인이다. 그는 말쑥하게 차려입고 태도와 걸음걸이에서 확신이 엿보이며 미소를 잘 짓는다. 그는 정부기관의 공공안전 분야의 상위 공직자로서 자신보다 교육 수준이 더 높은 사람들을 감독하고 있고 근무처에서 제공하는 훈련과 교육의 기회를 잘 활용해 왔다. 20년이 넘도록 자신의 기대를 뛰어넘어 향상되어 온 그는 경력도 좋고 지역사회에서 좋은 평가를 받고 있으며 교회에서 집사 일을 맡고 있다. 나이가 몇 년 아래인 여성과 결혼해서 두 아이를 두었다. 현재 자녀는 성인이 되었지만 집에서 함께 살고 있다. 미국에서 이런 현상은 드문 일이 아니다. 이런 성인 자녀는 '밀레니얼스(Millennials)' 라고 부른다. 1980년대부터 현재까지 태어난 인구를 간략하게 대중문화의 관점에서 설명하면 밀레니얼스는 서서히 쇠퇴하는 미국 경제와 교육기회의 상승 때문에 영향을 받는 젊은이들이다(특히 지난 30년간 사회적 변동의 결과로서 인종적이고 민족적인 범주를 넘어서 이런 경향이 나타났다). 그리고 지난 40년간 급속한 과학기술의 발전에 노출되면서 이 과학기술은 도시의 보호구역 속에 퍼져 나간 주택 산업의 배경에 저항하며 상류사회를 지향하는 욕구에 일부 기여하고 있다(Pew Research Center, 2010).

T는 이전 결혼에서 얻은 세 자녀가 있는데 그 이야기는 나중에 더 다룰 것이다. T가 상담을 받으러 온 이유는 결혼생활에서 겪고 있는 불화와 불안, 죄책감, 혼란스러운 느낌 때문이었다. 그는 커플상담이나 결혼상담을 원하지 않았는데 그 이유는 부부가 전에 결혼상담을 받았지만 별로 성공을 거두지 못했기 때문이었다. 이번에 그가 원했던 것은 자신에게 무슨 일이 일어나고 있는가를 이해하는 것이었고 자신의 표현을 빌리자면 결혼과 가족문제를 다루기 전에 먼저 '자신을 고치고' 싶어서였다. 그는 정서적으로 아내와 자녀에게서 멀어졌다고 느꼈다. 그는 건강보험이 제공한 명단에서 나를 선택했는데 사무실 주소를 보고 내가 아프리카계 미국인일 것이라고 추측했던 것이다. 미국에서는 백인, 흑인 혹은 혼합(다른 인종이 섞여 살고 있는 것을 의미함)으로 묘사될 수 있는 많은 지역사회가 있다. 예를 들어, 미국의 대도시에 자리 잡고 있는 차이나 타운(China towns)이나 리틀 사이공(Little saigons) 지역은 저소득층이 살고 있고 다른 민족적 지역사회에 섞여 중국계 미국인, 월남계 미국인으로 구성되어 있다.

사 례

처음 사무실에 왔을 때 내담자는 관심사 체크리스트(Adult Checklist of Concerns)(Zuckerman, 2008)와 환자건강 설문지 9(PHQ-9) 크로엔케, 스피처와 윌리엄스(Kroenke, Spitzer, & Williams, 2001)가 만든 9항목의 우울증 선별지, 그리고 성인판으로 나온 7개 문항의 불안 설문지인 범불안장애 평가(Generalized Anxiety Disorder Assessment, GAD-7)(Spitzer, Kroenke, Williams, & Lowe, 2006) 등을 작성했다. 그리고 이에 덧붙여 기본적인 정보를 제공하는 서류를 작성했다. 내담자는 GAD-7과 PHQ-9를 각 회기가 시작될 때마다 작성해서 시간경과에 걸친 우울증과 불안증상의 변동을 추적할 수 있도록 했다. 처음에 T는 GAD-7에서 아무 증상이 없다고 대답했다. 처음 작성한 PHQ-9에서 그는 여러 날 동안 어떤 일을 하는 데 흥미나 즐거움을 거의 느낄 수 없고, 기분이 저하되고 우울하고 무망감을 느끼며, 자신이나 가족에 대해 기분이 언짢다고 표시했다. 체크리스트에서 그는 아동기의 문제를 진술했고 건강과 의료에 대한 관심, 결혼문제, 집안일, 심부름, 의무 나누기, 거절에 대한 과잉 민감성을 기술했다. 그가 가장 도움받기 원하는 것은 자기 본위적인 것과 결혼에서 느끼는 거리감이었다.

나는 아프리카계 미국인, 특히 남성 내담자에게는 편안하면서도 전문적인 분위기를 제공하는 것이 매우 중요하다는 것을 알고 있다. 나는 내담자에게 공간 배치와 다른 모든 서비스가 '어서 오세요.' '당신은 가치 있는 사람입니다.' '당신은 존중받고 있습니다.' 등의 뜻을 전달할 수 있도록 노력했다. 사무실에 화분, 다채로운 색깔의 예술작품, 공식적인 프런트를 비치하고 친절하고 미소 짓는 접수직원을 고용했다. 사무실에는 작은 사이즈의 초콜릿이나 새콤한 젤리, 파티용 과자 등을 담은 알맞은 크기의 캔디 상자를 일주일마다 바꾸며 놓아 두었다. 10대부터 나이 든 사람들까지 좋아할 수 있는 유명한 캔디라서 종종 나이 든 방문객이 "오, 다람쥐 호도과자로군요. 내가 제일 좋아하는 겁니다."라고 말하기도 하고 20대의 내담자는 "스마티는 없어요?"라고 질문하기도 한다. 방문객에게 캔디 외에 물병도 제공한다. 상담실에는 등의자와 나무로 만든 러브 시트와 의자 위에 편안한 쿠션을 놓아 둔다. 책장에는 책이 들어차 있고 은은한 조명을 켜 두고 개방적이면서 따뜻하고 편안하며 안락한 분위기를 제공한다. 나는 의도적으로 치유 환경을 창조하고 조성하려고 노력한다.

상 황

미국은 50개의 주로 이루어져 있다. 컬럼비아 연방과 사모아 영역, 미크로네시아의 연방주, 괌, 북 마리아나스, 푸에르토리코, 버진 아일랜드로 이루어져 있다. 국가가 성립되기 전에 이 땅은 토착민의 집이었다. 이탈리아의 탐험가 크리스토퍼 콜럼버스는 인도에 도착한 줄 알았기 때문에 이 사람들을 '인디언' 이라고 이름 지었다. 미국 인디언이나 미국 원주민은 콜럼버스의 침략 이래(Takaki, 1993; Zinn, 2010) 급격하게 감소하고 있다. 3억 1200만 명이 넘는(U.S. Census, 2010) 인구는 세계에서 세 번째로 많은 규모다.

북아메리카 대륙에 자리 잡고 있는 미국은 세계에서 가장 다양한 인종이 모여 있는 나라다. 또한 미국은 세계에 퍼져 있는 이민자에게 '기회의 땅' 이라고 알려져 있다. 이민의 후예는 경제적 · 사회적 · 정치적으로 성취를 이루었고 이루어 나가고 있다. 또한 전 세계에 '초강대국' 으로 간주되고 있다. 이 말은 니콜라스 스파이크먼(Spykman, 1944)이라는 전략지정 학자가 지구상의 헤게모니를 쥐고 막강한 영향력을 행사하고 있다는 의미에서 만들었다. 이 영향력은 확실하게 정치적이고 경제적인 범주뿐만 아니라 군사, 문화 지리학, 인구통계학에도 영향을 미치고 있다. 그가 이 글을 쓰던 시기에는 소련과 대영제국도 초강대국으로 정의했다. 그러나 현재 어느 나라가 강대국의 힘을 지니고 있는지, 대체 오늘날 강대국의 힘이라는 게 존재하기는 하는지에 대해서는 논쟁의 여지가 있다(Bacevich, 2011).

상황

전 세계의 각 분야에 걸친 미국의 영향은 긍정적이면서 부정적인 양쪽 측면이 있다. 예를 들어, 미국은 인도네시아의 쓰나미라든가 아이티와 칠레의 지진 등 자연재해 때문에 도움이 필요한 나라에 최고 부강국으로서 도움을 주고 있다. 그리고 미국의 재원은 정부차원, 비정부 조직, 일반 시민 개인의 기부에서 얻어진다. 미국 정부는 인간이 빚어낸 재앙이나 제어할 수 없는 전쟁으로 대량학살이 일어난 나라에도 도움을 주어왔다. 미국인은 여가와 사업, 박애적인 이유 때문에 광범위하게 해외여행을 하고 있다.

부정적인 영향으로 보면, 다른 나라의 자원에 이해 근거를 두고 전쟁을 시작하거나 전쟁에 관여하고 있으며 국가 간의 내분과 정치적 신의에도 관여하고 있다. 미국 정부는 다른 나라가 경제적으로 성공할 수 있도록 마셜 플랜 등의 실질적인 재정적 원조를 제공하지만, 이런 선의에 따른 이유와 방법이 막중한 비난을 받고 있다. 인도적인 욕구가 큰 경우에는 돈과 군사적 힘의 도움이 전혀 혹은 거의 없는 것이다(Lewis, 1993; Zinn, 2010). 1776년 대영제국에서 독립을 쟁취하기 위한 전쟁을 시작으로 해서 현재 아프가니스탄에 이르기까지 미국은 여러 번 전쟁에 참여해 왔다. 미국의 부는 다양한 국가의 협조와 개인의 힘에 의존하고 있다. 49%의 미국인이 중산층으로 간주되고 있지만 84%에 이르는 부는 인구의 1% 정도인 부유층과 초부유층의 소유다. 선거기간 동안 정치가가 가장 환심을 사려고 하는 집단이 바로 그들이다(예, Chang, 2011). 이들은 또한 많은 미디어를 장악하고 있어서 국내와 해외에 전달하는 메시지나 이미지를 통제할 수 있다. 이런 극단적인 불평등한 상황을 미국 시민이 언제나 인식하고 있는 것은 아니다(Winslow, 2011 참조). 부분적으로는 나라에서 일어나는 재정적인 조치에 관해 공개가 잘 되지 않고, 앞서 언급한 것처럼 미국의 위대함에 관한 기획된 의견은 언론기업 때문에 누구에게나 가까이 다가가 있다. 인기 있는 작가인 호라시오 알저스(Horatio Algers)는 누구든 개인은 원하는 것을 얻을 수 있다는 의견을 인용하며 계층의 착취를 경시하고 인종과 성별에 관한 해소되지 않은 억압을 경시하고 있다는 의견을 피력하고 있다. 미국의 다른 문제에는 미국인 사이에 증가하는 빈곤의 배경에 대립하여 심리적 안녕감(Kasser & Kanner, 2003 참조)에 영향을 주는 물질주의 문화의 확산을 포함되어 있다.

국내외 미국정부의 대처행동, 언론의 자유, 직업과 여가의 선택기회, 더 이후의 발전을 위한 기초로서 미국헌법을 구성하는 이상들과 관련해서 혼재된 감정들이 분명히 있는데, 이러한 이상들은 많은 사람이 희망을 가지게 하는 낙관주의의 구성요소다. 하지만 인종이나 성, 사회경제적인 지위에 근거를 둔 심각한 불의가 일어나고 있다. 서로 뒤얽혀 있는 인종과 계층을 나란히 놓고 보면 다양한 훈련을 거친 미국 역사의 다른 시대를 통해 나타난 수많은 저자가 생생하게 묘사된 이야기(예, Baldwin*, 1962. Ellison*, 1952; Jacobs, 1970; Muhammad, 2010)를 들려 주고 있다. 그리고 학문적으로 인종의 현상과 구조적인 인종차별주의의 파생물들이 인종집단 간 그리고 인종집단 내부에서 대인관계를 형성해 오고 형성하는 방식을 분석한다. 이러한 현상에 대한 주의가 제2차 세계대전 이후에 전세계적인 관심 수준에 도달했는데, 그 예시로 볼 수 있는 것이 흑인민권운동의 출현이다.

백인이 흑인을 대하는 가혹한 대우에 관한 영상과 보고서가 미디어에 기록되고 전보다 더 광범위하게 퍼져 나갔다. 미국의 사회정치적인 배경 속에 깊이 뿌리내린 인종주의의 역사를 자세하게 탐색하는 것이 쉽지는 않았지만 독자는 이 주제에 관한 광범위한 범위의 책을 읽도록 촉구되었다. 그 책 중 몇 권을 여기 소개한다면, 윌커슨(I. Wilkerson, 2011)의 『다른 태양의 따뜻함(The Warmth of Other Suns)』, 타카키(R. Takaki, 1993)의 『다른 거울(A Different Mirror)』, 프랭클린과 모스(Franklin* & Moss, 2000)의 『노예 상태에서 자유로(From Slavery to Freedom)』 등이 있다.

T는 아프리카에서 1450~1860년에 대서양 노예교환으로 선박에 실려 온 천만 내지 천오백만 명의 흑인의 자손으로 추정된다(Franklin & Moss, 2000).

아프리카계 미국인은 미국 인구의 13.5%가량으로 그중 대략 54%가 남부 지역에 살고 있다. 아프리카 혈통을 지닌 사람들이 미국에서 겪은 경험의 역사는 실로 길고 복잡하다. 이 장에서는 특별히 흑인에게 끼친 심리적 영향에 관해 중점을 두고 있다. 그 영향 중 하나는 흑인이 사회에 관해, 궁극적으로는 자기 자신에 관해 혼란스러운 메시지를 경험하고 있다는 점이다. 유색인종의 증진을 위해 만들어진 국가 연구기관(NAACP)의 창시자로 유명한 듀 보이스*(Du Bois, 2005)는 이 갈등을 겪는 경험을 흑인의 '양립하지 못하는 영혼' 이라고 부른다. 일면으로는 문화적으로 미국인이고 그 핵심의 일부가 되려는 욕망을 지니고 있지만 다른 면으로는 그들이 겪고 있는 증오와 미움 때문에 절대로 주류에 속하지 못할 것을 알고 있다는 것이다. 게다가 아프리카 문화 전통에 대한 거부감이 세대를 통해서 전해졌는데 듀 보이스와 다른 이론가들은 그 이유가 특히 아프리카 사회와 일반적으로 아프리카의 혈통을 지닌 사람들에 대한 부정적인 투사 이미지 때문이라고 지적한다.

Martiniquean 정신과 의사인 파농(Fanon*, 1967)은 전 세계 흑인 해방의 필요성에 관해 저술하고 있다. 그는 백인이 만든 심리학적 이론이 심리적인 발달이나 기능에 억압적인 영향을 미치고 있다는 것을 무시하고 있다고 지적한다. 이는 일반적으로 아프리카의 후예뿐만 아니라 백인이나 다른 인종에게도 명백한 영향을 끼치고 있다는 것이다. 흑인이나 아프리카계 미국인 심리학의 출현은 지난 50년간에 걸쳐 이루어졌고 흑인의 경험이나 아프리카 전통까지 포함한 이론을 따르는 훈련 프로그램이 없는 것에 대한 반응 중 하나다(Jones*, 1991; Neville, Tynes, & Utsey*, 2009).

미국에 있는 아프리카인은 미국의 전망에 부정할 수 없는 영향을 미쳤다. 미국 예술의 첫 번째 독특한 형태인 보드빌, R & B(나중에 록큰롤의 형태로 나타남), 재즈에서 현재 이민정책, 의료보호, 학교 개선, 도시화에 이르기까지 영향을 미치고 있으며 이들은 인종과 인종차별에 관한 토론의 필요성과 연결되어 있다. 그러나 비백인의 인도주의가 지속적으로 감소되고 동시에 백인을 상대적으로 더 가치 있게 받아들이는 풍조는 (백인은 다른 인종 집단과 마찬가지로 사회 건설의 기능과 동일시되어 왔다. Bonilla-Silva, 2009 참조) 미국에서의 삶의 모든 영역에 실질적으로 계속해서 스며들고 있다.

이런 대규모 시스템 문제는 개인에게 구체적으로 영향을 미치게 된다. T는 아프리카계 미국인 중년 남자이고 서로 헌신하는 관계, 자녀, 괜찮은 직장, 안정된 수입 등의 측면에서 일반적으로 성공적인 삶을 이루었다. 그런데도 그는 사랑을 표현하기 힘들어하고 거리를 두는 자신의 태도 때문에 가책을 받고 아내와 자녀에게서 멀어지고 소외되었다고 느끼고 있다. T의 욕구를 평가해 볼 때 그를 이해하는 데 인종이나 문화의 문제만 개입한 것은 아니었다. 한 남자가 아동기에 겪은 학대와 소외에 따른 사회화와 함께 인종과 문화의 문제를 함께 아는 것이 치료자가 T의 치유를 위한 역할을 하는 데 진정으로 중요한 것이다. 치료자는 자유롭게 탐색하면서 자연스럽게 T의 인생의 각종 통로로 들어가 볼 필요가 있다. 그 이유는 인종차별주의가 종종 좁게 해석되어서 차별이나 전반적인 무시로 해석되는 것인데, 이는 치료자가 짊어져야 할 부담으로 미국 사회적 규범에 저항하거나 순응주의를 극복하려면 인종주의에 대한 탄탄한 지식을 지니고 있어야 하기 때문이다. 어떻게 인종주의가 내담자에게(어떤 내담자이든 간에) 영향을 미쳤는지를 판단하는 것은 치료자의 몫이다. 이 현상이 힘과 지배, 그리고 다른 문화의 창조로서 사회에 끼어 들어가는 직조현상으로 이해될 때 치료자는 더 나은 평가를 하고 신뢰할 만한 관계를 발전시켜 나갈 수 있다. 또한 내담자가 사회적으로 그것을 최소화하는 데 순응할 때보다 더 나은 사정을 할 수 있다. 인종주의의 복합성을 이해하는 것은 인종과 다른 범주에 상관없이 자신과 다른 사람들의 인간관계를 이해하는 것이다(Thompson & Alfred, 2009 참조). 아프리카계 미국인은 아프리카계 미국 전문가에게 상담을 청할 수 있는데 그 이유는 말로 하지 않아도 인종주의의 실재를 이해할 수 있고 흑인이 아닌 사람들과 이야기하는 것보다 덜 긴장할 수 있기 때문이다.

내담자의 심리적 역사

나(Camille clay)는 일반적인 생활 스타일에 관한 평가를 했다(아들러 학파가 구조화한 인터뷰 기술로 가족의 배열과 초기의 회상 등이 포함되어 있다). 그의 초기 아동기에 관해 알아보고 어떻게 자기 자신과 세상, 그리고 다른 사람들을 바라보았는지 그 관점을 하나씩 수집하였다. 그는 연년생으로 태어난 네 자녀 중 장남이었다. 가족 구성원을 묘사한 것을 보면 어머니에 관해서는 거의 말이 없었다. 그는 훈육하고 양육할 뿐 아니라 학대도 하는 아버지에 관한 이야기에 많은 시간을 할애했다. T의 아버지는 가정을 지배했다. 그는 "아버지가 말한 것은 무엇이든지 그대로 진행되었어요."라고 말했다. T는 형제와 가까웠고 가족 간에 갈등이 있을 때 동생들을 이웃에 데리고 가기도 했다. 그는 많은 시간을 함께 보낸 외할머니와 가까운 관계였다고 기억했다.

"할머니는 저를 사랑했어요." 그는 기억을 되살리며 미소 지었다. 그러나 주된 기억은 아버지의 끊임없는 언어폭력과 육체적 폭력이었다. 그는 '이유도 없이 얻어맞는구나.' 하고 생각했다. 형제보다 더 많이 맞았지만 형제도 처벌을 피할 수 있었던 것은 아니었다. 어느 날 여동생과 텔레비전에서 엘비스 프레슬리를 보고 있었는데 여동생이 "엘비스 프레슬리가 너무 멋지다."라고 말했다. 아버지는 여동생을 방구석으로 내던지며 말했다. "다시는 감히 내 귀에 백인 남자가 멋지다는 말이 들리게 하지 마!" T에 따르면 아버지는 백인을 증오했다. 어머니에게 도움을 청하러 가면 어머니는 개입하지 않았다. 그녀는 아버지에게 복종해야 한다고 말했다. T는 엄마가 남편이 엄마한테 잘해 주며 생활비를 잘 벌어 온다고 생각해서 아이한테만 엄격하다고 생각했다.

12세가 되었을 때 그는 미국 중부에서 워싱턴 DC로 이주했다. 그곳에서 그는 가족뿐만 아니라 다른 이웃과도 잘 맞지 않는다는 것을 알게 되었다. 그의 중부 사투리는 '어울리지 않았고' 옷 입는 것도 도시 스타일에 맞지 않았다. 그는 그 지역의 10대에게 위협과 괴롭힘을 당했다. 그는 이때 급속하게 나쁜 아이가 되었다고 표현했다. 그는 거의 하루걸러 한 번씩 싸움을 했다. 그는 마른 소년이었지만 작대기, 바위 또는 무엇이든지 그의 적에게 쓸 수 있는 것들을 활용했다. 그는 '사회의 위협'이 되었다. 그리고 아버지는 마음 내키는 대로 그를 처벌했다. 그는 자기 아버지가 친아버지라는 것을 믿고 싶어 하지 않았고 종종 의아해 했다. "어떻게 아버지라는 사람이 이런 식으로 나를 대한단 말인가?"

16세가 되었을 때 중부 고향에 계신 외할머니를 방문했다. 가족 모임에서 가족의 친구가 그를 보고 "방금 네 아버지를 봤어."라고 말했다. 혼란스러워진 그는 그 여자가 DC에 살았던 적이 있느냐고 물었다. 그리고 그의 아버지가 시내에 살고 있고 가족과 마을 사람들이 그의 친아버지에 관해 알고 있다는 것이 드러났다. 그는 그녀에게 아버지의 주소를 물었고 바로 그날 친아버지를 만났다. 아버지는 그를 만나지 않았던 이유가 그의 어머니가 자기나 T에게 연락하지 말아 달라고 청했기 때문이라고 했다. 그 후 그는 친아버지와 관계를 유지했다. 어머니와 계부에게는 알리지 않았다. 그는 늘 연락하고 방문할 수 있을 때면 방문했다. T는 아버지라고 생각했던 사람이 그를 그렇게 나쁘게 대하고 아버지를 기쁘게 할 수 없었던 이유도 사실은 친아버지가 아니었기 때문이었다는 사실을 알고 안도감을 느꼈다.

그렇지만 16세가 되기 전에 이미 그는 자신이 사랑받고 있지도 못하고 사랑스럽지도 않다는 결론을 내리고 있었다(할머니를 빼고는 다 그런 것 같았다). 그는 확실히 수용받지 못했다. 세상은 너그럽지 않았고 변덕스러웠고 불안정한 곳이었다. T는 부모가 자신을 보호해 주리라고 믿지 못했기에 싸움질과 다른 저항적인 행동을 정당화하였다. 머리가 좋은 학생이었지만 그는 인색하고 불공정한 인생에 반항하느라 16세에 학교를 그만두었다. 그는 장사를 하기 위해 직업 집단에 들어갔다(직업 집단은 연방 프로그램으로 1964년에 린든 B. Johnson 대통령 행정기관에서 행한 빈곤과의 전쟁 계획의 일부였다. 그곳에서는 16~24세의 사람들이 무료로 교육과 직업훈련 서비스를 받았다).

이 프로그램을 끝낸 다음에 T는 여러 직장을 전전했으나 어느 직장도 그가 원하는 만큼의 수입을 제공하지는 않았다. 그는 할 수 있을 때면 일하기도 했지만 때론 거리 생활도 했었다. 그는 어린 여자를 만나 세 아이를 낳았다. 23세가 되었을 때 T는 군대에 갔다. 군인이 되는 것이 그에게는 쉽지 않았는데 규칙을 따르고 상급자에게 복종하는 것이 적합하지 않았기 때문이다. 그는 거리 감각과 지적 능력 때문에 4년간의 군 복무를 마치고 명예스럽게 제대했다. 그의 초기 성취는 고교졸업 자격시험을 치른 것이다. 준비코스를 듣는 대신에 그는 먼저 시험을 보기를 청했다. 그렇게 하기로 허락을 받은 그는 쉽게 시험에 붙었다. 그가 군대에서 한 일은 대부분 행정 분야였다.

T가 군대에 간 이유는 가족을 부양할 수입이 필요했기 때문이었다. 그는 아이들에게 돈을 정기적으로 보내 주었지만 여자는 버림받았다고 느꼈다. 그녀는 그가 해외에 있을 때 관계를 청산하자는 편지를 여러 번 보냈다. 그가 집에 돌아왔을 때 그녀는 다른 남자와 관계를 맺고 있었다. 이른 사춘기 시절부터 27세에 제대할 때까지 그는 남과 끊임없이 싸우고 약물과 술을 남용하며 살았다. 그는 거리를 헤매고 다녔고 여자는 공격적이었기 때문에 가족과 함께 지낸 적이 없었다. 그는 제대하고 얼마 되지 않아서 11세 어린 여자를 만나 결혼하여 두 아이를 낳았다.

새 아내와 함께 살면서 그는 이 직장에서 저 직장으로 떠돌아다녔고 약물 복용도 계속했다. 그들은 아내의 부모와 함께 살았고 부모는 그들에게 교회에 나가자고 권했다. 이 시점에서 그들은 구원받게 되었는데 이것은 그들이 교회에 나가면서 신에게 삶을 바쳤다는 뜻이었다. 사실상 이것은 그들에게 쉬운 일이었다. 그들은 축하모임에서 축배를 들고 술을 마셨다. 그 당시 마약이 도시를 전염병처럼 휩쓸었는데 그는 그 속에 빠져들었다. 그는 코카인을 자신이 사용하기도 하고 팔기도 했다. 그는 가족을 떠나서 점점 마약상과 함께하게 되었다. 그는 매일 약을 파는 지점까지 가서 뽑힐 때까지 일하다가 개인적으로 사용할 약을 원하는 만큼 받았다. 어느 날 아침 일어나 바지를 당겨서 끌어올려 입고 단추를 채웠는데 바지가 바닥으로 흘러내렸다. 그는 그렇게 체중이 많이 빠진 것을 믿을 수 없었다. 그는 무릎 꿇고 울면서 신에게 자신이 그곳을 떠나서 가족에게 돌아갈 수 있게 해 달라고 간청했다. 그는 신과 거래했다. 그가 약물남용과 불법적인 활동에서 벗어나게 신이 도와준다면 교회에 나가 여생을 바쳐 신을 섬기겠다고 신에게 약속했다. 그는 같이 살던 친구에게 떠나겠다고 말했는데 마음속으로는 그 친구가 자신을 말려 주기를 진심으로 기대했다. 그러나 실망스럽게도 친구는 그가 떠나는 것을 허용했다. 그러자 그는 아내에게 전화를 걸어 집에 가고 싶다고 말했다.

아내는 그가 약물중독 프로그램에 참석하는 데 동의한다면 돌아와도 좋다고 말했다. 그가 동의하기는 했지만, 그 도시에 약물재활을 받고자 하는 사람이 너무 많기 때문에 대기자 명단에 들어가게 되었다. 그는 12단계 프로그램을 시도했지만 그에게 맞는 프로그램을 발견할 수 없었다. 그는 신이 그가 인생을 변화시키겠다는 약속을 다짐하기 위해 기도할 필요가 있다고 말하는 것처럼 느꼈다. T에 따르면, 일단 그 기도를 받은 다음에는 결코 뒤돌아보지 않았다는 것이다. 그 후 그와 아내는 다시 결합하고 그들의 삶을 교회에 바치기로 진지하게 약속했다. 이 시기부터 그는 약속을 지키고 가족에게 더 나은 삶을 제공하기 위해 일했다. 처음에는 보수가 낮은 직업을 찾았지만 그 후에 정부가 제공한 초보 수준의 직장을 구하였다. 그는 점차 진급해서 마침내 그의 경력으로 올라갈 수 있는 가장 높은 자리에 이르렀다. T가 아내와 가족에게 돌아왔을 때 아내는 부모에게서 재정적 · 정신적 지원을 받았다. 아내는 자신과 자녀의 삶을 남편 없이 사회적으로 재정적으로 유지해 나가던 것이 습관이 되어 있었다. 그리고 그동안 지나온 생활을 통해 남편이 돌아온 것이 진심이라고 믿을 수 있게 되기까지 오랜 세월이 걸렸다. 거기다 두 사람은 자녀양육에 관해 동의하지 않았다. 그는 아내가 자녀를 망치고 있다고 말했고 아내는 그가 자신과 대조적으로 지나치게 엄격하다고 느꼈다. 여러 측면에서 그는 아이들이 아내의 자녀인 것처럼 느끼게 되었고 자녀 때문에 싸우는 일에 지쳐 자녀양육을 아내에게 맡겨 버렸다. 이런 식으로 몇 년 동안 시간이 흘러가면서 직장에서의 위치가 아주 순조롭게 상승하는데도 불구하고 T는 아내와 자녀와 함께하는 집에서의 생활은 사실상 격리되고 고독하고 전혀 만족스럽지 않았다.

치 료

우리는 거의 다섯 달 동안 적어도 한 달에 두 번 만났다. T는 원가족에 관해 이야기하고 남편과 아버지로서 실패한 두려움에 대해 말했다. 회기의 초점은 우선적으로 T에게 맞추어져 있었다. 그러고 나서 자신에 관해 좀 더 괜찮다고 느끼게 되자 치료는 자녀와의 관계와 아내와의 관계에 관해 다루게 되었다. T는 시작할 때부터 자신의 이야기를 하고 그것을 이해하려는 시도의 기회가 주어진 것을 아주 잘 받아들였다. 그는 가끔 눈물을 흘리지 않으려고 애쓰면서 고통스러운 과거를 기억했다. 그는 인생에서 그런 풍파를 헤쳐 나와 생존할 수 있었던 것에 관해 종종 놀라움을 표시했다.

치료의 첫 단계

집에서 할 과제로 과거력 알아보기와 관계 만들기를 내준 처음 몇 주 동안, T는 '스스로 자신을 어떻게 보는가.' '세상과 다른 사람들을 어떻게 보는가.'하는 생각을 보여 주었다. 전에 말한 것처럼 '자신의 기본 문제가 무엇이라고 보고 있는가.' '어떻게 자신을 도울 것인가.'도 말했다. 이런 이야기를 쉽게 나누면서 그는 아주 편안하게 느끼고 경청을 받고 가치 있는 사람처럼 대우받는다고 이야기했다. 초기의 두 가지 과제에 대한 그의 반응은 그 과제가 이루어졌다는 것을 보여 주었다. 또한 이런 반응 속에서 내가 그를 어떻게 돕기를 원하는가를 드러내었다.

- 인류의 한 사람이라는 사실에 대해 당신이 필요로 하며 지니고 있는 덕목은 무엇인가?
  - 신체적: 내가 다른 사람을 대접하는 것처럼 대접받을 자격이 있다. 나는 나 자신으로 있을 필요가 있고 나 자신의 결정을 내릴 수 있는 기본 권리가 있다. 나는 할 수 있는 만큼 내 인생을 즐겁게 할 가치가 있다. 나는 가족을 행복하게 하고자 하는 욕구가 있다.
  - 정서적: 나는 긍정적으로 위안을 받고 내 마음이 가는 대로 무엇이든 할 수 있다고 확인받고 싶다. 나는 가족에게 사랑받을 필요가 있다. 나는 좀 더 많은 사랑과 배려를 필요로 한다. 나는 좀 더 긍정적인 태도로 의사소통할 필요가 있다.
- 당신의 욕구가 충족되는 데 필요한 일을 하지 못하게 막는 것은 무엇인가?
  - 내 주위에 있는 사람들이 어떻게 느끼는가를 배려하지 않고 현실감이 없어서 뒤로 물러나려 하고 고집스러운 점이다.
- 당신의 욕구가 충족되지 않거나 다른 사람들이 당신을 이용한다는 것

을 어떻게 해서 알게 되는가?
– 신체적인 상황: 내가 가족을 행복하게 만들지 못한다는 느낌, 피곤함, 그리고 가족의 일에 참여하고 싶지 않은 점이다.
– 생각: 나는 지금 내가 살아가는 방식을 몹시 바꾸고 싶다. 이런 식으로 느끼기에는 인생이 너무 짧다고 느낀다.
– 느낌: 때로 슬프고 때로 사랑하고 때로 행복하지만 저조한 상태가 가장 지속적이다.

이기적이거나 자기 충족적이라는 명칭이 붙은 실습에서 그는 다음과 같이 적었다.

- 자신을 돌보는 다섯 가지 일을 말해 보라.
  – 위생관리를 잘하고, 약을 먹고, 기분 좋게 느껴지는 옷을 입고, 도움을 청하러 상담자에게 가는 것이다.
- 나 자신을 돌본다는 것은
  – 나를 건강하게 지켜 주는 일을 하고 정신적으로 건강하고 자신에 대해 좋게 느끼는 것이다.
- 이기적이라는 것은
  – 나 자신이 원하는 것을 충족시키기 위해 다른 사람이 뭐라고 말하거나 느끼거나 간에 내가 원하는 일을 하는 것이다.
- 만약에 당신이 자신을 돌보지 않으면 누가 돌보는가?
  – 대부분의 경우에 아무도 돌보아 주지 않는다.
- 무엇이 전에 당신을 스스로 돌보지 못하게 했는가?
  – 우울증, 사랑받지 못하고 배려받지 못한다는 느낌이다.

그다음 회기에서 T는 이 기록된 부분에 추가해서 이야기했다. 그는 생생하고 명료하게 자기가 우울하다고 말했다. 그는 자신이 아웃사이더라고 지각하면서 자랐다. 분노하고 적대적이었다. 세상은 몰인정하고 불안전한 곳이었다. 대부분의 경우에 사람들을 믿을 수 없었다. 기회만 준다면 그들은 당신을 해칠 것이었다. 처음에는 가족과 지역사회에 소속되고 수용되고 싶어서 실제로 싸웠고 나중에는 비유적인 의미에서 싸웠다. 생존하고자 하는 결심 아래 그는 본질적으로 인생을 바꾸었고 선택한 분야에서 성공했다. 직장생활은 그에게 경험해 온 공허한 느낌과 무가치한 느낌을 감소시키는 데 도움을 주었다. 하지만 아무래도 이런 노력은 충분하지 않았다. 특히 그가 주위에 사랑받기를 바라는 사람들에게 둘러싸여서 자신을 위한 사랑에 뿌리내린 사람이 되는 데 충분하지 않았다.

처음 방문한 직후 T는 당뇨병 진단을 받았다. 그때까지 그는 거의 건강 문제가 없었다. 그는 이 진단이 무엇을 의미하는가, 어떻게 생활 스타일을 바꾸어야 하는가, 그리고 식생활 습관은 어떻게 해야 하는가에 관한 질문과 부딪히게 되었다. 이 진단은 그 자신에 관한 관점, 기분의 변화, 성적인 욕구에 어떤 의미를 주는가? 그는 또 다시 그가 혼자라고 느꼈다. 아프리카계 미국인은 스페인계가 아닌 백인보다 당뇨진단을 받을 확률이 현저하게 두 배가량 높다. 게다가 당뇨의 합병증 때문에 말기 간질환과 하지 절단 등으로 고통을 겪을 가능성이 높았다. 아프리카계 미국인은 히스패닉계가 아닌 백인과 콜레스테롤 수준이 낮거나 같았다. 그리고 고혈압인 경우가 더 많았다(Centers for Disease Control Office of Minority Health and Health Equity, n.d.). 클라크, 앤더슨, 클라크와 윌리엄스(Clark*, Anderson*, Clark*, & Williams*, 1999)는 인종주의와 스트레스에 따른 건강 문제는 흑인에게 흔하다고 언급했다.

T의 건강상태, 나이, 결혼 문제가 그의 생애를 재검토하도록 촉구했다. 그가 치료의 결과로 원하는 것은 존중하면서 들어 주고 듣고 물어봐 주는 것이라고 내게 말했다. 그는 자신의 이야기를 하기 원했고, '모든 것을 꺼

내 놓도록' 수용하는 분위기 속에서 합리적으로 이해할 수 있도록 도움받기 원한다고 말했다. 우리가 함께 일하면서 추구하는 다른 목표는 그의 부정적인 믿음을 검토하고 일그러진 사고 패턴에 도전하고 그것들을 변화시키는 것이었다. 그는 또한 자기 자신과 자기를 잘못 대한 사람들을 용서하기 원했다. 기독교인이며 용서의 개념을 받아들였지만 그는 고통과 수치를 지니고 있고 친아버지의 아들이라는 정체성을 알려 주지 않고 계부에게서 그를 지켜 주지 못한 어머니를 용서하지 못한다는 것을 깨달았다. 그는 오랫동안 자기를 학대해 온 '계부'와 자기가 지켜야 한다고 생각했던 남편과 아버지의 역할을 하지 못한 '자신'을 용서하지 못했다. T의 치료의 중요한 부분은 환경에 관해 그를 우울하게 하는 비합리적인 신념에 도전하도록 안내하는 것이었다. 인지적인 재구성 기법을 실습해서 새로운 생각에 초점을 맞추도록 할 뿐만 아니라 한 사람, 아버지, 남편으로서의 가치에 관해서도 좀 더 되풀이해서 생각할 수 있도록 그를 인도하는 연습을 했다. 그런데 그는 연습 회기마다 지속적으로 문제를 제기했다.

T가 보다 더 합리적인 생각을 할 수 있도록 내가 사용하는 여러 가지 강점이 있었다. 예를 들어, T는 오래전에 경험했던 학대가 말도 안 되는 일이었고 그도 그의 형제도 그런 일을 겪을 이유가 없었다는 것을 깨달았다. 할머니의 지속적인 관심과 애정은 좀 더 깊은 믿음으로 자리 잡을 수 있었고 강력한 접합점이 되었다. 더욱이 T는 GED 시험을 본 다음에 그가 학업을 성취할 수 있는 능력이 있다는 사실을 알았다. 어떤 시점에서 그는 뒤돌아보고 파괴적인 생활습관의 이런저런 일을 이겨 내는 힘이 자신에게 내재해 있음을 알았다. 또한 그는 파괴적인 생활에서 벗어나려는 노력을 할 때 신에 대한 신앙을 지니고 신에게 지속적으로 찬양을 바치기로 한 약속을 지켰다. 성공을 하고 직장에서 좋은 대접을 받는 것은 그에게 확신을 주는 데 충분하지 않았다. 어떤 의미에서 그는 이렇게 구획을 나누는 생활 스타일이 자신이 원했던 삶이 아니라는 것을 알았다. 아내와 자녀가 그를 등한시

하는 듯한 진실을 마주하기가 어려웠는데 그는 이 어려움을 견디어 내고자 하는 욕구를 보였다.

T와 자녀

T는 자녀를 위해 할 수 있는 한계까지 일했고 경제적으로 돈을 잘 벌어다 주었다. 그러나 그는 아버지로서 무능하다고 느꼈다. 첫 번째 결혼에서 얻은 세 아이 중 두 아이는 거리에서 잃었는데 큰딸은 그와 함께 어떤 일도 하려고 들지 않았다. 두 아들 중 하나는 길거리에서 싸우다 사망했고 다른 아들은 한 남자를 죽여서 감옥에서 종신형을 살고 있었다. 그는 이 비극이 일어난 후에 자녀에게 관여하게 되었다. 그는 아들의 죽음에 관한 상황을 알아보려고 했으나, 소용이 없었다. 그는 다른 아들을 재판과 선고과정을 통해 도와주었다. 현재 결혼에서 얻은 아들은 최근에 마약소지 때문에 갇혀 있던 감옥에서 풀려 나왔다. 아들에 관한 그의 죄책감은 명백했다. "제가 거기 있어야만 했어요. 내가 좀 더 나은 아버지여야 했어요." 그는 이 죄책감을 신앙으로 극복하려고 했지만 부정적인 독백으로 스스로를 몰아세웠다.

T는 자신의 부정적인 혼잣말을 탐색하기 시작했다. "저는 좋은 아버지가 될 수 없었습니다."라는 말을 현실적인 언급으로 바꾸었다." 저는 제가 원하는 아버지가 되는 법을 배울 수 있습니다." 그는 사랑하는 아버지와 남편의 역할을 하기에 자신이 너무나 준비가 되어 있지 않았다는 것을 볼 수 있게 되었다. 그의 유일하고 현실적인 아버지 역할모델은 계부였다. 그는 자신이 사랑하는 아버지가 되고 싶었지만 자녀를 위해서 그렇게 되지 못한 사실을 연관시켰다. 그는 경제적으로 가족을 돌보았지만 정서적으로 그들과 함께한 것은 아니었다. 나는 더 좋은, 더 사랑할 줄 아는 아버지가 될 수 없다는 그의 믿음에 도전하기 위해 고교 중퇴자임에도 불구하고 직장 일을

잘 배웠던 것을 상기시켰다. 그리고 이번이 다른 배움을 얻을 기회라는 것을 인식시키려고 노력했다. 우리는 계부에게서 가해졌던 고통을 얼마나 무심하게 다음 세대에 전달했는가에 관해 이야기했다. 이 세대를 이어 가는 패턴은 인생의 다른 분야에서 그가 해낸 것처럼 의식적으로 노력하지 않으면 손자 대까지 이어질 수 있다는 것도 이야기했다.

자녀는 그의 개인사를 몰랐다. 그는 함께 사는 자녀에게 나와 함께 나눈 개인사를 결코 들려준 적이 없었다. 나는 아들이 아버지가 극복해 왔던 역경을 아는 것이 도움이 되리라고 생각했고 그 사실을 감옥에서 나온 후 인생을 새로 설계할 때 활용할 수 있을 것이라고 생각했다. 그와 더 만나면서 우리는 딸과 좀 더 적극적인 역할을 갖도록 격려했다. 한번은 직업이 없는 딸이 직장 박람회에 가서 가능성 있는 고용주에게 어떻게 말할 것인가를 보여 주었고 새로운 행동을 시도하는 동안 그녀를 지지해 주었다. 그는 이렇게 함께한 시간이 성공적이라는 것을 믿게 되었는데 딸이 어떻게 해야만 한다고 이래라저래라 훈시를 하거나 잔소리를 하지 않고 함께 경험을 나누었기 때문이다. 또 한번은 딸과 오후에 공원에 함께 가서 개인사의 국면을 들려주었다(나는 편안하게 느낄 정도까지만 이야기하는 것이 좋겠다고 조언했다). 그는 딸이 이야기를 잘 알아듣고 딸 자신의 생활에 대한 이야기를 나눌 기회도 가진 것에 흐뭇해했다. 다른 숙제는 가족과 함께 무슨 일을 하거나 구체적인 대화를 나누는 것이었다. 때로는 참여하는 관찰자처럼 약간 거리를 두고 그 상황을 바라볼 것을 그에게 권했다. 물론 활동적인 역할을 하지 않는 것은 아니다(예, 어떤 역동을 기록하는 등의 행동). T는 새로운 역할을 편안하게 해 주고 가족과도 더 가까워질 수 있도록 도와주었던 이 제안을 받아들였다. 나는 가족에 관한 그의 관점을 잘 듣고 어떤 때는 지지해 주고 어떤 때는 그를 고통스럽게 한 잘못된 믿음에 대면해서 도전했다. 나는 그것을 '침 뱉기와 쓰다듬기' 라고 부른다. 드레이커스(Dreikurs, 1967)는 수프에 침을 뱉으면 내담자가 그것을 그냥 마실지도 모르지만 맛이 전과 같지는 않으리라고 말했다. 쓰다듬기는 아들러의 다른 격려의 개념이다. 치료자이자 재즈 음악가로서 내가 할 수 있는 것을 하고, 그에게 공간을 주고 어느 지점의 공간을 그가 택하는지 살펴보았다. 자신의 느낌을 탐색하고 과거 이야기를 할 기회를 갖고 내가 면밀하게 조사하는 데 어디까지 자신을 드러내는 것이 충분할 것인가를 타협하며 관계를 향상시키는 맥락에서 T는 그가 비극적인 아동기라고 보았던 것을 승리로 볼 수 있는 새로운 관점을 지닐 수 있게 되었다.

T와 아내

T는 아내를 사랑했고 아내의 능력과 재능을 높이 평가했다. 동시에 그는 아내가 그와 주위 사람들에게 자기 주장을 하고 통제하는 것을 특히 힘들어했다. 그런 것들이 그가 무책임한 남편이었을 때 보낸 시간과 관련이 있다는 것은 이해했지만 벌써 오래전부터 그는 그런 식의 남편이 아니었다. 그와 아내는 때로 큰 소리로 싸웠지만 그가 보다 많이 간접적으로 공격적이었다. 예를 들어, 그는 직장에서 하루 일을 마치고 돌아오면 거실에 있는 TV 앞의 편안한 의자에 앉은 채 집안일을 도우려 하지 않았다. 그는 아내에게 아이들을 돌보고 집안 가계를 돌보고 어떤 일을 결정하게 놓아 두면서 그것에 대해 상당히 노여워했던 것이다. 그는 종종 가족과 관련을 맺는 것을 거부했다. 아내의 주된 불만은 그가 이기적이라는 것이었다. 그는 거기에 동의했지만 어린 시절부터 아무도 그를 돌보지 않았기 때문에 스스로를 돌보아야만 했다고 믿었다. 다시 말해 그는 사랑과 신뢰의 관계를 맺을 근거를 갖지 못했던 것이다. 그는 종종 두 사람이 동의하지 못했던 것에 대해 불만을 터트렸다. 그러면 나는 물었다. “그래서 어떻게 하셨습니까?” 그는 자기가 하고 있었던 일이 비효율적이었다는 것을 깨달았다. 그렇게 행동하는 것이 그가 원하는 것을 얻게 해 주지 못했던 것이다. 그러고 나서

그 상황을 다르게 다룰 수 있는 방법에 관해 포괄적으로 함께 생각해 보도록 권했다. 어떤 때 그는 다른 식으로 접근해 보았고, 때로는 성공하고 때로는 성공하지 못했다.

치료의 마지막 회기에서 나는 T의 아내를 초대했지만 굉장히 어려운 일이라는 것이 밝혀졌다. T의 욕구의 양상은 두 사람이 결혼관계에서 서로 겪어 온 장기간에 걸친 거부감을 사라지게 하는 데 더 많은 시간을 필요로 했고 그와 아내의 더 많은 자발성을 필요로 했다.

치료의 평가

4개월쯤 후에 T는 기분이 좋아졌다고 보고했다. 이 시기에 T를 처음 만났을 때 그가 작성했던 PHQ-9에서 보여 주었던 우울 증세가 사라졌다. 그는 자녀와 더 잘 지내고 있다고 보고했다. 처음 상담을 받으려고 왔을 때는 자신이 실패자라고 느껴져 혼란스러웠고 고통스러운 생각과 느낌에 사로잡혀 있었다고 말했다. 그는 상담을 받는 동안에는 자기 느낌을 자유롭게 표현한다고 느꼈지만 집에서는 자기 생각이나 느낌을 표현하면 싸움이 일어나고는 했다고 설명했다. 그는 상담을 받으면서 '많은 것을 내려놓을 수' 있었다. 그리고 그 다음 회기에서는 가족에 대한 존경과 감사를 보였다. 그는 아내가 그의 행동의 변화를 느꼈다고 말했다. 아내는 그가 자신과 자녀에게 좀 더 시간을 들여 주의를 기울이는 것과 그가 잔소리하지 않게 된 것을 알았다. 그가 말한 것처럼 '상담이 도움이 되고 있음을 아내가 알게 된 것' 이다. 그를 위해 그가 원했던 것보다 조금 더 상담을 지속하고 싶기는 했지만 T의 상담 경험이 성공적이라는 것을 알 수 있었다. 그 자신이 그렇게 느끼고 있다고 표현했기 때문이다.

회기의 마지막에는 그가 과거와 현재를 연관시키는 일을 더 잘 할 수 있게 되었다. 전에는 인정하지 못했던 느낌을 이전에 할 수 없었던 방식으로 표현하게 되었고 그가 사랑받지 못하고 사랑받을 만하지 못하며 사랑받는 아버지나 남편이 될 수 없고 부정적인 느낌이나 행동을 변화시키지 못하리라는 믿음에 도전할 수 있게 되었다. 나는 우리가 치료자로서 유능하고 자발적이고 수용적이며 마음을 열고 들어 준다면 모든 내담자가 어떻게 그들을 도울 수 있는지 우리에게 말해 준다고 생각한다. T는 처음 경험 속에서 적었던 사항 중에서 귀한 선물을 내게 주었다. "나는 내가 다른 사람들을 대하는 것처럼 대접받을 수 있다." "나 자신이 되는 것을 가능하게 하는 것, 나는 내 마음이 가는 대로 무엇이든 할 수 있다는 것을 긍정적으로 받아들이고 재확인한다." 등이다. 그는 "대부분의 경우 아무도 내게 상관하지 않는다." "과거에 내가 스스로를 돌보지 못한 것은 사랑받고 관심받고 있다고 느끼지 못하는 데서 오는 것이었다."고 말했다. 그리고 나는 존중하는 태도와 배려하는 분위기에서 그 자신이 되도록 여유를 주고, 자신의 이야기를 하도록 하고, 잘 들어 주고, 그의 이야기에 반응을 보여 주고, 그 이야기를 다시 구성하도록 도와주고, 그 모든 것을 이해하도록 도와주었다. 그가 독주자로서 리드하도록 했고 나는 그의 뒤에서 연주를 시작했다. 이것이 계속되면서 그는 느낌을 탐색해 보고 새로운 행동을 시도해 볼 만큼 좀 더 편안해졌고 안정감을 느낄 수 있었다. 나는 끊임없이 그가 마음이 가는대로 무엇이든지 할 수 있다는 것을 재확인시켜 주려고 했다. 내가 그와 동년배인 아프리카계 미국인이고 같은 DC 출신이라는 것이 우리가 상호 존중하는 관계를 맺는 데 도움이 된 점도 있다. 그러나 더 중요한 것은 내가 판단하지 않고 수용하는 태도로 그의 이야기를 경청해 준 것이라고 생각한다. 내담자를 대하는 내 입장은 일반적으로 그들의 이야기를 알게 되는 것만이 아니라 그가 다른 도시에서 왔거나 세상의 다른 한 끝에서 왔든지 간에 연령, 배경, 종교 아니면 그런 것들 때문에 생긴 어떤 결핍이든 상관하지 않고 그들에게서 자신에 관해 배우려는 자발성을 지니고 대화하는 것이다. 부분적으로 내담자와 어떻게 신뢰하는 관계를 맺을 수 있는가가 중요하다고 나는 믿는다.

결 론

처음 만났을 때 T는 제도적인 인종차별의 파괴성을 극복해 왔고, 결혼하여 두 자녀가 있고, 괜찮은 직업을 갖고 있어 아메리칸 드림을 실현하는 흑인으로 보였다. 아주 초보 수준부터 시작해서 자기 경력의 최고 자리에 올랐고 교회와 가족이 속한 지역사회에서 리더역할을 하고 있는 사람으로 보였다. 표면적으로 그는 행복해 보이기까지 했다. 그러나 그는 이야기하면서 피해를 받았던 마음의 상처가 그대로 있음을 드러내었다. 그 상처는 그동안 드러나지 않고 잘 숨겨져 왔던 것이다. 그가 상담을 받으러 온 이유는 고통스러웠기 때문이었다. 그는 성공했음에도 불구하고 결혼 생활이 행복하지 않았다. 그리고 최근에는 나머지 생애 동안 관리해야만 할 질병이 있다는 진단을 받았다. 지지의 맥락에서 볼 때 안전한 상담관계를 통해 그는 험난한 과거의 잔해를 잘 살펴볼 수 있었다. 그는 부모의 실패와 그 자신의 실패와 타협을 이룰 수 있었다. 그는 신이 그가 살 수 있도록 동기를 준 것이라는 믿음을 가지고 있었다. 아프리카에 기반을 둔 이론가인 린다 제임스 마이어스(Myers, 1988)가 더 높은 존재의 표현으로 자신을 인식하는 것이 최선의 삶이라고 말한 것처럼, 그는 신이 그에게 살려는 동기를 주었다고 믿는다. 따라서 그는 일을 하고 더 많이 이루고 진정한 자기 자신이 되도록 부름받은 것이다.

그 맥락(그의 리듬과 속도에 공명하며)을 이해해 주고, 판단하지 않고 지속적으로 격려해 주고, 느낌을 탐색하도록 자유롭게 해 주고, 새로운 생각을 하게 하고, 새로운 행동을 하게 하는 사람에게 자신의 이야기를 들려주는 것은 그의 주제와 패턴을 즉흥 연주하면서 향상시키는 것과 같다.

우리는 그의 아버지가 왜 백인에게 분노하였는지, 왜 그의 어머니가 순전히 물질적인 이유로 보이는 것들 때문에 자녀를 학대하도록 좌시하고 내버려 두었는지 모른다. 그렇지만 T는 인종주의와 빈곤의 영향을 받았으리라고 추정할 수 있는 부모의 궤도를 벗어난 삶(Myers, 1988)에서 야기된 양육방식을 겪어 내면서 살아남은 것이다. 부모도 아마 이 어렵고 위험한 세상에서 살아남을 수 있도록 키워야 한다고 생각했을 수 있다. T에게는 본인이 인종차별의 영향을 덜 받지도 않았겠지만 그를 사랑해 줌으로써 그의 인간성을 지키도록 해 준 할머니를 만나는 행운이 있었다. 그는 "할머니는 나를 사랑해 주었어요."라고 감동적으로 말했다.

T는 좀 더 파괴적인 유산과 함께 다음 생을 지속해 나갈 수도 있었다. 그렇지만 그렇게 한다면 자기 연민("왜 나야?"), 혹은 다른 사람에 향하는 이유 없는 공격성("나는 내가 상처받은 만큼 남에게도 상처를 줄 거야.")을 보여주게 된다는 것을 의미할 수 있다. 우리는 T가 건설적인 태도로 치유를 선택하도록 기운을 북돋아 주었다. 그의 치유는 그의 경험과 자녀의 경험 사이의 연결고리를 볼 수 있도록 하는 것처럼 자신을 가족에게로 확대하는 것을 포함하고 있었다. 아내가 지적했던 것처럼 왜 그가 가족에게서 멀리 떨어져 있었는가를 그는 이해하기 시작했다. 그는 자신과 가족에 대해 어떻게 생각하고 느끼는지를 변화시키기 시작했다. 그는 자신과 자기 일에 대해 좋게 느끼고 있었다. 중년이 지나, 그는 단순히 자신의 레퍼토리에 새로운 수업을 추가받은 것이다. 앞으로 이 수업은 그와 가족 간의 관계를 두텁게 하고 그 자신과 타인, 그리고 신에 대한 사랑으로 더 다가가는 데 도움을 줄 것이다.

참고문헌

Adler, A. (2010). *Understanding human nature.* Eastford, CT: Martino Fine. (Original work published 1927)

Althen, G., & Bennett, J. (2011). *American ways: A cultural guide to the United States.* Boston, MA: Nicholas Brealey.

Bacevich, A. (2011, November 13). *The Era of US dominance is coming to a close. Global Policy Forum.* Retrieved from http://www.globalpolicy.org/component/content/article/152-challenges/50993-the-era-of-us-dominance-is-coming-to-a-close.html

Baldwin, J. (1962). *The fire next time.* New York: Vintage.

Bell, D. A. (2008). *Race, racism, and American law.* New York: Aspen.

Bonilla-Silva, E. (2009). *Racism without racists: Color-blind racism and the persistence of racial inequality in America.* Lanham, MD: Rowman & Littlefield.

Bourne, M. (1994, December). Betty Carter: It's not about teaching. It's about doing. *Down Beat, 61*, 17.

Burns, K., & Novick, L. (Producers), & Burns, K. (Director) (2004). *Jazz: A film by Ken Burns* . [Motion picture]. United States: Florentine Films and WETA TV.

Carter, R. T. (2007). Racism and emotional injury: Recognizing and assessing race-based traumatic stress. *The Counseling Psychologist, 35,* 13-105.

Centers for Disease Control (CDC) Office of Minority Health and Health Equity. (n.d.). *Office of Minority Health and Health Equity* (OMHHE). Retrieved from http://www.cdc.gov/minorityhealth/

Cesaire, A. (2001). *Discourse on colonialism.* New York: Monthly Review. (Original work published in 1955).

Chang, H-Y. (2011). *23 things they don't tell you about capitalism.* London, UK: Brownsbury.

Clark, R., Anderson, N. B., Clark, V. R., & Williams, D. (1999). Racism as a stressor for African Americans: A biopsychosocial model. *American Psychologist, 54,* 805-816.

Dreikurs, R. (1967). *Psychodynamics, psychotherapy and counseling* . Chicago, IL:

Alfred Adler Institute.

Du Bois, W. E. B. (2005). *The souls of black folk.* New York: Simon & Schuster. (Original work published 1903)

Ellis, A. (2001). *Overcoming destructive beliefs, feelings and behaviors.* New York: Prometheus.

Ellison, R. (1952). *The invisible man.* New York: Vintage.

Fanon, F. (1967). *Black skin white masks: The experience of a black man in a white world.* New York: Grove.

Franklin, J. H., & Moss, A. A. (2000). *From slavery to freedom: A history of African Americans.* New York: Knopf.

Hilliard, A. G. (1997). *SBA: The reawakening of the African mind.* Gainesville, FL: Marare.

Jacobs, H. (1970). *Incidents in the life of a slave girl, written by herself.* Boston, MA: Bedford/St. Martin. (Original work published 1861).

Jones, R. L. (1991). *Black psychology* (3rd Ed.). Berkeley, CA: Cobb & Henry.

Kasser, T., & Kanner, A. D. (2003). *Psychology and consumer culture: The struggle for a good life in a materialistic world.* Washington, DC: American Psychological Association.

Kelley, R. D. G., & Lewis, E. (2005). *To make our world anew I: A history of African Americans to 1880.* Cambridge, MA: Oxford University.

Kroenke, K., Spitzer, R. L., & Williams, J. B. (2001). The PHQ-9: Validity of a brief depression severity measure. *Journal of General Internal Medicine, 16,* 606-613.

Lewis, D. L. (1993). *W. E. B. Du Bois: Biography of a race, 1868-1919.* New York: Henry Holt.

Maultsby, M. C. (1990). *Rational behavior therapy.* Appleton, WI: Rational Self Help Books.

Muhammad, K. (2010). *The condemnation of blackness: Race, crime, and the making of modern urban America.* Cambridge, MA: Harvard University.

Myers, L. J. (1988). *Understanding the Afrocentric worldview: Introduction to an optimal psychology.* Dubuque, IA: Kendall Hunt.

Neville, H. A., Tynes, B. M., & Utsey, S. O. (2009). *Handbook of African American psychology*. Thousand Oaks, CA: Sage.

Parham, T. A. (2009). Foundations for an African American Psychology. In H. A. Neville, B. M. Tynes & S. O. Utsey (Eds.), *Handbook of African American psychology* (pp. 3-18). Thousand Oaks, CA: Sage.

Pew Research Center. (February, 2010). Millennials: Confident, connected, open to Change. Retrieved from http://pewsocialtrends.org/files/2010/10/millennials-confident-connected-open-to-change.pdf

Pieterse, A. L., & Carter, R. T. (2007). An examination of the relationship between general life stress, racism-related stress, and psychological health among Black men. *Journal of Counseling Psychology, 54,* 101-109.

Robinson, R. (2001). *The debt: What America owes to Blacks*. New York: Plume.

Spitzer, R. L., Kroenke, K., Williams, J. B. W., & Lowe, B. (2006). A brief measure for assessing generalized anxiety disorder: The GAD-7. *Archives of Internal Medicine, 166,* 1092-1097.

Spykman, N. (1944). *The geography of the peace,* New York: Harcourt, Brace and Company.

Takaki, R. (1993). *A different mirror: A history of multicultural America*. Boston, MA: Back Bay.

Thompson, C. E., & Alfred, D. M. (2009). Black liberation psychology and practice. In H. A. Neville, B. M. Tynes, & S. O. Utsey (Eds.), *Handbook of African American psychology*. Thousand Oaks, CA: Sage.

Thompson, C. E., & Carter, R. E. (1997). *Racial identity theory: Applications to individual, group, and organizational interventions*. Mahwah, NJ: Lawrence Erlbaum.

United States Census Bureau. (2010). *2010 Census*. Retrieved from http://2010.census.gov/2010census/

U. S. Department of Health and Human Services, The Office of Minority Health. (n.d.). *African American profile*. Retrieved from http://minorityhealth.hhs.gov/templates/browse.aspx?lvl=2&lvlID=51

Utsey, S. O., Bolden, M. A., & Brown, A. L. (2001). Visions of revolution from the spirit of Frantz Fanon: A psychology of liberation for counseling African Americans confronting societal racism and oppression. In J. G. Ponterotto, J. M. Casas, L. A. Suzuki, & C. M. Alexander (Eds.), *Handbook of multicultural counseling* (2nd edition, pp. 311-336). Thousand Oaks, CA: Sage.

Watts, R. J., Williams, N. C., & Jagers, R. J. (2003). Sociopolitical development. *Journal of Community Psychology, 31,* 185-194.

West, C. (2001). *Race matters.* Boston, MA: Beacon.

White, J. L., & Parham, T. A. (1990). *The psychology of Blacks: An African American perspective* (2nd ed.). Upper Saddle River, NJ: Prentice Hall.

Wilkerson, I. (2011). *The warmth of other suns: The epic story of America's great migration.* New York: Vintage.

Winslow, L. (Executive Producer) (2011, August 11). Home of the brave, land of the poor. *PBS News Hour.* Washington DC: MacNeil/Lehrer Productions. Retrieved from http://www.pbs.org/newshour/bb/business/july-dec11/makingsense_08-16.html

Yalom, I. D. (1980). *Existential psychotherapy.* New York: Basic Books.

Zinn, H. (2010). *A people's history of the United States.* New York: Harper Perennial Modern Classics.

Zuckerman, E. L. (2008). *The paper office: Forms, guidelines, and resources to make your practice work ethically, legally, and profitably* (4th Ed.). New York: Guilford.

12

Working WIth a Chinese Immigrant with Severe Mental Illness: An Integrative Approach of Cognitive-Behavioral Therapy and Multicultual Case Conceptualization

심각한 정신질환이 있는 중국 이민자와 함께

인지행동치료와 다중문화 사례개념화의 통합적 접근

ARCTIC OCEAN
Beaufort Sea
Chukchi Sea
East Siberian Sea
Laptev Sea
ALASKA (UNITED STATES)
Bering Sea
Sea of Okhotsk
NORTH PACIFIC OCEAN
HAWAIIAN ISLANDS
MONGOLIA
KOREA
JAPAN
CHINA
East China Sea
TAIWAN
Philippine Sea
MICRONESIA
MARSHALL ISLANDS
MARSHALL
MICRONESIA
KIRIBATI
NAURU
PHILIPPINES
PALAU
CAROLINE ISLANDS
TUVALU
MELANESIA
MYANMAR
LAOS
THAILAND
CAMBODIA
VIETNAM
South China Sea
BRUNEI
MALAYSIA
INDONESIA
PAPUA NEW GUINEA
SOLOMON ISLANDS
VANUATU
FIJI
TIMOR-LESTE
Coral Sea
AUSTRALIA
Tasman Sea
NEW ZEALAND

12 심각한 정신질환이 있는 중국 이민자와 함께

인지행동치료와 다중문화 사례개념화의 통합적 접근

Munyi Shea
Frederick T. L. Leong

치료자

셰아 박사

내가 대학에서 오리엔테이션을 받을 때 상담자가 문화적 적응에 관련된 도전 가능성에 대해 들려주었다. 그 당시에는 이 '도전 가능성' 이 나를 걱정하게 하지 않았다. 우선적인 목표는 미국의 교환학생으로 공부에 성공하는 것이었다(나는 나중에 가서야 이 오리엔테이션이 미국 국민에게 제공된 것과 다르다는 것을 알았다). 다양한 과목과 사회적 경험의 무한한 가능성에 고무되면서 어떤 도전에도 응할 준비가 되었다고 느꼈다. 시간이 흐르면서 나와 주류문화의 접촉이 심화되었다. 그러나 나는 문화를 충분히 수용하거나 문화에 의해 온전히 수용되는 것이 점점 더 어려워졌다. 이 깨달음은 당황스럽고 역설적이며 학습경험과 일치하지 않는 것이었다. '시간이 지나면서 내가 주류 집단에 익숙해지고 그들과 비슷해졌는데 어떻게 더 소외된 것처럼 느낄 수 있을까?' '언어상으로는 유창하게 말하면서 관계나 사회적 과정에서는 어떻게 아직도 흔들리는 것일까?' 동시에 나는 원래 문화의 언어, 가치, 전통, 관습에서 벗어나고 있었다. 끊임없이 양쪽 문화를 검토하고 타협하는 일은 기가 꺾이는 일이었다. 양쪽 문화에 다 강하게 뿌리내리지 못했다는 깨달음은 두렵고 고통스러웠다.

문화를 교차해서 일하는 어리둥절함, 부담감, 긴장감은 쉽게 풀릴 수 없었다. 하지만 그것들은 극복할 수는 있었다. 나는 혼란과 갈등 속에서 친구, 가족, 멘토에게 손을 내밀었다. 그리고 독서와 영성에서 위안을 찾고 탐색과 의미를 찾아내려는 여정을 시작했다. 이 모든 노력이 일과 내가 속한 지역사회에 다시 관련을 맺을 수 있게 해 주었고 좀 더 뿌리를 내린 것처럼 느끼게 해 주었다. 이 여정은 의미를 찾는 탐구를 지속하도록 격려해 주었고 궁극적으로는 상담 심리학을 공부하는 동기가 되었다.

대학원 프로그램은 다중문화심리학과 포스트모더니스트 관점을 강조했다. 이 관점은 둘 다 심리적 '정상' 과 '비정상' 의 정의를 포함한 '객관적 진실' 에 도전하는 것이었다. 이 두 전망은 치료자와 내담자 간의 협동적인 입장을 옹호했다. 치료자가 '잘 모르는' 혹은 '궁금해하는' 입장을 취하자 내담자의 목소리의 다양함과 주관적인 내담자의 현실에 집중하는 데 좀 더 조화를 이루게 되었다. 정신역동치료, 인지행동치료(CBT) 등 주류를 이루는 이론적인 공부와 치료 모델 속에서 훈련받아 왔지만 나는 학문적 배경과 철학을 내 임상 작업에 통합하려는 시도를 하고 있다. 정신역동과 CBT 접근은 치료과정을 통해 적용할 수 있는 지식과 전략, 기술의 광범위함과 깊이를 주었다. 다중문화와 포스트모더니스트의 관점은 내 입장과 내담자와의 관계, 그리고 내담자와 내가 어떻게 치료의 의미를 함께 찾아나갈 수 있는가에서 도전의식을 가지게 했다. 나는 내담자가 자신의 이야기를 할 수 있는 여지를 허용해서 그들의 관점에서 문제와 도전을 이해할 수 있다는 것을 배우게 되었다. 나는 단순히 진단 라벨을 붙이거나 문화적 조정을 하는 것보다 내담자의 심리적 문제, 부정적 스트레스, 기능(적응이거나 부적응이거나 간에)의 의미를 사회문화적 맥락 내에서 다양하게 이해하는 것이 중요함을 믿는다.

사례의 이론적 체계

이 사례에서 개념화와 논의의 지침이 되는 이론적 틀은 문화적응 모델(cultural accommodation model: CAM, Leong & Lee, 2006)이다. 확인된 근거에 기반하여 치료하거나 경험적으로 지지받는 치료에 대한 움직임은 지난 30년이 넘도록 심리학 분야에서 뿌리를 내려 왔다. 증거-기반 치료나 경험적으로 지지받는 치료는 실험 장면에서 무작위 통제실험을 했을 때 다른 치료나 의약효과보다 더 효과적이고 월등하다고 밝혀졌다(Chambless & Hollon, 1998). 인종과 소수민족 집단을 위한 경험적 지지 치료(EST)와 경험적 타당성 치료(EVT)의 효과와 효율성에 관한 연구가 아직 제한되어 있기는 하지만(Chambless et al., 1996), 다중문화를 연구하는 학자는 교차문화적인 정신치료를 할 때 심리학자가 과학적인 증거를 무시하거나 간과해서는 안 된다고 주장하고 있다. 그 대신 심리학자는 다른 인종과 문화집단에 똑같이 적용하기 어려운 주류모델의 문화적이고 구체적인 요소에 주의를 기울이면서(Leong & Lee, 2006), 지엽적인 인종문화집단(이 사례에서는 미국 백인 같은 경우)을 뛰어넘는 주류(서구)의 가능한 유효성을 검토해야만 한다고 주장한다. 그리고 동시에 다른 인종-문화 집단에 적용하기 어려운 주류 모델의 특유한 문화적 요소를 주의 깊게 살펴보아야 한다(Leong & Lee, 2006).

주류의 이론적 모델을 적용하는 것과 문화적으로 다양한 집단에 증거-기반 치료를 실행하는 것 사이의 간격을 메우기 위해 CAM이 제안되었다(Leong & Lee, 2006). 이 모델은 인종적 소수집단의 치료에 효율적이고 문화적으로 잘 맞으며 이론적으로 믿을 만한 지침을 제공하고 있다. CAM과정에는 다음에 간단히 설명하는 것처럼 두 가지 주요 단계가 관련되어 있다. 첫 번째 단계는 인종적 소수민족과 주류 정신치료 모델과의 간격과 한계를 정립하고 인정하는 것이고, 두 번째 단계는 인종적 소수집단의 문화적 특수성의 개념과 다양성에 관여해서(예, 문화적 가치와 믿음, 이민의 경험) 주류모델과 정신치료과정에 협조하는 것이다. 더 나아가 저자들은 문화특수성의 연구와 다양성을 확립하고 수립하는 과정, 인종적 소수민족에 관한 과학적인 연구, 예를 들어 문화적응, 인종주의, 문화적 가치에 관한 연구가 현재 문헌과 과학적 연구에 소개되어야만 한다고 제안한다.

이런 배경에 맞서 이 장의 저자는 돌출하는 기분과 정신과적 증상이 있는 베트남에서 온 중국계 이민자의 사례를 주류의 증거-기반 치료인 인지행동치료의 접근과 문화적으로 반응하는 임상적 관점인 다문화적 사례개념화를 통합해서 접근하는 방식으로 탐색하고 있다. 우리는 인지행동치료가 심각하고 지속적인 정신질환이 있는 중국계 이민자에게 효과적이라는 것을 증명했다. 더 나아가 저자는 내담자의 상황적 조건과 인종 문화적 요인이 치료목표나 개입을 구체화할 때 어떻게 고려되었는지를 설명했다. 이 논의는 P가 석 달 동안 셰아 박사를 미국 병원의 시간제 치료에서 만났던 과정에 초점을 맞추고 있다.

사 례

시간제 병원 프로그램에 소개되었을 때 P는 47세로 독신이며 이성애자이고 베트남에서 온 중국계 미국인이었다. 그는 그룹 홈에서 살며 낮에는 재활 프로그램에 참여하고 있었다. P는 일반병원의 정신병동에서 퇴원했다. 정신과 입원을 하기 전에 그룹 홈의 직원은 P의 증상이 나빠지고 있다고 우려했다. 이 증상 중에는 동요의 증가, 규칙 위반 때문에 일어나는 직원과의 다툼, 약물 투약, 그리고 '노래 부르기' 와 '춤추기' 같은 괴이한 행동이 있었다. 한번은 "부처가 나 자신을 죽이라고 말해요." 라며 자살 생각을 말하기도 했다.

P의 본래 언어는 중국 사투리인 광둥어였다. 그는 영어를 거의 하지 못했다. 면접과 치료 회기는 셰아 박사(이 장에서 치료자라고 지칭된다)와 광둥어로 이루어졌다. 첫 번째 면담에서 P는 기분이 좋은 상태였고 협조적이었다. P의 말과 행동은 정상 범주에 들었다. 그는 불쾌하고 슬픈 기분을 보이거나 우쭐대거나 하지 않았다. 가끔 그는 낄낄거리며 웃었다. 면담의 내용과 연관성이 없는 태도였다. 그는 치료자에게 "머릿속의 목소리가 웃게 만들었다." 고 했다. 이 목소리는 어머니와 친구의 목소리였는데 "공부 열심히 해라." 라고 했다는 것이다. 어쨌든 P는 치료자의 지시에 따랐고 면담 내내 초점을 맞출 수 있었다. 이때 P의 주요 호소는 "신경이 다 엉망이 되었어요. 생각이 혼란스러워요." 였다. 그는 자기가 무엇에 대해 혼란스러운지 상세하게 설명하지 못했지만 만성 두통 때문에 고통스럽다고 말했다. P는 그의 컨디션에 관해 일부 성찰을 보였다. 그가 최근에 돌연 입원하게 된 사건은 '노래' 와 '춤' 이 그룹 홈의 거주자들을 방해했기 때문이라고 했다. 그러나 그는 전혀 공격적인 의도가 없었다고 강조했다. 자살 생각에 관해 질문하자 P는 완강하게 부정했다. "저는 부처님을 믿고 있어요. 부처님은 선하라고 말씀하셨지요. 우리는 다른 사람들이나 자신을 해칠 수 없어요."

개인사

P는 전에 사이공이라고 알려졌던 베트남의 호치민에서 소수민족인 중국인 집안에서 태어나 성장했다. 그는 형, 누나, 두 누이동생이 있는 다섯 자녀 중 중간이었다. 부모는 농사꾼이었다. P는 아버지는 '냉담했고' 엄마는 '따뜻하고' '보살펴 주는' 사람이라고 말했다. 그는 형과 누이와 갈등관계

에 있었는데 형은 잘 때렸고 누나는 욕설을 퍼부었다고 상기했다. P는 형과 누나에 관해 말하기를 두려워하고 꺼리는 것 같았다. 그는 학대에 관해 말하고 싶어 하지 않았다. P에 따르면, 가족 내에 심각한 의학적 · 정신적 병력은 없었다.

그의 가족은 심각한 가난과 베트남인의 차별 때문에 많이 힘들어하기는 했지만 P는 어린 시절에 일어난 다른 주목할 만한 경험을 보고하지 않았다. 그는 14세까지 중국어로 가르치는 초등학교와 중학교에 다니다가 학교를 그만두고 일을 찾기로 결심했다. P는 그가 학교에서 중국어로 공부했다는 사실을 자랑스러워하는 것 같았고 치료자에게 "나는 베트남어를 잘 모르고 잘 말할 줄도 몰라요."라고 말했다. 그는 여러 가지 잡다한 일을 시도하다가 밀수업에 관여하게 되었다.

1980년대 초반에 10대였던 P와 친구 몇 명은 안전을 위해 베트남의 새 공산당 정부에서 도망쳤다. 그는 인간 밀수에 관여하고 있는 사람이나 갱을 부르는 호칭인 '뱀-머리' 에게 홍콩까지 배로 태워다 달라고 돈을 지불했다. P의 부모는 병약했고 형과 누나는 결혼해서 아이가 있었다. 그는 말했다. "온 가족이 다 가기에는 비용이 너무 엄청났지요." 다른 가족은 베트남에 남았는데 나중에 중국 남쪽 지역으로 추방되었다.

병 력

P는 1980년대 초반에 홍콩에서 처음 입원했다. 이 시기에 P는 정치적 · 사회적 · 경제적 상황 때문에 극심한 스트레스 상태에 있었다. 그는 베트남에서 홍콩에 도착한 다음 난민 캠프에 수용되었다. P는 시간을 보내고 돈을 벌려고 비밀리에 일하기 시작했다. 그는 오랜 시간 동안 일하려고 거의 잠을 자지 않았고 커피를 아주 많이 마셨다. 시간이 지나면서 그의 감독과 친구는 그가 점점 더 성미가 급해지고, 사리에 맞지 않으며, 비협조적이라

고 언급하였다. 결국 친구가 P를 그 지방의 정신과 병원으로 데리고 갔다. 거기서 그는 양극성장애로 진단받았다. P는 그 진단을 이해하고 있는 것 같지 않았다. 그는 말했다. "저는 제 에너지가 아주 많다고 생각해서 돈을 벌기 위해 일을 많이 해야만 했고 잠을 자지 않았기 때문에 쇠약해진 겁니다. 바로 그거예요."

그는 퇴원하고 얼마 되지 않아 다른 베트남 난민과 함께 인도주의 기관(Humanitarian Operation)을 통해 미국으로 입국하게 되었다. 그는 북서쪽 도시에 정착하였다. 그때부터 그는 되풀이되는 조증과 정신적인 증상 때문에 20번 가까이 정신과 병원에 입원했다. 이 증상은 지속적으로 고양된 기분, 상승하는 조급성, 환시, 과대망상, 통제 망상, 과잉행동, 실제적인 수면욕구 저하 등이었다. 만성적인 정신건강 상태와 영어 사용의 미숙함 때문에 그는 미국에 이민 온 이래 일정한 직업을 가질 수 없었다. P의 수입의 기본은 정부 보조에 의존하는 것이었다.

P는 양극성장애로 진단을 받았고 다양한 치료자가 정신분열증 장애 증상이라고 진단을 내렸다. 이전에 그는 일반병원에서 광둥어가 통하는 정신과 외래 의사에게 한 달에 한 번 정도 치료를 받았다. 그 의사는 P가 항정신적인 약물 치료를 하고 있음에도 불구하고 '고집스럽고' '완강하다고' 묘사했다. 정신과 의사는 "그는 자신이 힘이 있고 지구 밖의 체계를 통해 사람들과 소통할 수 있다고 믿고 있습니다."라고 치료자에게 말했다. P는 잠깐 동안 광둥어를 말하는 사회사업가를 만났지만 알 수 없는 이유로 그 치료는 종결되었다. 덧붙이면 P는 기본적으로 베트남 이민자로 구성된 재활 프로그램에 소개되었다. P에 따르면, '언어와 문화가 맞지 않아서' 그곳을 떠났다. P는 흡연가였지만 약물중독의 병력이나 심각한 의학적 문제는 없었다.

상 황

상당히 많은 연구가 정신질환의 정신분열적 범위가 유전적 소인과 관련이 있다는 것을 보여 주고 있다(Tsuang, Stone, & Faraone, 1999). 그리고 두뇌 구조의 변경 등의 신경생리적인 취약점(Belger & Dichter, 2006), 신경 전달체의 도파민, 그리고 도파민의 다른 신경 전달체와의 상호작용 등이 관련되어 있다. 그럼에도 불구하고 많은 연구자는 환경적 · 심리적 · 사회적 요인이 심각한 역할을 하고 있다고 제시한다. 특히 삶의 스트레스 요인이 정신분열증의 발달 경로에 영향이 있다고 보고 있다(Phillips, Francey, Edwards, & McMurray, 2007). P의 경우, 개인사에서 그의 엄청난 경험, 이민자로서 난민으로서 사회문화적인 다양한 요인이 그의 심각한 정신질환의 표현과 함께 부추겨지고 얽혔다고 볼 수 있다. 이제 우리는 P의 이민의 특별한 요소와 문화적응에 따른 상황, 그 상황이 그의 치료개념화와 계획을 고려하는 데 중요한 심리적 건강에 영향을 미치는 부분을 검토해 보려고 한다.

이민사와 상황

P는 1960년 베트남 전쟁의 와중에 태어났다. 그가 자신의 개인사에서 이 부분을 설명할 수 없었지만 전투적이고 심각한 갈등이 있는 환경을 좋아하지 않았다고 표현했다. 더 큰 정치적인 환경처럼 그의 가족 역동에 의해 영향을 받은 것이다. 사이공이 함락되었을 때 P는 10대 소년이었고, 그 당시 새로운 공산당 정부의 잔인한 정책과 중국 이민자에 적대하는 차별에 대해 점점 더 근심하게 되었다. 고발당해 재교육 캠프에 보내지지 않을까 하는 두려움과 직업을 얻을 기회가 적은 암담한 미래가 겹쳐지면서 그를 베트남에서 홍콩으로 도망치게 하였다.

P에 따르면, 홍콩의 난민촌은 더러웠다. 언어상으로나 신체적으로나 싸움질은 흔했다. 그는 이 긴장감을 혐오했고 그곳 사람들과의 어떤 관련도 거부했다. 대신 그는 불교의 신앙에서 위안을 찾았고 직업을 찾는 데 전력했다. 이곳에 잠깐 머무르는 동안 강조되었던 점은 그가 식당이나 공장에서 여러 종류의 시간제 직업을 유지할 능력이 있었다는 점이었다. 그럼에도 불구하고 P는 불법적인 직업 때문에 체포되어서 베트남으로 다시 송환될까 봐 늘 두려워했다. "나는 정말 많이 일했습니다. 빨리 돈을 많이 벌려고요. 일할 때는 행복하다고 느꼈어요." 유감스럽게도 이 에너지의 분출, 성공하려는 욕구, 고양된 기분, 유별난 낙관주의 등이 조증사건의 절박한 신호가 되었고, 이것이 점차적으로 그를 정신과 병원에 입원하도록 이끌었다.

문화적응 상황

문화적응 스트레스라는 단어는 사람이 새로운 환경에서 적응하고 변화하도록 가해지는 요구 때문에 일어나는 긴장과 불안의 느낌을 표현하는 데 사용되고 있다(Berry & Kim, 1988). P는 다른 많은 새 이민자처럼(Rhee, 2009) 경제적인 어려움과 개인적인 변화와 관련된 심각한 스트레스(예, 언어문제), 구조적이고(예, 사회적 네트워크) 사회문화적(예, 다른 규범)인 수준과 고군분투했다. 미국에서 더 많은 자유와 더 나은 취업 기회에 관해 높은 희망을 가졌음에도 불구하고 P는 익숙하지 않고 도전적인 환경 속으로 순식간에 던져진 것이다. 처음에 그는 접시닦이나 식당 일 같은 낮은 위치의 직업을 구해서 발판을 삼으려고 했고 새로운 친구도 사귀었다. 그러나 P의 저학력과 부족한 영어 능력이 취업의 선택만 제한한 것이 아니라 사회적 네트워크도 제한했다. 지역사회에서 제공하는 무료 영어 교실에 참석했지만 정신적 상태 때문에 정보를 저장하고 집중하는 능력이 손상되어 있었다. 게다가 그의 삶은 정신질환의 만성화와 지속성에 의해 중단된 셈이었다. P는 자신의 기능면에서 병전의 상태로 결코 돌아가지 못했다. 결과적으로 그는 고용 상태를 유지할 수 없었다. 자신의 생계를 유지하고 스스로 보호할 수 없게 되자 P는 정부의 보조를 받고 그룹 홈에서 살기 시작했다.

기분과 정신적 에피소드로 여러 번 입원하면서 그의 사회적 네트워크도 붕괴되었다. 친구, 그중에서도 가족과 자녀가 있는 친구가 멀어지기 시작했다. 백인과 아프리카계 미국인이 주류를 이루는 그룹 홈에서 P는 정중했지만 그들과 거의 공통점이 없었다. P는 특별히 광둥어를 할 줄 아는 사회복지사가 있는 주간 프로그램 등을 포함해서 소수민족을 위한 특별재활프로그램에 소개되었지만 통근에 너무 오랜 시간이 걸려서 따라가지 못하고 그만두었다. P의 경험은 문화적으로 적절한 사정과 정신건강 서비스와 이를 실천하기 위한 논리적인 도전이 결핍되어 있음을 보여 주고 있다(Sue & Sue, 2008). 최근의 이민자는 사회적 소외와 문화적 주변화 때문에 슬픔과 상실, 체념을 뿌리 깊게 느끼고 있다.

이민 과정 또한 극단적으로 혼란스러워서 P의 정서 지지 체계에 방해를 가져왔다. P는 가족을 방문하러 중국에 돌아갈 수 있기까지 연장된 기간 동안 가족과 분리되어 있었다. 그들을 방문했을 때 그는 아버지가 세상을 떠났고 형제는 다른 도시에서 자기의 삶을 꾸려 나가고 있는 것을 알게 되었다. P는 치료자에게 어머니는 보고 싶지만 형제에게 가까운 느낌은 없다고 말했다. 이것이 가족을 보려고 방문했던 그의 마지막이고 유일한 방문이었다.

여러 연구는 스트레스가 심한 이민 전 경험이 베트남 이민자나 피난민에게 우울증의 증가, 외상후 스트레스 장애(PTSD), 공황장애(Abueg & Chun, 1996; Hinton et al., 2001; Kinzie et al., 1990; Tran, 1993) 등을 포함한 심각한 정신건강 문제로 이끄는 것을 보여 주고 있다. 언어장애, 낮은 사회경제적 위치, 가족 친밀성의 파괴, 그리고 사회적인 고립 같은 이민 후의 스트레스 요인이 문화적응의 스트레스를 악화시키고 정신건강 증상의 위험성을 상승시킨다(Rhee, 2009; Shea, Yang, & Leong, 2010; Shen & Takeuchi, 2001). P가 어려서 겪은 전쟁의 외상과 몹시 불안정한 생활과 고립된 환경이 공포와 함께 통제 무능력의 지속적인 느낌을 갖게 하고 불신의 색안경을 쓰게 했던 것이다. 이 모든 요인이 심리적 경험과 증상의 표현만큼 그가 세상을 바라보고 상호작용하는 방식(곧 인지적 방식)에 영향을 미친 것이다(다음 부분에서 논의된다).

다른 인종 문화적 요인

문화는 이민자의 심리적 경험을 형성할 뿐 아니라 신체화 같은 심리적 고통의 표현을 조직하기도 한다. 연구가 제안하는 것처럼 아시아인과 아시아계 미국인은 그들의 고통과 정서를 신체 증상의 은유로 표현하는 경향이 있다(Cheung, 1995; Hwang, 2007; Shea et al., 2010). 그리고 사정과 진단에서 심리적 어려움을 뒤덮는 신체화 증상을 강화하기도 한다(Yang & Wonpat-Borja, 2006). P가 처음으로 병원에 당도했을 때 기분 증상 같은 것은 전혀 설명하지 않고 지속적인 두통에 관해서만 불평했다. 이것이 그가 치료자와 처음으로 만난 시점이 되었다.

종교적이고 영적인 믿음도 내담자의 세계관, 정신건강의 개념, 대처기제에 관한 정보를 준다. 학자와 치료자는 일반적으로 종교적이고 영적인 믿음을 심리적인 고통에 대항하는 방어요인으로 보고 있다(Sanchez & Gaw, 2007). 학자와 치료자는 일반적으로 종교적 및 영적 믿음을 심리적인 고통에 대적하는 방어요인으로 보고 아시아계 이민자가 대처하는 회복력의 원천으로 보고 있다(Inman, Yeh, Madan-Bahel, & Nath, 2007). 종교와 문화적 맥락이 상호작용하는 것에 주목하는 것은 긴요한 일이다. 예를 들어, 자살하는 것은 불교와 힌두교에서 특별히 금지되어 있지 않다(Leong, Leach, Yeh, & Chou, 2007). 그러나 자살은 이기적이고 대인관계의 조화를 깨트리는 행동이라고 간주될 수 있다. 따라서 자살은 아시아 문화의 맥락 속에서 애도의 대상이 된다.

문화적 요인을 넘어서 학자는 인종이 임상적인 일에서처럼 사회에서도 중심적인 조직 원칙이 된다는 것을 단정해 왔다(Hardy & Laszloffy, 2008). 이는 치료자가 인종적인 차이를 인식하는 데 중요할 뿐만 아니라 우리가 이 차이에 대해 부여하는 다른 의미와 가치의 차이점을 이해하는 데도 중요하다. 예를 들어, P는 어떤 시점에서 병원의 백인 의사로부터 재활 주간 프로그램을 소개받았는데 그곳은 베트남계 미국인이 병동에서 퇴원할 때 참여하는 기본 프로그램이었다. 그는 이 조치에 특별히 분개해서 치료자에게 이렇게 말했다. "나는 베트남 말을 할 줄도 모릅니다." 언쟁과 오해는 단순히 언어장벽과 부주의에만 탓을 돌릴 일이 아니다. P의 민족적 배경, 문화적 실천, 언어 선호도에 관한 혼란은 의사가 집단의 차이점을 보지 않고 이해하지 않기로 선택하는 특권처럼, 인종적으로 그리고 문화적으로 다른 임상가의 편견과 추정을 반영하는 것이다. 따라서 치료자는 인종적 및 문화적 존재로서 그들의 일상이 어떻게 이루어지고 있는지, 그리고 그 강한 함축이 그들의 개입과 내담자와의 상호작용에 어떻게 영향을 미치는지 검토해 보는 것이 매우 중요하다(Constantine, Miville, Kindaichi, & Owens, 2010). 이 사례에서 의사는 P의 사회문화적 현실의 복합성을 납득하는 것을 배울 필요가 있고 광범위하게 다양한 소수민족의 언어, 종교와 문화적 차이를 깨달아야 한다. 그리고 인종 민족적 소수집단에 관한 고정관념에 도전해야 할 필요가 있다(Constantine et al., 2010; Hardy & Laszloffy, 2008; Sue & Sue, 2008).

P와 관련된 치료자의 역할과 능력

치료자는 미국 밖에서 태어났고 P와 유사한 배경을 지니고 있으며 같은 사투리의 언어를 쓰고 있다. 그럼에도 불구하고 그녀의 이민과 문화적응 경험은 P와 매우 다르다. 그녀는 재정적 및 문화적 지원을 받고 학생으로서 처음 미국에 왔다. P와 달리 그녀는 안전과 생존의 문제로 고군분투할 필요가 전혀 없었고 조국에서 피난 나올 필요도 없었으며 자신의 인생을 위해 두려움 없이 가족을 뒤에 남기고 떠났다. 그녀는 미국의 지역사회에서 수용되었고 낙인 때문에 어디서 살지 누구하고 사귈지 걱정할 필요가 없었다. 그녀는 수준 높은 교육을 받았으며 그 교육은 경험의 기회를 넓혀 주었고 주류 사회의 사회적 계층의 특권을 누릴 수 있는 기동성으로 상향 이동할 수 있었다. 그렇지만 어떤 식으로는 가족과 정서적인 지지층과 멀리 떨어져 지내는 심각한 고통, 가치, 믿음, 실천에 관해 도전받거나 오해받고 영속적으로 외국인으로 지각된다고 느끼면서 P와 관련을 맺을 수 있었다.

이런 유사점과 차이점은 P가 그녀 자신처럼 주류 속에서 민족적 소수로서 기능하는 것을 검토하도록 자극했다. 그들은 같은 언어로 대화를 나누었고 이는 P의 고통과 도전을 보다 잘 이해하는 데 기여했다. 아직도 나이 차이, 성별, 사회계층, 인생 경험의 차이가 치료자에게 자신의 가치와 정상에 대한 확신과 특권을 주의 깊게 살펴보도록 각성시켰다. 이 차이가 P의 이야기를 겸허하게 듣도록, 그리고 그녀의 관점이 아닌 그의 관점에서 의미를 탐색하도록 지각하게 도와주었다.

치 료

치료 목표와 계획

P가 처음 병원에 왔을 때는 두드러진 기분 증상 없이 활동적인 망상과 환시를 보여 주었다. 그는 치료자와 정신과 의사에게 아버지가 '모 주석'이라고 하고 그의 어머니는 '엘리자베스 여왕 2세'라고 말했다. 또한 자신의 생

각을 조작함으로써 세계 평화를 유지할 능력이 있다고 믿었다. 덧붙여서 그는 목소리가 들린다고 했다. 대부분 어머니의 목소리인데 그에게 "영어를 배워라." 그리고 "공부 열심히 해라."라는 말이었다. P는 심각하게 부정적인 증상을 보이지 않았다. P의 정신과적 역사와 과정을 리뷰해 본 임상 팀은 일반적으로 분열정동 장애의 진단을 지지했다. P의 정신과적 증상이 기분 증상의 변화 없이 지속되었던 기간이 있었다. 정신과 의사가 추천한 개입의 핵심은 약물이었다. P는 조증과 정신적 증상 때문에 DePakote의 혼합(ValProic acid), Lamictal(Lamotrigine), Clozaril(ClozaPine), Abilify(Aripiprazole) 등의 처방을 받았다. 또한 만성적인 두통과 불안 때문에 타이레놀을 처방받았고 필요할 때 먹으라는 지시를 받았다.

약물치료에 덧붙여 CBT와 다양한 문화 사례개념화(MCC) 접근이 P의 치료계획에 포함되어 있었다. CBT(Beck, 1976)는 내담자가 부적응적 사고 과정을 검토하고 잘못된 자동적 사고를 촉발시키며 부적 행동 반응과 부적 정서반응을 일으키는 기저의 인지도식을 알아차릴 수 있도록 내담자를 돕는 것을 강조하고 있다. 치료는 종종 보다 현실적인 평가와 적응적인 행동 반응을 할 수 있도록 내담자의 잘못된 사고 패턴을 수정하는 데 중점을 둔다. 한때 정신분열증 증상은 어떤 형태의 개인적 치료에도 반응하지 않는다고 생각되었지만 최근의 치료연구는 CBT가 정신분열증에 유효한 치료가 될 수 있다는 것을 보여 주고 있다(Turkington, Kingdon, & Weiden, 2006의 리뷰 참조).

반면에 MCC접근은 특수한 인종문화적인 이슈를 확인하고 이를 그 사례의 병리적 개념화와 치료 틀에 통합시킬 수 있는 정신건강 치료자의 능력에 초점을 맞추고 있다(Ladany, Inman, Constantine, & Hofheinez, 1997). 내담자의 증상과 질병의 경로를 단순히 생리적인 원인(예, 신경전달 매체의 불균형)이나 심리사회적인 원인(예, 무주택자, 제한된 가족의 지지)에 기인하는 대신에, 이 접근은 치료자가 사회정치적이고 문화적인 맥락, 즉 인종, 소수민족, 성별, 사회적 계층, 종교가 형성한 내담자의 정체성과 발달 경험과 이야기하기 등에 관해 좀 더 상세히 검토하도록 촉구하는 것이다. 더 나아가 MCC는 내담자의 대외관계적인 요인을 이해하는 것을 넘어 임상적인 사정과 진단에서 치료자의 숨어 있는 편견과 가정을 고려하는 중요성에 강세를 두고 있다. 또한 MCC는 치료 환경 내에서 대인관계의 과정만큼 내담자와 치료자의 인종적 문화적 역동을 강조하고 있다(Constantine et al., 2010; Shea et al., 2010).

사례개념화의 이해와 문화적으로 책임 있는 서비스를 촉진시키기 위해 MCC는 주류 이론의 오리엔테이션(예, 정신역동, CBT, 합리적 · 정서적 행동치료, 인본주의, 그리고 가족체계 등)을 증대시킬 수 있다고 생각되어 왔다(Constantine et al., 2010). P의 사례에서 MCC 접근은 CBT의 전제와 잘 맞았다. 첫째, CBT와 MCC는 발견된 궤적을 따라서 문제를 함께 형상화하도록 야기하는 점에서 내담자-의사의 협조를 증진시킨다(Kingdon & Turkington, 2005). 둘째, 두 방법 다 내담자의 주관적인 경험에 가치를 부여한다. 정신분열증 환자를 위한 CBT의 핵심을 이루는 주의는 내담자의 경험의 개인적 의미를 존중하고 이해하는 것이다(Sullivan, 1962). 여기에는 내담자의 믿음, 느낌 그리고 행동을 포함해서 그들의 경험의 현실적 근거에 직접 도전하거나 그들의 망상에 맞장구치지 않는 것이 포함되어 있다(Turkington et al., 2006). 마찬가지로 MCC는 내담자의 증상을 보다 큰 맥락 속에서 바라보고 그들의 인종적 · 민족적 경험에 관심을 갖는다. 이들 전략은 정상과 비정상이라는 선입견을 덜 강조하고, 문화적 개념과 정신건강 문제의 표현을 드러내도록 도우며, 사정과 치료에서 유럽 중심의 편견을 줄이고 어떻게 내담자의 관점에서 인지와 행동의 적응이 이루어졌는지에 대한 이해를 촉진한다.

CBT와 MCC의 관점을 알게 된 치료자는 치료 목적을 발전시키는 데 P와 협조적인 자세를 취했다. P가 호소하는 첫 번째이자 가장 중요한 문제는 만성적인 두통이었다. 또한 그는 전에 다녔던 영어로 직업재활지도를 하는 기관으로 돌아가고 싶다고 말했다. P는 그 센터에 정기적으로 출석하면서 단순한 세탁 일에 종사하고 있었다.

명백하게 드러난 P의 정신적 증상을 치료하는 것이 가장 주요한 목표로 보일 수 있지만 그의 망상과 환시가 자신에게나 다른 사람들에게 특별히 해를 끼치지 않는다는 사실이 치료자에게 명백해졌다. 치료자의 호기심을 자극한 것은 P의 망상적인 생각이나 음성이 반복적이고 의례적이며 상당히 위로해 주는 특성이 있다는 점이었다. 그래서 치료자는 이들 증상이 표출하는 방어적 기능이나 P의 정서에 미치는 영향을 탐색하게 되었다.

추가적인 관심사는 자문과 관련된 만남에서 알게 된 조증 행동의 역사였다. 명백히 그룹 홈 직원은 P의 '과민함'과 '까다로운 태도'를 성가셔했다. 또한 '노래 부르기'와 '춤추기' 처럼 P가 종교적 의식의 일부분이라고 주장하는 사례도 있었다. 게다가 치료자와 직원은 병원 프로그램에서 P가 다른 내담자의 '대인관계의 경계를 침해하는' 것에 주목했다. P는 다른 사람들이 자신의 행동을 평가하는 것에 동의하는 것 같지 않았고, 다른 직원이나 내담자에게 나쁜 의도가 전혀 없었다고 고집했다. 논쟁이 있었지만 P는 그와 다른 사람들 사이의 오해를 줄이기 위해 대인관계 과정에서 자제할 수 있는 다른 사회적 규범과 기대에 관해 이야기하는 것이 도움이 되리라는 데 동의했다.

한동안 이야기를 나눈 후 내담자와 치료자는 세 가지 치료 목표를 세웠다. ① P의 드러난 증상을 이해하고 기분의 영향과 일상적인 기능을 탐색하기, ② 대인관계의 효율성을 강화하기, ③ 신체적 · 정신적 건강에 대한 관심에 주목하고 삶의 질을 진전시킬 통합적인 보호 계획을 발전시키기였다.

치료의 전개

이 부분에는 P와 치료자 사이에 있었던 일이 간단하게 요약되어 있다. 석 달 동안 일주일에 두세 번, 30~45분 정도의 만남이 있었다. P의 개입에 필요한 초기 추정기간은 6주 내지 8주였다. 시간제 병원치료의 목적은 집중적인 치료가 더 이상 필요하지는 않지만 보다 더 구조화되고 잦은 치료적 만남을 통해 도움을 받을 수 있는 경우에는 외래기관으로 퇴원하기 전에 전환기를 지지해 주고 임상적인 보호를 제공해 주는 것이다.

처음 몇 번의 회기에서 P는 새로운 환경이 혼란스럽고 왜 그가 병원의 주간 치료 프로그램에 참석해야 하는지 이해할 수 없다고 불평했다. 한순간은 되풀이해서 치료자에게 집으로 가게 해 달라고 촉구하고는 뒤이어 혼자말로 "나는 공부할 필요가 있어……. 나는 영어를 배워야 해."라고 말하고는 했다. 초기 회기는 신뢰와 정직을 유지하면서 공감, 존중, 그리고 내담자에 대한 무조건적인 긍정적 존중에 초점을 두었다(Turkington et al., 2006). 치료자는 P의 혼란을 인정했고 시간제 병원 프로그램이 어떻게 도움이 되는지 이야기하도록 격려했으며 집은 그에게 무엇을 의미하는지 탐색해 보도록 했다.

한 주 사이에 P는 좀 더 적응이 되었고 자신의 역사를 이야기하는 것을 편하게 받아들였다. 두통에 대한 견디기 어려운 불평에도 불구하고 P는 이 문제를 최소화하기 시작했고 두통에 관해 말하고 싶어 하지 않았다. 그는 "의사에게 두통에 관해 30년이 다 되도록 이야기했지만 아무것도 해주지 않았습니다. 나는 그저 타이레놀을 먹습니다."라고 말했다. 치료자는 P의 두통을 유발하는 스트레스 요인만큼 그의 민감한 부분을 좀 더 잘 이해하고 싶어서 그의 건강에 관한 대화 속에 흥미를 유발하도록 중국에서 내적인 균형과 장수를 촉진시켜 인생을 풍요롭게 하는 양생(Nourish life)을 사용했다. 이것은 P의 주의를 끌어서 그는 불교가 건강을 유지하도록 신자를 격려한다고 말했다. 내적인 균형과 장수에 관한 이런 대화는 P가 자신의 건강 염려에 관한 새로운 조망을 얻도록 해 주었고 두통 증상의 강도를 약화시켜 주었다.

P의 정신과 의사와 함께 일하면서 치료자는 P가 더 검사를 받기 위한 병원 약속을 잡아두고 일상적인 습관이나 식사 패턴을 기록할 것을 제안했다. P가 일지와 관찰을 갖고 돌아왔을 때 두 가지 악습이 명백하게 두통 증상과 관련이 있음이 드러났다. 줄담배와 카페인 섭취였다. 그는 하루 종일 커피를 마셔서 들떠 있었고 밤에 숙면을 취하기 어려웠으며 만성적인 피곤을 느꼈다. 의학적 검사는 두통의 유기적 원인을 밝히지 못했지만 물을 더 마시고 카페인 섭취를 줄이도록 식습관을 조절한 후에 곧 P는 육체적으로 더 편안해 보였다. 그는 잠을 더 잘 수 있었고 에너지 수준이 높아졌으며 두통이 감소되었다고 보고했다. 그러나 금연하는 것은 거부했다.

치료자는 P의 만성적인 두통의 발병이 인생에서 매우 스트레스가 심했던 시기인 홍콩의 난민촌에서 생활할 때 일어났음을 주목했다. 또한 치료 기간 중 P는 혼란스럽거나 불안할 때 두통을 호소했다. "신경이 다 뒤죽박죽이 됐습니다. 내 뇌를 상하게 해요." 이런 호소는 치료자에게 P가 어떻게 정서적 및 심리적 고통을 신체화 메타포를 통해서 표현하는가를 주의 깊게 살펴보게 했다. 그리고 치료자는 회기 중에 단순한 약물개입으로 돌아가기보다 P의 두려움과 불안을 이해하는 쪽으로 방향을 잡았다.

P의 망상적인 생각은 기이하고 과장된 주제를 맴돌았고 체계적이고 항진되거나 잘 조직화된 망상을 보이지 않았다. 그는 구체적인 몇 가지 주제에 초점을 맞추는 경향이 있고 의식을 행하는 듯한 태도로 그에 관해 이야기했다. 전에 언급한 것처럼 그는 아버지가 '마오쩌둥 주석' 이고 어머니는 '엘리자베스 2세 여왕' 이라고 믿고 있었다. 그리고 그는 세계 평화를 유지하게 할 수 있으며 이라크 전쟁도 그의 생각에 집중함으로써 멈추게 할 수 있다고 믿고 있었다. 그는 이것들이 무슨 생각인 것인지에 대해서는 자세

히 설명하지 못했다. 또한 P는 지속되는 환청을 경험하고 있는 것으로 보였다. P는 종종 치료 도중에 낄낄 웃으며 말했다. "내 목소리인데요. 너무 웃겨요. 제 친구가 지금 저한테 말하고 있어요." 집단치료 도중에 그는 치료사에게 몸을 굽히고 목소리를 낮추었다. "안 들리세요? 에어컨이 저한테 메시지를 보내고 있어요. 착하게 굴고 집단의 평화를 지키라고요. 자, 자, 들어보세요!"

P의 망상은 잘못된 것이었다. 부모가 베트남의 농부였다고 말할 때와 가족과 이민역사에 대해 말할 때 그의 이야기는 일관되었다. 치료자는 P의 망상 저변에 있는 개인적인 의미를 탐색하기 위해 '추정의 사슬'이라고 알려진 CBT 기법을 사용했다(Kingdon & Turkington, 2005). 그 예는 다음과 같다.

P: 저는 세계 평화를 조정할 수 있습니다. 집중하기만 하면 됩니다.

t: 세계 평화를 조정하는 게 당신에게 무슨 의미인지 말씀해 주실 수 있으세요?

P: 제가 집중할 때 세계는 안전해집니다. 모두 다 행복해지고요.

t: 그러니까 세계가 안전하고 모두 다 행복하게 되는 것이 당신에게 중요한 일이군요. 왜 그것이 중요한지 이야기해 주실 수 있으세요?

P: 그럼요. 세계가 안전하지 않고 사람들이 불행하면 사람들은 싸우게 됩니다.

t: 언제 세계가 안전하지 않다고 느꼈는지 예를 하나 들어 주시겠습니까?

P: 제가 홍콩의 난민촌에 있을 때와 같은 경우입니다. 사람들은 언제나 싸우고 다투었지요.

이런 대화는 비밀을 드러내는 근원을 보여 주었다. 어떤 점에서 망상을 우회시켜서 P의 인생의 경험과 중요한 느낌을 탐색하는 데 주파수를 맞출 수 있었다. 이어서 그는 난민으로서 이민자로서 인생이 그에게 얼마나 도전적이고 혼돈투성이였는지에 관해 치료자에게 이야기했다. 그 뒤에 P가 언어상으로 외로움이나 슬픔에 관해 결코 말하지 않았지만 그의 반응은 때로 그가 연결과 안전을 원하고 있다는 것을 암시했다. 즉, '마오쩌둥 주석' 과 '엘리자베스 여왕' 이 정말로 부모라면 그들이 P를 위해 무슨 일을 할 거냐는 질문에 P는 깊은 생각에 빠져들었다. 그의 눈가가 촉촉해졌다. 그는 "어머니가 보고 싶어요."라고 말했다.

문제가 되고 있는 목소리가 들리는 상황이 어떤 것인가 알아내기 위해 P의 환상의 상세한 부분이 탐색되었다. P가 집단 상황에 있거나 불편함과 불안을 유발하는 강도 높은 대화를 나누는 도중에 목소리가 들리는 것으로 보였다. 그 음성은 대부분 낯익은 사람들과 관련되어 있었다. 그에게 공부하라고 격려했거나 영어를 배우고 미국에서 남보다 뛰어난 사람이 되라고 말하는 어머니와 친구였다. 그들은 그를 위로해 주는 것 같았다. 환청이 정신분열증의 징후라고 확신시키려는 시도 대신에 치료자는 그의 대처 기술을 강화하고 불안의 증상을 악화시킬 수 있는 스트레스 요인을 드러내는 데 초점을 두었다. 예를 들어, 치료자는 P가 지나치게 흥분되었다고 느낄 때 치료실을 떠나서 물 한 컵을 가져와도 좋다고 했다. 또한 운동, 식사조절, 그리고 스트레스를 줄이는 데 도움이 될 수 있는 규칙적인 일정을 지키도록 격려를 받았다.

이 프로그램에 머무르는 동안 P는 친절했고 다른 내담자와 사회화를 시도했다. 그러나 여러 치료자와 직원이 매일 그들과 악수를 하고 다른 내담자에게 담배를 나누어 주는 등의 P의 습관에 대해 난색을 표했다. P는 주장했다. "저는 그 사람들을 형이나 누이처럼 대하고 있을 뿐입니다." 치료자와 P는 담배를 권하고 함께 피우는 것 외에 다른 사회관계를 가질 수 있는 방법과 대인관계의 범위 내에서 그의 조국과 미국에서 이루어지는 다양한 사회문화적 규범에 관해 적극적인 논의를 했다. P는 피드백에 신속하게 반응했다. 악수하는 대신 단순히 손을 흔들며 인사했다. 이 변화는 P가 현실적인 요구를 이해하고 적응할 능력이 있다는 것을 잘 보여 주었다.

치료의 평가

시간제 병원 치료가 있은 지 8주 만에 P는 서서히 진전을 보여 상태가 많이 향상되고 안정되었다. P의 육체적 및 심리적 증상은 눈에 띄게 줄어들었다. 그의 기분은 안정되었고 정서는 조화를 이루었으며 행동은 적절했다. 더 중요한 것은 그가 치료에 참여하고 나서 개인 회기나 집단 회기에 빠진 적이 없다는 점이었다.

임상 팀이 P의 퇴원 계획을 논의하기 시작했을 때 P가 투약 처방에 관해 간호사와 동의하지 않는 일이 일어났다. 그 사건이 있을 때 그는 화를 내고 동요되었으며 간호사에게 고함을 지르고 저주를 퍼부었다. 그러고는 병원을 떠났다. 나중에 P가 돌아왔을 때는 좀 침착해졌지만 간호사의 태도에 대해 아직도 언짢아했다. 그의 성마른 기질이 P의 보호담당자가 제기한 주요 관심사 중 하나였고 그의 자살 생각 속에 내재되어 있는 정서적 상태 때문에 P와 치료자는 이 폭발에 대한 기능적 분석을 마무리했다. 기능적 분석은 행동의 진전과 유지에 기여하는 요인을 이해하기 위해 행동이론에서 자주 사용되는 기법이다. P는 다음을 확인하도록 요청받았다. ① 그를 폭발하게 하는 기폭제가 되는 상황이나 정서, ② 그의 행동의 결과로 얻는 부분과 잃는 부분이었다. 치료자와 P는 이 폭발이 특수한 정서 상태와 대인관계의 교환에서 유발된다는 것을 깨달았다. 예를 들어, 사람들과 동의가 되지 않는 것—특히 권위적인 사람들—이 형제에게서 전에 받은 신체적 및 언어적 학대를 기억나게 했고 그것들이 공포, 불안, 분노를 촉발하였다. P는 그 간호사를 누나와 동일시해서 말했다. "누나 같아요. 그 여자는 너무 통제하려고 해요." 치료자와 P는 간호사의 통제하려는 행동에 대해 대안적인 설명을 찾아보았다. P는 간호사의 의도를 좀 더 이해할 수 있었다. 그럼에도 불구하고 P는 마치 그가 비명을 질러도 아무도 듣거나 이해해 주지 않는 것처럼 아직 그의 주위에 있는 사람들과 소통이 불가능하다고 느꼈다. CAM에 근거한 사정을 한 후에 치료자에게 충격을 준 것은 심각한 정신질환을 지닌 이민자로서 느꼈던 고독감과 상실감과 투쟁하는 내면에 이해받지 못하는 엄청난 감정이 깔려 있었다는 생각이었다. 그는 언어와 문화적인 어려움 때문에 사회의 주류에서 격리된 채 살았고 정신건강 문제에서 오는 낙인 때문에 자신의 민족적인 문화 집단에서도 무시당해 왔던 것이다.

P의 퇴원 계획을 세울 때 그녀가 P의 치료자로서뿐만 아니라 문화적 매개자이며 협조자로서 좀 더 솔선해 나설 필요가 있다는 사실이 명확해졌다. 그녀는 지역사회 리더와 양쪽 언어를 다 구사할 수 있는 치료자와 접촉하기 시작했고 여러 지역사회 기관과 병원과 상의를 해서 P의 퇴원계획과 적절한 외래 보호에 관해 논의했다. 정신과 의사가 약물을 사용한 개입 외에도 P는 양쪽 언어를 다 사용할 수 있는 외래 임상 팀에서 지속적인 보호를 받게 되었다. 광둥어를 할 줄 아는 (사례별) 사회복지사가 일주일 단위로 그의 그룹 홈을 방문해 연결사로서 활동하는 동안 임상 사회사업가는 치료를 맡기로 했다. 더 나아가 치료자는 (사례별) 사회복지사와 함께 P의 그룹 홈 직원을 만나서 규칙의 완화(예, 종교적인 의식이나 약물 처방 등), 식사조절, 운동, 재정적인 관리 같은 타당한 문제에 관해 논의했다. 치료자는 임상 사회사업가와 함께 P가 퇴원하기 전에 2주 동안 치료를 제공하기로 했다. 병행되는 치료는 P가 어떤 잠재적인 문제라도 이야기할 기회를 가질 수 있어 무난하게 전환기를 넘기는 데 그 목적을 두었다.

퇴원 계획 도중에 P의 의사도 탐색되었다. 그는 그가 일할 수 있는 직업에 근거를 둔 재활센터로 돌아갈 수 있도록 특별히 요청했다. 치료자는 그의 요청을 주류 사회에서 탈락한 이민자의 쓸데없고 황당한 꿈으로 보는 대신에, 희망과 회복력으로 보았다.

결 론

이 장에서 우리는 사례개념화와 개입을 하는 데 주류를 이루는, 증거-기반 치료인 인지행동치료와 문화를 이해하는 접근 방법을 어떻게 통합할 것인가를 보여 주었다. 정신치료의 CAM(Leong & Lee, 2006)과 일관되게 함께 하면서 우리는 문화적 요인이 정신치료의 과정과 결과에 주요 조정자로 기여하고 있으며 문화적으로 적절하고 책임 있는 개입을 제공하기 위해 이들을 조화시킬 필요가 있다는 것을 믿게 되었다. 우리는 이 논의가 치료자와 훈련자에게 영감을 주기를 바란다. ① 임상적인 대화가 어떻게 인종문화적인 존재로서 내담자의 개인적인 이야기와 엮여 있는가를 이해하기 위해 동료와 내담자의 대화에 귀를 기울이고, ② 내담자의 고통의 언어, 증상의 표현, 대처 전략 등에 영향을 미칠 수 있도록 깊이 새겨진 사회문화적 요인을 밝혀내고, ③ 그들의 사례의 계통적인 조직화와 치료과정에 강력한 도구가 되어 줄 수 있는 자산을 검토하고 문화적 불가피성, 편견, 가정도 검토하며, ④ 임상 평가, 치료 계획, 서비스 전달, 실습 클래스와 슈퍼비전의 의사전달 등에서 인종적 문화적 요인을 주입하기 위해 그들을 옹호하는 데 좀 더 솔선하자는 것이다. 우리 사회가 점차 더 다양해지기 때문에 내담자의 경험을 더 넓은 맥락에서 이해하고, 실습에서 사회정의의 문제 등을 통합하고, 우리 지역, 국가, 세계적 지역사회 등의 지식과 협조를 구하기 위해 우리는 전통적인 치료자의 역할에 대한 우리의 개념에 도전해야만 한다.

참고문헌

Abueg, F. R., & Chun, K. M. (1996). Traumatization stress among Asians and Asian Americans. In A. Marsella, M. Friedman, E. T. Gerrity, R. M. Scurfield, & M. Raymond. (Eds.), *Ethnocultural aspects of posttraumatic stress disorder: Issues, research, and clinical applications* (pp. 285-299). Washington DC: American Psychological Association.

Beck, A. T. (1976). *Cognitive therapy and the emotional disorders.* New York: Harper & Row.

Belger, A., & Dichter, G. (2006). Structural and functional neuroanatomy. In J. A. Leberman, T. S. Stroup, & D. O. Perkins (Eds.), *The American psychiatric publishing textbook of schizophrenia* (pp. 167-185). Washington DC: American Psychiatric Publishing.

Berry, J. W., & Kim, U. (1988). Acculturation and mental health. In J. W. Dasen, J. W. Berry, & N. Sartorius (Eds.), *Health and cross-cultural psychology: Towards applications* (pp. 207-236). Thousand Oaks, CA: Sage.

Chambless, D. L., & Hollon, S. D. (1998). Defining empirically supported therapies. *Journal of Consulting and Clinical Psychology, 66,* 7-18.

Chambless, D. L., Sanderson, W. C., Shoham, V., Bennett Johnson, S., Pope, K. S., Crits-Christoph, P., Baker, M., Johnson, B., Woody, S. R., Sue, S., Beutler, L., Williams, D. A., & McCurry, S. (1996). An update on empirically validated therapies. *The Clinical Psychologist, 49,* 5-18.

Cheung, F. (1995). Facts and myths about somatization among the Chinese. In T. Y. Lin, W. S. Tseng, & E. K. Yeh (Eds.), *Chinese Societies and Mental Health* (pp. 141-180). Hong Kong: Oxford University Press.

Constantine, M. G., Miville, M. L., Kindaichi, M. M., & Owens, D. (2010). Case conceptualizations of mental health counselors: Implications for the delivery of culturally competent care. In M. M. Leach & J. D. Aten (Eds.), *Culture and the Therapeutic Process: A Guide for Mental Health Professionals* (pp. 99-115). New York: Routledge.

Hardy, K. V., & Laszloffy, T. A. (2008). The dynamics of pro-racist ideology:

Implications for family therapists. In M. McGoldrick & K. V. Hardy (Eds.), *Re-visioning family therapy: Race, culture, and gender in clinical practice* (pp. 225-249). New York: Guilford Press.

Hinton, D. E., Chau, H., Nguyen, L., Nguyen, M., Pham, T., Quinn, S., & Tran, M. (2001). Panic disorder among Vietnamese refugees attending a psychiatric clinic: Prevalence and subtypes. *General Hospital Psychiatry, 23,* 337-344.

Hwang, W. (2007). Qi-gong psychotic reaction in a Chinese-American woman. *Culture, Medicine and Psychiatry, 31,* 547-560.

Hwang, W., Miranda, J., & Chung, C. (2007). Psychosis and shamanism in a Filipino-American immigrant. *Culture, Medicine and Psychiatry, 31,* 251-269.

Inman, A. G., Yeh, C. J., Madan-Bahel, A., & Nath, S. (2007). Bereavement and coping of South Asian families post 9/11. *Journal of Multicultural Counseling and Development, 35,* 101-115.

Kapur, S., & Lecrubier, I. (Eds.) (2003). *Dopamine in the pathophysiology and treatment of schizophrenia: New findings.* London, UK: Taylor & Francis.

Kingdon, D. G., & Turkington, D. (2005). *Cognitive therapy of schizophrenia: Guides to evidence-based practice.* New York: Guilford.

Kinzie, J. D., Boehnlein, J. K., Leung, P. K., Moore, L. J., Riley, C., & Smith, D. (1990). The prevalence of posttraumatic stress disorder and its clinical significance among Southeast Asian refugees. *American Journal of Psychiatry, 147,* 913-917.

Ladany, N., Inman, A. G., Constantine, M. G., & Hofheinez, E. W. (1997). Supervisee multicultural case conceptualization ability and self-reported multicultural competence as functions of supervisee racial identity and supervisor focus. *Journal of Counseling Psychology, 44,* 284-293. doi: 10.1037/0022-0167.44.3.284

Leong, F. T. L., Leach, M., Yeh, C. J., & Chou, E. (2007). Suicide among Asian Americans: What do we know? What do we need to know? *Death Studies, 31*(5), 417-434. doi:10.1080/07481180701244561

Leong, F. T. L., & Lee, S. H. (2006). A cultural accommodation model of psychotherapy: Illustrated with the Case of Asian-Americans. *Psychotherapy: Theory, Research, Practice, and Training, 43,* 410-423.

Phillips, L. J., Francey, S. M., Edwards, J., & McMurray, N. (2007). Stress and psychosis: Towards the development of new models of investigation. *Clinical Psychology Review, 27,* 307-317.

Rhee, S. (2009). The impact of immigration and acculturation on the mental health of Asian Americans: Overview of epidemiology and clinical implications. In N. H. Trinh, Y. Rho, F. Lu, & K. M. Sanders (Eds.), *Handbook of mental health and acculturation in Asian-American families* (pp. 81-98). New York: Humana Press.

Sanchez, F., & Gaw, A. (2007). Mental health care of Filipino Americans. *Psychiatric Services, 58,* 810-815.

Shea, M., Yang, L. H., & Leong, F. T. L. (2010). Loss, psychosis, and chronic suicidality in a Korean-American immigrant man: Integration of cultural formulation model and multicultural case conceptualization. *Asian-American Journal of Psychology, 1,* 212-223.

Shen, B. J., & Takeuchi, D. T. (2001). A structural model of acculturation and mental health status among Chinese Americans. *American Journal of Community Psychology, 29,* 387-418.

Sue, D. W., & Sue, D. (2008). *Counseling the culturally diverse: Theory and practice* (5th ed). Hoboken, NJ: Wiley.

Sullivan, H. S. (1962). *Schizophrenia as a human process.* New York: Norton.

Tran, T. V. (1993). Psychological traumas and depression in a sample of Vietnamese people in the United States. *Health and Social Work, 18,* 184-194.

Tsuang, M. R., Stone, W. S., & Faraone, S. V. (1999). Schizophrenia: A review of genetic studies. *Harvard Review of Psychiatry, 7,* 185-207.

Turkington, D., Kingdon, D., & Weiden, P. J. (2006). Cognitive behavioral therapy for schizophrenia. *American Journal of Psychiatry, 163,* 365-373.

Yang, L. H., & Wonpat-Borja, A. (2006). Psychopathology among Asian Americans. In F. T. L. Leong, A. G. Inman, A. Elbreo, L. H. Yang, L. Kinoshita, & M. Fu (Eds.), *Handbook of Asian-American psychology* (2nd ed., pp. 379-404). Thousand Oaks, CA: Sage.

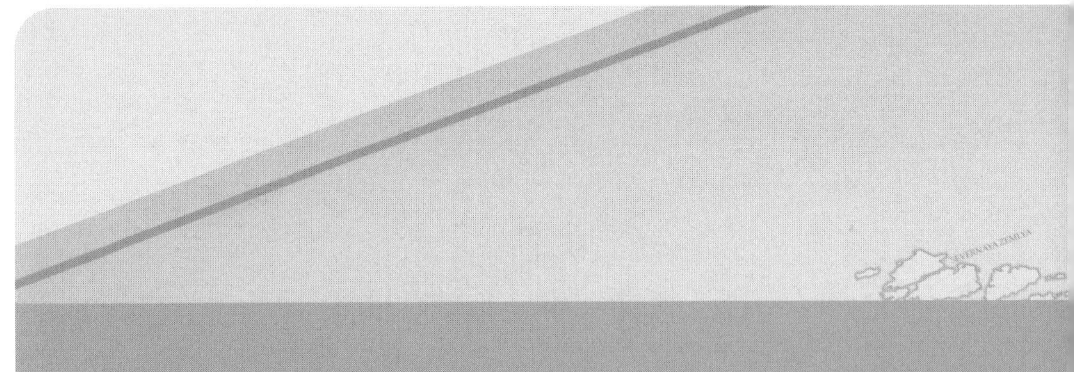

13

Concluding Remarks: What Can We Learn From Mental Health Practitioners Around the World?

끝맺는 말

우리는 세계의 정신건강 치료자에게서 무엇을 배울 수 있는가

ARCTIC OCEAN

Beaufort Sea

Chukchi Sea

East Siberian Sea

Laptev Sea

ALASKA (UNITED STATES)

Bering Sea

Sea of Okhotsk

NORTH PACIFIC OCEAN

HAWAIIAN ISLANDS

MONGOLIA

KOREA

JAPAN

CHINA

East China Sea

TAIWAN

Philippines Sea

MICRONESIA

MARSHALL ISLANDS

MARSHALL

MICRONESIA

KIRIBATI

PHILIPPINES

NAURU

CAROLINE ISLANDS

PALAU

MELANESIA

TUVALU

MYANMAR

LAOS

THAILAND

CAMBODIA

VIETNAM

South China Sea

SOLOMON ISLANDS

BRUNEI

MALAYSIA

PAPUA NEW GUINEA

VANUATU

FIJI

INDONESIA

Coral Sea

TIMOR-LESTE

AUSTRALIA

Tasman Sea

NEW ZEALAND

13 끝맺는 말

우리는 세계의 정신건강 치료자에게서 무엇을 배울 수 있는가

Chalmer E. Thompson
Senel Poyrazli

우리는 이 책에 글을 실은 저자들에게서 많은 것을 배웠다. 우리는 상담자보다 내담자나 환자를 바라보기 시작했고 이들 개인의 자세한 이야기는 관계에 관한 많은 것을 보여 주었다. 상담자를 만난 시점에서부터 종결하는 단계까지 이르렀을 때 내담자들은 처음 전문가를 만났을 때보다 더 잘 대처할 수 있는 방법을 찾았고 좀 더 온전한 사람이 될 수 있다는 것을 깨달았다. 그들은 세상에 존재하는 새로운 방법을 실천했고 삶을 괴롭혀 온 고통과 상처에서 벗어나게 되었으며 자녀와 부모와의 관계를 향상시켰다. 그들은 관계를 유지했고 치료자가 거부하는 듯 보이는 것과 투쟁하는 경험을 했고(예, 한국의 김영순), 더 많은 문제를 야기한 투쟁과 대면했고(예, 짐바브웨의 마가렛 루쿠니), 자기 자신을 표현하도록 격려받았으며, 특히 여성 내담자가 전통에서 벗어나는 행동을 보였다(예, 한국의 내담자 지연과 레바논의 내담자 모나). Mariá de los Ángeles Hernández Tzaquitzal, 콘솔리(Consoli)와 곤잘레스(Gonzálaez)의 장에서 치료자는 어려운 일이 생기거나 도전받거나 고통스러운 상황에 놓일 때—개인 특유의 행동— '네가 나고 내가 너' 라는 상호 간의 관점에서 태어난 이해와 고려, 존중으로 치료를 위한 결속을 이끌어 내는 상호적인 협동과 약속에 대해 이야기하고 있다. 루쿠니는 콘솔리가 예를 든 개인 특유의 언동과 유사한 의미를 지닌 것으로 보이는 우분투(ubuntu)를 이야기하고 다른 사람의 인도주의에 포함된 존재로서 자신의 인도주의를 보여 준다. 거스틴(Gerstein), 김영순, 김태선의 장에서는 유사한 개념이 치료자와 내담자 사이의 분리가 적은 한사상 속에서 전달되고 있다. 이 개념 속에서 전문가의 상담이 이루어지고 이에 내담자가 관념적으로 같은 견해를 갖게 된다는 것이 입증되고 있다.

우리에게는 사람들이 필요한 도움을 받은 것이 전 세계 정신건강 전문가의 성숙함을 축하하는 신호로 보인다. 또한 주목할 만한 것은 도움을 청하는 것에 대한 수치감이 치료자의 평판에 따라 감소되는 것으로 보인다는 점이다. 이에 대한 관심은 이미 과테말라의 Mariá de los Ángeles Hernández Tzaquitzal의 의견과 일치하고 있다. 한국의 김영순과 터키의 메메트 에스킨(Mehmet Eskin)을 예로 들면, 사람들이 크게 고민하지 않고 지역사회의 상담자를 찾아갈 결심을 하고 있는 것으로 보인다. 이들의 모범적인 상담능력으로 사람들이 그 상담자를 아는 것을 자랑스럽게 여기고 그들이 받은 도움에 관해 낙천적으로 느끼고 있다는 것을 보여 준다.

우리가 바라는 것이 이 사례에서 분명해지는데 그것은 곧 문화는 무너지기 쉬운 것이 아니라는 점이다. 문화는 개인 문제나 가족 문제를 알아보고 도움을 청하는 사람들에게 개입하고 우리가 하고 있는 일이 효과가 있는 것인지 평가하는 데 무시될 수도 없고 무시해서도 안 되는 것이다. 문화는 사람들이 새로운 땅으로 옮겨 가더라도 유지되는 것이다. 이것은 P 씨의 사례와 중국에서 미국으로 이민 온 개인을 다룬 세아 박사의 사례에서도 드러나고 있다. 이처럼 지역사회가 자연재해, 내전, 억류로 붕괴되었을 때, 질병이 퍼져 문화학습의 전파가 어려울 때도 성인은 그들과 자녀가 대처해 나가는 데 문화에 근거를 둔 방식으로 헤쳐 나가고 있다. 국가 안팎에서 일어나는 현대적이고 지배적인 영향을 나란히 놓고 보자면 문화는 무너지기도 하고 도전을 받기도 한다. 문화의 철저한 복합성 때문에 그 문화가 이해될 수 있는 단계가 필요하기 때문이다. 그 단계에서 사람들은 문화적 존재로서 쉽게 묘사될 수 있고, 치유자는 사람들이 삶에서 겪고 있는 고통의 경험의 표면을 둘러싸고 있는 피할 수 없는 문제를 해결하는 데 어떻게 최선을 다할 수 있는가를 진지하게 심사숙고할 수 있는 것이다.

이 책에서 우리가 보여 주려는 것은 상담자의 개입이 그 틀을 잡아 가는 단계와 그들이 왜 세계 각지에서 성공적으로 전문적인 평판을 구축하고 있는가에 대한 이유를 일별하는 것이다. 이 책의 기고자는 정신건강 치료자가 그 지역의 사람들에게 제공할 수 있는 최상의 것을 함께 나누고 있다. 그 이유는 이들 내담자가 발견한 것을 이해하고 조심스럽게 그들의 요구에 부응하거나, 중국의 유지아 라이(Yujia Lei)가 묘사한 것처럼 그들을 마치 '여행을 떠나는 사람들과 함께하는 인도자' 처럼 전문가가 이끌 수 있었기 때문이다.

각각의 사례마다 치료자는 내담자나 환자와 맺은 관계에 대해 아주 명백하게 가치 부여를 하고 있다. 발라흐(Valach)와 영(Young)이 "우리는 내담자-상담자/정신치료자와의 만남에서 작업 동맹과 관계를 공고히 하는 것을 첫 번째 이슈로 꼽고 있다. 이들은 치료 전 과정을 통해 가장 높은 우선권을 지닌다고 강조하고 있다."라고 언급한 것과 같이, 다른 사례에서 관계의 가치는 치료 첫 단계에서 만날 때의 배려와 주의에 관한 묘사를 함으로써 각 사례마다 드러나고 있다(예, 과테말라의 장). 흥미를 자아내는 것은 미국의 이론가인 칼 로저스의 치료모델이 많은 장에서 언급되고 있지만(공감을 보여 주고, 순수하고 일관되고, 유대를 구축하고, 성장을 촉진하는 방법으로 무조건적인 수용을 하는 것), 이 사례의 경우에는 로저스가 제안한 것처럼 충분한 치료가 되었다고 생각되는 촉진조건을 보여 주지 못하고 있다. 대부분의 저자가 라포(rapport)와 신뢰의 감각을 성취하는 것의 중요성을 강조하고 있고, 특히 그 사례가 상담이나 정신치료가 새롭게 시작되고 있는 곳이나 상담이나 정신치료를 사람들이 수치스러운 일로 간주하는 곳에서 강조되고 있다.

이 책에 나타나는 정신건강 치료자는 도움을 청하는 상이한 사람들과 일할 때 다중문화적인 능력이 어떻게 활용될 수 있는가를 보여 주고 있다. 문헌에서 종종 논의되는 것처럼 상담자는 그가 '문화적인 깨달음이 없는 곳에서 깨달음이 있는 곳으로…… 그리고 그 차이에 가치를 두고 존중하는' 존재로서 좀 더 문화적인 능력을 얻기 시작할 수 있다(Sue, Arredondo, & McDavis, 1992, p. 482). 덧붙여서 면담을 하고, 치료계획을 디자인하고, 심리적인 서비스를 할 때 내담자나 환자의 성적인 경향, 종교적인 믿음 체계, 성별, 연령, 사회경제적인 배경, 혹은 인종–민족적인 배경 같은 특질에 근거를 두는 것이 중요하다(Hays, 2007). 이 책에 나오는 치료자는 그들이 내담자나 환자의 이런 특질에 관해 어떻게 주의를 기울이는가를 설명하고 있다. 우리는 또한 치료자가 자신의 배경(예, 성별, 연령, 인종–민족적인 부분 등)이 어떻게 상호 간의 관계와 그들이 제공하는 치료에도 영향을 미칠 수 있는가에 주의를 기울이고 있다. 예를 들어, 에스킨(Eskin) 박사는 동성애자나 게이, 양성애자, 성전환자(LGBT)의 권리에 지지적인 이성애자가 된다는 것에 관해 설명하고 터키의 양성애자의 자기 수용에 기여하고 있다.

이 장의 영적인 측면은 미국에 관한 장(Washington DC), 미국과 중국(중국 이민자), 과테말라, 레바논, 시에라리온에서뿐만 아니라 로이시르카의 장(아이티)에서 가장 뚜렷하다. 이들 치료자는 서구 문헌에서는 공식적으로 다루지 않은 내담자나 환자의 존재의 성향을 설명하면서 이런 영적인 측면을 치료에 도입하고 이해하고 있다. Mariá de los Ángeles Hernández Tzaquitzal 같은 치료자에게는 이 통합이 그들의 실천의 일부이고 한 부분이다. 콘솔리(Consoli)와 동료들, los Ángeles Hernández Tzaquitzal는 다음과 같이 말한다. "이들은 상담의 서구적인 방식과 정신치료를 Popol Vuh

가 K'iche의 마야 사람의 신성한 책을 이야기한 것처럼, 마야의 우주적인 전통적인 방식과 민간치료의술인 쿠란데리스모(curanderismo)나 토착적인 치유, 가톨릭의 관습, 현대적이고 대안적인 치유의 방법을 함께 통합적인 관점에서 연마해 온 것이다."

셰아(Shea)와 레옹(Leong)이 제시한 문화적응 모델(cultural accommodation model: CAM)은 치료자에게 문화적 및 사회정치적 영향을 통합하는 방법을 제공해 주고 있다. 그녀 이전에 많은 치료자가 전통적인 이론과 인생의 경험이 모든 사람에게 적용될 수 있도록 어떻게 통합할 것인가 하는 도전과 질문에 대해 심사숙고를 해 왔고 앞으로도 할 것이기 때문에 셰아가 치료자로서 자신의 발전 과정을 밝힌 것이 그 장에서 매우 중요하다. 셰아와 레옹의 장에서 셰아는 이렇게 말한다. "정신역동의 훈련과 인지행동치료(CBT) 접근이 치료과정 중에 적용할 수 있는 지식, 전략, 기법 등의 폭을 넓히고 깊이 있게 해 주었다. 다중문화와 포스트모더니즘적 관점은 내 입장과 내담자와의 관계를 생각해 보고 어떻게 내담자와 내가 함께 치료의 의미를 구축할 수 있는지를 고려해 보도록 자극했다. 단순히 진단 라벨을 붙이고 문화적인 적용 없이 치료를 도입하는 것보다는 내담자의 심리적인 문제, 고통, 기능(적응적이든 비적응적이든 간에), 사회문화적인 맥락 내에서 그들의 다양한 대처방법을 이해하는 것이 더 중요하다고 나는 믿는다." 치료자와 내담자가 어떤 공통의 습관이 있지만 환자에 관해 배우는 것이 조심스럽다고 말한다. 1월 12일에 일어난 지진재해에 따르는 아이티 가족의 치료에 관한 로이시르카의 사례를 읽으면 저절로 겸손이라는 단어가 떠오른다.

이 책을 준비하는 데 중요했던 취지는 국제적인 학자를 확인해서 자기 나라에서 잘 알려진 치료자를 찾아 달라고 부탁하는 일이었다. 미국에서 우리가 만난 모든 사람 중에 학자를 선발할 때 그들의 기여와 재능을 세심하게 고려했다. 우리는 미국심리학회(APA)에 오랫동안 관여해 온 사람들

중에서 최고 위치의 국제심리학자라고 믿는 사람들을 선택했다. 이들 학자는 원래 고향이 현재 살고 있는 곳과 다른 사람들이거나 하나 이상의 나라에서 연구하고 일한 사람들이었다. 그들의 학식과 민감함이 세계적으로 사람들에게 널리 알려져 있다고 생각되었다. 우리는 그들을 존경하고 그들이 학생과 동료들에게 자신의 지식을 전달한 것을 알고 있다. 자신의 지혜를 새로운 독자와 나누자고 청했을 때 그들은 기꺼이 우리 요청을 받아들였다. 그리고 치료자에게서는 우리가 찾고 있던 것을 발견했다. 도움받는 사람들이 잘 지내고 스스로에 대한 신뢰를 얻게 하는 것을 첫 번째 중요한 일로 꼽고 있으며 사람들을 배려하는 유능한 전문성이 바로 그것이다.

선발된 학자는 주로 미국에서 만난 동료였다. 우리는 그 학자가 서구 모델을 치료에 활용하는 훈련을 받은 다른 사람들과 국가를 넘어 교류를 맺은 사람이어야만 한다고 생각했다. 그 결과 상담자의 대부분이 이들 모델의 영향을 받은 것이 놀랄 일이 아니다. 예를 들어, 두안(Duan) 등의 저자들은 많은 사람이 공존할 수 없는 목표를 지니고 있다고 보는 두 가지 이론을 자유롭게 활용하고 있다. 즉, 로저스의 이론과 내적 성찰 치료가 그것이다. 이들은 정신역동 이론을 사용해서 질환 쪽의 언어를 쓰지만(예, 약한 자아 강도) 내담자의 성장과 지금-여기에 초점을 꾸준하게 맞추고 있다. 우선적으로 지금-여기 접근의 출발은 내담자의 통찰을 준비하게 하지만 가족의 역동과 심리내적인 갈등 등과 관련된 종류는 아니다.

대신 치료자는 '그의 기능이 최상에 이르러 인간 존재로서 가치 있게 느끼는 것을 막는 데 관련된 힘은 무엇인가.'에 주목한다. 저자는 중국 사회에서 좋은 대학에 자리 잡는 경쟁이 팽배할 때 젊은 사람들에게 일어날 수 있는 압박을 지적하고 있다. 온 힘을 기울여 가족에게 명예를 가져오려는 집념과 부모의 약점이나 결함에 관해 겉으로 드러내는 것을 억누르는 문화적 가치를 지키려는 것에 집중하면서 상담자는 문화적 맥락에 초점을 맞추고 내담자에게 자신의 존중하는 마음을 전하고 있다.

•

서구화된 치료에서 벗어나는 조짐은 또한 브리기테 쿠리(Brigitte Khoury)가 자기 사례에서 가족 구성원이 정신치료의 일부분에 참여하는 데 대해 가족이 결정적으로 '치료의 동맹에 가장 중요한 것 중 하나'가 된다고 분명하게 말하는 데서도 나타난다. 미국과 유럽의 가족체계 이론가가 이 특징에 관해 언급하지만 가족의 역할에 관한 그녀의 논문은 호기심 담긴 주목을 받고 있다. 정말로 개인이 치료를 받을 때 부모가 치료가 무엇에 관한 것인지, 어떻게 진행되고 있는지에 대해 알 권리를 주는 것이 문화적으로 올바른 입장인지 의아한 것이다. 쿠리의 장에서는 환자가 부모에 대한 자신의 사랑과 존경을 확인하면서 남편과 자녀에게도 덜 강요하는 삶을 살고 싶을 때 어떻게 가족의 간섭과 균형을 맞추는가를 매우 잘 보여 주고 있다.

쿠시먼(Cushman, 1995)은 정신치료는 어떤 맥락 속에서 일어나는 일이라 결코 전 세계적인 것이 아니며, 치료자는 필요에 따라 지혜롭게 서구에 근거한 접근과 그 지역의 토착적인 접근의 통합을 심사숙고하면서 현대적인 부분을 고려해야 한다고 언급하고 있다. 도움을 받는 사람이 자신이 성장한 곳이 아닌 외부세계에서 도움을 받는다면 베트남에서 온 P의 사례처럼 치료자는 내담자가 새로운 문화에 관한 정보를 받아들일 수 있도록 최선을 다해 돕는 한편, 그를 돕는 데 유용한 문화적 자원을 활용할 필요가 있다는 것에 유념해야 한다. '개인주의 쪽으로 기우는 성향(집단주의를 넘어)이 젊은 내담자와의 작업에 어떤 영향을 미치는가?' 같은 질문이 자신이 돕는 사람을 알 수 있는 기본적인 목표의 전문적 틀로서 심사숙고되어야만 한다.

여러 장에서 전 세계에 사는 사람들이 지역사회나 사회에서 정신건강 관리에 접근할 수 있는 가능성이나 접근 기회가 있는지 보여 주고 있다. 예를 들어, 스위스에서는 보편적인 건강 관리가 존재한다. 그 결과 정신 치료를 받기 원하는 개인이 다른 치료적 접근을 활용할 수 있는 보조를 받게 해 주고 장기 치료를 요구하는 치료 사례에 기회를 제공해 준다. 다른 예로, 서구 사회가 아닌 터키에서는 정신건강 치료가 육체적인 건강 치료와 같은 수준으로 취급되어서 내담자나 환자는 정신과 의사나 심리학자를 그들이 원하는 만큼 여러 번에 걸쳐 만날 수 있다. 덧붙여서 그들의 방문은 보험으로 처리된다. 보험 처리라는 긍정적인 측면에도 불구하고 우리는 이들 지역사회의 어떤 곳에서는 전문가를 찾는 것이 힘든 일인 것처럼 보여 지역사회의 수요에 비교할 때 정신건강 치료자의 숫자가 너무 적다는 것을 지적하고 싶다. 또한 두안(Duan)과 동료들, 거스틴(Gerstein)과 동료들의 장에서 나타나고 있듯이 한국과 중국의 대학 캠퍼스에는 상담 센터가 늘어나고 있다. 이들 서비스 비용은 대학등록금에 포함되어 있다.

정신건강 치료자의 유용성은 아이티에서 일하는 로이시르카의 사례에서 지적되듯 쉽게 파악하기 어렵다. 비참한 가난, 전쟁의 파괴, 질병의 만연, 그리고 이들 형성된 질환에서 야기되는 지역사회와 종족의 분열과 발발되는 범죄는 어떤 종류의 전문적인 보호가 결여된 속으로 전파되고 있다. 소수만이 빈약한 자원을 이용하고 다른 한편에서는 과대한 부를 누리는 사람들이 있는 것이 현실이다. 세계의 모든 곳에서 온 사례를 보면 상담과 심리치료만 하는 정신건강 치료자는 호사스러운 편이다. 우리가 읽은 위기 사례에서는 서비스 제공을 확장하는 것이 서비스를 받는 사람들에게 더 본질적인 것으로 보인다.

이 책에 실린 네 개의 장에서는 아프리카와 관련된 사람들을 대부분 다루고 있고, 특히 아이티, 시에라리온, 미국(Washington DC), 짐바브웨 등이 여기에 속한다. 이 장 중에 한 사례만 빼고는 모두가 위기 개입과 관련이 있다. 예외적인 사례는 미국에 살고 있는 상대적으로 유복한 내담자다. 경제적인 양상의 문제는 세계 각지의 사례에서도 드러나고 있다.

우리는 개발도상국뿐만 아니라 다루기 힘든 어려움에 덧붙여서 경제적 · 사회적 · 정치적 진보가 구체적으로 나타나고 있는 지역의 이야기도 선택하고자 했다. 우리는 자연재해든 인재든, 혹은 둘 다 섞여 있든 간에 세계적인 재난에 의해 영향을 받고 있는 사람들의 경험을 싣지 않고서는 완성될 수 없다고 믿었기 때문이다. 이들 국가의 사례에 나오는 사람들은 복지를 탄압하는 빈곤과 억압에 지속적으로 노출되어 온 사람들이다.

앤드루 므웬다(Mwenda, 2007)는 서구의 언론이 아프리카와 그 부근에 관한 빈곤과 절망에 치중된 부정적인 측면에 기울이는 주의에서 벗어나 이 거대한 대륙에 존재하는 힘과 가능성에 관해 주목해 줄 것을 촉구하고 있다. 이 재구성은 빈곤 감소에서 부의 창조로 움직여 가야만 한다. 내전의 경험 속에서 굶주린 사람이나 평화 유지군에게 자선을 보내는 것은 므웬다가 기록한 것처럼 증상을 치료하려는 노력이지 아프리카의 본질적인 문제의 원인을 치료하는 것은 아니다. 이 책의 편집자로서 우리도 이미 심각한 문제에 휩싸여 있는 아프리카나 개발도상국 속에서 심리적인 절망의 발생률을 줄일 필요가 있다고 보고 늘어나는 전문가에게 같은 호소를 하고 싶다. 빈곤이 감소되어야 하는 것처럼 이 절망도 감소되어야 한다는 데는 이견의 여지가 없다. 심리적인 표현으로서 부의 창조는 이들 사회에 정착된 정신건강의 설립을 지지하는 진취적인 동반자의 입장이 되는 것이다.

세계의 많은 치료자가 어떤 사회정치적 요인에는 논쟁의 여지가 있다고 보고하고 있는데, 이에 관한 반격을 받을까 봐 두려워 글로 쓰기를 망설이고 있는 경우가 드물지 않다. 어떤 장에서, 특히 자유에 관해 드러내서 말할 수 있는 사회에서는 사회정치적인 맥락이 도움받는 사람에게 미치는 영향에 관한 긴 논의를 볼 수 있다. 다른 장에서는 많은 저자가 이런 맥락을 자유롭게 글로 써서 논의하지 못하고 있지만 우리는 이 맥락이 개인에게 미치는 영향을 그들이 충분히 깨닫고 있다는 것을 사적인 소통을 통해 알고 있다.

마지막으로 우리는 이 책이 심리적 문제에 관한 치료를 받은 사람이 그저 자신의 삶 속으로 다시 돌아가고 있지만 그중 많은 사람이 사람의 가치를 인종이나 소수민족, 종교, 경제적 입장, 성적인 성향에 근거를 두고 비인간적인 메시지를 전달하는 사회적 압력 때문에 상당한 고통과 억압을 경험하고 있다는 심리적인 입장을 방조하는 다른 책들과 같지 않다고 결론 짓고 싶다. 정신건강 치료자는 병든 사회의 결과로 파생된 문제를 고치려고 하는 시도를 지속하고 있는가(Smith, 1985)? 아니면 우리의 기술을 루쿠니(Rukune), 칼라이지안(Kalayjian), 소플레티(Sofletea), 로이시르카(Roysircar)가 하고 있는 것처럼 확대하고 있는가? 아니면 셰아(Shea)와 레옹(Leong)처럼 보다 더 체계적인 질환에 맞게 조율하고 있는가?

사회정의적 접근과 통합된 심리적 훈련 프로그램은 거스틴, 김영순, 김태선(Gustin, Kim, Kim)의 장에 잘 묘사되어 있듯이 보스턴 대학교의 심리학 박사 학위 프로그램(Goodman et al., 2004 참조)과 볼 주립 대학교에서 호조의 출발을 보이고 있다. 와츠(Watts, 2004)가 지적한 것과 같이 사회정의에 입각한 프로그램의 발달은 모든 배경의 사람들을 포용해서 어떤 사람은 받아들이고 어떤 사람은 받아들이지 않는 구조적인 문제를 극복할 수 있게 될 것이다.

우리는 루쿠니와 로이시르카가 처참하게 묘사한 짐바브웨와 아이티의 경험을 되새겨 보면서 마지막 도전을 독자에게 던진다. 국경을 넘어 함께 일하고 있는 심리학자의 숫자가 늘어나고 있기 때문에, 순수한 협동을 가로막고 있는 구조적인 장애물을 넘어가기 위해 자발적이고 창의적으로 관계의 패턴을 돌파해야 한다. 부유한 국가는 부유하게 남아 있고 더 부유해지지만, 국가 중 가장 빈곤한 나라는 난치의 빈곤 상태에 갇혀 있는 것이다. 다중문화에 관한 문헌은 탐색연구나 이론을 통해 상이한 환경 수준에서 필요한 변화를 창안하는 유용한 도구를 제공하고 있다. 이들 도구를 국가를 뛰어넘는 활동에 적용하기 위해 유능한 심리학자가 척도로 만들어야 할 필요성이 어떤 때보다도 더 증대되고 있다. 전 UN 비서인 코피 아난(Annan, 2006)이 언급한 것처럼, 우리는 우선 지구상의 단합이 필요할 뿐만 아니라 가능하다는 것을 믿어야 한다.

단합의 수단 없이는 어떤 사회도 진실로 안정되지 않고 어떤 사람의 번영도 진실로 안전하지 않습니다. 이는 모든 산업적인 민주주의가 20세기에 배웠던 것처럼 국가 사회에도 적용되고, 오늘날 우리가 살고 있는 세계적 경제 시장에 점점 더 통합되고 있는 상황에도 적용될 수 있습니다. 수십 억이 넘는 사람들이 비참한 빈곤 속에 있거나 던져져 있는데 세계화에서 커다란 이익을 얻어 낼 수 있다고 믿는 것은 현실적이지 않습니다. 우리는 어떤 국가 내에서만이 아니라 세계적인 지역사회의 동료시민과 적어도 우리의 번영을 나눌 기회를 가져야만 합니다.

정신건강 치료자와 학자로서 번영을 나눌 수 있을 때 우리는 국제적인 정점에 도달할 수 있다. 그러나 이 목표에 도달하기 위해서는 해야 할 일이 많다. 우리는 개발도상국의 학자와 치료자가 지식을 축적하는 것에 관한 모든 노력을 지속해야만 한다(이 관점에는 과소평가함이 없이 생각되고 포함되어야 한다). 이런 노력을 하면서 우리는 다른 치료자와 투쟁하고 파악하고 불일치하면서 틀림없이 용서의 조망을 달리하게 될 것이다. 예를 들어, 사회정의의 도구로 치료를 활용해야 한다. 이 불일치는 우리의 학습에 중요한 것이고 불협화음 속에 서로 멀어질 것이 아니라 우리의 노력을 통해 도움을 필요로 하는 사람들이 온전하게 이익을 얻을 수 있도록 노력해 나가야 한다. 궁극적으로 각자의 인간애를 이야기하는 저자들의 말 속에서 전달되는 것처럼 우리에게는 인간애에 대한 배려가 있다는 것을 다시 한 번 확실하게 전하고 싶다.

참고문헌

Annan, K. (2006, December 11). Secretary-General Kofi Annan's address at the Truman Presidential Museum & Library. Retrieved from http://www.un.org/apps/sg/sgstats.asp?nid=2357

Cushman, P. (1995). *Constructing the self, constructing America: A cultural history of psychotherapy*. New York: Addison-Wesley.

Goodman, L. A., Liang, E., Helms, J. E., Latta, R. E., Sparks, E., Weintraub, S. R. (2004). Training counseling psychologists as social justice agents: Feminist and multicultural principles in action. *The Counseling Psychologist, 32,* 793-837.

Hays, P. A. (2007). *Addressing cultural complexities in practice, assessment, diagnosis, and therapy*. Washington DC: American Psychological Association.

Mwenda, A. (2007, September). Andrew Mwenda takes a new look at Africa [Video file]. Retrieved from http://www.ted.com/talks/lang/eng/andrew_mwenda_takes_a_new_look_at_africa.html)

Smith, E. M. J. (1985). Ethnic minorities: Life stress, social support, and mental health issues. *The Counseling Psychologist, 13,* 537-579.

Sue, D. W., Arredondo, P., & McDavis, R. J. (1992). Multicultural counseling competencies and standards: A call to the profession. *Journal of Counseling and Development, 70,* 477-486.

Watts, R. (2004). Integrating social justice and psychology. *The Counseling Psychologist, 32,* 855-865.

인 명

내 용

편저자 소개

• Senel Poyrazli

그녀는 휴스턴 대학교에서 상담심리학 박사학위를 받았다. 그녀의 임상경험 대상으로는 청소년, 대학생, 성인, 결혼/동거 커플, 제대군인들이 포함되어 있고 인간관계, 심리사회적인 적응, 결정짓기, 우울증, 트라우마에 관련된 일을 우선적으로 하고 있다. 그녀의 연구는 대학생과 이민자의 심리사회적인 적응과정과 관련되어 있다. 그리고 이 문제에 관한 추가 연구에 흥미가 있어 교차문화를 다루는 데 그 탁월함을 드러내고 있다.

2007년에 우수교수상을 수상하였고 2010년에는 Faculty Diversity Award를 수상했다. Poyrazli 박사는 미국심리학회(APA: American Psychological Association)와 동부심리학학회(EPA)의 임원이며 다른 조직에서도 활발하게 활동하고 있다. APAD Division52(국제심리학)내에서 5년간 국제심리학회지의 편집자로 일했고 2014년에 이 division의 회장으로 선출되었다. 그녀의 연구논문은 저명한 대학상담 저널, 인본주의 상담 저널, 교육과 발달 저널, 스트레스 관리국제 저널 등에 실렸고 청소년, 상담과 성장 저널 등에도 실렸다. 현재 Poyrazli 박사는 APA가 발행하는 『심리학의 국제적 조망(*International Perspectives in Psychology*)』의 편집자로 일하고 있으며 또한 교육연구를 다루는 유럽아시아 저널의 공동편집자로 일하고 있다.

• Chalmer E. Thompson

그녀는 상담 및 상담 교육 분야의 부교수이고 인디애나-퍼듀 대학교 인디애나 폴리스캠퍼스(IUPUI) 교육대학에서 연구와 학사 일을 돕는 부학장 역할을 맡고 있다. 또한 미국 심리학회 임원이고 두 권 책의 편저자이며 다수의 논문과 책의 공저자다. 교수이며 학자, 지역사회조직자로서 그녀는 25년 동안 캘리포니아 대학교, 산타바바라 대학교, 서던 캘리포니아 대학교, 블루밍턴의 인디애나 대학교 등에서 일해 왔다. 그녀의 이론적인 연구 분야의 관심사에는 인종정체성 발전이론과 그 이론의 적용, 해방심리학 등이 포함되어 있다.

저자 소개

- Ladislav Valach

스위스에서 개인적으로 환자를 치료하는 심리학자이며 정신치료자다.

- Richard A. Young

브리티시 컬럼비아 대학의 상담 심리학과 교수이며 브리티시 컬럼비아에 등록된 심리학자다.

- Ani Kalayjian

포덤 대학의 심리학 교수이자 외상원조와 예방 협회(the Association for Trauma Outreach and Prevention: ATOP)와 아르메니아계 미국인 스트레스와 제노사이드 연구회의 회장이다.

- Georgiana Sofletea

콜롬비아 사범대학에서 심리 상담 교육학 석사와 정신건강 상담 석사 과정을 밟고 있다.

- Margaret Rukuni

현재 실천주의 비정부 기구(NGO), 즉 지역 기관의 하위 기구인 '짐바브웨의 여성과 법률' 의 위원회 의장으로 재직 중이다.

- Mmoja Ajabu

ibe(indiana Black Expo) 국제 아프리카 심포지엄의 의장으로 수년간 재직 중이다.

- Mehmet Eskin

임상 심리학자이며 터키 아이딘에 있는 아드난 멘데레스 대학교 의과대학에서 정교수로 재직 중이다.

- Brigitte Khoury

레바논 심리학 학회 대표다.

- Changming Duan

캔자스 대학교의 상담 심리학 교수다.

- Xiaoming Jia

대학교 응용심리학기관에서 감독이며 상담 교수로 일하고 있다.

- Yujia Lei

  사례 속 내담자의 상담자다.

- Lawrence H. Gerstein

  BSU에서 심리 상담의 George and Frances Ball Distinguished Professor이고 심리 박사과정 프로그램과 평화와 갈등을 연구하는 센터를 관리하고 있다.

- 김태선

  래리에게서 박사 과정을 지도받고 있다.

- Andrés J. Consoli

  샌프란시스코 주립대학교 상담교수로 재직 중이다.

- María de los Ángeles Hernández Tzaquitzal

  과테말라 시골 지방의 마야 공동체에서 정평이 난 치유사다.

- Andrea González

  임상 심리학으로 자격증을 취득했으며 UVG 석사 과정을 밟고 있는 대학원생이다.

- Gargi Roysircar

  임상심리학 교수다.

- Camille A. Clay

  미국상담학회(ACA)의 멤버이고 미국정신건강 상담학회(AMHCA)의 회원이다.

- Munyi Shea

  상담 심리치료자이고 현재 LA에 있는 캘리포니아 주립대학의 교수다.

- Frederick T. L. Leong

  미시간주립 대학의 심리학과 교수이며 임상과 조직심리학 프로그램을 다루고 있고, 다중문화심리학연구 협회의 책임자다.

역자 소개

• **김영순**(Kim Youngsoon)

중앙대학교 심리학과에서 학사, 석사학위를 받았으며, 원광대학교 교육학과에서 상담심리 전공으로 박사학위를 받았다. 현재 해드림상담센터 대표이며, 호서대학교 산업심리학과, 문화복지상담대학원 겸임교수로 있다. 주요 상담 활동은 현실치료와 감수성훈련 등을 실시하고 있으며, 중독상담 전문가로 활동 중이다. 주요 자격은 한상담학회 수련감독 전문가, 한국상담심리학회 상담심리사 1급, 한국상담학회 수련감독 전문상담사, 부부 및 가족상담 전문가, 중독심리전문가, 국제 현실치료 강사 등이다. 초대 한상담학회 회장, 충남청소년상담지원센터 사무국장, 충남청소년육성센터 실장 등을 역임했다.

• **유동수**(Yoo Dongsu)

그는 고려대학교 교육대학원 상담심리학과를 졸업하고 UCLA에서 조직개발과 리더십 과정, UC샌디에고 엔카운터 그룹에서 퍼실리테이터 과정을 수료했다. 현재 '한상담학회' 회장이며 한국기업컨설팅 대표이자 중국 연변대학교 객좌교수로 재직 중이다. 그는 한국형 모델인 '한상담 모델'과 한국형 코칭 모델인 'C.O.A.C.H.' 모델을 개발했다. 1972년에는 감수성훈련을 국내 산업계에 도입했고 커뮤니케이션, 인간관계, 리더십 등 수많은 대인관계 프로그램을 개발했다. 그밖에 심층심리연구소장, 한국생산성본부 수석전문위원 등으로도 활약하였다.

세계의 정신건강 상담사례

International Case Studies in Mental Health

2014년 8월 5일 1판 1쇄 인쇄
2014년 8월 20일 1판 1쇄 발행

편저자 • Senel Poyrazli · Chalmer E. Thompson
옮긴이 • 김영순 · 유동수
펴낸이 • 김진환
펴낸곳 • (주) 학지사
121-838 서울시 마포구 양화로 15길 20 마인드월드빌딩
대표전화 • 02-330-5114 팩스 • 02-324-2345
등록번호 • 제313-2006-000265호

홈페이지 • http://www.hakjisa.co.kr
커뮤니티 • http://cafe.naver.com/hakjisa

ISBN 978-89-997-0454-3 93180

정가 18,000원

이 도서의 국립중앙도서관 출판시도서목록(CIP)은 서지정보유통지원시스템 홈페이지(http://seoji.nl.go.kr)와 국가자료공동목록시스템(http://www.nl.go.kr/kolisnet)에서 이용하실 수 있습니다.
(CIP 제어번호: CIP2014022265)